Aus Freude am Lesen

Sie war mit August Strindberg verheiratet, die Mutter eines Sohnes von Frank Wedekind, »Schicksalsschwester« von Franziska zu Reventlow, Freundin berühmter Männer wie Arthur Schnitzler und Karl Kraus. Sie war aus gutem Wiener Haus, geistreich und exzentrisch. Im Berlin der Jahrhundertwende stürzt sich Frida Uhl als Feuilletonistin in das wilde Leben der Boheme. Einer der Stars der Szene ist August Strindberg, der schwedische Skandalautor. Die beiden heiraten, die Ehe zerbricht bald und ist an Dramatik reich – wie der Rest von Frida Strindbergs Leben zwischen Paris, London und New York.

FRIEDRICH BUCHMAYR, geboren 1959 in Linz, studierte Germanistik und Publizistik in Salzburg. Seit 1987 ist er als Bibliothekar in der Stiftsbibliothek St. Florian tätig. Buchmayr ist Initiator des Strindberg-Museums in Saxen (Oberösterreich), des einzigen außerhalb Schwedens.

Friedrich Buchmayr

Madame Strindberg oder die Faszination der Boheme

btb

Bibliografische Informationen der Deutschen Nationalbibliothek: Die Deutsche Nationalbibliothek verzeichnet
diese Publikation in der Deutschen Nationalbibliografie;
detaillierte bibliographische Daten sind im Internet
unter http://dnb.d-nb.de abrufbar.

Verlagsgruppe Random House FSC® N001967
Das für dieses Buch verwendete FSC®-zertifizierte Papier
Lux Cream liefert Stora Enso, Finnland.

1. Auflage
Genehmigte Taschenbuchausgabe August 2013,
btb Verlag in der Verlagsgruppe Random House GmbH, München
Copyright © der Originalausgabe 2011 by
Residenz Verlag, St. Pölten – Salzburg
Umschlaggestaltung: semper smile, München
Umschlagmotiv: Museum of the City of New York, Genthe Collection
Satz: Uhl + Massopust, Aalen
Druck und Einband: CPI – Clausen & Bosse, Leck
SL · Herstellung: sc
Printed in Germany
ISBN 978-3-442-74642-2

www.btb-verlag.de
www.facebook.com/btbverlag
Besuchen Sie auch unsren LiteraturBlog www.transatlantik.de

Inhalt

Ehrbare Leute haben mir immer
ein Gähnen und ein Angstgefühl entlockt.
Frida Strindberg an Marie Weyr

Ich bin keine Heilige, ich habe Fehler
und für die stehe ich ein – sie sind
genauso gut mein innerstes Ich
wie meine guten Eigenschaften
und es wäre töricht, sie zu verleugnen.
Aber ich will nicht im Verdacht
von Dingen stehen, die meinem
Wesen fremd sind.
Frida Strindberg

Vorwort

Frida Strindberg ist nur indirekt in die Literaturgeschichte eingegangen – als zweite Ehefrau des schwedischen Dichters August Strindberg und als kurzzeitige Geliebte des deutschen Dramatikers Frank Wedekind. Noch zu Lebzeiten wurden ihr zahlreiche Affären mit Literaten nachgesagt. Man bezeichnete sie deshalb augenzwinkernd als „Schriftstellerlexikon" (Henry Marc). Die abwertenden Darstellungen ihrer Person in den autobiografischen Schriften ihrer Partner bestärkten diese Sichtweise und wurden von der Sekundärliteratur meist kritiklos übernommen.

Im Falle August Strindbergs hat sich Frida Strindberg 1909 persönlich beim Autor beschwert: „Du hast mir Unrecht getan – Unrecht – Unrecht – und so hast du mich in die Nachwelt befördert!" Sie protestierte damit energisch gegen die Verfälschung der Tatsachen in seinem autobiografischen Roman „Das Kloster". Jahrzehnte später rückte sie im Erinnerungsbuch „Lieb, Leid und Zeit" (1936) über die kurze Ehe mit Strindberg einzelne Punkte zurecht. Weil das Buch insgesamt aber als Hommage an den bewunderten Dichter angelegt war und die Memoirenschreiberin selbst zu Fantasiebildungen neigte, gingen diese spärlichen Akzente unter. Jahrzehntelang geisterte Frida Strindberg deshalb als Femme fatale und als hysterische Frau, die ihren Männern nur Unglück brachte, durch die Strindberg- und Wedekind-Biografien.

Regionalgeschichtliche Publikationen über Frida Strindbergs Ehe mit August Strindberg stützten sich meist gutgläubig auf die gedruckten Erinnerungsschriften der beiden und setzten keine neuen Akzente. Walter Berendsohn verwies in einem kaum beachteten Artikel (1950) erstmals auf die journalistische Tätigkeit Frida Strindbergs. 1982 würdigte sie der englische Kunsthistoriker Richard Cork ausführlich als Gründerin des ersten Kabaretts in London, der „Cave of the Golden Calf" (1912). Er hob ihr Organisationstalent und ihren Sinn für zeitgenössische avantgardistische Kunst bei der Ausstattung des Lokals hervor. Seither fehlt ihr Name in keiner Kunstgeschichte der englischen Moderne.

Am Beginn meiner Forschungen stand die Konzeption der Ausstellung „Die andere Welt – August Strindberg in Oberösterreich" (1993), die in Linz und Stockholm zu sehen war. Die Entdeckung vieler Autografe von August und Frida Strindberg in einem österreichischen Privatarchiv führte zur Publikation ihres Briefwechsels („Wenn nein, nein!", 1993) mit

24 unveröffentlichten Briefen Frida Strindbergs. In mehreren Aufsätzen wurden bis 1999 die Forschungsergebnisse präsentiert, die weitere Bausteine für eine Neubewertung Frida Strindbergs lieferten.

Im Jahr 2000 erschien in New York mit „Cruel Banquet. The Life and Loves of Frida Strindberg" die erste Biografie. Die Kunsthistorikerin Monica Strauss würdigte die vielfältigen Aktivitäten Frida Strindbergs als Feuilletonistin, Übersetzerin, Drehbuchautorin, Memoirenschreiberin, Kabarettgründerin und Organisatorin sozial-karitativer Hilfsaktionen und erschloss weitere Quellen zu ihren langjährigen Aufenthalten in England und Amerika. Damit war Frida Strindberg von einer marginalen Frauenfigur in Männerzirkeln zur eigenständigen literarischen Persönlichkeit aufgestiegen. Obwohl dies auch in deutschsprachigen Publikationen (Helga Kratzer, 2003) registriert wurde, blieb Frida Strindberg der Weg in die Literaturgeschichte versperrt. Selbst in der ersten österreichischen Frauenliteraturgeschichte von Sigrid Schmid-Bortenschlager (2009) fehlt ihr Name.

Mit der vorliegenden Buchpublikation wird der Versuch gewagt, Frida Strindberg endgültig aus dem Schatten der männlichen Schriftsteller in ihrer Umgebung heraustreten zu lassen und sie als eigenständige Autorin und Akteurin zu präsentieren. Das intensive Quellenstudium in europäischen und amerikanischen Archiven und Bibliotheken förderte rund 400 Briefe, 100 Feuilletons und umfangreiche autobiografische Skizzen Frida Strindbergs zutage, die sich freilich nicht gleichmäßig auf die gesamte Lebenszeit verteilen. Einzelne Lebensabschnitte (wie die Ehejahre mit August Strindberg) sind sehr genau dokumentiert, andere hingegen (wie das Jahrzehnt in Amerika) nur spärlich. Das erklärt auch die unterschiedliche Länge der entsprechenden Kapitel im Buch.

Vor die Wahl gestellt, entweder eine Biografie oder eine Anthologie zu erarbeiten, fiel die Entscheidung auf eine dritte Variante – beide Textsorten zu kombinieren. Kurze biografische Passagen, die das Handlungsgerüst liefern und Forschungsergebnisse zusammenfassen, werden montageartig mit Textausschnitten Frida Strindbergs (und einzelner Zeitzeugen) verknüpft, die in die einstige Gegenwart entführen. Die großteils unveröffentlichten Feuilletons, Briefe und autobiografischen Texte eröffnen neue Perspektiven auf ihr eigenes Leben, aber auch auf jenes der Literaten und Künstler ihrer Umgebung. Gleichzeitig soll ein unmittelbarer Eindruck von der literarischen Qualität ihrer Schriften vermittelt werden.

Manchmal gibt es im Anthologieteil Unstimmigkeiten zwischen einem frühen Brief und einem späten Memoirenfragment Frida Strindbergs oder zwischen unterschiedlichen Zeitzeugen. Im Kommentarteil findet sich nicht immer ein abschließendes Urteil. Das Buch will kein fertiges Bild Frida Strindbergs liefern, sondern Interpretationsspielraum lassen. Es ist ein Dialog des Biografen mit den Quellen und ein Dialog der (oft widersprüchlichen) Quellen untereinander, in den die Leserinnen und Leser bei der Lektüre einsteigen können, um sich ein eigenes Bild der Ereignisse zu formen.

Die sprunghafte, offene Form der vorliegenden Biografie passt vielleicht zu einer Frau, deren Leben nie gleichmäßig und harmonisch verlaufen ist, sondern von Brüchen und Neuanfängen geprägt war – und die deshalb von sich sagte: „Ich bin doch Nomadin durch und durch."

Linz, Mai 2011
Friedrich Buchmayr

Kindheit in Mondsee
(1872–1882)

Ich war nämlich nicht, wie üblich,
in die Welt gesetzt worden,
weil Vater Mutter liebte,
sondern weil er eine andere liebte,
die er vergessen wollte.
Frida Strindberg

1847 publizierte der 27-jährige Friedrich Uhl, der zuvor das Jusstudium abgebrochen hatte, um Schriftsteller zu werden, sein erstes Werk: „Märchen aus dem Weichselthale". Einer der beiden Widmungsträger war der als literarisches Vorbild verehrte Adalbert Stifter. Der Jungautor stammte

Der Vater Friedrich Uhl

aus der schlesischen Provinzstadt Teschen (heute geteilt in Cieszyn und Český Těšín) am Rand der Habsburgermonarchie, wo sein bereits verstorbener Vater Josef Uhl als Beamter gewirkt hatte. Auch seine Mutter Franziska Löbenstein lebte nicht mehr. Sie war vor ihrer Hochzeit vom Judentum zum Katholizismus konvertiert und hatte deshalb ihr Elternhaus nicht mehr betreten dürfen.

1848 begeisterte sich Friedrich Uhl für die Revolution und die großdeutsche Idee und schloss sich liberalen Kreisen an, die in den nachfolgenden Jahren seine Karriere förderten. Die literarischen Ambitionen traten in den Hintergrund, auch wenn Uhl später noch Wiener Gesellschaftsromane veröffentlichte. Seine neue Leidenschaft wurde die Journalistik. Friedrich Uhl verbrachte einige Zeit in Paris und inspirierte sich am geistreichen, räsonierenden Plauderstil des französischen Feuilletons. 1861 stieg er zum Chefredakteur des liberalen Regierungsblatts „Der Botschafter" auf.

1863 heiratete Friedrich Uhl die in gutbürgerlichen Verhältnissen lebende Marie Reischl (geborene Watzl). Die Ehepartner sahen einander die halbjüdische Abstammung nach, verbargen sie aber tunlichst vor der Öffentlichkeit. Der ökonomische und soziale Aufstieg in der großen Zeit des Liberalismus war an eine möglichst enge Assimilation geknüpft und sollte nicht gefährdet werden. Ein Jahr später kam Frida Strindbergs Schwester Marie auf die Welt.

Alle Blonden hielten sie für gut, sprachen schlecht von den Juden, obwohl die Großmutter väterlicherseits der kleinen Frau Jüdin gewesen war; und auf der mütterlichen Seite, die aus böhmischem Bauerngeschlecht stammte, verwendete man das Wort Jude als Schimpfwort. Der Schwiegervater war sogar Antisemit, doch als sich Axel B. über diese bizarre Einstellung lustig machte, antwortete seine Frau:

– Darüber brauchst du keine Witze zu machen; das machen wir lieber selber.

August Strindberg, Das Kloster, 290

1872 wechselte Friedrich Uhl als Chefredakteur an die Spitze der amtlichen „Wiener Zeitung". Damit zählte er im letzten Drittel des 19. Jahrhunderts zu den einflussreichsten Journalisten Wiens. Besondere Aufmerksamkeit schenkte er dem Aufbau eines gediegenen Feuilletonteils. In seinen eigenen Literaturkritiken zeigte er sich frühzeitig aufgeschlossen für moderne Strömungen wie den Naturalismus.

Als Sommerresidenz und als Unterkunft für seine wertvolle Kunstsammlung ließ Friedrich Uhl 1870 in Mondsee eine Villa erbauen. Hier ging er alljährlich im Juli und August seinen Hobbys, dem Forellenfischen und der Blumenzucht, nach und empfing Gäste aus Kunst und Kultur.

Seeufer am Mondsee mit Blick auf den Schafberg

*Richard Wagner und Jacques Offenbach spielten auf dem Bösendorferflü-
gel in der Villa.*

*Mondsee war ein aufstrebender Tourismusort, der von seiner land-
schaftlichen Schönheit und von seiner Nähe zur kaiserlichen Sommerresidenz in Bad Ischl profitierte. Friedrich Uhl war dort wiederholt zu Gast.
1874 begleitete er Franz Joseph auf einer Russlandreise. Der Kaiser ernann-
te ihn später zum Regierungsrat und zum Hofrat. Es bereitete Friedrich
Uhl keine Probleme, seinen kulturellen Liberalismus mit dem beruflich ge-
forderten sozialen und politischen Konservatismus zu verbinden.*

Eintrag im Taufbuch der Pfarre Mondsee

*Am 4. April 1872, wenige Tage nach dem Osterfest, kam in Mondsee Fri-
derica Cornelia Uhl auf die Welt, die Frida genannt wurde. Die neue Villa dürfte für ein derartiges Ereignis noch nicht ausgestattet gewesen sein,
denn die Geburt erfolgte im Gasthof zur Post. Die Patenschaft übernahmen die Eltern der Mutter, Maria und Cornelius Reischl, die zur Taufe am
5. April aus Saxen bei Grein anreisten.*

Schon bei der Geburt war ich eigenwillig und vorschnell. Ich wartete
nicht, bis das Haus, das mein Vater baute, die schmucke Villa am Ufer
des lieblichen Mondsees bei Salzburg, fertig stand. In einem Gasthof am
Straßenrain stieß ich lustig den ersten Schrei aus, wie ein Zigeunerkind
und nicht wie die Tochter eines Mannes, den Talent und Persönlichkeit
hochgehoben hatten. Es war unschicklich.

Aber eigentlich hatte ich recht – schon damals. Die Villa war nämlich
gar nicht mir zu Ehren erbaut worden, sondern weil Vater kurz vorher
einen echten Renaissanceschrank edelster Art ganz unvermutet in einem Bauernhause angetroffen hatte. Flugs war sein Sammlerherz ent-
brannt, und da der Schrank zu groß für unsere enge Zeit war, passte er
nicht in bestehende Häuser. So kam Friedrich Uhls Villa zustande. Ich

konnte mich keiner Illusion hingeben, ich spielte bei der Sache, wenn überhaupt eine, so die zweite Rolle.

Der Schrank blieb auch nicht lange allein. Er vermehrte sich rasch. Noch viele andere Schränke und Schränkchen, Truhen, Tische, Stühle, Betten, Spiegel, Uhren, Statuen, Bilder, Zinn, Porzellan, Kleinodien der Kleinkunst vergangener Zeiten kamen nach, ihrer so viele und erlesene, dass das Haus schon einige Jahre später im Baedeker als eine Art Museum bezeichnet war.

LLZ, 13

Die Ehe der Eltern bestand bei Frida Uhls Geburt nur mehr auf dem Papier. Die Ehepartner lebten getrennt, ließen sich aber aus Prestigegründen nicht scheiden. Man traf sich jeden Sommer für ein paar Wochen in Mondsee und kehrte dann nach Wien bzw. Saxen zurück. Marie Uhl vertiefte sich in religiöse Glaubenswelten und beschwerte sich nur im engsten Familienkreis über die vielen Affären ihres Ehemannes. (1890 wurde der 65-jährige Friedrich Uhl noch Vater einer unehelichen Tochter.)

Das traditionelle Frauenbild, wie es ihre Mutter verkörperte, wurde für Frida zum lebenslangen Stein des Anstoßes. Ihrer duldenden und leidenden Haltung setzte sie später rebellisches Aufbegehren entgegen. Die Mutter-Tochter-Beziehung war ein einziger Dauerkonflikt.

Außer seiner Haremswirtschaft und dass er mich absolut nicht liebt, kann ich ihm *nichts* vorwerfen.

Marie Uhl über ihren Ehemann an Rudolf Weyr, um 1882, Abschrift KB Dep. 146/13

Die Mutter Marie Uhl

Ich bin unter dem Zeichen des Widders geboren. Lieber mein Schicksal zerbrechen, als es untätig dulden!

LLZ, MFr, 214

Die Namensgebung „Friderica" nach dem Vater lässt vermuten, dass sich Friedrich Uhl nach der ersten Tochter einen Sohn gewünscht hatte – und vielleicht enttäuscht war. Frida sah sich jedenfalls mit der Tatsache konfrontiert, dass sie ein von ihren Eltern nicht geliebtes Kind war. Von Anfang an fehlte ihr die familiäre Nestwärme. Dass sie selbst weitgehend ohne mütterliche Liebe auskommen musste, sollte später auch ihr Verhältnis zu ihren eigenen Kindern prägen.

Ich hatte eine um neun Jahre ältere Schwester, die ich anbetete. Aber nach mir kamen keine Kinder mehr. Ich war nämlich nicht, wie üblich, in die Welt gesetzt worden, weil Vater Mutter liebte, sondern weil er eine andere liebte, die er vergessen wollte. Ich hatte jedoch als Heilmittel versagt. Die Eltern trennten sich nach meiner Geburt, schrieben sich täglich voll gegenseitiger Hochachtung und vermieden es aus Hochachtung, sich unnötig wiederzusehen. Mutter kehrte zu ihren Eltern zurück, die als reiche Gutsbesitzer an der Donau ein Phäakenleben führten. Vater übersiedelte nach Wien, wohnte als Chefredakteur des Amtsblattes, der k. k. Wiener Zeitung, in der k. k. Hofburg in einer selbst gewählten Klause, die halb Verließ und halb Bohemebude war, jeden entsetzte, aber ihm entsprach. Keiner meiner Eltern verzieh mir eigentlich je so ganz meinen Misserfolg.

LLZ, 13f.

Die ersten Lebensjahre bis zum Schulbeginn verbrachte Frida Uhl mit einem Kindermädchen („Resi") in der Mondseer Villa. Rückblickend schienen ihr diese frühen Kinderjahre ohne Eltern als ihre glücklichste Zeit. Frida genoss das einfache, freie Leben in der ländlichen Umgebung. Ebenso stark wie die Natur draußen muss sie die museale Welt in der Villa geprägt haben. Als Kind einer gutbürgerlichen Wiener Familie dürfte sie wenig Kontakt zu den gleichaltrigen Dorfkindern gehabt haben. Ihre geliebte und verehrte Schwester Marie, die um acht Jahre älter war, sah Frida bald nur mehr zu den Ferienzeiten, weil sie eine Klosterschule besuchte.

Villa Uhl mit der winkenden Frida am Zaunpfahl

Meine Amme, die Resi, avancierte zur Be-
schließerin der Villa und ich blieb in Mondsee zurück, mit dem Schrank und den
Schränkchen und allem übrigen ihr anver-
traut.

Das waren meine seligsten Zeiten.

Meine erste Erinnerung ist das Sonnen-
lachen. Bald glitzerte es silbern auf blauem
See, bald wiegte es sich auf rosigen Apfelblü-
ten, bald tanzte es um mich herum mit den
Schmetterlingen um die Wette, wenn ich im sattgrünen Grase lag. Dann
wieder kuschelte es im goldbraunen Holz des altertümlichen Saales, in
dem Vaters Bibliothek untergebracht war. Stundenlang kuschelte es da
mit mir, ganz still, ganz weltverloren. Und ehe ich noch zehn Jahre alt
war, kannte ich die Klassiker auswendig und verstand sie auf meine Art.
Das sollte mir späterhin in der Schule nützen; ich habe bei der Sonne
spielend gelernt, was andere in nüchternen Stuben bis an ihr Lebens-
ende mühselig buchstabieren.

Am schönsten aber wars, wenn Berg und See und Himmelsbläue mit der Sonne lachten, und ich mich dem warmen Kuss so ganz hingeben durfte. Dann jubelte alles in mir – „Ich lebe!"

„Du lebst nicht, du vegetierst!" hörte ich Vater später oft zürnen. Und mich darauf erwidern: „Ist denn das nicht viel schöner, das mit den Lilien auf dem Felde?"

LLZ, 14f.

In Klosterschulen zur Europäerin (1882–1891)

Ich litt grausam unter dem Entzug
von Freiheit und Sonne.
Aber den Meinen war ich eine Last.
Frida Strindberg

Im Herbst 1882, am Vortag ihres 18. Geburtstags, heiratete Frida Uhls Schwester Marie den um 17 Jahre älteren Rudolf Weyr. Er zählte zu den renommiertesten Bildhauern der Ringstraßenära. Schon zwei Jahre zuvor war sie mit ihm verlobt worden. Als sie vor einer Ehe mit Weyr zurückzuschrecken begann, soll sie vom Vater mit dem Hinweis, sie hätte sich durch gemeinsame Spaziergänge und Ausflüge ohne Anstandsdame kompromittiert, in die Ehe gezwungen worden sein. Nach der Geburt eines Sohnes im Jahr 1884 kriselte es in der Ehe. Frida Uhl sah ihre ältere Schwester an den Folgen der überstürzten Eheschließung leiden und zog ihre Lehre daraus: Nie wollte sie eine Konvenienzehe wie ihre Schwester (und ihre Mutter) führen.

Frida Uhls Schwester Marie mit ihrem Ehemann Rudolf Weyr

Ich war kaum dreizehn Jahre alt, da saß ich in Wintereinsamkeit eingeschneit in unserem Mondseer Haus am Krankenbett der vergötterten Schwester, die sich mit Gehirnentzündung in Fieberfantasien quälte, während draußen der Sturm an den Fichten rüttelte, – oh die schaurigen Nächte. Sie war mit mir hierher geflüchtet. Sie liebte einen andern. Doch der Gatte wollte sie nicht lassen, und sie wusste, sie musste zurück zu ihm. Des Kindes wegen.

Da lag das arme junge Ding mit dem rabenschwarzen Haar wirr auf den weißen Kissen, die Augen ferne, die Lippen zitternd, mit den Händen tastend – und delirierte, – und immer waren es dieselben Worte, die da klagten: Non si trova mai più … Das kommt nie wieder.

Ich weiß nicht, worauf es sich bezog, ob auf ihr verlorenes Leben oder auf die verlorene Liebe. Aber ich weiß eines: geschehe, was da wolle, ich werde mich nie in eine liebeleere Ehe treiben lassen wie die Schwester. Und mein Glück, wenn ich es finde, lasse ich nicht.

LLZ, Marbach II

Im Alter von neun Jahren wurde Frida Uhl aus ihrer gewohnten Umgebung herausgerissen und kam in eine Klosterschule. Wie ihre Schwester Marie sollte das Mädchen durch eine ergänzende Weiterbildung und Erziehung zu einer „guten Partie" auf dem Heiratsmarkt gemacht werden. Das Einzelzimmer in der Villa Uhl wich einem riesigen Gemeinschaftssaal, die lockere Freizeitkleidung der einheitlichen Pensionatsuniform. Der Freiraum für individuelle Lebensgestaltung verschwand. Die Zöglinge bewegten sich durchwegs in Gruppen und standen unter ständiger Überwachung, ob beim Unterricht, beim Lernen, in der Messe, beim Handarbeiten, beim Essen oder beim Spielen. Die Umgewöhnung an einen streng geregelten Tagesablauf und an eine disziplinierte Lebensweise fiel Frida äußerst schwer. Die vielen Schulwechsel, die sie später verklärte, könnten auf Anpassungsschwierigkeiten hinweisen und ließen keine bleibenden Freundschaften mit Mitschülerinnen entstehen.

Als ich neun Jahre alt geworden, verheiratete man meine Schwester und steckte mich ins Kloster zur Erziehung. Ich litt grausam unter dem Entzug von Freiheit und Sonne. Aber den Meinen war ich eine Last. So kams zum Kompromiss. Ich ließ das Kloster über mich ergehen, dafür wollte ich jedes Jahr in ein neues Land, die Wanderlust lag mir im Blut. Und trotzdem ich so die Welt nur hinter Klostermauern hervor und durch Klosteraugen sah, erlebte ich auf meine Weise doch von früher Jugend an die Sonne Italiens, die Sonne Deutschlands, die Sonne Frankreichs und die Sonne Englands. Bis man mich mit meinen achtzehneinhalb Jahren nicht länger im Kloster lassen konnte.

LLZ, 15

Die erste Klosterschulstation war das Mädchenpensionat der Schulschwestern in Görz (heute Gorizia, Italien). In einem Feuilleton erinnerte sich Frida Strindberg später an einen Ausflug zur Festung Castagnavizza oberhalb von Görz, bei dem sie einen Blick in einen paradiesischen Klostergarten werfen konnte.

Da plötzlich öffnete jemand vor mir eine Tür. Unendlicher Wohlgeruch strömte uns entgegen. Die Frühlingssonne dehnte uns die Glieder. Ich sah auf und stand vor einer hohen Steinmauer. Meterbreit nur gewährte

das offen stehende Gitter Einblick in das, was hinter ihr sich barg. Am
Hügelabhang lag ein Garten, scheinbar in die Luft gebaut, dessen Rück-
grenze der tiefblaue Äther bildete. Ach, dieser Garten im Sonnenschein!
Goldene Orangen hingen im glänzenden Laub. Magnolien prangten in
fahlroter Pracht. Gelbe Rosen kletterten an Zypressen hinan. Sanft lila-
farbene Glyzinien strömten so berauschenden Duft aus, dass man wohl
merkte, wie Duften und Blühen ihr einziges Gewerbe sei. Der Garten
schien mir nach tiefer Nacht eine neue Welt der Freiheit und Schönheit,
der Wärme und Wonne zu sein. Ich wollte seine Schwelle überschreiten.
Da hielt mich der braune Franziskanerbruder, der uns führte, am Arm
zurück, und seine raue Stimme scholl in ehrlicher Warnung: „Um Gottes
willen! Außer uns, den dem Dienst des Herrn Geweihten, darf niemand
in die Klausur. Wenn Sie da eintreten, sind Sie …" Ich trat nicht ein.
Das Tor des Gartens schloss sich wieder für immer vor mir. In meiner
Erinnerung aber blieb derselbe haften wie ein verlorenes Eden, in dem
man Stunden des Glückes hätte genießen können, worin sich die Natur
in ihrer Schönheit so allmächtig offenbarte, dass Menschenklügeln wohl
verstummen müsste.

WA, 26. 9. 1896

Speisesaal des Instituts der Englischen Fräulein in Bad Reichenhall

Fridas Schwierigkeiten mit dem Klosterschulalltag dürften so groß geworden sein, dass sie ihr Vater zu einer Gastfamilie nach Hannover schickte. Der Hausherr beschrieb sie als „eigenartiges, schwer zu leitendes Kind" und war besorgt. Im Herbst 1887 kam sie erneut in eine Klosterschule, diesmal in das näher bei Mondsee gelegene Institut der Englischen Fräulein St. Zeno in Bad Reichenhall (Bayern). Die religiöse Erziehung, die den täglichen Messbesuch einschloss, stand im Mittelpunkt. Daneben achtete man auf die Vermittlung häuslicher und „fraulicher" Tugenden. Die rund 120 Mädchen sollten ganz auf die Ehe und die Bedürfnisse des künftigen Ehemanns vorbereitet werden. Nicht einmal in den Weihnachts- und Osterferien kehrten sie zu ihren Familien heim. Frida empfand die endlose Abfolge von religiösen Übungen, Schulzeiten und Studierzeiten als geisttötend. In der spärlichen Freizeit fand sie keine Freundinnen.

Wir sind so viele, dass wir keine Namen mehr sind, man ist nur mehr eine Nummer. Ich bin Nummer 39.

Es ist eisiger Winter. Ich bin nie mit Kindern zusammen gewesen, kann mich nur schwer zu den anderen finden. Ich bin grenzenlos vereinsamt und tief unglücklich. […] Hier küsste ich die Fenster und die Luft. Es war mein erster Tod. Hier bin ich zur Entwurzelten geworden. Dabei bin ich Lieblingsschülerin nicht nur meiner guten Lehrerin, sondern auch des hochwürdigen Herrn Pfarrers.

LLZ, KB Dep. 146/1

Frida Uhl im Alter von 12 Jahren

Wie ein vornehmes Landfräulein posiert Frida Uhl am Holzzaun vor der ländlichen Kulisse eines Fotoateliers. Das schulterlange Haar ist auf der rechten Seite hinter das Ohr gekämmt, als wolle sie keinen Ton überhören. Der Blick richtet sich stolz nach oben, die Mundwinkel bleiben trotzig geschlossen.

*Dass sich Frida Uhl ungeachtet aller klösterlichen Disziplinierungs-
maßnahmen ein gewisses Maß an Eigensinn und Lebenslust bewahren
konnte, zeigt ein kleiner Vorfall aus der Ferienzeit in Mondsee.*

Ich erinnere mich an einen Tag, ich mochte sechzehn Jahre alt sein, da
pfiff der Sturm, die Blitze zuckten. Nie hätte man dem stillen See die
Mordgier und Abenteuerlust zugetraut. Vater starb schier vor Angst. Ich
war im Ruderboot draußen, wo der Tod Jagd hielt, und genoss den Aufruhr und den Kampf mit allen Sinnen.

Als ich wieder ans Land stieg, herrschte mich Vater an: „Was fällt dir
ein? Tun vernünftige Menschen so was?"

Da hatte ich ihn, noch vom Kampfe glühend, verwundert angeblickt:
„Warum tun sie es nicht?"

LLZ, 302

*Im Pensionat der Augustiner Chorfrauen Unserer Lieben Frau („Couvent
des Oiseaux") in Paris traf Frida Uhl im Herbst 1888 auf eine adelig gepräg-
te, weltabgewandte Ordenswelt. Hohe Mauern schlossen den fast zwei Hek-
tar großen Konvent und das Pensionat von der Außenwelt ab. Als einzige
Schülerin musste Frida sogar die Weihnachtsferien im Heim verbringen.*

*August Strindberg erzählte sie später, sie wäre in der Pariser Kloster-
schule derart „mit Religion gequält" worden, dass sie danach auf Distanz
ging. An die Realitätsferne der Pariser Ordensschwestern und an die le-
benslängliche Wirkung einiger Anstandsregeln erinnerte sie sich noch Jahrzehnte später mit einem gewissen Groll.*

Man muss meine Erziehung mitgemacht haben: Selbst im Bad trug man
im Kloster „Aux Oiseaux" sittsame Leinenmäntel, die auf dem Rücken
gebunden wurden, bis zu den Knöcheln reichten und die man in der Ba-
dewanne niemals lüften durfte, denn auch die Berührung des Körpers
mit der Seife galt als sündhaft.

Vor den 30 Badewannen, die einmal im Monat benützt wurden, wanderte dann immer eine fromme Schwester wachend und betend auf und
ab, während wir im Wasser saßen. Jede der Wannen war nach drei Seiten
hin durch Vorhänge geschützt; nur nach vorne zu war der Einblick offen, eben da, wo die Schwester betend auf und ab ging.

„Die Sünde der Augen" hätte keine, weder Schwester noch Zögling, je im Beichtstuhl zu bekennen gewagt.

Einmal während der Ferien in Paris (ich war die einzige Schülerin, die der Entfernung wegen nicht nach Hause geholt worden war) hatte ich ein ganz entsetzlich dramatisches Erlebnis in dieser „Galerie des bains" gehabt. Man hatte mir den Ferien zu Ehren gestattet, den ganzen Tag zu lesen, so viel ich lesen konnte – und ich las: sitzend, liegend, stehend, den ganzen Tag – und las natürlich auch gehend …

Verirrte mich lesend lustwandelnd vom Kapellengang in die Galerie. Durchmaß sie bis zur halben Länge, in Walter Scott vertieft, als mich ein schriller Schrei, dem bald ein vielkehliges Kreischen folgte, aus der Lektüre riss: Da starrten mich aus zwanzig sichelförmigen Kabinenöffnungen, unter dem Kinn vom Wasser geköpft, aus leichenfahlen Zinnbadewannen, wie aus grauen Metallsärgen, zwanzig puterrote, gerupfte Frauenschädel mit grauenverzerrten Zügen unter schneeweißen Leinenkäppchen – wie verhexte Vogelfratzen – schreckhaft an.

Ich flüchtete, so rasch ich konnte, wie vor einer Geisterschar. Es dauerte eine ganze Weile, bis ich erfasste, dass ich meine guten Lehrerinnen im Bad überrascht hatte und dass mir zu schauen vergönnt, was keines andern Menschen Auge – zu Gottes höherer Ehre – je erblicken sollte. Und als ich es erfasste, da konfiszierte man mir auch schon den Walter Scott, weil man Romane überhaupt verpönte und ihm die Schuld an der Verruchtheit beimaß. Es war der unschuldsvolle „Antiquary" noch dazu! So wurde ich erzogen – so bin ich.

Man kann wohl ein Prinzip oder einen Glauben von heute auf morgen abschütteln, aber – eine Gewohnheit nicht. Ich lösche noch immer das Licht aus, ehe ich mich nachts entkleide. Gedankenlos und instinktiv, ganz gegen jede Überzeugung lösche ich es, lache mich aus, wüte gegen mich selbst, ertappe ich mich dabei: Aber ich lösche es.

LLZ, MFr, 75f.

Eine der wenigen Ablenkungen war der Besuch eines Freundes ihres Vaters im Mai 1889. Der Berliner Theaterkritiker Otto Neumann-Hofer nahm Frida mit zur Pariser Weltausstellung, die zum 100. Geburtstag der Französischen Revolution stattfand. 32 Millionen Besucher stürmten die riesige kathedralenhafte Maschinenhalle, den elektrisch beleuchteten Industrie-

palast, das Palais der Schönen Künste und die Wildwestshow von Buffalo
Bill. Zum Abschluss ihres Rundgangs bestieg die Schülerin das höchste Ge-
bäude der Welt, den für die Weltausstellung errichteten Eiffelturm.

Das hohe Lernpensum in der Pariser Eliteschule bereitete Frida Uhl
keine Probleme. Zum Abschluss des Schuljahres errang sie am 31. Juli 1889
einen Preis in Geschichte. Das Buchgeschenk landete später in August
Strindbergs Bibliothek.

Unter der braven Oberfläche des strengen Klosterschulalltags brodelte
es gehörig. Ihren ersten sexuellen Aufklärungsunterricht erhielt Frida von
einer frühreifen amerikanischen Mitschülerin.

Die Liebe physiologisch geschildert hat mir erst im vorigen Sommer die
kleine Amerikanerin Daisy im Kloster „Aux Oiseaux" zu Paris. – Sie

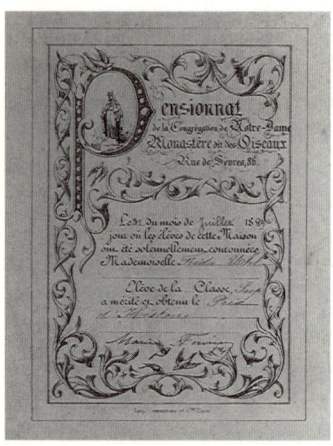

wusste alles. Mit 15 Jahren schon
hatte sie sich – um der Legende
endlich auf den Grund zu kommen – in Dresden von einem ordentlichen Professor der Mathe-
matik, den sie vor der Sixtinischen
Madonna kennen gelernt, verführen lassen. Noch nach zwei Jahren
schüttelte sie sich bei der Erinnerung an dieses Erlebnis enttäuscht
und abgestoßen, wie ein durch-
nässter Vogel die Federn bläht.

LLZ, Marbach II

Preis in Geschichte für Frida Uhl

In den Sommerferien 1889 soll das
Reclam-Heft mit August Strind-
bergs Drama „Fräulein Julie" in Frida Uhls Hände gelangt sein. Nach der
hitzigen Lektüre nervte sie angeblich ihren Vater beim Forellenfischen mit
Fragen zum Skandalstück.

„Sag Papa", frage ich, [...] „ist es möglich, dass ein junges Mädchen sich
verführen lässt, trotzdem ihr der Mann ein völlig Fremder ist, für den sie
keine Spur von Liebe und Achtung hat?"

Platsch …! Die Forelle schnellt aus Vaters Hand ins Wasser zurück. Zornrot dreht er sich um. „Was heißt das?" (Vater liebt und genießt die Weiber, aber Gattin und Töchter sind ihm nicht Weiber, sondern Engel, seraphische Wesen, ganz Seele und überhaupt kein Leib.)

„Das heißt Papa, dass ich mir über die psychologische Wahrheit eines Buches klar werden möchte."

Isabelle Adjani in August Strindbergs „Fräulein Julie" (1983)

Vater atmet beruhigt auf … Solange es sich nur um ein Buch handelt …

„Möglich ist das nur bei einem ganz verlotterten Geschöpf. Eine Frau muss schon durch alle Pfützen gegangen sein, ehe sie in der Liebe die Seele vom Körper trennt."

„Du meinst also, es kann ihr nur durch Übergenuss passieren … Ja, aber bei der Gräfin Julie verhält es sich nicht so. Die hat eben noch gar nicht gelebt. Ihre Geschichte ist eher die Geschichte einer Hungersnot als die eines verdorbenen Magens."

„Halt das Maul!" (Vater kann schrecklich derb sein und beim Fischen ist strengstes Schweigen Gesetz.) „Wie soll denn da ein Fisch anbeißen bei dem blöden Geschwätz!"

LLZ, Marbach II

Im Juli 1889 war Frida Uhl 17 Jahre alt und stand am Ende ihrer Klosterschulzeit. Nun drohte ihr das gleiche Schicksal wie ihrer Schwester Marie – die Verheiratung mit einem standesgemäßen, dem Vater genehmen Ehemann. Leistete Frida Uhl Widerstand? Begehrte sie auf? Es gelang ihr jedenfalls, vielleicht unter dem Vorwand eines gründlicheren Spracherwerbs, noch eine zweijährige „Schonfrist" am Institut der Englischen Fräulein in Haverstock Hill (London) zu bekommen. Mitte August 1889 reiste Frida Uhl in Begleitung von Rudolf und Marie („Miz") Weyr nach London. Die kleine, fast familiäre Klosterschule war ihr von Anfang an sympathisch. Neben den Fremdsprachen Englisch und Französisch wurden die Fächer Musik, Gesang, Zeichnen und Handarbeit angeboten.

Miz und ich waren gestern im Kloster – außerhalb Londons – ein in viele Gärten verlorenes, bescheidenes, doch äußerst niedliches Nipphäuschen mit einer ebenso netten Nonne drinnen. […] Uniform gibts nur am Sonntag – ein schwarzes Kleid, das ich habe, genügt. – Morgen rücke ich ein – gar nicht mit Widerstreben; es muss eben alles zu seiner Zeit sein!

Frida Uhl an Friedrich Uhl, 13. 8. 1889, KB Sg Doss. 5

Die familiäre Klosterschule der Englischen Fräulein im St. Mary's Convent London (um 1900)

Ein Dominikanerpater war für das geistliche Leben zuständig. Zweimal täglich beteten die Klosterschülerinnen den Rosenkranz. Samstags fanden Ausflüge in die nähere Umgebung statt. An Sonntagen gab es stundenlange Anbetungen in der Kapelle. Manche religiöse Inhalte prägten sich ihr tief ein. Die christliche Tugend der Demut erschien Frida Uhl als höchste Weisheit. In ihrem späteren Leben sollte sie zu vielen männlichen Schriftstellern aufblicken und ihre eigenen literarischen Ambitionen zurückstellen, um ihnen dienen zu können.

Ich erinnere mich, dass ich als kleines Mädchen in einem Märchenbuch von einer verzauberten Prinzessin gelesen habe, die keiner der tapferen Ritter aus ihrem Schlaf erwecken konnte, weil ihnen die notwendige Gabe fehlte, die sie mitbringen hätten müssen, um sie zu befreien. Wer weiß, ob diese unbekannte Tugend nicht Demut heißt – bescheiden sein. – Aber, mein Gott, wer das *wirklich* aus tiefstem Herzen wäre, hätte bereits die höchste Weisheit erlangt.

Frida Uhl an Friedrich Uhl, 23. 3. 1890 (franz.), KB Sg Doss. 5

Der Klavierunterricht dürfte nicht über das Anfängerniveau hinausgegangen sein, denn Frida Uhl belächelte die Banalität der Stücke. Umso begeisterter stürzte sie sich auf die Lektüre großer englischer Autoren: Shakespeare, Lord Byron, Walter Scott und Charles Dickens. Von Byrons Versepos „Childe Harold's Pilgrimage" lernte sie ganze Passagen auswendig. In den jugendlich-romantischen Helden, der durch die Mittelmeerländer reist und eine Fülle von Eindrücken sammelt, konnte sich die ebenfalls durch Europa pilgernde, aber immer hinter Klostermauern eingesperrte Frida Uhl gut hineinträumen. Dass Schauerromane wie „The Haunted Hotel" (1878) des Erfolgsautors Wilkie Collins hohe Auflagen erzielten, blieb ihr hingegen unerklärlich.

Würdest Du es für möglich halten, dass man etwas von derart schlechtem Geschmack mitten im 19. Jahrhundert in England schreiben kann? Ein Mord, Gespenster – das ist unerhört. Ich werde mich künftig vor all diesen englischen Romanautoren sehr hüten. Aber ich weiß, dass die Leute diese Bücher bewundern. – Ich verstehe überhaupt nichts davon, muss ich gestehen!

Frida Uhl an Friedrich Uhl, 23. 3. 1890 (franz.), KB Sg Doss. 5

Von ihrem Vater erhielt Frida Uhl das Buch „Judengeschichten" (1878) von Leopold von Sacher-Masoch zugeschickt, der später wegen seiner erotischen Fantasien einseitige Berühmtheit erlangen sollte. Seine Schilderungen des jüdischen Lebens in den Randgebieten der Habsburgermonarchie fielen in das von Leopold Kompert begründete Genre der jüdischen Heimatliteratur. Wollte Friedrich Uhl seiner Tochter auf diese Weise die in der Familie verdrängte Welt des Judentums näherbringen? Frida Uhl reagierte

begeistert, würdigte jüdische Autoren von Heinrich Heine bis zum Drama-
tiker Salomon von Mosenthal und zählte Sacher-Masoch irrtümlich auch
gleich dazu.

So sehr ich Sacher-Masoch nicht ausstehen kann, wenn er sich zu sehr
hinreißen lässt, so sehr liebe ich ihn in seinen kleinen Erzählungen, in
denen er einfach berührend ist und sich als tiefer Kenner der menschlichen Natur erweist. Wirklich, die Juden machen sich nicht schlecht in
unseren Tagen! – Heine, Mosenthal, Kompert, Masoch – bald werden
sie uns überzeugen, dass sich die Muse im Getto niederlässt – eine schöne Aussicht!

Frida Uhl an Friedrich Uhl, 15. 12. 1889 (franz.), KB Sg Doss. 5

Sister Teresa Blagden, die 33-jährige Leiterin der Klosterschule, lobte Fri-
da Uhls Intelligenz und Lerneifer, bemerkte aber auch eine Schwäche für
hochtrabende Worte und Phrasen, die ihr erhalten bleiben sollte.

Aus Ihrem lieben Brief von Montag ersehe ich, dass Sie mit den Fort-
schritten Fridas zufrieden sind. Sie könnte sicher nicht mehr Eifer bezüglich ihres Weiterkommens zeigen. Sie hat höchste Intelligenz, aber
– wie bei allen jungen Mädchen, die außergewöhnliche Anlagen haben –
eilt diese Fähigkeit der Vernunft voraus. Das erklärt ihre Ideen über Phi-
losophie, die mich überraschen und manchmal amüsieren. Große Worte
und klingende Phrasen nehmen oft den Platz von gesundem Menschenverstand und sogar von vernünftiger Logik ein. Woher nimmt sie diese
Theorien? frage ich mich.

Wenn ihre Vernunft durch Alter, Erfahrung und Nachdenken einmal
entwickelt ist, dann wird sie Ihnen zweifellos eine angenehme Gesellschaft sein, und ihre liebenswürdigen Eigenschaften werden sie für ihre
Umgebung wertvoll machen.

Teresa Blagden an Friedrich Uhl, 10. 1. 1890 (franz.), KB Sg Doss. 5

Die Weihnachts- und Osterferien musste Frida Uhl wieder im Kloster
verbringen. In ihren Briefen klagte sie über die vielen Fabriksschlote, die
für verschmutzte Luft sorgten, und über die Kälte – auch im Klosterge-
bäude. Nach einer schweren Lungenentzündung kam sie im März 1890

zur Erholung in das Meerbad Bournemouth. Sie genoss die ländliche und zugleich mondäne Umgebung. Zum Schulschluss im Juli 1890 konnte sie endlich wieder nach Mondsee zurückkehren. Dort stieß Frida Uhl auf die vom Vater abonnierte Zeitschrift „Revue des Deux Mondes". Der gehobene Feuilletonstil des renommierten Pariser Magazins begeisterte sie. Frida Uhl wunderte sich über das falsche Bild, das ihr in der Klosterschule von der französischen Literatur vermittelt worden war.

Was sind das für gut gedachte, gut geschriebene Sachen! Nie habe ich den französischen Geist von dieser Seite her gesehen. Die guten Klosterschwestern haben mich immer denken lassen, die Franzosen hätte keine Spur von Tiefe und Genauigkeit. Im Moment fühle ich mich wie aus allen Wolken gefallen angesichts dieser neuen Ansichten, die kühn und richtig sind in den historischen Fakten, in wissenschaftlicher und in philosophischer Hinsicht. Und dann: Was für ein Talent beim Formulieren in den Nachrichten – welche Wahrheit und welcher Scharfsinn.

Frida Uhl an Friedrich Uhl, 5. 9. 1890 (franz.), KB Sg Doss. 5

Bald nach Beginn des zweiten Londoner Schuljahres war Frida Uhl Mitte September 1890 (nach einer neuerlichen Erkrankung?) wieder auf Erholung in Bournemouth. Ihr Vater gab ihr als Stilübung den Auftrag, ihren Aufenthalt à la Chateaubriand (gemeint war aus der reinen Ich-Perspektive) zu schildern. Da ihre Briefe jetzt von keiner Klosterschwester kontrolliert wurden, nützte die 18-jährige Frida die Gelegenheit, um ihre Zweifel an den religiösen Lehrinhalten der Klosterschule zum Ausdruck zu bringen.

Es ist so, dass ich an den Großteil der Dinge, die man uns als Religion unterrichtet, nicht glauben *kann*. Du wirst mir sagen, dass auch Du nicht daran glaubst und dass jeder mit Verstand bekennt, dass sie im Irrtum sind. Aber *wo* ist dann die Wahrheit? Wenn Gott so ist, wie ihn das ganze Universum zeigt, *konnte* er nicht die Grausamkeit haben, uns in diese Welt zu setzen, uns Pflichten aufzuerlegen und uns in unfreiwilligem Zweifel darüber zu lassen, wer über unser Leben und über unsere Ewigkeit entscheiden wird. Wenn es keine Wahrheit gibt, gibt es keinen

Gott. Wenn es keinen Gott gibt – wie und warum leben wir und wie kann es eine Würde und eine Pflicht in unserer Natur geben?

Frida Uhl an Friedrich Uhl, 14. 9. 1890 (franz.), KB Sg Doss. 5

Vor ihrer endgültigen Abreise aus London ließ Frida Uhl im Juli 1891 ein Foto anfertigen, das sie als Klosterschülerin mit hochgeschlossenem Kleid und Kreuzkettchen zeigt. Zum Abschluss ihrer Schulzeit bekam sie kein staatlich anerkanntes Zeugnis oder Bildungsdiplom, das ihr beruflich wei-

Die Klosterschülerin (1891)

tergeholfen hätte – nicht einmal für ihre hervorragenden Sprach-kenntnisse. Ihr Bildungsniveau war im Rahmen zeitgenössischer weiblicher Bildungsmöglichkeiten beachtlich, stand aber freilich in krassem Gegensatz zur Unerfah-renheit in weltlichen Dingen, die sie durch intensive Lektüre auszu-gleichen suchte. Ihre Realitätsferne sollte Frida Uhl zeitlebens zu schaf-fen machen.

Bis zum 19. Lebensjahr beinahe habe ich den Segen der Klosterer-ziehung genossen. Als ich heraus kam, wusste ich nicht, dass Seide kostspieliger ist als Baumwolle, Kaviar seltener als Weizenbrot. Es ist noch immer schwer für mich. Die Weltfremdheit hängt mir an. Sie zieht mich am Schnürchen hoch in die Wolken. Das hatte man bei meiner glänzenden Erziehung nicht bedacht.

LLZ, 105f.

Die junge Feuilletonistin (1891–1893)

Zwischen mir und dem Vaterhaus
liegt das Abenteuer.
Frida Strindberg

In den Sommerferien 1891 musste Friedrich Uhl eine Entscheidung über die Zukunft seiner 19-jährigen Tochter treffen. Sie selbst träumte davon, Ärztin zu werden – ein Hinweis auf ihr starkes, bleibendes Bedürfnis, anderen zu helfen und menschliches Leid zu lindern. Ihr Vater wollte aber keinen Beruf, sondern nur eine kleine Beschäftigung – bis zum Auftauchen

Friedrich Uhl

eines passenden Ehemannes. Die Wahl fiel schließlich auf sein eigenes Metier.

An einem Julitag 1891 reichte Friedrich Uhl seiner Tochter das Reisebuch „Ein englischer September" seines Freundes Ludwig Hevesi, gab ihr einige knappe Anweisungen und ließ sie eine Rezension für „seine" Zeitung verfassen. Noch Jahrzehnte später staunte Frida Strindberg darüber, dass sie ihr strenger Vater der Schriftstellerei für würdig befunden hatte.

Zwei Stunden nahm die Arbeit in Anspruch; Vater las sie in fünf Minuten durch und adressierte sie kurzwegs an seine Redaktion mit dem Vermerk: „Für die Sonntagsnummer!" Als der Sonntag kam, war ich gedruckt. Mein gutes Opfer hat entzückt. Vaters Angestellte und Freunde taten noch entzückter. Und Vaters eigenes Urteil, das sonst so scharf und richtig war, versagte dem eigenen Fleisch und Blut gegenüber. Er konnte streng mit uns, grausam streng mit meiner Schwester und mir sein, aber trotzdem machte ihn die Liebe blind. Er hielt mich wirklich für begabt. Ich teilte seine Ansicht nicht und sagte es ihm ehrlich. Aber er wusste meinen wunden Punkt zu treffen: „Schreib nur", befahl er schroff, „dann bist du was. Viel Geld verdient man mit der Schriftstellerei nicht, wenn man reine Hände haben will, aber Macht verleiht sie viel, Macht!" Das wirkte.

LLZ, KB Dep. 146/1

Feuilleton.

Ludwig Hevesi.

„Ein englischer September." Heitere Fahrten jenseits des Canales von Ludwig H e v e s i. Stuttgart 1891, Verlag von Adolph Bonz u. Comp.

Von Frida Uhl.

Ein englischer September! Wer den miterlebt, fühlt sich unwillkürlich neblig angehaucht. Die Sonne hat längst ihr Werk vollbracht, längst auch den Zenith ihrer Laufbahn überschritten. Nun zieht sich die Matrone mit immer kühlerem Lächeln in ihre Wolkenfestung zurück. In England zürnt ihr niemand darob, und fünf Millionen Einwohner zumindest legen sich nicht Rechenschaft darüber ab, ob sie den ewig grauen Himmel der Trägheit des Gestirnes oder dem Fleiße ihrer Fabriken zuzuschreiben haben. Bald kommen auch die rauhen Stürme und brausen um die altehrwürdigen Ahnensitze. Sie rütteln an den Wipfeln der starken, knorrigen Bäume, doch diese neigen kaum das Haupt, haben sie doch oft gehört, wie man der Tochter des Baronets und der des armen Geschäftsmannes die stramme Haltung von Kindesbeinen an lehrt, und sich daran ein Muster genommen. Wem aber nicht die traulich stille Halle zum Obdach gegeben ist, wer im Freien beobachten muß und möchte, der schüttelt bedenklich das Haupt und macht sein Strichelchen durch diesen Monat des Kalenders.

Frida Uhls erstes Feuilleton vom 27. Juli 1891

Am 27. Juli 1891 erschien der erste Text Frida Uhls in der „Wiener Abendpost", der Abendausgabe der „Wiener Zeitung". Der Einleitungsabsatz zeigt deutlich den literarischen Anspruch des Feuilletons. Der Buchtitel wird anschaulich umspielt und mit subjektiven Erfahrungen angereichert, die in einem ausgefeilten, geistreichen Plauderstil vorgetragen werden und das Interesse der Leser für die eigentliche Rezension wecken sollen.

Ein englischer September! Wer den miterlebt, fühlt sich unwillkürlich neblig angehaucht. Die Sonne hat längst ihr Werk vollbracht, längst auch den Zenit ihrer Laufbahn überschritten. Nun zieht sich die Matrone mit immer kühlerem Lächeln in ihre Wolkenfestung zurück. In England zürnt ihr niemand darob und fünf Millionen Einwohner zumindest legen sich nicht Rechenschaft darüber ab, ob sie den ewig grauen Himmel der Trägheit des Gestirnes oder dem Fleiße ihrer Fabriken zuzuschreiben haben. Bald kommen auch die rauen Stürme und brausen um die altehrwürdigen Ahnensitze. Sie rütteln an den Wipfeln der starken, knorrigen Bäume, doch diese neigen kaum das Haupt, haben sie doch oft gehört, wie man der Tochter des Baronets und der des armen Geschäftsmannes die stramme Haltung von Kindesbeinen an lehrt, und sich daran ein Muster genommen. Wem aber nicht die traulich stille Halle zum Obdach gegeben ist, wer im Freien beobachten muss und möchte, der schüttelt bedenklich das Haupt und macht sein Strichelchen durch diesen Monat des Kalenders.

WA, 27. 7. 1891

Friedrich Uhl ließ seine internationalen Kontakte spielen, um für seine Tochter Frida einen glänzenden literarischen Start zu inszenieren. Ihr nächstes Feuilleton sollte in der renommierten „Allgemeinen Zeitung" des Cotta-Verlags erscheinen. Dem Redakteur Alfred Dove wurde auch die Bereitschaft zu einer „Gegengefälligkeit" signalisiert. Frida Uhl genoss es, einen einflussreichen Vater zu haben, und suchte bei allem Freiheitsdrang auch im späteren Leben stets seine Nähe und Gunst.

Sehr geehrte Herren!
Ich habe heute um eine Gefälligkeit zu bitten. Ich ersuche, Beilage an Herrn Professor Dr. Dove, zur Aufnahme in die Beilage der Allgemeinen Zeitung empfehlend, zu senden und ihn jeder Gegengefälligkeit meinerseits zu versichern. Der Artikel ist brauchbar und ich lege Wert darauf, dass meine in England erzogene Tochter durch Ihr Blatt in der Welt eingeführt werde. Ich bitte, wenn der Artikel erscheint, mir 10 Exemplare der Nummer aus und Gutschreibung des Honorars. Ich bin bis 31. d. M. hier, vom 1. Sept. an in Wien.
Hochachtungsvoll
Friedrich Uhl

Friedrich Uhl an den Cotta-Verlag, 20. 8. 1891, DLA

Soll ich mit dem Leben nicht zufrieden sein? Ich bin ein sorgloses verwöhntes Menschenkind. Ich habe meinen Vater gut gewählt; in unserer heutigen Gesellschaftsordnung scheint das ja zu genügen. Er sorgt für mich, er räumt mir jeden Stein aus dem Weg. Er braucht nicht einmal selbst die Hand zu rühren, der Chef der k. k. Wiener Zeitung ist eine gewichtige Persönlichkeit, sein Töchterchen segelt allein schon unter seinem Namen und seiner Flagge gut.

LLZ, 41

Als Friedrich Uhl am Ende der Sommerferien 1891 wieder nach Wien zu-
rückkehren musste, nahm er seine Tochter Frida nicht mit, um seine pre-
käre Familiensituation nicht offenkundig werden zu lassen. Er schickte sie
als Korrespondentin nach München und brachte sie bei seinem Freund
Heinrich Porges unter. Wie Friedrich Uhl war Porges in Wien ein Vor-
kämpfer für die Musik Richard Wagners gewesen, der ihm 1871 zur An-
stellung als königlicher Musikdirektor in München verholfen hatte. Fried-
rich Uhl wollte seiner Tochter eine gewisse berufliche Selbstständigkeit und
Unabhängigkeit als Frau ermöglichen – und sie gleichzeitig aus dem Haus
bekommen.

Töchter gut versorgen ist gut, sie aber anleiten, für sich selbst sorgen zu
können, besser.

Friedrich Uhl in einem Feuilleton in der WA, 3. 3. 1892

Bis Oktober 1891 folgten drei weitere Rezensionen in der „Wiener Zeitung",
alle namentlich mit „Frida Uhl" gezeichnet. Dann war die Probezeit vorbei.
Ab sofort hatte die Jungredakteurin monatlich ein Feuilleton zu liefern.

Frida Uhl genoss das Privileg, als junge Frau schreiben zu dürfen,
musste sich aber in einem gesellschaftlichen Umfeld behaupten, in dem
Autorinnen und Journalistinnen als „unweiblich" stigmatisiert und ver-
spottet wurden. Die einzige namhafte Vorgängerin bei der „Wiener Zei-
tung", Florentine Galliny, hatte unter dem Pseudonym „Bruno Walden"
publizieren müssen. In einer Zeit heftiger polemischer Attacken gegen
schreibende Frauen war die Wahl eines männlichen Pseudonyms oft der
einzige Weg zur weiblichen Autorschaft.

Ab Oktober 1891 durfte Frida Uhl ihre Feuilletons nur mehr mit einem
Asteronym aus drei Sternchen (***) unterzeichnen. Auch männliche Kol-
legen benutzten Namenskürzel, allerdings nur nebenher. Die Auslöschung
des Namens bedingte, dass sie sich als Feuilletonistin von vornherein kei-
nen Namen machen konnte.

Noch verpönter aber war es, dass eine Dame der Gesellschaft sich für
Geld journalistisch betätigte. Eine einzige hatte es gewagt und war rasch
geächtet worden.

LLZ, 15

Frida Uhl verfasste hauptsächlich Rezensionen. Häufig waren es französische Neuerscheinungen, die sie im Original las und auszugsweise für ihre Feuilletons selbst übersetzte. Sie spielte damit bei der Vermittlung französischer Gegenwartsliteratur an das Wiener Publikum eine nicht unbedeutende Rolle. Ihr Vater versorgte sie fast täglich mit literarischen Ratschlägen und griff wohl auch in die abgelieferten Texte ein. Er blieb ihr einziger journalistischer Lehrmeister.

Einen weiteren Schwerpunkt bildeten die Münchener Ausstellungen, Theateraufführungen und Jahrmärkte. Hier gelangen Frida Uhl eindrucksvolle Milieuschilderungen.

Feuilleton.

Aus München.

(Die Auer Dult. — Theater. — Lingg's „Högni's letzte Heerfahrt".)

München, 26. October.

*** „Nur hier weiter, durch das Isar-Thor — die lange Straße hinunter; dann die Brücke passirt — und Sie sind in der Auer Dult."

Das Isar-Thor! Ich sah es mir genau an und war enttäuscht. Ich hatte es mir schöner vorgestellt. Ein so hübscher Name und so ein prosaisches Ding. Ein neuer Bau, ohne jeglichen Zweck, ohne Geschmack und Anmuth. Es war nichts daran zu bewundern als eine Freske, den Einzug Ludwig des Baiern vorstellend, von Neher gemalt. Die Brücke war bald erreicht. Wie herrlich! Da unten fließt über weißen Kieselstein das krystallhelle, gebirgsgrüne Isar-Wasser. Schmal und behende windet es sich in seinem breiten, zur Hälfte mit frischem Gras überwachsenen Bette. Es gleicht einem schlanken, geschmeidigen Mädchenleibe. Doch dieser wächst und dehnt und reckt sich mit Riesenkraft und Schnelle, wenn in den Bergen die Schneemassen schmelzen oder wenn anhaltende Regenschauer die große Ebene verhüllen.

Das erste Feuilleton ohne Namensnennung

Ich wollte in die „Au", das jenseits gelegene Stadtviertel, wo noch die ältesten Häuschen mit grünen Läden und niederem Stockwerk sich schüchtern an die neue, bürgerlich behäbige Backsteinpracht anschmiegen. Dort ging es lebhaft zu. Es war ja Jahrmarkt: „Dult".

Eine kleine Stadt für sich: Laden an Laden. Hier wurden alte Bücher als „beinahe neu" ausgeboten; dort neuer Schmuck als Altertum verkauft. Schuhe, Seife, Kleidungsstücke und das glitzernde, schöne, billige Geschirr, in dem sich jeder Hausfrau Seele widerspiegelt! Man schiebt und drückt sich in den engen Straßen, Holzbuden entlang. Havanna duftende Kavaliere streifen die Kleider der strammen Bauerndirnen. Halb unbewusst wiegt sich leicht der ganze Schwarm nach den Klängen der Drehorgel, die aus dem Ringelspiel herübertönt. Hier – eine Kneipe, gelblich weiße Vorhänge an den Fenstern; dazwischen grüne Pflanzen. Am Gesimse liegen braun gebackene, schmalztriefende Krapfen. In der Stube falsches Geblase und Geflöte, Qualm von Pfeifendampf und Biergeruch. Darinnen, halb verborgen, stämmige Männer mit wohlgenährtem, glücklichem Schmunzeln.

WA, 28. 10. 1891

Frida Uhl sprach fließend Englisch und Französisch, führte ein relativ unabhängiges Leben fern ihrer Familie und verdiente als Feuilletonistin einen Teil ihres Lebensunterhaltes selbst. Sie konnte sich sehen lassen, wie ein Porträtfoto dieser Zeit dokumentiert. Die Memoirenschreiberin Frida Strindberg kommentierte das Foto aus großer zeitlicher Distanz freilich

mit betontem Understatement. Die Tochter ihres Gastgebers Heinrich Porges, die viel gespielte Bühnenautorin Elsa Bernstein, erinnerte sich unter dem Pseudonym Ernst Rosmer hingegen noch Jahrzehnte später an Frida Uhls einstigen „Sexappeal".

Porträtfoto Frida Uhls (1892)

Ich stecke die Kerzen vor meinem Toilettetisch an und betrachte mein Bild. Weiße, duftige Spitzen rieseln mir über Brust und Arm. Sehe nicht übel aus, aber nichts wirklich Besonderes. Gewinnend wirkt eigentlich nur die stete Belebtheit der Züge. Und sonst –? Haselnuss-braunes Haar, graublaue Augen mit großen Pupillen, ein Mund, der geschlossen klein aussieht, sich beim Lachen aber weit über weißen Zähnen öffnet und dann jedes Mal fröhlich die Mundwinkel hochhebt – eine milchweiße Haut und jener grünliche Schimmer in Pigment und Haar, den die Bilder des Sir Joshua Reynolds zeigen. Die Nase weiß auch nicht, was sie will: halb hochfahrend, halb römisch. Es ist übrigens gleichgültig, wie sie aussieht. Jung ist auch der Teufel schön.

LLZ, 96f.

Sie entfaltete sich. Das schwarze Instituts-Pelerinchen, in dem sie noch eingezogen, flog beiseite. Kleider kamen aus Wien, wurden neu ange-schafft, elegant, fesch. Für den Geschmack von Frau Porges nicht im-mer anspruchslos, nicht jugendlich genug. Wie eines aus schwarz-rot changierender Seide. Doch wie stand es Frida zum kastanienbraun flim-mernden Haar und perlenweißen Teint! Was der Feinschmecker weibli-cher Erscheinung, der Arbiter Elegantiarium Franz von Lenbach sofort mit einer Einladung in sein Atelier quittierte und mit der Aufforderung, sie möge ihm Modell sitzen.

Frida gefiel, gefiel allgemein an den musikalischen Nachmittagen des Hauses, die bedeutende Künstler und eine zahlreiche Zuhörerschaft ver-sammelten, wie auch im intimeren Verkehr, und ließ sich gerne mit-nehmen von der Strömung besonders der männlichen Aufmerksamkeit. Sexappeal – das Wort war noch ungeboren, hätte aber für Frida erfunden werden können. Und Frida war begabt, geistig beweglich, theater- und literaturhungrig, wagte sich mit eigenen kleinen kritischen Versuchen hervor. Ihr Stil leicht und gewandt, ererbt, nicht gelernt, des Ernsthaften wie Amüsanten fähig.

Ernst Rosmer, Frida Strindberg, ca. 1927, KB Dep. 146/17

Um noch unabhängiger – auch von der als Sittenwächterin fungierenden Familie Porges – zu sein, wechselte die lebenshungrige Frida Uhl im Febru-ar 1892 als Korrespondentin in die viel aufregendere Reichshauptstadt Ber-lin. Nach Jahren des Eingesperrtseins hinter Klostermauern zog es sie in das brodelnde Leben. Frida Uhl suchte in der Weltstadt Berlin das Aben-teuer, genoss den größeren individuellen Bewegungsspielraum und erwar-

Blick auf das Brandenburger Tor in Berlin

tete sich nicht zuletzt in den dortigen Künstlerkreisen auch eine interessantere Auswahl an möglichen Lebenspartnern.

So übersiedelte ich nach Berlin. Das glich um jene Zeit einem Goldgräberlager. Ein junger Kaiser baute einem jungen Reich eine junge Stadt. Auf allen Gebieten kreiste, brodelte und lärmte es. Die Goldgräber sahen in der Kunst ein Dornröschen, das sie mit Hammer, Schaufel oder Spaten statt des Kusses wecken wollten. Aber mir wars recht. Auch ich war jung. Das Leben brandete, die Sonne lachte – die Sonne!

LLZ, 15

Gleich im ersten Berliner Theaterbrief Frida Uhls fiel der Name des 34-jährigen Hermann Sudermann. Der aus Ostpreußen stammende Dichter hatte 1889 mit dem Stück „Die Ehre" in Berlin einen glänzenden Durchbruch erlebt und wurde seither enthusiastisch als führender Naturalist gefeiert. Frida Uhl war hingerissen vom Star am Berliner Theaterhimmel, den auch ihr Vater anfangs sehr förderte. Sie schätzte Literatur mit direktem Lebens- und Zeitbezug, insbesondere die sozialkritischen Dramen der Naturalisten. Hier fand sie ihre eigenen Probleme bei der Loslösung vom engen bürgerlichen Tugend- und Wertekanon behandelt.

Die selbstbewusste 19-jährige Frida Uhl arrangierte Treffen mit Suder-
mann, der erst im Oktober 1891 die Erzählerin Klara Lauckner geheiratet
hatte. Vom neuen, dritten Stück Sudermanns („Heimat") bekam sie ganze

Szenen im Entstehen vorgelesen.
Erstmals fühlte sie sich als junge
Frau und als Literaturkritikerin
ernst genommen. Sie verliebte sich
und dürfte sich ernsthafte Hoffnun-
gen auf eine moderne Schriftstelle-
rehe gemacht haben, vielleicht im
Zusammenhang mit einem Kuss
am 5. März 1892. Jahrzehnte später
spielte Frida Strindberg in einer
nicht veröffentlichten Passage ihrer
Memoiren diesen Vorfall freilich
herunter.

Hermann Sudermann

Du lieber Himmel, das „Erlebnis"
vom 5. März 1892 war ja schließlich nichts anderes gewesen als ein
Kuss im Wagen auf der Heimfahrt
nach einer Gesellschaft … Dieser Kuss hatte mir Ungeheuerliches bedeutet … Aber ein Kuss ist doch nicht das, was man im Allgemeinen
„die Sache" nennt! – wie die Männer es verstehen?

LLZ, MFr, 197

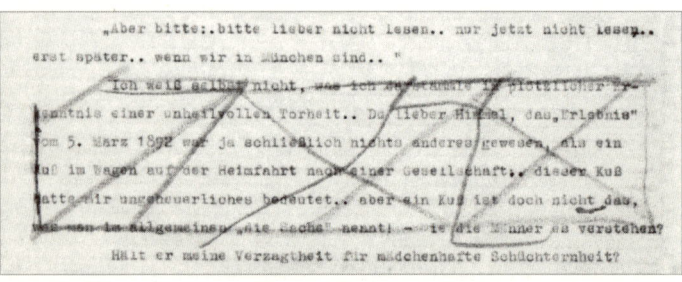

Gestrichene Passage über den Sudermann-Kuss im Manuskript der Memoiren

Im April 1892 hielt sich Frida Uhl auf Kurzbesuch in London und Bourne-
mouth auf. Aus ihrem Reisefeuilleton geht hervor, wie elegant gekleidet sie
die Thames entlang spazierte.

Der Wind pfiff lustig und lustiger, je mehr Possen er verübte. Und hatte
er die Mütze von einem ängstlich gesenkten Kopf geholt, so trieb er sie
behände von Pflasterstein zu Pflasterstein, bis er ihr einen wohl gewählten Kehrichthaufen zum Ruheplatz bestimmte.

Auch mein Hut hatte längst die Weite, die unschöne Weite gesucht.
Hoch schwang er sich empor, um desto tiefer dann zu sinken. Die Was-
ser der Themse rissen ihn mit weg. Wenn auch zum Teile Spanier von
Geblüt, ich fühlte mich nicht stolz.

Die Haare wehten mir ums Gesicht. Meine Rockzipfe flatterten, als
wollten sie mich höhnen, um mich her. Mein Gehrock – mit dem Beleg
von schwarzer Seide, dies Muster aus Paris! – erhöhte meine Schande.

WA, 23. 7. 1892

Im Frühling 1892 besuchte Frida Uhl zwei konträre Berliner Kunstausstel-
lungen. In einer Schau sah sie moderne impressionistische Bilder, in der
anderen traditionelle Landschaftsbilder und Porträts. Die einstige Klos-
terschülerin hungerte nach dem Leben und war zu diesem Zeitpunkt ganz
dem Realismus und Naturalismus ergeben. Deshalb lobte sie die Wirk-
lichkeitsnähe der Akademiker, während sie den Stimmungsbildern der
Impressionisten nichts abgewinnen konnte. Ihre Kritik an den neuesten
Moderne-Essays Hermann Bahrs zeigt, dass sie im Kunstdiskurs auf dem
letzten Stand war, aber die konservative Position ihres Vaters vertrat.

In einem Eckhaus Unter den Linden nun thronen die „Elf", die der all-
gütigen Natur den Kampf gekündet haben. Natur und Kunst, sie sind
verbannt aus ihrem Schaffen. Sie entwerfen nicht ein Bild von dem, was
ist, was das geläuterte Gemüt des Künstlers in sich aufnimmt und wie-
dergibt als durchgeistigte Form. Nicht Bäume und Wiesen malen sie.
Nicht die wundervolle Schönheit des menschlichen Leibes. Malen! Das
Wort wird sinnlos ihren Werken gegenüber. Farben sind es, die sie uns
zu bieten haben. Einzig Farben. Die Farben, die sich dem halb geschlos-
senen Auge des Künstlers zeigten, als ein halb Träumen, halb Sinnen

seine Seele durchzogen. Nicht was in seinem Geist gereift in Stunden
innerer Weihe, zeigt er uns. Die Stunde des geistigen Empfangens, der
„Stimmung" selber ist es, die er festhält – mit Farben.

„Poesie des überreizten Nervenstranges", so nannte ein Berliner Kritiker die Fantasien Hermann Bahrs. Das Wort ist furchtbar wahr, den
Impressionisten, diesen Bahrs der Malerei gegenüber. Krankhaft sind sie
überreizt. „Verfeinert", „ausgebildet" nennen sie's.

WA, 28. 4. 1892

*Als der aufstrebende Naturalist Gerhart Hauptmann seine novellistischen
Studien „Bahnwärter Thiel" und „Der Apostel" in Buchform veröffentlich-
te, stellte ihn Frida Uhl auf eine Ebene mit dem international gefeierten
Romancier Émile Zola.*

Studien sind es, Menschen-, wir möchten sagen Krankenstudien. Hauptmann bietet: Beobachten, Zergliedern, Erfassen, Schildern der Gefühle,
die dem Wahnsinn voraus-, die während des Wahnsinns vor sich gehen.
[...] Das ist gezeichnet mit einem Stift, hart und rein wie Diamant. Das
ist gemalt in allen glühenden, in allen zarten Farben und Farbenabstu-
fungen, die sich nur finden in der weiten Natur und im Gemüt, im Denken eines echten, großen Künstlergeistes. [...]

Hauptmann ist dem Franzosen Zola an Wahrheit und Klarheit eben-
bürtig. Er ist aber deutsch in allem durch die Tiefe seines Denkens, die
Gewalt seiner Pinselführung.

WA, 7. 7. 1892

*In den Sommerferien 1892 beherbergte Friedrich Uhl einen illustren Gast
in seiner Villa: Hermann Sudermann. Der Erfolgsautor legte – nach Fridas
Vermittlung? – dem erfahrenen Theaterkritiker sein neues Stück „Heimat"
vor. Frida Uhl nutzte die Anwesenheit ihres Freundes zum Flirt und zu
Gesprächen über das Stück.*

*Das Thema faszinierte sie. Die Loslösung der Protagonistin Magda
aus der Abhängigkeit ihres autoritären Vaters, ihre Flucht nach Berlin aus
Weigerung vor einer von ihrem Vater geplanten Konvenienzehe, die Ge-
genfigur der gehorsamen Schwester Marie (!), der Aufstieg Magdas aus
eigener Leistung und abseits des väterlichen Ehrenkodex zur gefeierten*

Künstlerin (hier Sängerin) – es gab viele Parallelen zu Frida Uhls bisherigem Leben und zu ihren Sehnsüchten und Hoffnungen für die Zukunft. Aber auch düstere Aussichten taten sich auf. Magda wird von einem Liebhaber geschwängert und mit dem Kind allein gelassen – wie Frida Uhl wenige Jahre später. Autor und Stück spielten – wie sie später beteuerte – „die große Rolle in meinem jungen Leben" (LLZ). Manche Sätze aus dem Munde Magdas müssen ihr aus der Seele gesprochen gewesen sein.

Blick auf Mondsee und die Villa Uhl (rechts) mit eigener Allee zum See

Knebelt uns meinetwegen, verdummt uns, sperrt uns in Harems und in Nonnenklöster – und das wäre vielleicht noch das Beste! – Aber wenn ihr uns die Freiheit gebt, so wundert euch nicht, wenn wir uns ihrer bedienen.

Magda in Hermann Sudermanns „Heimat", 4. Akt, 12. Szene

Wenn Sie, Herr Pfarrer, eine Ahnung hätten, was das Leben im großen Stil, Betätigung aller Kräfte, Auskosten jeder Schuld, was In-die-Höhe-Kommen und Genießen heißt, Sie würden sich selbst sehr komisch finden in dieser priesterlichen Unterredung … Hahahaha!

Magda in Hermann Sudermanns „Heimat", 2. Akt, 9. Szene

Im Herbst 1892 kehrte Frida Uhl wieder zur Familie Porges nach München zurück. Dort entwickelte sie eigene literarische Ambitionen. Neben dem Vorbild ihres Vaters wirkte sicherlich auch das Beispiel der Freundin Elsa Porges-Bernstein anregend, die unter dem Pseudonym Ernst Rosmer Dramen und Novellen publizierte. Frida Uhl orientierte sich an den realistischen Schreibmodellen der verehrten Naturalisten und nicht an den psychologisierenden, die inneren Seelen- und Nervenzustände darstellenden Autoren der Wiener Moderne um Hermann Bahr. Es ging ihr um die Artikulation ihrer eigenen Lebensprobleme.

Dass sie ernsthaft daran dachte, Schriftstellerin zu werden, zeigt ihr Beitritt zur „Deutschen Schriftsteller-Genossenschaft" in Berlin. Sie schrieb zuerst – wohl unter dem Eindruck von Sudermanns „Ehre" – an einem realistischen Drama mit dem Titel „Mädchenehre". Der Lustspieldichter und Mitbegründer der „Freien Bühne" in Berlin, Ludwig Fulda, dürfte sie unterstützt haben. Im Dezember 1892 stellte sie zwei Novellen fertig. Dann

Altes Rathhaus.   München.

wagte sie sich an einen Roman. Frida Uhl wollte ein ebenso amüsantes wie schonungsloses Bild ihrer lebensfernen Klosterschulerziehung liefern und das dabei vermittelte konservative Frauenbild kritisch beleuchten. Mitte März 1893 kam das Romanprojekt in einem Brief an die Mutter zum letzten Mal zur Sprache. Frida Uhl lernte gerade August Strindberg kennen. Keines der erwähnten Werke blieb erhalten.

In der Burggasse beim Alten Rathaus lag das Münchner Quartier Frida Uhls

Momentan schreib ich ein *Drama – realistischester Art:* „Mädchenehre".
– Ich fürchte, du würdest vor Lachen Purzelbaum schlagen. Aber *schön*
ists doch! Zwei Szenen sind fertig und jetzt wart ich und kann nicht weiter. Wenn nur *Fulda* käme – der hilft und ist dabei so ein *Schaf*, dass man
sich vor ihm nicht zu genieren braucht.

Frida Uhl an Friedrich Uhl, Herbst 1892?, Abschrift KB Dep. 146/13

Du, die Fridl hat ja zwei Novellen geschrieben, eine Preisnovelle, mit
Fulda eine Dornacher Novelle. Sie scheint fleißig zu sein und schreibt,
wenn sie schreibt, sehr lieb.

Marie Uhl an Friedrich Uhl, Dezember 1892, Abschrift KB Dep. 146/13

Sie sitzt über einem Roman, den sie für das Vorzüglichste hält, was je
da gewesen.

Marie Uhl an Friedrich Uhl, 22. 2. 1893, Abschrift KB Dep. 146/13

Weißt du, ich bin von einer Unruhe verzehrt – muss immer herumlaufen und mein Roman wird *schlecht* dadurch!!!

Frida Uhl an Marie Uhl, ca. 15. 3. 1893, Unbekannte Briefe I

Einen Roman will ich schreiben, „Klosterfräulein" soll der heißen und
meine ganze törichte Erziehung persiflieren. Die Lügen will ich aufzei-
gen, mit denen man uns von Kindheit an krank und wund macht, ehe
wir noch zu leben beginnen dürfen. Ein lustiges Buch solls werden, aber
keine Reklameschrift für Mädchenpensionate. Und für die Ehe erst recht
nicht.

LLZ, Marbach II

*Anfang Dezember 1892 verschwand Frida Uhl über Nacht aus München.
In Berlin stand die Premiere von Sudermanns „Heimat" bevor. Ohne die
Erlaubnis ihres Vaters einzuholen und gegen den Willen ihrer Gastgeber
borgte sie sich Geld aus und flüchtete in das brodelnde Berlin. Dort bezog
sie eine Wohnung beim Lützowplatz in unmittelbarer Nähe zu jener Sudermanns.*

*Die Wände ihres neuen Heims waren mattgrün gestrichen, über dem
Eichenschreibtisch hing eine Reproduktion von Rembrandts „Mann mit*

dem Goldhelm", eine breite Glastür führte zum Balkon. Um Besuche empfangen zu können, bedeckte Frida Uhl ihr Bett tagsüber mit einem Leopardenfell, einem Geschenk ihres Vaters, und verwandelte es so in einen Diwan. Für ihre Korrespondenz ließ sich die (noch) selbstbewusste Jungauto-
rin ein eigenes Briefpapier mit Monogramm drucken. Nicht viele Frauen
konnten zu dieser Zeit über ein eigenes Zimmer zum Schreiben (Virginia
Woolf) verfügen.

*Frida Uhl arrangierte in ihrer Wohnung ein Treffen Hermann Sudermanns
mit dem Wiener Burgtheaterdirektor Max Burckhart, lud Sudermann zu*

 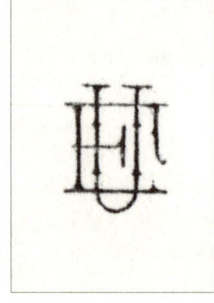

*einem Rendezvous,
schickte ihm Blumen
und schrieb ihm Brie-
fe, die bald mit der
Anrede „Liebster" be-
gannen. Ob sie für
Hermann Sudermann
als Person oder doch
mehr für den strah-
lenden, erfolgreichen
Dramatiker Suder-
mann schwärmte,*

Monogramme auf Frida Uhls Briefpapier

*bleibt fraglich. Am Silvestertag 1892 muss ihr klar geworden sein, dass an
eine ernsthafte Beziehung nicht zu denken war. Der private Groll konnte
die literarische Wertschätzung aber nicht trüben, die sie auch nach der
Trennung noch zum Ausdruck brachte.*

Von morgen an erlaube ich Dir nicht nur, nein – ich ersuche Dich, mich
als eine *total* Fremde zu behandeln, ob andere anwesend, ob nicht. […]
„Herzliche Freundschaft" besteht nicht zwischen uns beiden. Und eine
freundliche Gesinnung kann ich Dir nicht bewahren, weil Du meinem
Denken und Fühlen *fremd* geworden bist – viel, viel fremder als jeder
Fremde. […]

Komm *nicht* zu mir – Du würdest mich nicht zuhause finden. Schreib
mir nicht – vielleicht in einer Anwandlung von Courtoisie. Wir zwei haben uns *nichts* mehr zu sagen! *Nichts.*

Nur den einen Rat geb ich Dir noch als Freundin hinüber ins neue Jahr … Gib Acht und küss kein Mädchen mehr, das Du nicht liebst – denn das grenzenlose Elend – die Schmach, der ganze unsagbare Jammer kann sich noch einmal an Dir rächen. Was Du mir fast ein Jahr lang angetan, das zahlt Dir eine andere vielleicht noch einmal traurig heim.

Frida Uhl an Hermann Sudermann, 31. 12. 1892, SBM

Ich liebte einen verheirateten Mann. Vor die Wahl gestellt, seine Frau unglücklich zu machen oder selbst unglücklich zu werden, entschied ich mich jählings für ein Drittes – ich ging. Und die Affäre, die niemals eine wirkliche Affäre gewesen war, endete damit.

LLZ, 15f.

Hermann Sudermann *hat* Talent: eine frische, kräftige, eigenartige Begabung. Ob er der Größte unter unseren jungen Dichtern ist, das wird die Zukunft zeigen. Doch wir glauben es. Jedenfalls war er das Ereignis schon mancher Theatersaison.

WZ, 28. 1. 1893

Hochzeit mit dem „Weiberhasser" (1893)

„Strindberg ist krank. Ich muss ihm helfen."
Frida Strindberg

Am 7. Jänner 1893 besuchte Frida Uhl die Premiere von „Heimat". Das Stück wurde zu Hermann Sudermanns größtem Bühnenerfolg und brachte ihm Vergleiche mit Henrik Ibsen ein. Der gefeierte Autor schickte seiner (einstigen) Freundin als Dank für die vielfache Unterstützung einen Veilchenstrauß und einen Lorbeerkranz.

Nach der Premiere nahm Frida Uhl am anschließenden Empfang beim Literaturhistoriker Julius Elias teil. Hier wurde sie August Strindberg vor-

gestellt. Er trug einen dicken, dunkelgrauen Schulterumhang mit breitem, hochgeschlagenem Kragen, darunter einen altmodisch geschnittenen, amtsmäßigen Gehrock. Freunde assoziierten ihn zu seiner Freude mit dem ruhelos durch die Weltmeere segelnden Fliegenden Holländer. Auf Frida Uhl wirkte er in diesem Aufzug zwar irgendwie urtümlich, aber insgesamt unelegant und wenig salonmäßig.

Man wechselte einige Worte über die „Heimat". Frida Uhl begeisterte sich für

August Strindberg in Berlin mit seinem charakteristischen Schulterumhang

Magdas Ablehnung der bürgerlichen Gesetze, für ihr freies Liebesleben und verteidigte auch, dass sie ihr Kind allein erzog. Strindberg konterte und sah in allen Punkten Nachteile für die Frau. Frida Uhl war stolz, dass sich ein so berühmter Dichter so lange für sie allein Zeit nahm. August Strindberg vertraute der jungen, charmanten Zuhörerin schließlich Details aus seinem Privatleben an, erzählte von seiner unglücklichen ersten Ehe und den drei Kindern, beklagte sich über seine geschiedene Frau und über die Frauen im Allgemeinen. Eine Gegenwelt zur „Heimat" tat sich auf, die Frida Uhl zunächst zurückweichen ließ, aber auch neugierig machte.

Einen sehr netten Abend verlebte ich letzthin bei Elias – August Strindberg war unter den Gästen, und da er nicht gut deutsch spricht und ziemlich zurückhaltend ist Damen gegenüber, hatte ich ihn ungefähr *drei* Stunden hindurch ganz für mich in einem Nebenzimmer. Es war wirklich hoch interessant. Seine Nerven sind ja wahnsinnig überreizt – aber ein erhabener Wahnsinn bleibt es immerhin. Er wurde merkwürdig rasch vertraut – so rasch, dass ich glaube, er wusste nicht mehr, was er sagte. Jedenfalls erzählte er mir die intimsten Seiten seines Lebens und Charakters – in einem Ton, als träume er vor sich hin – dass es mir schließlich unheimlich wurde. Der Strindberg wäre übrigens was für dich!

Frida Uhl an Friedrich Uhl, ca. 8. 1. 1893, KB Dep. 146/9

Munch, Strindberg und ich waren einmal abends in einer Gesellschaft, wir hatten uns schon verabschiedet und wollten das Haus verlassen, um noch in das „Schwarze Ferkel" zu gehen. Da kommt gerade eine hübsche junge Dame im Theatermantel, sie erzählt im Wiener Dialekt der Dame des Hauses begeistert von Sudermanns neuem Stück, dessen erste Aufführung sie gesehen.

Wir werden noch schnell vorgestellt. Als sie den Namen Strindberg hört, stutzt sie, schaut den Dichter groß und lange an und er sie ebenso, dann zieht er seinen Überrock aus und sagt zu uns: „Ich komme nach." Er kam nicht […].

Hermann Schlittgen, Erinnerungen, 241

August Strindberg war im Herbst 1892 nach der Scheidung seiner Ehe mit Siri von Essen von Stockholm nach Berlin übersiedelt, wo er sich bessere Verdienstmöglichkeiten erhoffte. Seine wichtigsten Dramen lagen bereits in deutschen Übersetzungen vor und seine Stücke „Der Vater" und „Fräulein Julie" waren 1890 bzw. 1892 an der als Privatverein organisierten „Freien Bühne" in Berlin aufgeführt worden.

August Strindberg wurde zum Mittelpunkt eines Künstlerkreises, der sich regelmäßig in einer Weinstube mit der Insider-Bezeichnung „Schwarzes Ferkel" traf. Schriftsteller wie Stanisław Przybyszewski, Richard Dehmel und Adolf Paul zählten ebenso dazu wie die Künstler Edvard Munch und Hermann Schlittgen, der Botaniker Bengt Lidforss und der Arzt Carl Ludwig Schleich. Strindberg stieg rasch zum neuen Stern in der Berliner Boheme auf. Genau das entging Frida Uhl nicht, die sich gerade von der Enttäuschung mit dem inzwischen nach Italien abgereisten Sudermann zu erholen trachtete. Gespannt fieberte sie der Erstaufführung des Strindberg-Einakters „Gläubiger" am Berliner Residenztheater entgegen.

Straßenszene in Berlin um 1900

Der Brief über das vertraute nächtliche Gespräch mit dem als „Weiberhasser" verschrienen Strindberg, den Frida Uhl einen Monat später als „kolossale Dummheit" bezeichnete, wirkte alarmierend auf ihren Vater. Um den 20. Jänner 1893 drohte er seiner Tochter wutentbrannt mit einer baldigen Verheiratung. Bei allem Verständnis für ihre literarischen Ambitionen tolerierte er kein Abdriften aus der bürgerlichen Welt in die Künstlerboheme. Frida Uhl überhäufte ihren Vater daraufhin mit Liebesbekundungen.

Mein Leben trübt sich über Nacht. Von meinem Vater kommt heute an Stelle der literarischen Ratschläge, durch die er mich sonst täglich fürsorglich leitet, aus heiterem Himmel ein maßlos heftiger Brief. Er befiehlt mir, Berlin auf der Stelle zu verlassen und entweder zur Mutter an die Donau oder wieder nach München zu gehen. Gleichviel wohin – ich müsse zurück ins Bürgerliche. Müsse heiraten. Hier in Berlin sei die Luft moralisch vergiftet. Sudermanns Magda sei die Mörderin ihres Vaters und ich sei auf dem Weg zur Magda.

LLZ, 47

Papa, lieber Papa – ich will ja nichts von Dir, nicht einmal Dich wieder versöhnen. Ich hab mir Deine Liebe verscherzt. *Was* ich damit getan habe, das fühle ich freilich jetzt erst an meiner Sehnsucht. Aber das ist nicht gut zu machen.

Ich bin Dir fremd und Du hast Recht.

Du aber bist mir mit jedem Tag näher und lieber noch geworden in den letzten Jahren. Und wenn ich nach einer Liebe noch Sehnsucht habe und weinen möchte darum, so ist es Deine!

Frida Uhl an Friedrich Uhl, Ende Jänner 1893, Unbekannte Briefe I

Am 22. Jänner 1893, dem 44. Geburtstag August Strindbergs, fand die Erstaufführung von „Gläubiger" statt. Frida Uhl saß im Publikum. Im Mittelpunkt des Einakters stand wie in „Heimat" eine Frau, die gegen die traditionellen gesellschaftlichen Normen lebte. Die Schlussbilanz hätte aber nicht gegensätzlicher ausfallen können. Bei Strindberg entpuppt sich die Protagonistin als polygames, vampirhaftes Wesen, das die Seelen der Männer aussaugt, sich deren Wissen und Können aneignet und es nur so zur angeblichen Selbstständigkeit und zur Schriftstellerkarriere bringt.

Nur zwei Wochen nach der Premiere von „Heimat" gerieten die Maximen von Frida Uhls bisherigem „Leitstück" ins Wanken. Strindbergs Fundamentalkritik an emanzipierten Schriftstellerinnen war auch ein Angriff auf ihre eigene literarische Tätigkeit und Lebenspraxis. Sie reagierte zunächst mit Mitleid.

Scharf, erbarmungslos hat der schwedische Dichter das Parasitenweib gezeichnet, das ihr Wissen und Können aus zwei Männern saugt, die sie angeblich beide liebt und beide zu Grunde richtet.

WZ, 30. 3. 1893

Ich sah und hörte nur mehr von der Bühne die eigene Wahrheit. Da lag die Frauenseele vor mir voll lauernder Gefahren, deren ich mir nie bewusst gewesen ... Scham packte mich ... Angst ... Abscheu ... und grenzenloses Mitleid!

Ich soll gestammelt haben: „Strindberg ist krank. Ich muss ihm helfen." Aber auch dessen bin ich mir nicht mehr bewusst.

LLZ, 53

Die grenzenlose Hilfsbereitschaft der einstigen Klosterschülerin wurde von der Münchner Gastfamilie Porges nicht ohne Besorgnis registriert. Im Laufe der Jahre entwickelte Frida Uhl ein regelrechtes Helfersyndrom. Immer wieder suchte sie sich unglückliche oder vermeintlich verkannte Schriftsteller und Künstler, denen sie dann überfallsartig und ungefragt ihre Hilfe anbot.

Und sie hatte auch soziales Empfinden, Armut und Unglück; die in menschlicher Verkörperung vor ihr auftauchten, hätten ihr das Hemd vom Leib abzubetteln vermocht. Zu weich nannten sie Mutter und Tochter. Der Vater, der stets noch mehr beobachtete, als er aussprach: zu schwach.

Ernst Rosmer, Frida Strindberg, ca. 1927, KB Dep. 146/17

Als Frida Uhl am 5. Februar 1893 in der Wohnung des Redakteurs Otto Neumann-Hofer Strindberg erneut vorgestellt wurde, konnte er sich weder an ihr Gesicht noch an das dreistündige Gespräch vom 7. Jänner erinnern. Diesmal registrierte er aber ihre Belesenheit und ihre eigenartige Stimme, während er ihr Gesicht erneut vergaß.

Für die spätabendliche Heimbegleitung bedankte sich Frida Uhl auf ihre Weise – mit einer Einladung in ihre Wohnung. Dass es für eine unverheiratete Dame unschicklich war, einen Mann allein – ohne Anstandsdame – privat zu empfangen, und dass ihre Schwester über kompromittieren-

de Treffen in die Ehe gezwungen worden war, kümmerte Frida Uhl hier in
Berlin – weit weg von Wien – wenig.

Denn an die Stimme erinnerte er sich, ein wenig tief, traurig, mit kleinen
Tönen, die weit forttrugen von der Großstadt und Erinnerungen weck-
ten an Wald und See, Naturlautreminiszenzen, Schäferhut und Heure-
chen. […] Und er hatte gesehen, dass dies kein Kind war, sondern eine
Frau, mit der er über alles sprechen konnte, was ihn interessierte, über
Menschen und Bücher, ohne einen Augenblick zu kommentieren, was
er sagte.

August Strindberg, Das Kloster, 210

August Strindberg

Verehrter Herr,
Wenn Sie wirklich für heute
Abend nichts Besseres vorhaben,
würde ich mich *herzlich* freuen,
wenn Sie mich so um 8 Uhr heim-
suchten.
    Mit bestem Gruß und vielem
Dank für Ihre gestrige freundliche
Begleitung
Ihre
Frida Uhl

Frida Uhl an August Strindberg,
6. 2. 1893, Wenn nein, nein Nr. 1

Pünktlich um 20 Uhr stand August
Strindberg am 6. Februar 1893 vor
der Wohnungstür. Die Gastgeberin
empfing ihn in einem schwarzen Empirekleid aus Seide mit blauen Einsät-
zen und dunklen Spitzen, die an den Schultern herunterfielen. Man speis-
te und trank Wein. Dann wurde Strindberg als Ehrenmann die Situation
doch zu brenzlich. Er setzte wiederholt zum Aufbruch an, doch Frida Uhl
hielt ihn jedes Mal zurück.
    Als sie von ihren Plänen, Schriftstellerin zu werden, sprach und sich
darüber beklagte, dass die Gesellschaft hierin einer Frau zu enge Grenzen

steckte, warnte sie Strindberg in väterlicher Weise vor einem Überschreiten dieser Grenzen. Frida Uhl gab sich enttäuscht, das aus dem Munde eines so revolutionären Dichters zu hören, und warf ihm vor, er wäre „voll von Vorurteilen" und „allzu gut erzogen".

Später richtete sich sein Blick fragend auf einen Rosenstrauch. Frida Uhl löste eine gelbe Rose heraus und überreichte sie Strindberg kniend mit einem Albumvers Ludwig Fuldas, der in dieser Situation auch erotische Assoziationen wecken musste. Diese Geste machte Strindberg nahezu verrückt, denn sie stand in seinen Augen nur dem Mann zu – und schmeichelte ihm als „angebetetem" Dichter.

Nicht neiderfüllt blick ich zum Göttersaal
Drin Helden thronen auf den goldenen Bänken
Dem Kleingeborenen bleibt nur eine Wahl
Sich an die Großen freudig hinzuschenken.

LLZ, MFr, 95

Und sie haben leider recht. So recht, wie ich am ersten Abend bei Ihnen, als ich Sie vor den Folgen einer Lebensführung warnte, die gegen die Regeln der heutigen Gesellschaft verstößt. Da haben Sie mir unverblümt vorgeworfen, ich wäre voll von Vorurteilen und „allzu gut erzogen". Und da beklagten Sie sich auch als Schriftstellerin, dass Ihnen die Gesellschaft verbietet, alles mit eigenen Augen zu sehen.

August Strindberg an Frida Uhl, 24. 2. 1893 (franz.), Brev IX/2478

Um weitere Treffen mit Strindberg arrangieren zu können, zögerte Frida Uhl die geforderte Abreise nach München unter den verschiedensten Vorwänden hinaus. Er blieb für sie der interessanteste Schriftsteller in Berlin. Strindberg bewunderte umgekehrt, wie geschickt Frida Uhl in verschiedenen Umgebungen wechselnde Rollen spielen konnte: Einmal war sie „die literarisch unabhängige Dame mit dem offenen Mund und der flüssigen Sprache einer Madame de Staël", einmal „die große Dame von Welt mit Ansprüchen", dann wieder „die traurige Sappho" und schließlich „die Fin-de-Siècle-Dame mit Galgenhumor und Schafott-Koketterien" („Das Kloster"). Einem „Ferkel"-Freund schilderte er ihre Vorzüge.

Ein ganz neuer Typus in meinem Leben, weich, füllig, dunkel! Und ein Racker! [...] Kühle Berechnung dem Mann gegenüber, mit einem lebhaften Verlangen gepaart; – vollendete Erziehung, – aber im Kloster in Frankreich; – ein kindlich unschuldiger, halb erstaunter, halb entschuldigender Ton in der Stimme, wenn sie nach etwas fragte, oder eine Frage korrekt beantwortete; – vertrauensvoll blickend, nichts als ein gutes, goldreines Herz verratend, wenn sie einen ansah, – und doch, mit Grazie, sich bei einer kleinen Lüge gelegentlich vergessend!

Adolf Paul, Strindberg-Erinnerungen, 96f.

Am 10. Februar besuchten Frida Uhl und August Strindberg gemeinsam die Nationalgalerie und anschließend das Café Bellevue. Unter dem Einfluss seiner auf elegantes Auftreten bedachten Freundin hatte Strindberg inzwischen seine rustikale Kleidung abgelegt und seinen Kleiderschrank aufgebessert. Sein Landsmann Gustaf Uddgren sah ihn an diesem Tag im Outfit eines Berliner Gigerls: in groß karierten Hosen mit breiten Stulpen, mit blank poliertem Seidenhut und übergroßem Gehstock. Auch „Ferkel"-Freund Carl Ludwig Schleich staunte über die Metamorphose Strindbergs, der ein anderes Mal ganz in Weiß mit Strohhut, Spazierstöckchen und Blume im Kopfloch die Prachtstraße Unter den Linden entlangtänzelte.

August Strindberg mit Gitarre (1886)

Am Sonntag, dem 12. Februar 1893 lud Frida Uhl den bewunderten Schriftsteller mit Gitarre zu sich in die Wohnung. Später legte sie ein erotisches Abendkleid an, das seine Wirkung nicht

verfehlen sollte, warf ein Leopardenfell über und führte ihren Gast in ihr
Stammlokal im Tiergarten. Hermann Sudermann hatte ihr diesen Treff-
punkt der wohlhabenden Berliner Westendbohème gezeigt. Frida Uhl be-
stellte ein mehrgängiges Essen mit Hummer und Huhn, dazu eine Flasche
roten Chianti. Als sie am Ende bezahlen wollte, kam es zum Eklat. August
Strindberg empfand es als Kränkung seiner männlichen Ehre, von einer
Frau eingeladen zu werden, und bestand darauf, die gemeinsame Rech-
nung zu begleichen.

Als die beiden aber in das helle Lokal gekommen waren und sie Pelz
und Schal abgelegt hatte, stand sie mit einem Schlag als junge Schönheit
da. Ein moosgrünes schlichtes Kleid, eng anliegend, offenbarte die Figur
einer Achtzehnjährigen, und das Haar, das sie glatt gestrichen hatte, ließ
sie einem erwachsenen Schulmädchen gleichen. Er konnte angesichts
solcher Zauberei seine Gemütsbewegung nicht verbergen, sondern fuhr
mit den Blicken über ihre Gestalt, als wolle er mit einem Scheinwerfer
einen versteckten Feind ausfindig machen.

(– Eros! jetzt bin ich verloren! dachte er, und von diesem Augenblick an
war er es!)

August Strindberg, Das Kloster, 214f.

Ich habe nicht erst lange Toilette gemacht, nur ein Spitzentuch um den
Kopf geschlungen und den Leoparden um die Schultern geworfen. Als
ich herausschlüpfe, stehe ich in dem dunkelgrünen Prinzesskleid da,
das ich am Nachmittag angehabt. Ich merke, wie Strindbergs Blicke an
mir entlanggleiten. Verdienst des Kleides! Es sitzt mir auf dem Leib wie
eine Schlangenhaut und ringelt sich in spitzer Schleppe hinter mir her.
– „Sssss" zischt das Seidenfutter bei der leisesten Bewegung … „Grünes
Laub … gelbe Sonne … Liebe … Lebensfreude … der Frühling vor der
Tür – – – sssss."

Sein Gesicht ist leicht gerötet. Seine Augen lachen mich an. Etwas
seltsam demütig Bittendes ist plötzlich über ihn gekommen. So wenig
also brauchts, um die unüberbrückbare Kluft zwischen dem Ewigen und
dem Mädchen auszufüllen? Nichts weiter als ein grünes Kleid und eine
spitze Schleppe und ein bisschen „sssss".

LLZ, 73

Wie ein zürnender Richter blickt er drein. Was habe ich denn so Furchtbares getan? Ich bin dem Weinen nah … Ja, was hab ich denn getan? Besteht ein Unterschied, ob ich den Freund hier oder daheim bewirte? Die Schicklichkeit, was soll mir die? Und schließlich: bin ich nicht beruflich tätig wie ein Mann; weshalb soll alle Gleichberechtigung gerade vor dem Geld haltmachen?

LLZ, 75

Zwei Tage später begleitete August Strindberg seine Freundin zu einem Empfang bei einem Kunstprofessor. Er fühlte sich in der akademischen Umgebung unwohl und staunte über das souveräne Auftreten Frida Uhls. Sie ging nach dem Vorfall im Restaurant auf Distanz und ließ sich von Richard Sternfeld, einem jungen Historiker und Pianisten, umwerben und heimbegleiten.

Sie hatte einen anderen Typ aufgelegt. Überlegene Dame von Welt, in einem sicheren Ton Konversation treibend, erfolgreich Geistreiches, Epigramme von sich gebend und nie um eine Antwort verlegen, wenn jemand zum Gegenangriff ansetzte. Bisweilen indifferent, blasiert und grausam. […] Nach dem Diner gab es Musik und die Schöne führte sich auf, als sei ihr Freund nicht da, kümmerte sich nicht um ihn. Und als man aufbrach, verabschiedete sie sich wie von einem Unbekannten und ließ sich von einem anderen Herrn begleiten.

August Strindberg, Das Kloster, 217f.

Nun spielt Richard Sternfeld. Er spielt hinreißend. Ich kuschele in Töne aufgelöst in einem tiefen Fauteuil neben dem Flügel. […] Auf dem Heimweg versucht Sternfeld, mir die Beziehungen zwischen Tristan und Isolde klarzulegen; ich höre nur zerstreut zu und weiß nicht, macht er mir einen Heiratsantrag dabei oder nicht.

LLZ, Marbach II

Als Strindberg am 17. Februar 1893 Anstalten machte, mit ihr nach München zu übersiedeln, nahm Frida Uhl eine Grenzziehung vor und legte den Status der Beziehung so fest: „betrachten Sie mich als Ihre alte und ergebene Freundin, die Ihnen gerne helfen möchte" (Briefwechsel). In ihrer Hel-

ferrolle wollte sie ihn – nach seinem Willen – vom „Ferkel"-Kreis fernhalten, der ihn von der Arbeit ablenkte und ihn wegen des rauen Tons auch abstieß. Gleichzeitig übersiedelte sie zu ihrer besten Freundin, der Malerin Marie Tscheuschner, in die Kurfürstenstraße und suchte ihren Rat.

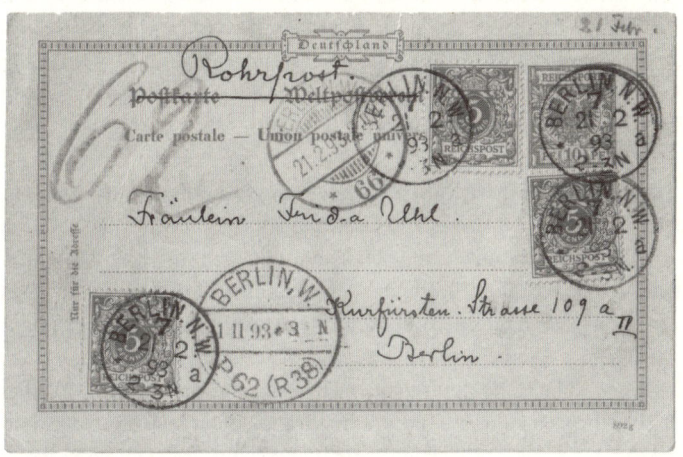

Postkarte August Strindbergs vom 21. 2. 1893 an Frida Uhls neue Adresse

Ich habe rechte Angst, Sie könnten wirklich leidend sein, und bitte Sie herzlich, falls meine Besorgnis begründet ist: Betrachten Sie mich als Ihre alte und ergebene Freundin, die Ihnen gerne helfen möchte, und teilen Sie mir mit, auf welche Weise dies geschehen kann. – Haben Sie Arzt, Pflege u.s.w.? Was kann ich für Sie tun?

Frida Uhl an August Strindberg, 17. 2. 1893, Wenn nein, nein Nr. 5

Wenn Sie wirklich meine Freundin sind und sich nicht mit mir spielen, gehen Sie nicht nach München, ohne mich aus dieser Hölle herauszuführen, in der ich lebe. In acht Tagen werde ich bereit sein, abzureisen. Ich zähle auf Sie, nicht wahr?

August Strindberg an Frida Uhl, 18. 2. 1893 (franz.), Brev IX/2469

Die beiden Freundinnen dürften August Strindbergs Frauenfiguren durchaus positive Seiten abgewonnen haben. Sie sahen ihre Raffinesse, ih-

ren Kampfgeist und ihre Lüsternheit als Aufstand gegen die geistige Be-
schränktheit, Passivität und Lebensfeindlichkeit traditionell-bürgerlicher
Frauen. Negativfiguren wie „Fräulein Julie" konnten so zur Projektions-
fläche weiblicher Freiheitsfantasien werden. Marie Tscheuschner lobte in
einer Berliner Frauenzeitschrift (!) Strindbergs Leistung für die Befreiung
der Frau und stellte sie sogar auf die gleiche Stufe wie jene Henrik Ibsens,
dessen „Nora" zur Leitfigur der Emanzipation geworden war. Die Redak-
teurin Minna Cauer distanzierte sich in einer Fußnote freilich von dieser
Einschätzung des „Weiberhassers".

Der kräftige Pinselstrich des Realismus konnte aus der deutschen Jungfrau, welche die Ausartung der Gretchengestalt ist, nichts machen. Ihm
erschien sie zu kraftlos, himmelblau und süßlich und so sank das Schön-
heitsideal einer anderen Epoche den Flammen der jungen Schule um
Opfer. […] Das moderne Weib ist im Werdeprozess begriffen. Ihre Figur
schwankt in Dramen und Bildern als Ausdruck nervöser Wissbegier,
übermenschlicher Freundschaftssucht und brutaler Sinnlichkeit. Alles
Ausbrüche elementarer Kraft, die den Damm einer unterdrückten Stellung niederreißt. […] Ibsen und Strindberg sind mächtige Vorkämpfer
für die Individualität des Weibes und statt moralisch entrüstet zu sein,
sollten wir in ihnen die Wucht bewundern, mit der sie den Kampf beider
Geschlechter charakterisieren und so das Hinarbeiten auf Gleichmäßig-
keit anbahnen.

Marie Tscheuschner, Betrachtung

August Strindberg beteuerte nach einem Spaziergang im Tiergarten, er
wüsste sich für den Fall, dass er seine Begleiterin kompromittierte, als Eh-
renmann zu verhalten. Frida Uhl spürte den sanften Druck und bemühte
sich nun, bei Treffen Dritte dabeizuhaben, einmal Marie Tscheuschner,
einmal einen befreundeten Redakteur. Als der Abreisetermin nach Mün-
chen näher rückte, ging August Strindberg aufs Ganze. Am 4. März stellte
er per Brief einen nicht erhaltenen Heiratsantrag. Strindberg stilisierte sich
zum Königssohn, der seine Prinzessin anbetete. Ausgerechnet dieser Brief
soll in Frida Uhls Zimmer an einer Kerze entflammt und verbrannt sein.
Ihre Antwort auf die märchenhafte Werbung war eindeutig ablehnend,
aber mit betörendem Unterton.

Dass Sie mich lieben möchten, habe ich nicht verlangt, nur dass Sie mir erlauben, Sie zu lieben. Ist es zu viel?

August Strindberg an Frida Uhl, 3. 3. 1893, Brev IX/2483

Er fuhr nach Hause und schrieb den Brief, der geschrieben werden musste. Er endete folgendermaßen: „Jetzt legt Ihnen der Frauenhasser seinen Kopf in den Schoß, zum Zeichen, dass das Gute in Ihnen die Macht über sein Böses gewinnt; aber missbrauchen Sie Ihre Macht nicht, denn dann haben Sie das übliche Schicksal der Tyrannen zu erwarten."

August Strindberg, Das Kloster, 220

Sie haben mich eines schönen Tages gefragt, was mich so alt gemacht hat an Gesicht und Charakter? – Es war wirklich nichts Besonderes, aber die Sache ist am 5. März 1892 passiert. Wir werden morgen den Jahrestag feiern – vielleicht zusammen.

Sehen Sie, mein lieber Freund, man stirbt nicht gleich, wenn man bei guter Gesundheit ist, selbst wenn alle Illusionen und der ganze Lebensgeist entschwinden. Ich fühle mich heute sehr wohl – nur bin ich die geworden, die Sie kennen – eine gute Tante, die noch gern hat, aber nicht mehr liebt – wenn Sie den Unterschied kennen. – Ich habe Sie *aufrichtig* lieb als *Freundin* und bin zu allem bereit, um Ihnen nützlich und angenehm zu sein: 1. weil ich Ihr Genie bewundere, 2. weil ich Sie *gern* habe als Person. Aber ich bin *unfähig*, etwas zu empfinden, das einer Leidenschaft oder einer heftigen Liebe auch nur ähnlich sieht. Und ich glaube, dass das zu Ihrem Besten ist.

Da Sie mir versichern, dass Sie mich lieben, glaube ich es Ihnen. […] Aber ich glaube und *bin überzeugt*, dass diese Liebe in Ihnen nur eine Illusion ist. Sie lieben die Liebe, Sie lieben den Traum in Ihnen selbst, Sie suchen die Verwirklichung Ihres Traumes, und weil sie diese nicht finden, täuschen Sie sich selber. Es kommt aber noch – so hoffe ich für Sie – der Tag, an dem dieser Traum Leben wird, an dem Sie eine Frau finden werden, die Ihrer würdig ist und die Sie liebt – und dann werden Sie glücklich sein. – Bis zu diesem Tag lassen Sie mich Ihre *Freundin* bleiben, – die aufrichtigste, die ergebenste, die liebevollste. Das ist die einzige Wahl, die wir noch haben, und es ist die beste. *Glauben Sie mir!*

Frida Uhl an August Strindberg, 4. 3. 1893 (franz.), Unbekannte Briefe I

Am Abend des 4. März 1893 übergab Frida Uhl ihren abweisenden Brief.
Anschließend ging sie mit Strindberg in eine Weinstube, wo er Asti und ein
Krabbengericht orderte, das Kuvert aber verschlossen ließ. Plötzlich legte
Strindberg angeblich einen Revolver auf den Tisch. (In seiner Version des
Abends in „Das Kloster" fehlt der Revolver.) Frida Uhl soll daraufhin so ge-
schockt und in Angst um sein Leben gewesen sein, dass sie beim Abschied
das Nein ihres noch immer ungeöffneten Briefes durch einen spontanen
Schleierkuss neutralisieren wollte.

Der Revolver dürfte eine der vielen melodramatischen Erfindungen
der Memoirenschreiberin Frida Strindberg gewesen sein. Sie wollte rück-
blickend jenen Kuss, der die Verbindung besiegelte, nicht ihrem unkonven-
tionellen, jugendlichen Draufgängertum zuschreiben, sondern – der gesell-
schaftlichen Norm entsprechend – einer zumindest indirekten männlichen
Initiative.

Schon habe ich beide Arme um seinen Hals geschlungen. Und dann …
Warum ich es tue, das weiß ich nicht, bewusst ist bei mir nichts in die-
sem Augenblick … Auch dies nicht – – ich ziehe den Schleier herab über
Augen und Mund, und durch den Schleier küsse ich ihn auf die Lippen.

Entzückt und überrascht will er mich in die Arme schließen … aber
ich bin bereits im Haus und habe die Tür ins Schloss geschlagen.

LLZ, 104

Liebes, Liebes Mädchen,
Was ist geschehen, und was meinen Sie? War es Mitleid oder war es Liebe? […]

Sie waren sechzehn Jahre jung (nicht alt) gestern. Es war mir, als ob
Sie eine Altweiberverkleidung abgelegt und sich in der Majestät Ihrer
jugendlichen Schönheit offenbart hätten, um mich noch unglücklicher
zu machen! Und doch … bin ich jetzt so glücklich, dass ich weine.

August Strindberg an Frida Uhl, 5./6. 3. 1893, Brev IX/2486

Die drei Tage bis zum 7. März, dem endgültigen Abreisetermin Frida Uhls,
verliefen turbulent. Zwei weitere Freunde stellten Heiratsanträge. Am 6.
März bekräftigte August Strindberg erneut seine Liebe. Mit ihm verlobte
sich Frida Uhl schließlich im Geheimen, ehe sie nach München aufbrach.

Ausschlaggebend für die Wahl dürften neben Strindbergs Berühmtheit seine berechnenden Appelle an Frida Uhls Fürsorglichkeit und mütterliche Seite gewesen sein. In seinen Briefen flehte er sie wiederholt an, ihn von seinen „bösen Geistern", seinen Depressionen zu befreien und ihn aus dem alkoholreichen Bohemeleben in ein geordnetes Eheleben hinüberzuretten.

„Ich frage dich, willst du mich zum Mann? Ich tue dir kein Unrecht mit der Frage. Sagst du ‚nein', so bleibt dir die Ehre, dass August Strindberg dich zur Frau gewollt hat, und du wirst einmal sagen können: ‚Strindberg wollte mich, aber ich habe abgelehnt', das sichert dir deinen Platz in der Literaturgeschichte."

„Schönen Dank für diesen Platz – als Idiotin."

LLZ, 111

Die Verwandten und Bekannten sollten erst in einem halben Jahr, nach der Schaffung einer soliden finanziellen Basis, von der Verlobung erfahren. Aber Strindberg weihte schon wenige Tage nach Frida Uhls Abreise Otto Neumann-Hofer ein. Daraufhin informierte auch Frida Uhl von München aus Hermann Sudermann, den sie zusammen mit Neumann-Hofer als Trauzeugen nehmen wollte, und den Historiker Richard Sternfeld, der wohl zu den drei Freiern gehört hatte.

Schließlich vertraute sie sich auch ihrer Mutter an, die sie als Verbündete gegenüber dem noch ahnungslosen Vater gewinnen wollte. Frida Uhl streute ihr als künftiger „Dichterfürstenmutter" Rosen und pries den künftigen Schwiegersohn in den höchsten Tönen. Es würde „unglaublichen Lärm machen", wenn man in Berlin von der Verlobung des „Weiberhassers" erführe. Der Stolz über den bevorstehenden Aufstieg in die Literaturprominenz der Weltstadt Berlin ist unüberhörbar.

Drei Heiratsanträge hab ich am selben Tag gekriegt – es war zum Kranklachen, wie alle zum Schluss daherkamen … Einen hab ich angenommen: 1. weil ich ihn lieb habe – nicht leidenschaftlich, aber von Herzen lieb. 2. weil ich ihn unendlich bewundere und verehre. 3. weil er einen berühmten Namen hat und eine glänzende pekuniäre Zukunft – obwohl momentan kein Vermögen vorhanden [ist]. 4. weil er mich maßlos und unverdient lieb hat – *alle* meine Fehler *kennt, verzeiht* und sich daran gewöhnt hat, mir meine Freiheit im guten Sinn völlig zu lassen. 5. weil er ein Dichter und Gelehrter von Gottes Gnaden ist und mir unendlich viel hilft und lernt. 6. weil er das weichste, wärmste Herz der Welt besitzt, den ruhigsten, mildesten Charakter und alle meine Teufeleien in Zaum zu halten weiß, ohne jemals ein lautes Wort zu verlieren. Kurz und gut, es ist bis jetzt ein idealer Zustand zwischen mir und Deinem Schwiegersohn – Herrn August Strindberg […].

Ach mein, dass mir so was noch passieren muss! Mit Ibsen der größte Dichter Schwedens, den *alle* in Berlin quasi anbeten – ein *bildschöner* Kerl obendrein, und der gehört mir – und ich kann ihn lenken wie so ein kleines Kind und er tut, was er mir nur an den Augen abliest, und behandelt mich so lächerlich ehrerbietig, gleich als wäre ich noch Fräulein Unschuld, von Gottes Thron herabgestiegen. – Gott ist das schön auf der Welt.

Frida Uhl an Marie Uhl, ca. 12. 3. 1893, Unbekannte Briefe I

Otto Neumann-Hofer war über die jüngste Eroberung seiner Bekannten wenig überrascht. Das Hofieren mit Kniebeuge und Rosenspende – wie bei Strindberg am 6. Februar – war offenbar eine wiederholt geübte Praxis Frida Uhls, die das Spiel mit den Konventionen beherrschte. Die Geste war jedenfalls keineswegs so spontan und einmalig, wie sie dem ahnungslosen Strindberg erschienen war.

Frida Uhl wird heiraten. Wen? Rate! Sie triebs mit ihm wie mit so manchem andern. Sie lernt ihn heute kennen, lädt ihn morgen zu sich, kniet vor ihm nieder und schüttet ihm Rosen in den Schoß; und als ferneres Zeichen der Verehrung küsst sie ihn. Es war aber kein Berliner, kein frivoler Spree-Pariser, der so was dankend einstreicht und auf mehr rechnet. Er ist ein verteufelt ernsthafter Mensch – und „ich bin kein Verführer" ist seine erste Devise und „ich lasse nicht mit mir spielen" ist seine zweite Devise. Und so sagte er ungefähr: Du heiratest mich oder dich soll 99 Mal der Teufel frikassieren, und dieser Teufel zu sein, wird mir ein ganz besonderes Vergnügen sein. – Fridachen angstvoll kneift nach München aus. Das nützt aber nichts; und so wird die Welt binnen kurzem von der Nachricht überrascht werden: Als Vermählte empfehlen sich Frieda Uhl und – August Strindberg.

Otto Neumann-Hofer an Hermann Sudermann, 28. 3. 1893, DLA

Marie Uhl stimmte der lang ersehnten Verlobung ihres Sorgenkindes freudig zu. Ihre Bedenken wegen der drei Kinder aus erster Ehe zerstreute Frida Uhl mit dem Hinweis, dass ihr Strindbergs Sohn höchst willkommen wäre: „weil mir dadurch hoffentlich die Aufgabe geschenkt wird, selbst für Nachkommenschaft zu sorgen".

August Strindberg verstärkte sein Liebeswerben und versprach Frida Uhl, sie bei der Umsetzung ihres Lebenstraumes – berufliche Selbstverwirklichung und Selbstständigkeit – zu unterstützen. Als er sich wegen der intensiven Bemühungen seiner Verlobten um gesicherte finanzielle Verhältnisse als ihr „lächerlicher Sklave" fühlte, stellte ihm Frida Uhl postwendend alle Freiheiten – auch in sexueller Hinsicht – in Aussicht.

Alles Tolle, was Du machst, liebe ich; wenn Du lügst, lügt [Du], wie nur ein Dichter wie ich es machen kann – so liebe ich dich, weil dein Mund so schön ist und deine kleinen Zähne so wunderweiß sind; wenn Du böse bist, so liebe ich dich, weil deine tiefen Augen Feuer speien; ich liebe dich, wenn Du so abscheulich klug und geizig bist, weil Du um meiner Willen deine widerwärtigen Geschäftsbriefe schreibst!

August Strindberg an Frida Uhl, 11. 3. 1893, Brev IX/2494

Du musst Schriftsteller werden und unabhängig bleiben.

August Strindberg an Frida Uhl, 12. 3. 1893, Brev IX/2495

Was Ihre Unabhängigkeit betrifft: Natürlich, mein lieber Freund, haben Sie diese, *wie Sie sie immer haben werden,* ohne Einschränkung. Ich will Ihre Freundin sein, nicht Ihre Herrin, verstehen Sie doch. Es steht Ihnen frei, das zu tun, was Ihnen gefällt. Fühlen Sie sich vor allem nicht dazu verpflichtet, mir treu zu bleiben. Ich gestatte Ihnen alle Seitensprünge, nach denen Ihr Herz begehrt. Ich weiß, dass das überhaupt keine Bedeutung für die Liebe hat. Auch im Übrigen tun Sie, was immer Ihnen gefällt. Ich bitte Sie nur um *Eines:* Überlegen Sie, bevor Sie handeln.

Frida Uhl an August Strindberg, 17. 3. 1893 (franz.),
Wenn nein, nein Nr. 14

Der Dispens von der (vor)ehelichen Treue wirkte auf Strindberg nicht be-
freiend, sondern geradezu beängstigend. Er war erbost und warf Frida Uhl
mangelnde Liebe vor. Hinter ihren gut gemeinten Ratschlägen in geschäft-
lichen Angelegenheiten witterte er den Versuch, ihn zu beherrschen.

Frida Uhl dementierte umgehend und verwies auf ihre gegenteilige psy-
chische Disposition: Sie suchte nach einem männlichen Genie, zu dem sie
aufblicken könnte. Erstmals griff sie zum vertrauten Du. Einer Freundin
gestand sie zwar: „I love him not, but I care for him". Wenige Tage später,
am 25. März, bekannte sie Strindberg aber ihre Verehrung und Liebe. Eine
vergleichbare Bewunderung hätte sie bisher nur für ihren Vater gehegt.
Erstmals brachte sie auch den Wunsch nach einer Adoption seines Sohnes
Hans aus erster Ehe vor.

Horch – Du hattest schrecklich recht mit dem, was Du geschrieben hast
– nicht darin, dass ich es sein soll, der über die Geschäfte einen Marsch
an die Macht antreten will. Nein – wenn Sie jemals gegen meinen Willen, gegen jede *Wahrscheinlichkeit* der Besiegte wären in unserem Kampf
der Persönlichkeiten, wie Sie es nennen, dann könnte ich Sie nicht mehr
lieben und folglich nicht mehr mit Ihnen leben, weil ich – das ist ein
Fehler in meinem Wesen – nur einen Mann lieben *kann*, der mir überlegen ist, vor dessen Persönlichkeit ich mich verbeugen muss. [...]
   Ich kann die Angst nicht loswerden, dass Sie meine Briefe herzeigen.
Das ist lächerlich, ich weiß, *denn Sie haben mir ja versprochen*, es nicht
zu tun, und ich verlasse mich auf Ihr Wort. Und doch, – – ich weiß nicht,
was das ist. – Also habe ich unbewusst begonnen, einen unpersönlichen
Stil zur Schau zu stellen, weit weg von allem, was man Sprache der Liebe
nennen könnte. [...] Also bin ich mehr und mehr die alte Tante geworden. [...] Oh Gott, oh Gott! Ich weiß nicht, was das ist. Aber ich glaube,
dass ich mir auch immer selbst etwas vorspiele, weil ich ganz in meiner
Fantasie lebe und mich über die Wirklichkeit lustig mache, die für mich
zu existieren aufhört. – Horch, ich sage Dir das alles, damit Sie selbst
entscheiden, ob Sie es wagen, das Leben mit einer solchen Verrückten in
Angriff zu nehmen. Das wird Ihnen noch *viel* Sorgen bereiten, denn es
passiert mir oft, dass ich so meinen Charakter und mein ganzes Wesen
plötzlich verändere, bis ich – manchmal lachend, manchmal schon weinend – aus diesem Traum erwache. Ich bin zu allen Gegensätzen fähig,

zur wahnsinnigsten Leidenschaft und zur Kaltblütigkeit eines Frosches,
zur Knauserei und zur Verschwendungssucht... Richten Sie, verurteilen
Sie mich, wenn Sie wollen.

Frida Uhl an August Strindberg, 21. 3. 1893 (franz.), Wenn nein, nein Nr. 16

Lieber, lieber Freund, Du hast eine sehr richtige Entdeckung gemacht:
Ich liebe dich aus ganzem Herzen, mit ganzer Seele, mit meinem ganzen
Wesen. Ich liebe Dich mit der Bewunderung, die ich für meinen Vater
hätte – mit der ganzen Zärtlichkeit, die ein Kind in mir wecken würde,
mit der ganzen Liebe für meinen Mann, der mir schließlich mehr wert
sein wird als Vater und Kind – mehr als die ganze Welt.

Frida Uhl an August Strindberg, 25. 3. 1893 (franz.), KB Ep. S 53a

*Frida Uhls Schwenk weg von den emanzipatorischen Ideen Sudermanns
hin zu den frauenfeindlichen Ideen Strindbergs ist aus heutiger Sicht
schwer nachvollziehbar. Unveröffentlichte Passagen ihrer Memoiren zeigen
eine deutliche Prägung durch den autoritären Vater und durch die katholischen Klosterschulen, die Frauen eine passive Rolle zuschrieben, eine An-
betungs- und Hingabehaltung gegenüber dem Schöpferisch-Männlichen.
Wirkte sich dieses Rollenbild, das bei Frida Strindberg ebenso stark veran-
kert war wie die Rebellion dagegen, bei ihrer Hinwendung zum genialen,
betont männlich-dominant auftretenden August Strindberg aus?*

Kinder bekommen sollte man erst, wenn man klug und bedeutend geworden ist und ihnen mit leuchtendem Beispiel voranzugehen vermag.
So wie Du, Papa, mir erst das Zeichen gabst, als Du 48 Jahre jung warst
und es für mich Zeit geworden war. Dafür danke ich Dir denn auch, Du
einzig Guter! Ich kann aufblicken zu Dir! *LLZ, BF, 63*

Zehn Jahre lang Weihrauch! Stille fromme Kerzen vor goldenen goti-
schen Altären, Orgelklang zu Schwüren ewiger ekstatischer Liebe. Anbetung der Macht, die eine Welt in Händen hält, und der Vollkommenheit, der höchsten Schönheit, Weisheit, Güte! Zehn Jahre lang ein Vor-
geschmack des Himmels mit dem Leib des Heilands auf den Lippen bei
der Heiligen Kommunion! Zehn Jahre lang unter Himmelsbräuten.
Die zehn Jahre Kloster hatte ich verlebt!

Es ist schwer, sich mit Menschen zufrieden zu geben, wenn man an Gott gewöhnt ist. Noch schwerer aber, der Anbetung zu entsagen, wenn sie in Fleisch und Blut übergegangen ist. Das Bedürfnis aufzublicken, die demütige Hingabe des Herzens – lässt man all das je wieder, wenn man von Kindheit an die Ekstasen der Kathedralen gekostet hat? Kann man sich mit weniger als der Vollkommenheit zufriedengeben nach all dem?

LLZ, MFr, 55

Am 27. März schickte Frida Uhl eines ihrer farbigsten und gelungensten Feuilletons nach Wien: „Über die Potsdamer Brücke". Anhand eines Spaziergangs ließ sie Buchläden, literarische Neuerscheinungen und Theateraufführungen (u.a. Strindbergs „Gläubiger" und Sudermanns „Heimat") Revue passieren, beschrieb aber auch Szenetreffs wie das „Schwarze Ferkel".

Das „Schwarze Ferkel" in Berlin

Da lebt vor allem das heitere Volk der Künstler und Schriftsteller, die, aus den streng bürgerlichen Beamtenkreisen zum größten Teil ausgeschlossen, eine Welt für sich bilden, eine sonnige Welt voll Lebensgenuss und Geistesleben. [...]

Berlin ist jetzt zur Heimstätte der großen Skandinavier geworden. In einer Sackgasse der „Linden" ist eine kleine Weinstube, mit braunem Holz stimmungsvoll getäfelt, vor deren Tür leere Austernschalen, Rotweinflaschen und die Gestalt eines Wildschweines prangen. „Zum schwarzen Ferkel" heißt die Künstlerkneipe, die allabendlich die Fremden da vereinigt. August Strindberg, L. Drachmann, Gunnar Heiberg, Paul – die Maler Munck [Munch] und Grog [Krogh] treffen daselbst zusammen. Die kleine Kolonie großer Männer bildet den nicht geringen Stolz des literarischen Berlin.

WZ, 30. 3. 1893

27. März 1893   **Seite 3**

dorf und Gustav **Gaunersborfer** für Mank, und hat den Bezirksgerichtsadjuncten Dr. **Rudolf Ritter v. Czezik-Müller** in Prägarten nach Scheibbs versetzt.

[**Graf Herbert Bismarck in Wien.**] Graf Herbert und Gräfin Marguerite **Bismarck** sowie Graf Georg **Pothos** sind gestern Früh mittels Schnellzuges der Südbahn aus Fiume hier angekommen und im „Hotel Metropole" abgestiegen. Graf und Gräfin **Bismarck** begeben sich heute Abends um 9 Uhr mittels Nordwestbahn nach Berlin.

[**Strindberg.**] Aus **Berlin** wird uns geschrieben: August **Strindberg** wird zur Aufführung seines Stückes „Gläubiger" nach Wien reisen. Es dürfte die Wiener interessiren, zu hören, daß Strindberg in der vorigen Woche sich mit Fräulein Frieda **Uhl**, der Tochter des Regierungsrathes **Uhl**, Chefredacteurs der Wiener Zeitung, verlobt hat.

Hermann Bahrs Verlobungsnotiz in der Deutschen Zeitung

Das Gerücht von der geheimen Verlobung des „Weiberhassers" Strindberg verbreitete sich in Berlin wie ein Lauffeuer. Hermann Bahr gelang es schließlich, Strindberg nach einer durchzechten Nacht das letzte Geheimnis – den Namen der Braut – zu entlocken.

August *Strindberg* wird zur Aufführung seines Stückes „Gläubiger" nach Wien reisen. Es dürfte die Wiener interessiren, zu hören, daß Strindberg in der vorigen Woche sich mit Fräulein Frieda *Uhl*, der Tochter des Regierungsrathes Uhl, Chefredacteurs der Wiener Zeitung, verlobt hat.

Deutsche Zeitung, 27. 3. 1893

Die Zeitungsnotiz vom 27. März 1893 schlug in Wien wie eine Bombe ein. Frida Uhl schickte sofort ein Dementi an die „Deutsche Zeitung", das sie aber nach der Zustimmung ihres Vaters zur Verlobung wieder zurückzog.

Liebe Frida, –

Heute früh wurde ich zu Papa gerufen. Es war erst 10 Uhr, als ich hin-
kam, aber ich fand ihn bereits bei der sechsten Virginia. Die Strohhalme
lagen geknickt umher und seine Stimmung war entsprechend. Er gab
mir die „Deutsche Zeitung" zu
lesen. Den Ausschnitt, der ihn so
sehr aufgeregt hat, sende ich Dir
anbei. Hermann Bahr scheint der
Verfasser zu sein.

Friedrich Uhl (1891) geriet in Rage

Gleichzeitig aber bin ich beauftragt, Dir von Papa zu sagen, dass
er Dir gottlob die Verlobung nicht
zu erlauben braucht, da Du um
seine Erlaubnis nicht erst lange
gefragt hast, dass er Dich aber bitten lässt, nicht noch mehr Skandal
und Schande über ihn zu bringen.
[…]

Jetzt kannst Du nicht mehr zurück. Der Skandal wäre für Papa
noch schlimmer, als wenn Du
wirklich Deinen Dichterfürsten
heiratest, dessen Werke Papa zum Glück sehr hoch schätzt. Allerdings
sagt er, dass er dem Verfasser des „Vater" lieber einen Dichterpreis als
seine Tochter gegeben hätte.

Marie Weyr an Frida Uhl, 27. 3. 1893, zit. LLZ, 136f.

Diese Leute sind ja in Büchern sehr interessant, aber im Leben sind sie
doch für unsereinen ganz unmöglich. Du wirst noch selbst draufkom-
men – leider.

Marie Weyr an Frida Uhl, 28. 3. 1893, Typoskript KB Dep. 146/3

*Um ihren Vater milde zu stimmen, schickte Frida Uhl eine rosige Schilde-
rung ihrer Beziehung zu Strindberg, die ihre Tochter Kerstin später mit der
Randnotiz versah: „hier schreibt Frida äußerst verlogen".*

Was mir diese Heirat wünschenswert macht, ist absolut keine heftige Leidenschaft – die kann ich, glaub ich, überhaupt nicht – aber eine herzliche, warme Zuneigung, eine ehrliche Bewunderung für die geistige und tiefe Achtung vor den seelischen Eigenschaften Strindbergs. Ich kann von Strindberg viel lernen und kann ihm mehr sein, als einem andern.

Frida Uhl an Friedrich Uhl, ca. 29. 3. 1893, Abschrift KB Dep. 146/13

August Strindberg war nach der Abreise seiner Verlobten wieder ins Bohemeleben abgetaucht. Frida Uhl ließ ihm noch einmal alle Optionen offen, auch eine Rückkehr zu seiner ersten Frau. Für den Fall, dass er die Verlobung aufrechterhalten wollte, stellte sie ihm die Bezahlung seiner Schulden aus ihrer Mitgift in Aussicht. Das wertete Strindberg wieder als Angriff auf seine männliche Ehre.

Um sich Klarheit zu verschaffen, fuhr Frida Uhl am 1. April 1893 Hals über Kopf nach Berlin zurück. Dort fand sie Strindberg kränkelnd in seinem Hotelzimmer und umsorgte ihn. Sie fragte den Arzt und „Ferkel"-Freund Carl Ludwig Schleich um Rat bezüglich einer Ehe mit Strindberg. Schleich erläuterte ihr, dass Strindberg seine Frauen nur als Demonstrations- und Experimentierobjekte für seine fixen, misogynen Ideen betrachtete, und gab ihr eine deutliche Empfehlung.

[… Ich] habe aber der Braut auf eine direkte Frage, ob sie mit Strindberg glücklich werden würde, doch gesagt: „Wenn Sie Ihr Glück noch unter seinen Fußsohlen finden können, so heiraten Sie ihn." […] Dass trotz alledem Strindberg drei Mal geheiratet hat und drei Mal kreuzunglücklich wurde, erklärt sich nunmehr psychologisch leicht. […] Er lebte nicht mit ihnen, er beobachtete sie ständig; sie lagen nicht unter seinen Liebkosungen, sondern unter seinem Seziermesser. Welche Frau hätte unter solcher Tortur glücklich werden oder Glück spenden können? […] Denn auch die Atmosphäre des Genies kann keine Frau in solcher Ehe vor dem Ersticken retten.

Carl Ludwig Schleich, Besonnte Vergangenheit, 286, 288f.

„Strindberg vor der Heiratserlaubnis" und „Nach der Heiratserlaubnis. Schau an!"

August Strindberg hielt am 3. April 1893 brieflich bei Friedrich Uhl um die Hand seiner Tochter an. Die Zustimmung kam postwendend. Friedrich Uhl stellte eine Mitgift von 2.000 Gulden und eine monatliche Apanage für seine Tochter in der Höhe von 100 Gulden in Aussicht, mit der sie „vollständig auskommen" würde. Für die monatlichen Feuilletons erhielt sie zusätzlich 50 Gulden. Sein traditionelles Ehebild ließ Strindberg diesen nicht geringen finanziellen Beitrag seiner Frau als stille Demütigung empfinden.

Am 5. April schrieb das nunmehr offizielle Brautpaar gemeinsam an Marie Weyr. Mit jedem Absatz löste ein Partner den anderen ab. Als Beilage gab es zwei Porträtfotos Strindbergs von 1886. Strindberg versah sie mit ironischen Bildtexten und knüpfte damit an sein Fotobuchprojekt „Zwölf impressionistische Bilder" von 1886 an.

[Frida:]

Geliebtes Schwesterchen, –

Ein überglückliches Geschöpf schreibt hier an Dich seinen ersten Brief als Braut, zusammen mit einem Ehemann in spe, den sie ebenso viel liebt, als sie ihn wenig verdient.

[August:]

Das ist jedoch zur Hälfte gelogen, weil sich der Ehemann für das unwürdigste aller männlichen Wesen im Deutschen Reich erklärt, einen Schatz wie Frida als Gattin und wie Mizzi als Schwägerin zu besitzen.

[Frida:]

Höre, mein Schätzchen, Du wirst zugeben, dass wir beide, mein lieber Mann und ich, bis jetzt mehr als liebenswürdig – und liebenswürdiger als gewöhnlich gewesen sind! Ich hoffe, dass Du unsere Bemühungen zu würdigen weißt! Und wenn Du unsere strahlenden Gesichter, die wir beim Schreiben machen, gesehen hättest – Schätzchen, Du hättest Dein Herz an uns verloren, wie unseres schon Dir gehört. Seit drei Tagen sind wir also beisammen! Ich habe München schnell verlassen, um persönlich alle Missverständnisse aufzuklären, die ich durch meine Briefe verursacht hatte.

[August:]

Ich hoffe, meine liebe Schwägerin, dass Sie nicht an die Missverständnisse glauben, die meine himmlische Gattin oben erwähnt hat, solange alles so bleibt, wie es jetzt ist! Und ich kann Ihnen versichern, dass Ihr Schwesterchen genauso verrückt ist, als ich den Ruf habe, verrückt zu sein – verrückt verliebt – und ebenso brav.

Frida. August Strindberg.

Frida Uhl und August Strindberg an Marie Weyr,
5. 4. 1893 (franz.), Brev IX/2518

Am 11. April 1893 fand die offizielle Verlobung mit Ringwechsel in Strindbergs Zimmer im Lindenhotel statt. Die junge Braut erhielt als Geschenk Büttenpapier und Tinte, die Insignien des Schriftstellerberufs. August Strindberg signalisierte damit Einverständnis mit Frida Uhls literarischen und journalistischen Ambitionen. Dazu überreichte er ihr als Warnung ein symbolistisches Landschaftsbild, das er noch im März nach einem Abend zu Dritt (zusammen mit einem Freund Frida Uhls) gemalt hatte. Es trug den bezeichnenden Titel „Nacht der Eifersucht" mit der Konstellation: dunkler Wolkenhimmel, stürmisches Meer, Klippe mit Wacholderstrauch.

Nur wenige Tage später gab es die erste Bewährungsprobe. In rasender Eifersucht verdächtigte Strindberg seine frisch Verlobte, einem Maler für das Porträt einer Odaliske rückenfrei Modell gestanden zu sein. (In Wirklichkeit war es eine andere Wiener Schriftstellerin, Juliane Dery, die wiederholt von Franz Stuck porträtiert wurde.) Auch den alten Vorwurf eines vorehelichen „Verhältnisses" mit Sudermann wärmte er wieder auf. Frida Uhl forderte eine offizielle Entschuldigung. Ihre Entgegnungen quittierte Strindberg mit dem Hinweis auf seine Erfahrungen mit weiblichen Lügen aus seiner ersten Ehe. Daraufhin wollte Frida Uhl die Verlobung lösen.

Mein Herr, –
Sie haben mich gerade, als ich jene Erinnerung völlig aus Ihrem Herzen getilgt zu haben wähnte, daran gemahnt, dass Sie bereits verheiratet gewesen sind, dreizehn Jahre lang.

Wenn dieser Schlag ins Gesicht ein Einblick in die Ehe war, so will ich mich nicht mehr verheiraten, gleichviel ob ich mich dadurch der allgemeinen Verachtung und dem Gerede der Menschen aussetze oder nicht. Was soll mir die Achtung der Welt, wenn ich vor mir selbst keine Achtung mehr haben kann?

Frida Uhl an August Strindberg, ca. 13. 4. 1893, zit. LLZ, 174

„Liebe ist Liebe *plus* Hass! Freundschaft zwischen den Geschlechtern? Das wäre Impotenz."

August Strindberg zu Frida Uhl im Frühling 1893 nach LLZ, MFr, 106

In einem freizügigen Brief, der nicht erhalten geblieben ist, äußerte sich Frida Uhl zur Anatomie der Geschlechtsorgane. Das Thema beschäftigte auch Strindberg seit vielen Jahren und wirkte bedrohlich auf sein männliches Ego, wie der betont maskuline, euphemistisch verschlüsselte Antwortbrief zeigt. Die einschlägige Informiertheit seiner jungen Verlobten bestürzte ihn und war für ihn nur mittels des Verdachts auf voreheliche sexuelle Erfahrungen erklärbar, den er im Lauf der Ehe noch unzählige Male vorbringen sollte.

Was du mir gerade über irdische Sachen gesagt hast, ist erfüllt von einer
Weisheit, die mich ganz verblüfft hat. Es gibt nur einen, oder zwei kleine
Irrtümer, die ich mir anstelle deines Hauslehrers zu korrigieren erlaube.
Es ist die Hand, weißt du, die die Größe des Handschuhs bestimmt. Und
die kleine Hand ist das Kennzeichen des Aristokraten, die große ist das
Kennzeichen des Plebejers.

August Strindberg an Frida Uhl, 17. 4. 1893 (franz.), Brev IX/2523

Die tagelangen Auseinandersetzungen endeten erst mit der Ankunft Marie
Weyrs, die als einzige Angehörige der Familie Uhl zur Hochzeit anreiste.
Ihr gelang es, Strindberg von der Haltlosigkeit seiner Vorwürfe zu überzeu-
gen und eine Versöhnung herbeizuführen. Das offizielle Verlobungsessen
geriet zur Farce.

Es war in meinen Lehrjahren; ich machte sein [Strindbergs] Verlobungsessen in Berlin mit. Strindberg selbst nahm im letzten Augenblick
nicht teil. Die damals bildhübsche Braut, Frida Uhl, Tochter eines Wiener Hofrats, war ... versammelt. Sonst noch der Maler Emil Döpler der
Jüngere mit seiner Frau, dann die Brautschwester, Gattin des österreichischen Bildhauers Weyr, und ein Romanschriftsteller Rudolf Stratz. Wir
sechs feierten ... und warteten.

Doch der Bräutigam blieb aus. Strindberg lag todbetrunken im Hotelzimmer und schnarchte.

Alfred Kerr, Ich kam nach England, 57f.

Marie Weyr bewunderte Strindbergs Genialität als Autor, Maler und Na-
turforscher. Die Ehe ihrer Schwester Frida war in ihren Augen aber von
vornherein zum Scheitern verurteilt.

Ich kann fortwährend das Angstgefühl nicht loswerden neben ihm,
dass er plötzlich überschnappt; dabei macht er mir immer mehr den
Eindruck eines wirklichen Genies. [...] Es ist rein, als ob das Talent in
ihm nicht wüsste, wo überall hinaus. Aber keine Spur von gesundem,
fröhlichem Schaffen, eher ein Drang, wie wenn es einen Verbrecher zum
Mord treibt. Unheimlich, höchst unheimlich. Ich begreife Frida nicht,
dass sie die Courage hat, sich einem solchen Menschen anzuvertrauen.

Die zwei sind aber nicht mehr auseinander zu bringen, im Gegenteil, ich muss alles tun, um sie möglichst bald zusammen zu bringen. Ich fürchte, dass seine Liebe zu ihr mehr sinnlicher Natur ist, denn geistig kann Frida den Mann nicht befriedigen, überhaupt kein Weib; er scheint das auch nicht zu fordern; seine Meinung von der Frau ist offenbar die denkbar geringste. […]

Frida ist selig, dass ich da bin. Ihre Liebe zu Strindberg ist wieder, im Gegensatz zu seiner, rein literarische Bewunderung und abgöttische Verehrung seines Geistes. Ich glaube, sie würde es nie wagen, ihm um den Hals zu fallen, wenn er's nicht erlaubt oder fordert. Wie das enden wird, weiß der Himmel; ich habe mehr Bangen als Vertrauen zu einer Ehe unter solchen Umständen. Frida in ihrer gottvollen Blödheit sieht den Himmel auf Erden neben ihm.

Marie Weyr an Rudolf Weyr, ca. 19. 4. 1893, zit. LLZ, 188ff.

Die Nachricht von der bevorstehenden Hochzeit des „Weiberhassers" erreg-te in der internationalen Presse großes Aufsehen und führte zu hämischen Kommentaren.

August Strindberg, der schwedische Schriftsteller, Autor von „Heiraten", „Vater", „Fräulein Julie", „Gläubiger" und anderen Werken, in denen er, der seit seiner Scheidung Weiberhasser ist, die Frauen so grausam ge-geißelt hat, verheiratet sich Ende der Monats erneut mit der Tochter des Chefredakteurs der „Wiener Zeitung", Fräulein Frida Uhl. […] Sie wird hoffentlich die Frauen rächen, die von Strindberg so schlecht behandelt wurden. Vielleicht gelingt es ihr auch, ihn den schmerzhaften Leidens-weg vergessen zu lassen, den er in seiner Ehe mit Frau Siri von Essen, einer Schauspielerin am Königlichen Theater in Stockholm, gegangen ist. […] Die Hochzeit wird in Berlin gefeiert werden. Man wird dort den kleinen Kreis skandinavischer Schriftsteller sehen, der sich jeden Abend im Kabarett „Ferkel" in der Wilhelmstraße trifft. Für sie ist die Hochzeit Strindbergs vor allem ein neuerlicher Beweis für den teuflischen Ein-fluss der Frau!

Journal des Débats, 22. 4. 1893 (franz.)

Berlin liebt das Neue, Prickelnde und ein Weiberhasser wie Strindberg kitzelt den Gaumen der Berliner Männerwelt, leider auch der Frauenwelt. […] Wir sind fest überzeugt: die meisten Frauen, welche Strindberg zujubeln, haben sein Werk nicht gelesen. Übrigens, so sagt man, will er sich durch eine „Wienerin" von seinem Weiberhass bekehren lassen?

Minna Cauer in Frauenwohl Nr. 1, 1. 5. 1893

Anlegestelle in Helgoland

Um keine Zeit zu verlieren, verlegte man die Hochzeit auf die Insel Helgoland, wo nach britischem Recht kein sechswöchiges Aufgebot nötig war. Aus diesem Grund hatten sich hier schon Berühmtheiten wie der Schauspieler Josef Kainz und – Hermann Sudermann vermählt. Während sich Strindberg um seine Scheidungspapiere kümmerte, ließ Frida Uhl 500 Hochzeitsanzeigen drucken. Am 27. April 1893 reiste das Paar mit Marie Weyr über Cuxhaven nach Helgoland.

Am 2. Mai 1893 fand in der evangelischen Pfarrstube, die nur mit einem Schreibpult möbliert war, die Hochzeit statt. Der Bräutigam trug einen beigefarbenen Anzug aus Homespun, dazu einen Sailorhut und eine breite, schwarze Seidenkrawatte mit dunkelgrünen Streifen. Die Braut hatte sich nach eigenem Schnittmuster ein Kleid aus feinem, kühlem Leinenbatist mit Spitzen anfertigen lassen. Neben dem Ehepaar, Marie Weyr und dem Pastor waren noch zwei örtliche Lehrer (nicht Matrosen, wie Frida Strindberg später schrieb) als Zeugen anwesend. Zuvor hatte man beim Bürgermeister den Eid abgelegt, dass keine Ehehindernisse vorlägen.

August Strindberg blieb von dieser vorausgehenden Zeremonie nur ein La-
chanfall seiner Frau in Erinnerung, den Frida Strindberg Jahrzehnte später
aufklärte. (Sie verlegte die Szene aber irrtümlich in die Pfarrstube.)

Während der Ablegung des Eides verfiel die Braut in ein hysterisches
Gelächter, das die ganze Prozedur zu vereiteln drohte, da der ernsthafte Mann nicht wusste, was er von einer solchen irrenhausartigen Szene
halten sollte.

August Strindberg, Das Kloster, 234

Die letzte Frage des guten Pastors war so schrecklich indiskret, sie lautete: „Schwören Sie, dass Sie kein Kind von einem anderen unter dem
Herzen tragen?" In seiner Zerstreutheit hatte er die Frage auch an August Strindberg gerichtet und in seiner Nervosität hatte dieser …

Recht geschieht ihm das! Lässt er mir, als Weib, denn wirklich nicht
mehr das allerkleinste Vorrecht? August Strindberg hatte auf die doch
nur mir geltende Frage feierlich und aufrichtig in ungrammatikalischem
Deutsch, Hand auf der Bibel und Hand zum Schwur erhoben, unbe-
schreiblich würdevoll beteuert: „Ich schwöre, dass ich kein Kind von
eine anderer unter dem Herzen trage!"

Die feierlichen Worte … und die noch feierlichere Miene … in diesem
Augenblick – – Aller guten Sitte zum Trotz bricht ein unbändiges Gelächter bei mir los. Der Pastor und August Strindberg starren mich ent-
geistert an, meine Schwester schwitzt Blut, sie hat die Situation erfasst,
möchte auch gern lachen, die Ärmste stürbe aber lieber! Sie weiß nicht,
wie sie die Ehre retten soll, hält mir dann gebieterisch ihr Spitzentüch-
lein als Tränentuch hin, will die anderen glauben machen, dass ich weine, drückt es mir in die Hand, drückt es mir vor die Augen, nicht ohne
mich gleichzeitig heuchlerisch in den Arm zu zwicken:

„Fasse dich, fasse dich", droht die arme liebe Stimme, aber mit dem
einzigen Erfolg, dass ich noch unbezwinglicher weiter lache – bis ich vor
Erschöpfung nicht mehr kann.

LLZ, 212f.

Über den Verlauf der Hochzeitsnacht liegen widersprüchliche Berichte
der Ehepartner vor. Eineinhalb Jahre nach dem Ereignis schrieb August

Strindberg knapp, er hätte einen zerrissenen Brief seiner Frau aufgefunden, bei der Lektüre „unbeschreibliche Verachtung" verspürt und daraufhin die Nacht allein verbracht.

Frida Strindbergs ursprüngliche Erinnerung ist über ein Interview ihrer hoch betagten Mutter Marie Uhl aus dem Jahr 1924 überliefert. Demnach verbrachte das Ehepaar die Hochzeitsnacht tatsächlich getrennt. August Strindberg soll seine Frau zuvor beim Schreiben eines Briefes beobachtet haben. Daraufhin hätte er in einem Anfall von Eifersucht einen Freund als Adressaten vermutet. Der Brief wäre aber harmlos und an Marie Uhl (!) gerichtet gewesen.

In einer Skizze für ihre Memoiren blieb Frida Strindberg bei der getrennten Hochzeitsnacht, nannte diesmal aber einen Liebesbrief ihrer Schwester Marie Weyr an ihren Ehemann als Ursache. August Strindberg hätte das weggeworfene Brieffragment aufgefunden und irrtümlich für ein Schreiben seiner Frau an einen Freund gehalten.

In der endgültigen Buchfassung präsentierte Frida Strindberg schließlich eine fantastische, schaurig-schöne Schilderung der Hochzeitsnacht. Der Bräutigam erwies sich demnach als „Frauenhasser" und zugleich als vollendeter Gentleman. In der Nacht hätte er sie im Ehebett beinahe erwürgt, am nächsten Morgen aber ritterlich verwöhnt. Vom fatalen Brief und von der getrennten Hochzeitsnacht war plötzlich keine Rede mehr.

Ich habe den Brief gelesen, den du auf Helgoland am Hochzeitsabend zerrissen hast, und ich habe meine Tür mit einer unbeschreiblichen Verachtung geschlossen.

August Strindberg an Frida Strindberg, ca. 9. 11. 1894 (franz.), Brev 3000

Der Abend verging, aber plötzlich war Strindberg verschwunden. In größter Verzweiflung, Angst und Sorge verbrachte meine Tochter ihre Hochzeitsnacht *allein*. Am nächsten Tag fand sich Strindberg wieder ein und erklärte, er habe sie in einem Anfall von Eifersucht verlassen, weil er sie am Abend einen Brief schreiben sehen und geglaubt habe, der Brief gelte einem anderen Mann. Zum Glück befand sich dieser Brief immer noch im Haus. Die junge Ehefrau hatte nur einige Worte an ihre Mutter schreiben wollen, wie glücklich sie wäre, und das war die Ursache für einen unglücklichen Beginn. Später stellte sich heraus, dass Strind-

berg ihr wiederholt misstraute, ohne wirkliche oder auch nur scheinbare
Gründe.

Marie Uhl in: Karin de Pers, August Strindbergs äktenskap

Er trägt zur Zeit am Leben nicht schwerer, als er lachend an mir getragen
hat am sonnigen Hochzeitsmorgen, als ich durchaus auf seinen zärtlichen Armen vom Bett zum Frühstückstisch sollte, damit die nackten
Füße nicht den rauen Boden berührten.

Ja, das war lustig gewesen. Er hatte den Tisch selbst festlich gedeckt
und Blumen und Grün dafür gefunden, während ich noch schlief –
reichlich Zeit dazu hatte ich ihm ja gelassen.

Ich schlief ganz ungebührlich lang an unserem Hochzeitsmorgen, war
die Nacht doch unruhig gewesen. Er war nämlich plötzlich, gegen Dämmerung, aus dem Traum aufgefahren, hatte sich nicht gleich entsonnen,
dass er jetzt die legitime Nähe seines jungen Weibes genoss, und hatte
mich in der ersten Verworrenheit als Eindringling erwürgen wollen. Es
war ihm schon mehr oder minder gelungen – denn er macht alles, was
immer er auch macht, sachlich gut und gründlich –, als ihn endlich ein
vertrauter Klang in meiner protestierenden Stimme zum Bewusstsein
brachte. Trotzdem er mir die beruhigende Versicherung gab, der Angriff habe nicht mir gegolten, sondern wahrscheinlich gewohnheitsmä-
ßig noch seiner ersten Frau, schlief ich eine ganze Weile nicht ein. Harte
Gedanken bedrängten mich. […]

Und am Hochzeitsmorgen brach es jählings unter Küssen mit dem
langjährigen Ingrimm verschmähter Zärtlichkeit hasserfüllt aus ihm
hervor: „Das hätte sie wohl nicht gedacht, dass ich ein junges Mädchen
finden würde."·

LLZ, 218, 222f.

Wetterbericht, erstellt auf Helgoland am 10. Mai.

Jeden Tag Sonne. Temperatur: sehr warm. Wind unbewegt, sehr mild.
Keine magnetischen Störungen in der Atmosphäre.

Der Postdienst wurde durch unbekannte Hindernisse unterbrochen.
Ich warte immer noch auf Nachrichten aus Wien.

A. S.

August Strindberg an Marie Weyr, 10. 5. 1893 (franz.), Unbekannte Briefe I

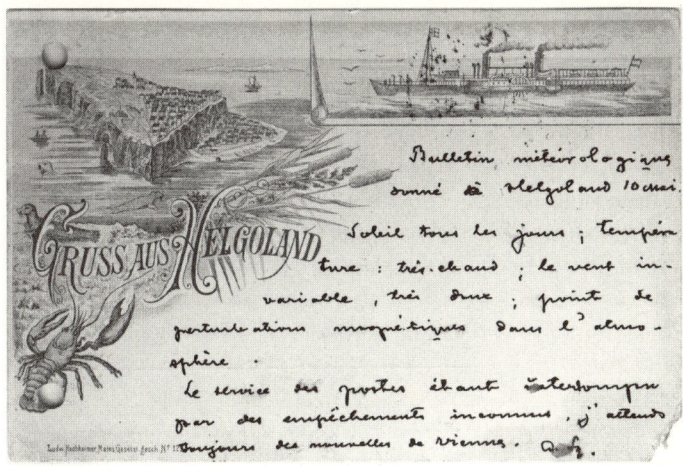

Grußkarte August Strindbergs an seine Schwägerin Marie Weyr

Die Flitterwochen beflügelten die literarische Produktion der Ehepartner nicht. August Strindberg begann, eine Fortsetzung seines Romans „Am offenen Meer" zu schreiben, brach aber bald wieder ab. Frida Strindbergs Vater grollte, weil er monatelang keine Feuilletons mehr erhielt. August und Frida Strindberg, die nach außen hin wie ein Schriftstellerpaar wirkten, dürften sich in Wirklichkeit auf literarischem Gebiet in keiner Weise ausgetauscht und schon gar nicht unterstützt haben. Es gab offenbar ein stillschweigendes Abkommen, Literatur und Privatleben strikt zu trennen.

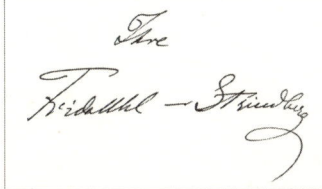
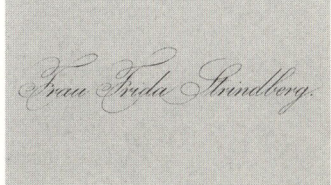

Unterschrift (zunächst noch mit Doppelnamen) und Visitenkarte mit dem neuen Namen

Frida zeigte ihrem Mann nie ihre Feuilletons oder literarischen Versuche, die sie mit der Eheschließung ohnedies einstellte. Wahrscheinlich vernichtete sie bei dieser Gelegenheit auch ihre literarischen Manuskripte,

die sie nur Ludwig Fulda gezeigt haben dürfte, nicht aber Hermann Su-
dermann (und schon gar nicht August Strindberg). Sie sah sich jetzt zu
allererst als Journalistin, die mit ihren Artikeln Geld zu verdienen hatte,
und nicht mehr als Schriftstellerin. Mit ihrem Einkommen wollte sie die
Ehe mitfinanzieren und so den großen Schriftsteller an ihrer Seite unter-
stützen und entlasten.

Umgekehrt dachte August Strindberg nie daran, seine belesene Frau
in seine Schreibprojekte einzuweihen – wie es Sudermann getan hatte. Sie
durfte sich nur als eine Art Sekretärin vorübergehend um seine Geschäfts-
korrespondenz kümmern und gelegentlich bei Übersetzungen ins Deutsche
assistieren.

Schon in den ersten Ehewochen zeigte sich das ganze Ausmaß von Au-
gust Strindbergs finanzieller Misere. Neben Schulden in Berlin plagten ihn
Rückstände bei den Unterhaltszahlungen an seine Familie in Schweden.
Die reichliche Mitgift Frida Strindbergs war bald von 2.000 Gulden auf
250 Gulden geschrumpft. Vor diesem Hintergrund ließ eine Zeitungsnotiz
aus London aufhorchen. Jacob Thomas Grein plante demnach in seinem
„Independent Theatre" in London eine Aufführung des Stücks „Der Va-
ter" und der Ibsen-Verleger William Heinemann wollte einen Strindberg-
Gedichtband herausbringen. Die einstige Londoner Klosterschülerin Frida
Strindberg, die fließend Englisch sprach, sah neue Verdienstmöglichkeiten
und schlug einen Ortswechsel vor, dem Strindberg bereitwillig zustimmte.

Höhen und Tiefen einer modernen Ehe (1893)

Mein liebes Kind – wenn ich Dich nicht
so lieb hätte, um Dir ins Elend zu folgen,
hätte ich Dich nicht geheiratet.
Ich hätte mein Leben auf andre Art
frei und ruhig verbringen können.
Frida Strindberg an August Strindberg

Am 17. Mai 1893 verließ das Ehepaar Helgoland und legte einen Zwischen-
aufenthalt in Hamburg ein. Frida Strindberg spazierte in topmodischen
engen Schnürstiefeln mit hohen Absätzen durch die Straßen. Auch im Ho-
telzimmer zeigte sie auf ihre Weise Stil.

Als er eintrat, etwas überdreht und nicht wenig sentimental, empfing ihn
ein Lachen, lang anhaltend und munter wie die Arie eines Straßensän-
gers; und bekleidet mit einem Seidenrock lag sie da, zusammengerollt
wie eine Angorakatze, aß Konfekt und roch an einer Parfümflasche.

August Strindberg, Das Kloster, 239f.

Nach der Überfahrt mit einem billigen Kohlendampfer bezogen die Strind-
bergs im kleinen Hafenstädtchen Gravesend ein Appartement. An ein Zim-
mer in London war angesichts des Geldmangels nicht zu denken. August
Strindberg erregte sich am englischen Doppelbett im Schlafzimmer. Nach
seinem Begriff einer modernen Ehe mussten Mann und Frau getrennte Be-
reiche haben. Da er einen zusätzlichen Arbeitsraum beanspruchte, spitzte
sich die finanzielle Krise zu.

Frida Strindberg fuhr zwei Mal wöchentlich nach London, um die Lage
zu erkunden. Der Ibsen-Verleger William Heinemann hatte den Plan ei-
ner Gedichtausgabe Strindbergs wieder fallen gelassen. J. T. Grein beteuer-
te, dass so knapp vor Saisonende kein Geld mehr für eine Aufführung des
Stückes „Der Vater" vorhanden wäre. Er stellte den Strindbergs aber für
Juni seine Londoner Wohnung zur Verfügung.

Ende Mai 1893 erschien August Strindbergs autobiografischer Skandalro-
man „Das Plädoyer eines Irren". Aus finanziellen Gründen hatte Strind-
berg nach langem Zögern einer Veröffentlichung in Deutschland unter
dem Titel „Die Beichte eines Thoren" zugestimmt, der bald ein schwedi-
scher Raubdruck folgen sollte. Die hemmungslose Schmähschrift gegen sei-
ne einst geliebte erste Ehefrau, die viele intime Details enthielt, ruinierte
Strindbergs Ruf für lange Zeit.

Frida Strindberg, die ihrem Mann schwören musste, den Roman nicht
zu lesen, verschlang das Buch – und war geschockt. Mit einem Schlag dürf-
te ihr bewusst geworden sein, dass ihr eigenes Privatleben einmal ebenso

an die Öffentlichkeit gezerrt und verdreht dargestellt werden könnte wie jenes ihrer Vorgängerin.

Es war gar nicht mehr Siri von Essen, die er der öffentlichen Neugier preisgab, sondern ich. Ich selber … Ja, ja, jetzt kam wohl bald an mich die Reihe. Was hatte mein Vater bei unserer Verlobung gesagt – „Erst Fräulein Jul-chen, und dann das Uhl-chen!"

In diesem Augenblick war alles literarische Verständnis in mir erloschen. Auch der Gedanke an das grenzenlose Leid, dem die Verwüstung dieses Buches doch entströmt war, kam mir nicht mehr. Die Vernunft sprach nicht mehr zu mir, Güte und Liebe waren verstummt. Kunst? Ich hätte das Wort wie Hohn empfunden. Was sollte mir die Kunst? Ich selbst stand auf dem Spiel, wie ich hier saß und schritt und atmete. Waren die furchtbaren Anklagen Wahrheit oder eine Schändung der Wirklichkeit durch die Fantasie, die sich jeden Tag wieder ereignen konnte und dann mich besudeln würde?

Zum ersten Mal zeigte sich mir die Kunst als Feindin und Zerstörerin.

LLZ, 238f.

Was für eine Beschäftigung: dasitzen, seinen Mitmenschen die Haut abziehen und ihnen die Häute dann anbieten, in der Erwartung, dass sie sie kaufen. Wie der Jäger, der in seinem Hunger dem Hund den Schwanz abhackt, selber das Fleisch isst und dem Hund dann die Knochen gibt, die eigenen Knochen. Herumlaufen und die Geheimnisse von Leuten ausspionieren, das Muttermal seines besten Freundes preisgeben, seine Ehefrau als Vivisektionskaninchen benutzen, hausen wie ein Kroate, niederhauen, schänden und brennen und verkaufen! Pfui Teufel!

August Strindberg, Das Kloster, 283

August Strindberg begann in London mit der deutschen Übersetzung seines Essays „In Notre-Dame und im Kölner Dom" aus dem Jahr 1876, die Frida Strindberg nach seinem Diktat weiterführte. (Unbekannte Briefe I) Ähnlich dürfte auch die Übersetzung von August Strindbergs Essay „Pessimistische Betrachtungen über die moderne Gartenkunst" aus dem Jahr 1888 zustande gekommen sein, die 1894 in der Zeitschrift „Das Magazin

für Literatur" mit dem Hinweis erschien: „Autorisierte Übersetzung von
Frida Strindberg."

Das einzige Dokument literarischer Zusammenarbeit

Nach dem Umzug in die Londoner Wohnung Jacob Thomas Greins fühl-
te sich August Strindberg weiterhin unwohl. Die Stadt wurde von einer
drückenden Hitze heimgesucht. Im Gegensatz zu seiner Frau beherrschte
er die Sprache nur schlecht. Die englische Küche tat ihr Übriges. Ein Wo-
chenendausflug zu Frida Strindbergs Klosterschule in Hampstead muss-
te verfrüht abgebrochen werden. Die Geldnot wurde immer drängender.
Man gab sich Traumschlössern hin, etwa dem Plan, in Berlin ein eigenes
privates Strindberg-Theater zu begründen. Konkrete Aussichten auf Auf-
führungen oder Publikationen von Strindberg-Werken fehlten.

Frida Strindberg kannte und liebte London. Als sie aber merkte, dass
ihrem Mann jegliche Schaffensenergie verloren ging, packte sie ihr Leopar-
denfell, ihre Spitzenwäsche, ihren Ehering und einige Kleider und trug alles
in das nächstgelegene Pfandhaus. Mit dem ersteigerten Geld finanzierte sie
Strindbergs Reise auf die Insel Rügen zu Freunden aus dem „Ferkel"-Kreis.
In den folgenden zwei Wochen wollte sie bei Theatern und Verlegern etwas
Konkretes für Strindberg erreichen und dann nachkommen. Am 17. Juni
1893 verließ August Strindberg die Themsestadt.

Und als sie dann, mitten am helllichten Tag, im geöffneten Kabriolett
über die größte Straße zum Bahnhof fuhren, küsste sie ihn immer wieder. Die Leute lachten. Als aber die Polizei auf die zärtlichen Herrschaf-
ten aufmerksam zu werden begann, wurde er vorsichtig:

– Nimm dich in Acht, hierzulande kommen wir für öffentliche Zärt-
lichkeitsbekundungen ins Gefängnis.

– Das ist mir gleichgültig, antwortete sie. Ich liebe dich so sehr!

Mit all ihrer trotzigen Zärtlichkeit fand er sie jetzt wieder sublim.

August Strindberg, Das Kloster, 246

Ich küsste ihn im offenen Wagen, als wir zum Bahnhof fuhren, küsste
ihn vor aller Welt, obwohl man das in England nicht darf und nicht tut.
Als ich aber am Abend bequem und breit und kühl allein im Doppelbett
lag, weinte ich bitterlich. Es war unsere erste Trennung.

LLZ, 250

In den ersten Briefen erging sich August Strindberg in Selbstmitleid. Er
warf sich vor, seine Frau durch die Ehe in sein Unglück und seine Not hin-

eingezogen zu haben. Frida Strindberg sprach ihrem Mann immer wieder
Mut zu und schrieb einen ihrer schönsten Liebesbriefe.

Und ich befinde mich wieder daheim, leider nicht mehr bei Dir – in den
Zimmern, die Du wenige Stunden zuvor noch bewohnt hast und die
mich jetzt leer und verlassen empfangen haben. Ich habe mich zuerst in
unser gemütliches großes Bett gekauert. Es war dort noch der Abdruck
Deines Kopfes, sogar noch der Duft Deiner Haare. Aber Du warst nicht
mehr dort, Du wirst nicht mehr dort sein, und ich selbst halte es dort
auch nicht mehr aus. Jetzt bin ich wieder auf und schreibe Dir gerade,
um Dir gute Nacht zu sagen – in Gedanken wenigstens; Dir, der mich
– mit einigen kleinen Unterbrechungen – so glücklich gemacht hat und
der jetzt weg ist wie dieser ewig verschwindende Traum vom Glück. –
    Mein Gott, mein Gott! Niemals hätte ich geglaubt, mit dem Herz so
an Dich gefesselt und in Dein Leben eingeschlossen zu sein, wie ich es
bin. […]
    August, ich liebe Dich! – Jetzt kann ich es Dir sagen. Ich habe nie
gewusst, dass so etwas wie Du existieren kann. Ich habe keine so hohe
Meinung mehr von der Welt gehabt. Ich habe begonnen, die menschlichen Wesen zu verachten, vor allem die männlichen. Ich habe nie einen
wie Dich gekannt. […]
    Als wir uns verlassen haben, hast auch Du geweint. Und obwohl es
mir das Herz zerrissen hat, Dich Tränen vergießen zu sehen, Dich leiden
zu sehen, hat es mir außerordentlich gut getan, denn es hat mir gezeigt,
dass Du mich noch liebst, obwohl ich es nicht verdiene, obwohl ich nicht
mehr daran glaubte.

                    Frida Strindberg an August Strindberg, ca. 20. 6. 1893 (franz.),
                                                        Wenn nein, nein Nr. 22

„Seit Du fort bist, geht wenigstens das Schreiben wieder", jubelte Frida
Strindberg in einem Brief und plante eine größere Studie über die Lebens-
gewohnheiten der Engländer. Die später erschienene Skizze „Die Saison in
England" (WZ, 24. 4. 1896) könnte in diesem Zusammenhang entstanden
sein. Ihr erstes Feuilleton nach der mehrmonatigen Pause widmete sie ei-
ner Buchpublikation des Essayisten Paul Ginisty. Dabei zeigte sie ihren
Unmut über Berliner Kollegen, die ihre literarischen Werturteile in rasch

fabrizierte Theaterkritiken verpackten. Frida Strindberg plädierte für eine
stilistische Wende im Rezensionswesen nach französischem Muster. Die
Leser sollten über lange Textauszüge und stimmungsvolle Schilderungen
Einblick in das jeweils besprochene Werk erhalten und dann ihr Urteil
selbst fällen. Genau nach diesem Modell schrieb sie ihre eigenen Theater-
und Buchkritiken. Dass ihr erstes Feuilleton nach der Pause gleich positive
Resonanz auslöste, freute und bestärkte Frida Strindberg.

Er [Ginisty] hat sich damit begnügt, den Inhalt eines Werkes, sei es
dramatischer oder erzählender Natur, wiederzugeben, ohne sein Urteil
über dasselbe dem Publikum mitzuteilen. Es ist dies eine Methode, von
der man lebhaft wünschen würde, dass sie auch in Deutschland um sich
greifen möge. Die Theaterkritik – um das weitverbreitetste, wichtigste
Gebiet als Beispiel zu nehmen – kann oft direkt schädlich genannt werden in der Form, die sie heutzutage, gezwungen, immer mehr annimmt.
In Berlin besteht bei allen tonangebenden Blättern die Gewohnheit, dass
die Besprechung eines Stückes am Morgen nach dessen Aufführung er-
scheine. […] Dadurch entsteht sowohl jene Form und Stilverletzung,
die uns häufig so unangenehm berührt, als auch die Oberflächlichkeit,
Ungerechtigkeit des Urteils. […] Warum den Menschen das Recht rau-
ben, selbst zu sehen, zu urteilen, zu empfinden. Ein Werk erscheint, es
ist nicht Allen zugänglich. Der Kritiker macht eine sorgsame Analyse,
Klardarlegung des Stoffes: Nun richtet selbst!

WA, 20./28. 6. 1893

Hab heute von einem der ersten Kritiker Wiens einen schrecklich
schmeichelhaften Brief über meinen letzten Artikel bekommen. Bin
stolz!

Frida Strindberg an August Strindberg, 7. 7. 1893 (franz.), KB Ep. S 53a

Ende Juni musste Frida Strindberg erneut mit einem Schwung Wäsche das
Pfandhaus aufsuchen. Sie schneiderte jetzt Hüte nach der Wiener Mode
für Schauspielerinnen des „Independent Theatre". Um dem schlechten Ruf,
der Strindberg seit dem Erscheinen der „Beichte eines Thoren" anhaftete,
entgegenzuwirken, schlug sie dem Wiener Burgtheaterdirektor Max Burck-
hart vor, sein Märchenstück „Das Geheimnis der Gilde" auf den Spielplan

zu setzen – auch wenn er es gar nicht aufzuführen gedachte. Burckhart er-
füllte diesen Freundesdienst.

Strindberg hat ein Stück, „Das Geheimnis der Gilde", das ist unerhört
fromm und predigt den Glauben. Den ganz richtigen Glauben – – an
das eigene Werk. Dem Stück ist nur eins vorzuwerfen, dass es vor lauter Gottesglauben für die Wiener vielleicht zu fromm ist. Nehmen Sie
es an; und wenn Sie es gar nicht annehmen können, so verbreiten Sie
umso heftiger die Nachricht in den Zeitungen, Sie hätten es angenommen, denn dann nimmt es sicher ein anderer an und Sie kann man dann
leichter entbehren! […]

Wir wohnen hier im Haus eines jungen Theaterdirektors, der will das
Neue, ist aber erst bei Ibsen angelangt. Ein paar Mal wöchentlich lunche
ich mit einem jungen Verleger, der will das Neue und ist auch erst bei
Ibsen angelangt. Keiner kommt über ihn hinaus. Die beiden Männer
zusammen wären eine Kraft, wenn man ihnen August Strindberg beige-
sellen könnte. Dann hätte London ein Ereignis und wir hätten ein Stück
Brot.

Ich sitze also hier, während der mir angetraute Gatte in Rügen sitzt
– Gott helfe mir, ich kann nicht anders, – fabriziere Galgenhumor und
schwöre mir jeden Morgen im Bad, dass ich lieber in der Wanne hier
ersaufen will, als unverrichteter Dinge ans Meer reisen.

Frida Strindberg an Max Burkhart, Ende Juni 1893, zit. LLZ, 271

Nach der Lektüre des Romans „Die Beichte eines Thoren" sei seine Frau
tief verletzt gewesen und habe auf Rache in Namen der Frauen gesonnen,
suggeriert August Strindberg im autobiografischen Roman „Das Kloster".
Ein zu dieser Zeit geschriebenes Feuilleton Frida Strindbergs widerspricht
dieser Einschätzung. In der Rezension des Buches „Frauenleben in der Vor-
zeit" von Franz Bernhöft äußerte sie sich skeptisch zu den Emanzipations-
bestrebungen und verglich diese mit dem „Windmühlenkampfe eines Don
Quixote". Als zentrales Problem im Leben jeder Frau ortete Frida Strind-
berg die Beendigung des beruflichen Wirkens mit dem Eintritt in den Ehe-
stand. Ein kinderloses Single-Leben mit Beruf schien ihr keine erstrebens-
werte Alternative. Sie sah aber „im Reich der Liebe und Häuslichkeit", das
Frauen zugestanden würde, ein gewisses Selbstverwirklichungspotenzial.

Frida Strindbergs erstes Feuilleton zur Frauenfrage mag aus heutiger
Sicht konservativ wirken, kann aber vor dem Hintergrund der Zeitsituati-
on als früher zaghafter Versuch einer Artikulation der eigenen weiblichen
Bedürfnisse und Interessen gesehen werden.

Ein anderes Hemmnis ist es, das den Frauen kaum jemals *öffentliches*
Wirken gestatten wird: ihre Eigenschaft als Frau an und für sich. Im Augenblick, wo die Frau eine Ehe eingeht, wird sie mehr oder weniger leis-
tungsunfähig sein, Zeit ihres Lebens. Sie muss Kinder gebären und muss
dieselben erziehen. Damit endet auch ihr öffentliches Wirken.

Doch die unverheirateten Frauen? Das Weib, das sich der Fortpflan-
zung entzieht, wird nie ein ganzer, voller Mensch. Es handelt den Gesetzen der Natur zuwider. Die stärkste Seite des menschlichen Wesens liegt
bei ihm brach und unberührt. Das können, das sollen doch nicht die
idealen Vertreterinnen des Zukunftsfrauenstandes sein? […]

Die Frau wird nicht so geknechtet heutigen Tages, dass sie nicht frei
und glücklich in ihrem großen Reich, dem Reich der Liebe und Häuslichkeit, schalten könnte. Sie ist überhaupt niemals so unterdrückt worden, als man es gern glauben machen möchte.

WA, 8. 7. 1893

Strindberg, der sich jetzt nicht nur in Deutschland niedergelassen, sondern auch eine junge, mit allen Reizen der Anmut und Liebenswürdig-
keit geschmückte Wiener Dame, Fräulein Frida Uhl, geheiratet hat […]

Moderne Kunst 7 (1892/93), 334

August Strindberg gab sich im Badeort Sellin auf der Insel Rügen natur-
wissenschaftlichen Spekulationen hin und sah darin seine neue Berufung.
Zunächst wollte er nachweisen, dass Schwefel und Kohlenstoff keine Grun-
delemente, sondern Verbindungen mehrerer Stoffe wären. Dann versank
er wieder in depressive Stimmungen, aus denen ihn auch „Ferkel“-Freund
Adolf Paul nicht befreien konnte. Den energischen Bemühungen Fridas,
aus seinem literarischen Werk Kapital zu schlagen, zollte Strindberg zu-
nächst Bewunderung. Bald aber fühlte er sich wieder bevormundet und
verbat seiner Frau, seine Freunde auch nur zu kontaktieren. Frida Strind-
berg reagierte empört.

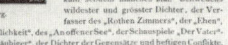
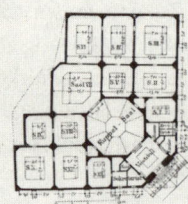

Das Ehepaar Strindberg in der renommierten Zeitschrift „Moderne Kunst"

Es zerreißt mir das Herz, zu wissen, dass Du in Angst bleibst um mich alten Faulenzer, der isst, schläft und herumtrödelt und nicht die Kraft aufbringt, ernsthaft für den Lebensunterhalt zu arbeiten.

August Strindberg an Frida Strindberg,
26. 6. 1893 (franz.), Brev IX/2565

Oh, wie ich Deine Energie und Deine verabscheuenswürdige Kunst, Geld zu verdienen, bewundere. Du flößt mir Grauen ein durch deine geniale Raubgier und Du weißt die Wirklichkeit mit hartem Griff anzupacken. Ich schäme mich offiziell als Mitschuldiger und bitte dich um Verzeihung dafür, dass ich die Früchte Deiner emsigen Arbeit so widerwillig annehme. Liebe Frida, Du bist wirklich geboren, um in dieser

Welt zu leben, und ich, um das Leben mitzuschleppen, das mir wie ein aufgeschobener Selbstmord scheint.

August Strindberg an Frida Strindberg, 4. 7. 1893 (franz.), Brev IX/2577

Ich bitte dich, dass Du niemandem von meinen Freunden schreibst – auf die Gefahr hin, alles zu verlieren. Es ist nicht angenehm für mich, Dich widerrufen zu müssen!

August Strindberg an Frida Strindberg, ca. 1. 7. 1893 (dt./franz.), Brev IX/2573

August,

Deine letzte Karte ist eine Schande. […] Ich habe Dir alles gegeben: Herz, Seele und meine Arbeitskraft. Ich habe Dir meine Liebe gegeben und meine Ruhe. Ich hatte in einigen Sachen unrecht, das gebe ich zu, aber das war nichts Wesentliches. Du? Du hast mich behandelt wie ein Wesen, das extra dafür gemacht ist, Deine Launen zu ertragen. Du hast mich bis aufs Blut gequält. – Ich rede nicht von Kleinigkeiten. Ich war bereit, alles zu ertragen, schweigend zu ertragen, weil ich Dich liebte. Ich hätte von Deiner Seite nur ein kleines Fünkchen jener großen Liebe gebraucht, die Du mir geschworen hast, bevor ich mich mit Dir verlobte. Ein kleines Fünkchen, sage ich Dir, und ich hätte alles akzeptiert, denn ich hatte Hunger nach einer wahren Liebe, nach Deiner Liebe.

Du hast mir nichts davon gegeben. Die einzige Sache, die ich als Ersatz für alles erbeten habe, hast Du mir verweigert. Seit Du weg bist, nicht *ein Wort* der Liebe oder – nein, ich bin nicht anspruchsvoll – der Zuneigung. Postkarten … ein paar konventionelle Zeilen! Oh, ich kann Deine Phrasen schon auswendig! Nicht einmal ein einziges „Ich küsse Dich" oder „Ich liebe Dich" oder „Ich denke an Dich"! Das sind Albernheiten, nicht wahr, aber ich bin bescheiden geworden. Das hätte mir genügt. Wenn man bedenkt, dass Deine Briefe noch vor vier Monaten vor Liebe geglüht haben. Was habe ich denn seither so Schlechtes gemacht, dass ich diese Zuneigung verloren habe? – Ich habe Dich also nicht geliebt. Ich liebe Dich jetzt, – jetzt, wo Du mich in den Schrank zum alten Krempel wirfst, den man nur aus Gewohnheit hervorholt, oder wenn man ihn braucht. Deine Karten enthalten bittere Vorwürfe. – Du wirfst mir vor, das nicht zu machen, was ich ohnehin mache – und das zu machen, was ich überhaupt nicht mache. Und das alles habe ich nicht verdient, denn

ich verbringe mein Leben damit, mir den Kopf für Dein Wohl zu zerbrechen, meine Energie für Dich zu verwenden, meine Zeit, meine Freunde, meine ganze Ruhe. Ich verstehe nur einen einzigen furchtbaren Vorwurf – den, dass ich Deine Frau bin. Na schön. Überlege ein für allemal:
Liebst Du mich, oder nicht. Liebst Du mich noch – Du hast mich früher
geliebt, oder war das Lüge? Dann hör auf, mich zu erniedrigen, denn ich
kann nicht mehr. Hab Mitleid – aus Gnade. Ich bin nur eine Frau und
Du lässt mich leiden, wie noch nie ein menschliches Wesen gelitten hat.

Wenn *nein*, nein. Mein Gott, sag es einfach. Ich werde mich nicht rächen. Das hieße, aus der Rolle zu fallen, die mir das Schicksal anschei-
nend zugewiesen hatte. Sag es. Unsere Wege werden sich nicht mehr
kreuzen. Wenn mir das das Herz bricht – mein Gott, es ist schon gebrochen. […]
Wenn mir Dein Brief beweist, was ich glauben *muss* – dass Du mich
nicht liebst und mich nie geliebt hast –, schwöre ich Dir, dass ich mir
lieber eine Kugel in den Kopf jage, als zu versuchen, noch einen Schritt
zu Dir hin zu machen, der nur Gleichgültigkeit – wenn nicht Hass – für
mich übrig hat. Aber stolz wirst Du nicht sein können auf Dein unwür-
diges Werk.
Frida Uhl

Frida Strindberg an August Strindberg, 4. 7. 1893 (franz.),
Wenn nein, nein Nr. 26

Um ihre tristen Lebensumstände zu vergessen, tauchte Frida Strindberg
zwischendurch in das glamouröse Großstadtleben Londons ein. Sie ließ
sich vom 30-jährigen, weltmännisch auftretenden Verleger William Hei-
nemann zum Lunch auf die Glasterrasse des exquisiten Hotels Savoy mit
Blick auf die Themse einladen. Bei Sekt, Austern und Tanzmusik versuchte
sie, endlich eine Strindberg-Ausgabe auf den Weg zu bringen. Heinemann
wich immer wieder aus und erzählte Anekdoten aus seinem Verlegerleben.
Es folgten weitere Einladungen, die ähnlich verliefen. Heinemanns Interes-
se für Frida Strindberg überwog offenbar jenes für das Werk ihres Gatten.

Ich fühle Boden hier. Man nimmt hier die Frau voll, hat Freude an Unternehmungsgeist und Energie. Wer die besitzt, für den ist hier das Land
der unbegrenzten Möglichkeiten. Die Eroberungslust hat mich erfasst.

Warum es nicht gestehen? Ich bin trunken. Stadt und Menschen stürmen auf mich ein. Oft vergesse ich, dass ich eine Aufgabe hier habe, ich möchte nur dies London trinken, trinken! …

LLZ, 255

Die Juni-Sonne brannte vor drei Jahren heiß wie jetzt, als ich in einem kühlen, schattigen Raum, der angenehm vor der staubigen Glut der Londoner Straße schützte, zum ersten Mal dem Verleger William *Heinemann* gegenüberstand. Oder vielmehr er mir, in seiner ganzen stattlichen Höhe. […] Ich kannte den Einfluss, den Heinemann durch seinen Verlag auf die moderne Literaturströmung seines Landes ausgeübt, wusste, dass er Ibsen und Björnson, Deutsche und Spanier, Flamen und Russen in England eingeführt, dass er beständig gründete, unternahm, und was er unternahm, mit äußerster Leistungsfähigkeit zu Ende führte. Mir, der sein Wirkungskreis bekannt war, kam es seltsam vor und wunderlich, dass ich hier einem reifen, doch noch ganz jungen Menschen gegenübersaß. Freilich leuchteten aus den dunklen Augen, den scharfen, regelmäßigen Zügen außergewöhnliche Intelligenz und Tatkraft, die des Geschäftsmannes frühe Leistungsfähigkeit begreiflich machten. Ich war mit Herrn Heinemann noch manches Mal zusammen und stets gern. Und jedes Mal verstärkte sich in mir das Achtung erzwingende Gefühl: „Dieser Mann kann, was er will.“

WA, 29. 7. 1896

Im Haymarket Theatre sah Frida Strindberg Oscar Wildes Komödie „A Woman of No Importance“. Noch Jahre später dachte sie mit Begeisterung an dieses einmalige Theatererlebnis zurück. Bei einer Aufführung von Henrik Ibsens „Rosmersholm“ lernte sie George Bernard Shaw kennen und bot sich ihm als Übersetzerin seines neuen Stücks an. Shaw ignorierte den Vorstoß und hinterließ keinen so großen Eindruck wie seine Begleiterin, die 35-jährige amerikanische Opernsängerin Blanche Roosevelt.

Es war eine der vollendetsten Vorstellungen, die man träumen konnte. Die Ausstattungstücke des Haymarket sind Kunstgegenstände, die Toiletten Prachtgewänder. Die Darsteller waren Künstler erster Größe […].

Das Stück prickelte von Geist; jede Replik gab zu denken und zu lächeln. […] Das Publikum applaudierte rasend.

Bobbie macht mich auf einen Herrn aufmerksam, der im ersten Rang sitzt. Ich habe zuerst nur Augen für die Frau neben ihm. Ich habe nie eine schönere gesehen. Weiß wie Schnee, schwarz wie Ebenholz und Lippen rot wie Blut. Sie ist Schauspielerin, heißt Blanche Roosevelt, kommt aus Kanada, via Paris. War dort die Freundin Victorien Sardous – – und sitzt jetzt neben Bernard Shaw!

LLZ, 268

Frida Strindberg logierte immer noch in J. T. Greins Wohnung, dem sie aber kein Engagement für Strindberg mehr zutraute. Deshalb plante sie mit seinem Sekretär Hoppe für Herbst einen Strindberg-Zyklus und die Gründung einer eigenen Konkurrenzbühne, der „Modern Stage", bei der sie eine Anstellung finden sollte. August Strindberg konnte seine Bewunderung für die jugendliche Tatkraft seiner Frau nicht verbergen. Er selbst fühlte sich „paralysiert", depressiv und selbstmordgefährdet. Sein Vorschlag, Geld von ihrer Schwester oder ihrem Vater auszuborgen, löste bei Frida Strindberg blankes Entsetzen aus.

Liebe Frida,
ich habe gerade Deinen großen Brief über Dein Theater erhalten. Ich freue mich für Dich als Junge und Ehrgeizige, dass Du eine Gelegenheit gefunden hast, Deine Kräfte und Dein Talent zu nützen.

August Strindberg an Frida Strindberg, ca. 14. 7. 1893 (franz.), Brev IX/2593

Was willst Du um Gottes willen von meiner Familie? Mein Vater ist nicht reich. Er tut, was er kann und mehr. […] Meine Schwester hat kein eigenes Geld. Im Übrigen habe ich Dich doch geheiratet, um mit dir zu teilen, notfalls sogar das Elend – aber nicht, um von anderen Geld zu erbitten, das wir nicht sicher zurückgeben können. Ich akzeptiere *alles* – außer Schande für Dich und mich. Und *das wäre* eine Schande, glaub mir.

Frida Strindberg an August Strindberg, 11. 7. 1893 (franz.), Wenn nein, nein Nr. 29

Um ihrem Mann die Rückkehr nach London schmackhaft zu machen,
suchte Frida Strindberg in einer schwedischen Kolonie außerhalb der Stadt
nach einem Quartier und malte ihm eine „neue Hochzeit" aus. Strindbergs
Stimmung blieb dennoch getrübt. Deshalb bot sie ihm als Alternative an,
zu ihrer Familie nach Mondsee zu reisen, und kontaktierte ihre Mutter.
Gleichzeitig sprach sie ihm aber noch einmal ins Gewissen und zeigte mit
Seitenblick auf „Das Plädoyer eines Irren" auch klar, dass sie nicht wie sei-
ne erste Frau behandelt werden wollte.

Liebes, gutes Herz –
Du tust mir so unsagbar leid – aber ich sehe nur ein Mittel, um Dich und
alles zu retten: Dir eine sichere Existenz gründen, damit Deine Sorgen
endlich ein Ende nehmen.

Und nun sehe ich hier eine glänzende Zukunft. August – wir haben
beide viel verloren, weil wir zu sehr den Regungen des Augenblicks ge-
folgt [sind]. Lass uns nur dies eine Mal systematisch handeln. Das Einzige, was uns retten kann, ist Energie.

Ich bleibe hier. Willst Du mein Schicksal teilen, auch so lange es nicht
glänzend ist, so komm Anfang August hierher. Ich habe Papa gebeten,
mir mein Geld nach Rügen zu senden. Nimm es in Empfang, es sind
250 Mark. Unterschreibe die Quittung: Frida Strindberg und sende sie
an das Comptoir der kaiserlichen Wiener Zeitung zurück. Du kannst
davon wohl Schulden in Sellin und Reise bezahlen, denn Du hast bis
dahin außerdem die 50 Mark von Neumann und die 16 Mark, die ich
Dir gestern sandte. […]

August, Du meinst es ja nicht böse, aber Du bist schrecklich grausam.
Hundert Mal sage ich Dir, in welchen Verhältnissen ich bin – immer
wieder wirfst Du mir vor, nicht zu kommen. Und gestern der Vorwurf
– ich wolle Dir Schaden und Deiner frei werden. Frag Dich selbst, ob
Dir mein Betragen zu dieser Annahme Grund gibt. – Mein liebes Kind
– wenn ich Dich nicht so lieb hätte, um Dir ins Elend zu folgen, hätte ich
Dich nicht geheiratet. Ich hätte mein Leben auf andre Art frei und ruhig
verbringen können. Und wenn ich Dir schaden wollte, würde ich mir
selber dadurch schaden und überdies nicht mit der ganzen Welt ringen,
um Dir zu nützen. […]

Es ist möglich, dass wir uns hier ziemlich große Entbehrungen auf-
erlegen müssen: keine drei Zimmer und bescheidene Kost. Überlege es
wohl – Mondsee steht Dir offen. Ich bin mit allem, was Du beschlossen
[hast], einverstanden. Mut, August, Mut – und alles wird noch gut.

Frida Strindberg an August Strindberg, ca. 21. 7. 1893, KB Ep. S 53a

Liebe Mama,
manchmal gehen Wünsche in Erfüllung. – Du wolltest August Strindberg kennen lernen. – Greif zu, jetzt oder nie ergibt sich die Gelegenheit.

Mama, er sitzt in Sellin auf Rügen (die Adresse genügt) bei Freunden
und ist trotz dieser Freunde so einsam, dass er bei Höllensommerhitze
friert. Schreib ihm, ruf ihn zu Euch, sieh, dass ers im Herzen warm hat
und im Übrigen kühl. – Du wirst selig sein und er wird weniger betrübt
sein. […] Aber verliere keine Zeit, du kannst ihn jetzt haben, nimm ihn
rasch. – Er bratet nämlich!

Frida Strindberg an Marie Uhl, ca. 21. 7. 1893, Typoskript, BF, 95a

August – ich weiß, dass du schrecklich gelitten hast, dass man das nicht
vergessen kann und deine Seele von der Vergangenheit und ihren Verdächtigungen vergiftet ist. Und ich lasse dich reden und tun, weil ich
dich verstehe. – Wenn mich ein anderer so beschimpft hätte, wie du es
andauernd tust, würde ich ihn mit meinem Fuß von mir wegstoßen.
Aber es wird ein Augenblick kommen, in dem es mir unmöglich sein
wird, deine Beleidigungen noch länger zu ertragen – denn meine Würde
als ehrenwerte Frau und mein gerechter Stolz werden es mir verbieten.

Ich bin nicht die Frau, die du in deiner ersten Ehe gekannt hast, und
ich will auch anders als sie behandelt werden – kapiert.

Frida Strindberg an August Strindberg, 22. 7. 1893 (franz.), KB Ep. S 53a

*Am 22. Juli 1893 gestand August Strindberg seiner Schwägerin Marie Weyr
die trostlose finanzielle Lage, bat sie um 250 Gulden Reisegeld und beschwor sie, Frida nichts zu verraten. Das Geld traf zusammen mit der Einladung der Schwiegermutter Marie Uhl nach Mondsee ein. Am 28. Juli
verließ Strindberg ohne weitere Rücksprache mit seiner Frau die Insel Rügen. Damit hatte Frida Strindberg nicht gerechnet. Sie konnte ihre Enttäu-*

*schung darüber, dass er Mondsee der Themsestadt (und damit die Schwie-
germutter der Ehefrau) vorgezogen hatte, nicht verbergen.*

Lieber, geliebter August Strindberg,
komm nun in unser wie auch in *Dein* Heim, erweise uns die hohe Freude und Ehre. Dein neuer Papa hat Sehnsucht nach Deinem Genie, ich
nach Deinem so blutig zerschlagenen Herzen, wir wollen unser Eigen-
tum in Besitz nehmen, jedes nach seiner Weise. Komm und bleibe so
lange Du willst und so lange es Dir gefällt.

Marie Uhl an August Strindberg, 24. 7. 1893, KB Ep. S 53a

Du hast Dich also entschieden. Nun, viel Glück! Mondsee wird Dir
gefallen, das beruhigt mich. August, indem Du da hinunter fährst und
mich hier allein lässt – allein im Unglück, unter Fremden –, hast Du mir
Dein Herz enthüllt – mehr als Du es im Laufe von Jahren machen hättest
können. Ich grolle Dir nicht. Die Liebe lässt sich nicht erwerben, sie ist
angeboren. Das ist nicht Dein Fehler. – Ich bitte Dich nur um eines: Lass
es mich nicht bereuen, dass ich Dir den Weg zu meinen Eltern eröffnet
habe. Ich *verbiete* Dir, in Mondsee um Geld für mich zu bitten oder von
unserer finanziellen Lage zu sprechen. Hüte Dich, Papa zu viel von der
Art und Weise unseres Kennenlernens in Berlin zu erzählen, ebenso von
meiner Person überhaupt. Ich habe ein *Recht*, das von Dir zu verlangen,
denn für Dich habe ich mich geschunden, zugrunde gerichtet, auf alles
verzichtet. Ich bitte Dich dafür nur zu schweigen, noch viel mehr für
Dich als für mich.

Frida Strindberg an August Strindberg, 28. 7. 1893 (franz.), Wenn nein, nein Nr. 33

*Am 1. August 1893 stieg August Strindberg in Mondsee aus dem Zug. Die
Schwiegermutter begrüßte den berühmten Gast mit einem Seitenhieb auf
ihre Töchter. Marie Weyr umschwärmte ihn zunächst, vertraute aber später einer Freundin an, sie hätte sein monotones frauenfeindliches Gehabe
schnell satt gehabt.*

Mama ist voll Jubel! Nun hat sie ein neues Objekt für ihre Zärtlichkeit.
Und welches! Sie empfing ihn denn auch sofort mit der rührenden Begrüßung: „Sei mir willkommen! Ich bin ja so froh, dass meine Töchter,

diese leichtsinnigen Mädchen, zwei so brave Männer gefunden haben!"
Er prallte förmlich zurück und behandelte mich von dem Moment an
mit ängstlicher Scheu.

Marie Weyr an Frida Strindberg, ca. 1. 8. 1893, Typoskript KB Dep. 146/4

Marie Weyr als modebewusste Radfahrerin – freilich nur im Studio

Mein Mann grüßt dich vielmals – und ich umarme dich von ganzem Herzen. Du weißt es wohl, großer Zauberer, dass du alle Frauen entzückst, du, ihr Feind …

Marie Weyr an August Strindberg, dt./franz., ca. 6. 8. 1893, Briefe an Strindberg Nr. 42

Ich bin gewiss die Letzte, die Umgang mit platten, oberflächlichen Menschen sucht; aber wenn einer gar nur immer auf dem Grund seiner eigenen fixen Ideen hockt und nie auftaucht dort, wo man ihm begegnen könnte: wenn einer vor einer zufällig etwas härter ausgefallenen Portion Nockerl schon wieder von dem unheilvollen Einfluss der Weiber auf den Mann fantasiert, […] nebstbei gerade wegen seiner Weiberfeindschaft verwöhnt wie ein Don Juan und abhängig wie ein Kind in den kleinen und großen Dingen von den Frauen ist, […] sind wir auf dem höflichsten, aber dezidiertesten Kriegsfuß miteinander […].

Marie Weyr an Irma v. Perger, 24. 2. 1894, zit. Richard Perger, Neues zum Umkreis

Frida Strindberg hatte mittlerweile erfahren, dass ihr Mann einen Prozess gegen jene schwedische Zeitschrift führte, die gerade einen Raubdruck

*seines Romans „Das Plädoyer eines Irren" veröffentlichte. Sie war maßlos
enttäuscht, dass er sich zuvor nicht mit ihr beraten hatte.*

Was die Thorenbeichte betrifft, ist sehr ärgerlich, aber war vorauszuse-
hen und muss durchgestanden werden. Als Du selbst das Buch in Nor-
wegen veröffentlichen wolltest, habe ich Dich beschworen, es nicht zu
tun. Du hast mir vorgeworfen, jetzt zu Deinen Feinden zu gehören. Und
ich war Deine aufrichtige Freundin, wie ich es jetzt bin, wenn ich Dir
sage: Lass sie wüten.

Frida Strindberg an August Strindberg, 11. 7. 1893 (franz.), Wenn nein, nein Nr. 29

August, ist das wahr? Und wenn es wahr ist, warum verschweigst Du es
mir? Bin ich nicht Deine Freundin, habe ich nicht ein *Recht* darauf, alles,
was Dich betrifft, zu wissen? Schweigst Du, um mich zu schonen? Dann
liegst Du falsch, sehr falsch, denn Du musst wissen, dass mir nichts so
widerlich ist als das Wissen, dass zwischen uns eine unüberwindliche
Hürde von Heimlichtuerei und Lüge ist.

Aber wenn es nicht zu spät ist, lass Dich beschwören: Beginn diesen
Prozess nicht, das *Gesetz* ist gegen Dich. Die in Schweden gedruckten
Bücher sind in Deutschland *frei*, die in Deutschland publizierten in
Schweden. […]

August, ich bitte Dich – um Deiner Liebe zu Dir selbst und zu Deinen Kindern willen: Lass die Angelegenheit, wenn es noch möglich ist;
– rühre nicht mehr an diese blutende Wunde einer ganzen Familie, die
Dich Dein Letztes kosten kann.

August, je mehr diese Angelegenheit einschlafen kann, umso besser
für Deine Kinder. Es ist für sie, dass ich Dich darum bitte. Es wird sie
eines Tages erröten lassen, wenn sie von der Schmach ihrer Mutter in
aller Munde erfahren.

Frida Strindberg an August Strindberg, ca. 31. 7. 1893 (franz.),
Wenn nein, nein Nr. 36

*Niedergeschlagen nahm Frida Strindberg wieder Kontakt mit der einsti-
gen Leiterin ihrer Klosterschule, Sister Teresa Blagden, auf und schüttete
ihr das Herz aus. Die Ordensschwester öffnete der einstigen Schülerin bereitwillig die Klosterpforten, da die Schule in den Ferien leer stand. Frida*

Strindberg verbrachte drei ruhige Tage hinter Klostermauern, lag auf der Wiese im Klostergarten, lauschte Sister Teresas Orgelspiel und dachte über ihre Ehe nach. Um ihrem Mann wieder Lebensmut und familiäre Geborgenheit zu geben, bemühte sie sich um die Adoption des Sohnes Hans aus der ersten Ehe – nicht ganz ohne Eigensinn, wie ein früherer Brief aus der Verlobungszeit zeigte. Ende Juli übermittelte man ihr die strikte Ablehnung der Mutter Siri von Essen.

Ein Brief Mutter Uhls hat genügt, um alles für ihn über Nacht zu ändern und tagelang alles andere – auch mich – aus seinem Sinn auszulöschen. Die Mutter hat gerufen! – Was August Strindberg ein Leben lang entbehrt, was der früh Mutterlose in schmerzlichen Jahren ersehnt hatte, das ist ihm begegnet: eine Mutter hat nach ihm verlangt!

LLZ, 286

Wegen der drei Kinder ängstige Dich nicht, beste Mami. Die behält wohl die arme Frau und ich bin zufrieden, wenn *ich* den Kleinen kriege, erstens weil sein Vater leidenschaftlich an ihm hängt und er mir selbst gefällt; 2. weil mir dadurch hoffentlich die Aufgabe geschenkt wird, selbst für Nachkommenschaft zu sorgen. Fertige, große Kinder krieg ich sehr gerne, – auf die kleinen verzichte ich.

Frida Strindberg an Marie Uhl, ca. 15. 3. 1893, Unbekannte Briefe I

August Strindberg passte sich ganz an die neue Umgebung an, lobte seine Schwiegereltern und munterte seine Frau auf, durch ihr Kommen das Familienidyll zu vollenden. Frida Strindberg ließ sich nicht betören, auch nicht von der rosigen Schilderung des Forellenfischens mit dem Schwiegervater, des Badens im Mondsee und des vorzüglichen Essens. Die Londoner Theaterpläne riefen im Hause Uhl Kopfschütteln hervor.

Allmählich begannen die Leute im Ort nach dem Verbleib der Ehefrau zu fragen. Man munkelte über eine (voreheliche?) Schwangerschaft. Strindberg warf seiner Frau wegen ihrer Treffen mit dem Verleger Heinemann vor: „Deine Ehre – Du hast ja die Frauenehre – ist ja kompromittiert!" Er forderte sie mit schon etwas strapazierter Geduld auf heimzukehren und betrachtete Mondsee wegen der guten Ratschläge Friedrich Uhls als neue „Operationsbasis". Als Marie Uhl am 5. August eine Aufforderung

ihrer Tochter Frida erhielt, Strindbergs Kinder finanziell zu unterstützen,
hing der Haussegen endgültig schief. Der gedemütigte Strindberg reagierte
mit einem Ultimatum, in dem auch das Wort Scheidung fiel.

Die Schiffsanlegestelle in Mondsee

Der Vater sagt: „Befiehl Deiner Frau, hierher zu kommen." Ich habe ihm
geantwortet: „Ich gebe meiner Frau keine Befehle!" – Darauf er: „Dann
werde ich es tun!"

August Strindberg an Frida Strindberg, 3. 8. 1893 (dt./franz.), Brev IX/2614

Wenn Du nicht in acht Tagen hier bist, so gehe ich nach Berlin, um in
der Humboldt-Akademie Vorlesungen zu halten und eine Stellung da zu
suchen. Kommst Du nicht dahin in vierzehn Tagen, so suche ich [die]
Ehescheidung.

August Strindberg an Frida Strindberg, 5. 8. 1893, Brev IX/2619

Die Rückkehr zum Journalismus tat Frida Strindberg gut. Die Texte gingen
ihr leicht von der Hand, etwa jener über einen ihrer Lieblingsautoren, den
weit gereisten französischen Marineoffizier Pierre Loti. Ohne Lotis Schwä-
chen – seine vordergründige Symbolik und seine übertriebene Sentimenta-
lität – zu leugnen, würdigte sie ihn als Meister des literarischen Exotismus

und Impressionismus und als Gegenpol zum vorherrschenden Naturalis-
mus. Die Wirkung seiner betörenden Sprache verglich sie als Klavierspie-
lerin mit jener eines Fantasiestücks von Robert Schumann – und mit jener
von Haschisch. Die einst eingefleischte Naturalistin begann offenbar, ihren
literarischen Horizont zu erweitern. Gerade jetzt folgte ein derart drama-
tischer Lebensabschnitt an der Seite ihres Mannes, dass Frida Strindberg
ihre journalistische Tätigkeit für 16 Monate aufgeben musste.

Das Unbekannte, das Ersehnte, Unerreichbare lockt uns in den Schriften Lotis. Was heute die Dichtung unserer Zeit ersinnt, bleibt meist am
Boden der Hauptstädte, die wir bewohnen, haften. Da spielen sich die
Menschenschicksale zwischen Rinnsteinen, in engen, schmutzigen Kel-
lerwohnungen oder in sonnedunstenden Mansarden ab. Und wenn wir
recht tief hineingeblickt in all den Jammer, uns von der Wahrheit des
Elends überzeugt haben, dann kommt oft ein Sehnen nach frischer, reiner Luft […]
    Robert Schumann hat ein kleines Fantasiestück „Aus fremden Län-
dern" geschaffen – erzählend in leisem, flüsterndem Ton, als könnten
laute Klänge den Zauber stören, dann leise verhallend. Lotis Romane
sind Worte, von dieser Melodie geleitet. Er hat einen eigentümlichen Stil.
Kurze, knappe Sätze, ein scharfes Beibehalten des Tonfalls, der Wort-
folge. Alles ist harmonisch, Gedanke und Form, Bild und Farbe. Es ist
allerdings möglich, dass einem einigermaßen fantasievollen Menschen
eine leichte Dosis Haschisch denselben Genuss verschaffen könnte. Immerhin ist Pierre Loti gefahrloser zu genießen, sehr gefahrlos sogar. Er
erregt angenehme, unbestimmte Empfindungen, löst leichte Tränen, beschäftigt eine Fantasie, die sonst vielleicht geschlummert hätte, auf angenehme, dankbare Weise.

WA, 8. 8. 1893

Am 7. August 1893, sieben Monate nach dem Kennenlernen, las August
Strindberg erstmals (!) Feuilletons seiner Frau. Er sparte nicht mit Lob für
ihr schriftstellerisches Talent, das freilich wenige Absätze weiter von einer
Schlusstirade gegen ihr amazonenhaftes Wesen übertönt wurde. Im Ro-
man „Das Kloster" blieb nur mehr die Kritik übrig.

In meinen ruhigen Minuten mache ich mir Vorwürfe, dass ich Dich selbst und Deine Karriere zu wenig ernst genommen, Dich unterdrückt habe. Aber ich kannte den Wert Deines Talents nicht, weil ich noch kein Wort von Dir gelesen habe. Jetzt, wo ich Deine Artikel mit Deinem Stil voll Geist und Farbe gelesen habe, wird mir bewusst, dass Du jemand bist und ich Dich zu Unrecht belächelt habe. [...]

Du liebst mich, wenn ich der Kleine und Unglückliche bin, und du hasst und verabscheust mich, wenn Du den Herrn und Mann in mir witterst. Du hasst die Männer und Du verachtest die Männer. Dein Fleisch begehrt den Mann und Deine Seele stößt ihn zurück. Du bist eine Amazone!

August Strindberg an Frida Strindberg, 7. 8. 1893 (franz.), Brev IX/2621

Er bemerkte sofort eine große Belesenheit, sichere Urteile, einen reifen raffinierten Stil. Und, was ihn erstaunte, eine Feindseligkeit gegen alles Moderne. [...] Dass sie, wie sich jetzt herausstellte, andere Ansichten als die im Alltag geäußerten hatte, konnte wohl keinen anderen Grund als den haben, dass sie so schreiben musste, „dass sie gedruckt wurde". Welches Doppelleben musste diese Frau führen, die in den radikalen Kreisen Berlins als Anarchistin auftrat, und in der Wiener Hofzeitung altkonservativ war! [...] Und diese Routine, diese Weltklugheit, dieser Altmännerstil, der einen an Glatze und Brille, nicht aber an ein schönes junges lachendes Mädchen denken ließ, das wie eine Odaliske auf einem Kanapee liegen und Konfekt essen konnte!

August Strindberg, Das Kloster, 263f.

Das briefliche Ultimatum ihres Mannes zwang Frida Strindberg zum Handeln. Es muss ihr schwer gefallen sein, mit leeren Händen aufzubrechen, noch dazu in ihr Elternhaus. Mit dem Honorar der „Wiener Zeitung", das über Rügen zu ihr gekommen war, konnte sie alle Schulden begleichen und die Fahrkarte kaufen.

Ihr knappes Telegramm: „Auf dem Wege, Kuss" vom 10. August rief im Hause Uhl Unstimmigkeiten hervor. Im Zuge der Debatte, ob Frida auf dem Weg nach Berlin oder Mondsee wäre, gerieten August Strindberg und Friedrich Uhl verbal aneinander. Am 11. August verschwand Strindberg ohne Gepäck und ohne Abschied aus Mondsee. Am Seeufer fand man Hut,

Stock und Mantel des Geflüchteten. Friedrich Uhl fürchtete, sein Schwiegersohn könnte sich in den Mondsee gestürzt haben, und stand Todesängste aus.

Einen Tag später traf Frida Strindberg in Mondsee ein. Die schottischen Forellenfliegen, die sie für ihren Vater auf dem Haymarket in London erstanden hatte, konnten die verfahrene Situation nicht mehr retten. Ihre Eltern wiesen ihr die Tür. Schon am nächsten Tag musste Frida Strindberg ihrem Mann nach Berlin nachreisen. Zu allem Überfluss kam in der Nacht noch Marie Uhl in ihr Zimmer und erzählte ihr, dass eine Nebenbuhlerin ihrer jüdischen Großmutter Franziska Löbenstein die gesamte weibliche Nachkommenschaft des Uhl-Clans verflucht hätte. Sollte diese Hiobsbotschaft zum Verständnis ihres Unglücks beitragen oder diente sie ganz im Gegenteil zur ultimativen Demütigung ihrer ungeliebten Tochter?

August Strindberg übernachtete im Salzburger Hotel Europa und entschuldigte sich per Brief bei der Schwiegermutter, die daraufhin wieder einmal ihre Tochter Frida anschwärzte.

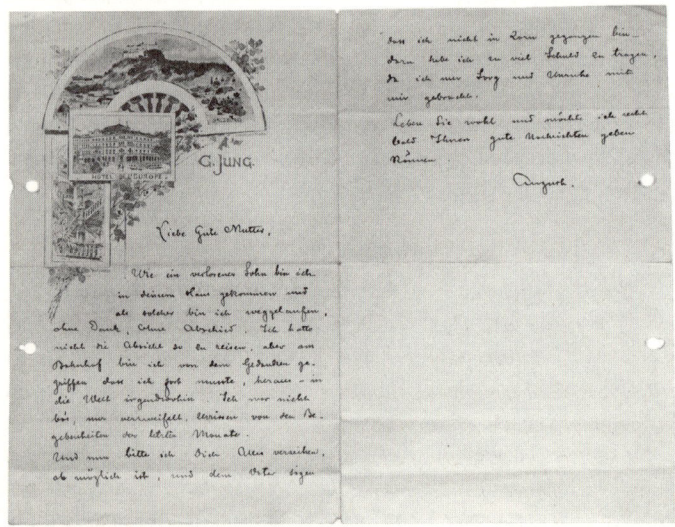

Entschuldigungsbrief August Strindbergs aus Salzburg

Liebe Gute Mutter,

Wie ein verlorener Sohn bin ich in dein Haus gekommen und als solcher bin ich weggelaufen, ohne Dank, ohne Abschied. Ich hatte nicht die Absicht, so zu reisen, aber am Bahnhof bin ich von dem Gedanken ergriffen, dass ich fort musste, heraus – in die Welt irgendwohin. Ich war nicht bös, nur verzweifelt, zerrissen von den Begebenheiten der letzten Monate.

Und nun bitte ich Dich, alles verzeihen, ob möglich ist, und dem Vater sagen, dass ich nicht im Zorn gegangen bin – dazu habe ich zu viel Schuld zu tragen, da ich nur Sorge und Unruhe mit mir gebracht.

Leben Sie wohl und ich möchte Ihnen recht bald gute Nachrichten geben können.

August

August Strindberg an Marie Uhl, 11. oder 12. 8. 1893, Unbekannte Briefe II

Ach möchtest du wenigstens jetzt dem göttlichen Frieden entgegeneilen und Frida Dir alles vergelten im Guten, was sie durch ihren Eigensinn verschuldet hat. Sie schreibt und handelt lächelnd und für andere sind es Todesurteile; sie weiß nicht, was sie tut.

Marie Uhl an August Strindberg, ca. 17. 8. 1893, KB Ep S 53b

Meine ganze Erziehung hat einen Zusammenbruch erlitten und die Liebe zum Künstlerleben, die sie in mir unterdrückt hatte, ist losgebrochen. Zwischen mir und dem Vaterhaus liegt das Abenteuer.

LLZ, 304

Mitte August 1893 traf das Ehepaar nach zweimonatiger Trennung in Berlin wieder zusammen. Die Strindbergs bezogen zwei geräumige Giebelzimmer in einer zentral gelegenen Privatpension. Man arbeitete wieder gemeinsam an der Vermarktung von Strindbergs Werken und traf Freunde. Jene Begeisterung, die noch im Frühling für den schwedischen Autor geherrscht hatte, war mittlerweile freilich verflogen, nicht zuletzt wegen des im Mai erschienenen Skandalromans „Das Plädoyer eines Irren". Selbst das Wiedersehen mit den „Ferkel"-Freunden Richard Dehmel, Adolf Paul und Stanisław Przybyszewski verlief nicht so euphorisch wie erwartet. Strind-

berg beschäftigte sich weiter mit naturwissenschaftlichen Experimenten. Die Wohnung war wiederholt von penetrantem Schwefelgeruch erfüllt.

Frida Strindberg traf sich einmal mit Hermann Sudermann und bekam postwendend die Eifersucht ihres Mannes zu spüren. Viel Zeit verbrachte sie wieder mit ihrer engsten Freundin, der Malerin Marie Tscheuschner. Im Café Kaiserhof saß sie mit dem Theaterdirektor Otto Brahm ("Freie Bühne") und mit Hermann Sudermanns Verleger Felix Lehmann zusammen.

Der Monat September begann mit einem Eklat. Die Staatsanwaltschaft Berlin beschlagnahmte auf eine anonyme Anzeige hin Strindbergs "Die Beichte eines Thoren" wegen angeblich unzüchtiger Passagen. August Strindberg soll gegenüber Adolf Paul den Verdacht geäußert haben, seine Frau selbst hätte zusammen mit einer Freundin (Marie Tscheuschner?) die Anzeige eingebracht, um den schleppenden Verkauf des Buches anzukurbeln. Das ist bei der Aversion, die Frida Strindberg wiederholt gegenüber diesem Buch gezeigt hat, höchst unwahrscheinlich und wurde von ihr in den Memoiren auch dementiert.

August Strindberg hatte große Angst vor einem Prozess und der drohenden Verurteilung. Ende September 1893 beteuerte er in einem Brief an das Landgericht Berlin und in einer öffentlichen Klarstellung seine Unschuld.

In der Berliner Wohnung fertigte August Strindberg mit seiner selbst gebauten, linsenlosen Kamera ein Foto seiner Frau an, das nur über die Beschreibung in ihren Memoiren bekannt ist. Die Belastungen der letzten Monate dürften ihr ins Gesicht geschrieben gewesen sein. Vielleicht blieb das Foto deshalb nicht erhalten.

Und da bin ich nun – unleugbar ich, in meinem weiß und blau gestreiften Hochzeitskleid. Zugegeben, ich bin blass, könnte auch meine ältere Schwester sein. Aber ich bin da, entstanden ohne die übliche Kamera und ohne Linse.

LLZ, 321

Alle Hoffnungen, Strindbergs Ruf als Skandalautor entgegenwirken zu können, ruhten nun auf einer Aufführung des Märchenspiels „Das Geheimnis der Gilde" am Wiener Burgtheater. Direktor Max Burckhart wünschte eine Änderung des Schlusses, die Frida Strindberg ohne Rücksprache mit ihrem Mann zusagte. August Strindberg missverstand ein Antwortschreiben Burckharts und glaubte an eine Neuübersetzung des Stücks durch seine Frau, die er wegen ihrer mangelnden Schwedischkenntnisse und eines bereits abgeschlossenen Übersetzungsvertrags strikt ablehnte. Als daraufhin das Aufführungsprojekt scheiterte, hagelte es heftige gegenseitige Vorwürfe.

Auch Frida Strindbergs Verhandlungen mit dem Verlag Bibliographisches Bureau sorgten für Ärger, weil August Strindberg einen eigenen Agenten damit betraut hatte. Er beschuldigte seine Frau, dass sie ihm mit ihren gut gemeinten geschäftlichen Initiativen nur schade.

Die Löwenbrücke im Berliner Tiergarten

Die Ehekrise erreichte ihren Höhepunkt, als Frida Strindberg merkte, dass sie schwanger war. Während sich ihr Mann um Schadensbegrenzung bemühte, brach für sie eine Welt zusammen. Frida Strindberg sah sich am Ende ihrer Verwirklichungsmöglichkeiten und lehnte sich massiv gegen den Zustand auf. In ihren Augen gab es keine finanzielle Basis für das Kind, weil die Ehepartner für sich selbst kaum das nötige Geld aufbringen konnten. Bei einem Spaziergang im Tiergarten stellte Frida Strindberg die Möglichkeit einer Abtreibung in den Raum. August

Strindberg lehnte entrüstet ab, was seine Frau mit „Feigling!" quittierte. Am 8. Oktober 1893 wandte sich Strindberg völlig verzweifelt mit einem Brief, der die gesammelten Vorwürfe an seine Frau enthielt, an seine Schwägerin Marie Weyr.

Nicht wahr, wie abscheulich ist so eine Situation wie die meine. Seine Frau vor ihrer Schwester anzuklagen. Aber was soll ich denn machen? Früher oder später werde ich in unanständige Angelegenheiten verwickelt sein und dann – ist es zu spät, seiner Frau zu widersprechen.

August Strindberg an Marie Weyr, 8. 10. 1893 (franz.), Brev IX/2651

Das gegenseitige Misstrauen steigerte sich stündlich, bis es um den 13. Oktober 1893 zum Eklat kam. August Strindberg schloss sich – nach seiner Version – am Abend im Zimmer seiner Frau ein, weil er nicht in sein eigenes Zimmer gelangen konnte. Bei ihrer Heimkehr soll sie Frauenbesuch bei ihrem Mann vermutet haben und unter dem Vorwand, ein Dieb wäre in der Wohnung, die Polizei alarmiert haben. August Strindberg beendete die Suchaktion, indem er seine Frau mit Gewalt in ihr Zimmer schaffte.

In Frida Strindbergs Version war bei ihrer Heimkehr ihre Zimmertür von innen versperrt und ihr Mann hatte sich in sein eigenes Zimmer eingesperrt. In einem Anfall von Eifersucht hätte er in ihrem Zimmer einen versteckten Freund vermutet. Um ihm ihre Unschuld zu beweisen, hätte sie dann die Polizei gerufen usw.

Ich schwöre hiermit, dass ich sie nie geschlagen habe, aber dass ich gezwungen war, sie mit Gewalt aus einem Zimmer zu entfernen, nachdem sie [das] Polizeikorps gerufen [hatte], um eine Tür zu öffnen und das Hausdach zu untersuchen, um einen geträumten Dieb zu fangen. Sie hatte auch Order gegeben, auf unsere Kosten die Feuerwehr mit Leiter und allem kommen zu lassen, was ich genötigt war abzubestellen.

August Strindberg an Marie Weyr, 16. 10. 1893, Brev IX/2656

Es ist so trostlos, hoffnungslos! Er bezichtigt mich der fantastischsten Dinge, – ich sei aus Gewissensbissen geflohen, habe ihm großen Schaden zugefügt, hätte ihm mit Erschießen gedroht … Du hast ja die traurige Zeit mit mir gelebt. Ich brauche Dir nicht zu sagen, dass ich mein

Leben gäbe, ihm zu nützen, und dass die einzige Feuerwaffe, die ich je gegen ihn gebraucht habe, meine Liebe ist oder – – (na, das gebe ich schon zu!) das Feuer meiner „Beredsamkeit"!

Auch aus der verschlossenen Tür macht er ein ganzes Gebäude. Ich bin ja ein wenig temperamentvoll, aber er doch auch!

Es hilft aber alles nichts, ich weiß nimmer, wie lange diese Ehe dauern kann. Es ist sehr wahrscheinlich, dass ich sie trotz allem weiterführe, denn ich liebe ihn ja trotz allem: aber wie werden wir sie weiterführen, und – – wie soll in dieser Ehe Raum für ein Drittes sein?

Frida Strindberg an eine Freundin [Marie Tscheuschner?], ca. 17. 10. 1893,

Typoskript, KB Dep. 146/4

DER UNBEKANNTE Doch wir begingen einen Fehler in unserer Ehe, dass wir einander unsere bösen Gedanken vorwarfen, ehe sie Taten geworden waren; statt in der Wirklichkeit zu leben, lebten wir in Mutmaßungen.

August Strindberg, Nach Damaskus III, 230

Frida Strindberg soll schließlich gedroht haben, ihren Mann zu erschießen, was sie später heftig bestritt. August Strindberg wiederum bezeichnete ihre geschäftlichen Aktivitäten als gegen ihn gerichteten „Verbrecherwahnsinn" und stellte ihr die Einlieferung ins Irrenhaus in Aussicht. Zuletzt schlug er die Scheidung vor. Am 15. Oktober reiste Frida Strindberg zu ihrer Schwester Marie Weyr nach Wien. Von dort aus stimmte sie einer Scheidung zu und erklärte sich bereit, unter drei Bedingungen die Rolle der Schuldigen zu übernehmen.

1. Dass man beim Prozess und danach jeden erdenklichen Skandal vermeidet. Ich bin das dem Namen meines Vaters schuldig, der wieder der meine sein wird.

2. Dass Sie auf *alle Ihre Rechte* als Vater des Kindes, das geboren werden wird, verzichten. Es wird bei mir bleiben – bei mir allein, für immer. Dafür werden Sie keinerlei Verpflichtung ihm gegenüber haben.

3. Dass Sie meine Ehre durch kein gesprochenes oder geschriebenes Wort – wem gegenüber immer – beschmutzen. Ich verspreche Ihnen dafür, ein ewiges Schweigen einzuhalten über Sie und Ihren Namen – gegenüber jedermann.

Das, was ich diesen Morgen zu Ihnen gesagt habe, war überhaupt keine Drohung. Es war das einzige, was mir in diesem Fall zu sagen blieb; denn noch einmal: Ich heiße nicht Siri von Essen, sondern
Frida Uhl

Frida Strindberg an August Strindberg, [15. 10. 1893], franz.,
Wenn nein, nein Nr. 47

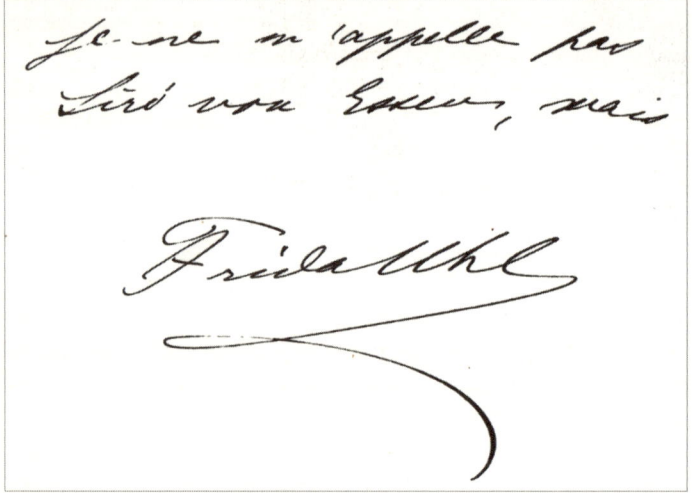

„Ich heiße nicht Siri von Essen, sondern Frida Uhl"

In Wien suchte Frida Strindberg eine Frau auf, die geheime Abtreibungen vornahm. Beim Anblick der Injektionsspritze ergriff sie nach eigenen Angaben die Flucht. Marie Weyr, der wieder einmal die undankbare Rolle der Vermittlerin zufiel, erhielt aus Berlin eine Flut besorgter Telegramme. August Strindberg erklärte sich schließlich zu einer bedingungslosen Versöhnung bereit. Frida Strindberg versprach, sich nicht mehr in seine Geschäfte einzumischen, und verlangte im Gegenzug bis zur Besserung der Einkommensverhältnisse eine Übersiedlung vom teuren Berlin weg aufs billigere Land. Man einigte sich auf die mährische Hauptstadt Brünn (heute Brno), wo zwei entfernte Verwandte Frida Uhls lebten, die der werdenden Mutter zur Hand gehen wollten.

Bahnhofsvorplatz in Brünn mit dem Hotel Padowetz

Am 25. Oktober 1893 stieg August Strindberg in Brünn aus dem Zug und sah am Bahnsteig seine blasse, mitgenommene Frau warten. Das Paar bezog zunächst ein Zimmer im dritten Stock des Hotels Padowetz gleich gegenüber dem Bahnhof.

– Geht es dir gut? fragte er beinahe schüchtern.
– Ja, jetzt geht es mir gut, flüsterte sie, und wie ein kleines Kind bohrte sie ihre Nase in seine große Pelerine und küsste dann deren Saum.
– Was tust du? Was tust du?
Und sie verbarg ihren Kopf unter seinem Mantel, um ihre Bewegung nicht zu zeigen, für die sie sich immer schämte.

August Strindberg, Das Kloster, 282

Eine Schweinerei, wie die in den hiesigen Privathäusern herrschende (Geruch und Schmutz), ist mir noch nicht vorgekommen. Nicht einmal *ein* großes Zimmer fanden wir brauchbar. [...] So sitzen wir noch im Hotel, einer elenden Spelunke, wo wir im dritten Stock ein kahles, abgekratztes Zimmer für 2 Gulden 30 täglich haben.

Frida Strindberg an Marie Weyr, ca. 26. 10. 1893, Typoskript, BF, 207

Zusammen mit ihren Verwandten suchte Frida Strindberg tagelang nach einer günstigen Unterkunft und durchstreifte die Straßen. Das Wetter war unfreundlich, die Luft verschmutzt. Am 1. November 1893 übersiedelte das Ehepaar in zwei dürftige Privatzimmer beim Theresienglacis. Die Räume waren kleiner als in Berlin, einer ganz dunkel und der andere mit Ausblick auf einen Fabriksschlot. Die Küche teilte sich Frida Strindberg mit der Vermieterin. Tagsüber erledigte sie die Hausarbeit, während ihr Mann am „Antibarbarus" schrieb, mit dem er einen Großangriff auf die „barbarische" Schulchemie starten wollte. Strindberg argumentierte freilich nicht wissenschaftlich, sondern mittels einfachster Beobachtungen und Zahlenspekulationen (z.B. mit Molekulargewichten). Am Abend assistierte Frida Strindberg ihrem Mann bei der Übersetzung.

Ein Lichtblick war der Besuch eines Klavierkonzerts des Liszt-Schülers Emil von Sauer im Festsaal des Deutschen Hauses. Auf dem Programm standen Strindbergs Lieblingskomponisten: J. S. Bach, Franz Schubert, Robert Schumann (die von E.T.A. Hoffmann inspirierten „Nachtstücke" op. 23) und vor allem Ludwig van Beethoven (Andante aus der Klaviersonate „Appassionata").

Die Berliner Zimmervermieterin beschlagnahmte wegen der nicht bezahlten Hotelrechnung die zurückgebliebenen Habseligkeiten Frida Strindbergs. August Strindbergs erste Familie wartete auf ausständige Alimente. Die laufenden Wohnungs- und Verpflegungskosten drohten im Winter hinaufzuklettern und konnten schon jetzt kaum mehr bezahlt werden. Die naturwissenschaftliche Arbeit Strindbergs blieb unbelohnt; selbst der schwedische Hausverlag lehnte eine Drucklegung des „Antibarbarus" ab.

Angesichts dieser aussichtslosen Lage stimmte Frida Strindberg schweren Herzens einer neuerlichen Rückkehr in den Schoß der Familie zu. Da die Sommervilla in Mondsee jetzt unbewohnbar war, blieb nur das Landgut der mütterlichen Verwandten in Dornach bei Saxen.

Familienidylle an der Donau (1893–1894)

Ich koche elend, ungenießbar.
Er aber findet es köstlich.
Wenn er mich bei häuslicher Arbeit sieht,
kommt Ruhe über ihn. Ich glaube wirklich,
er hält dann eine Gesundung der Welt
wieder für möglich.
Frida Strindberg

*Am 28. November 1893 verließ das Ehepaar Strindberg die Stadt Brünn.
Das Geld reichte nur mehr für eine Bahnfahrt in einem Abteil dritter
Klasse. Die Wiener Verwandten stellten den beiden kein Quartier zur
Verfügung. Friedrich Uhl, auf den man hörte, gab sich seit Strindbergs
abrupter Abreise aus Mondsee unversöhnlich. So blieb es bei einem
Kurzbesuch im Café Griensteidl, wo die beiden auf Paul Schlenther, den
Direktor der „Freien Bühne" in Berlin, trafen. Er erinnerte sich später an
eine völlig ermattete und erblasste Frida Strindberg und an die vielen
Punsche, die August Strindberg leerte. Nach einem Heurigenbesuch mit
Marie Weyr und ihrem Mann Rudolf übernachteten die Strindbergs im
Hotel Höller.*

*Am nächsten Tag ging es per Zug nach Amstetten, wo kein Geld mehr
für die Weiterfahrt nach Dornach vorhanden war. Als Frida Strindberg
den Namen ihres angesehenen Großvaters Dr. Cornelius Reischl nannte,
streckte der Kutscher das Geld für den Gepäcksträger vor, der Uferwirt jenes für den Kutscher, der Fährmann über die Donau das für den Uferwirt
– und die Verwandten durften zum Einstand die aufgelaufenen Schulden
begleichen.*

Ich lache, Strindberg aber nimmt es ernst: – „Was für ein Einzug soll
das werden, im Haus der Großeltern meiner Frau?" – „Mutter begleicht
das schon. Die Großeltern erfahren es gar nicht", tröste ich ihn. Das ist
jetzt meine geringste Sorge. Mutter hat noch keinen Tag ihres Lebens
verbracht, ohne dass sie am Abend von ihrer Mutter finanziell gerettet
werden musste. Man hält die Tradition in Ehren und weiter nichts, wenn
man sich als ihre Tochter gleichfalls retten lässt. Das ist nicht neu in
der Familie, vonseiten der Damen. Alle stecken sie in Schulden. Je mehr
Geld sie haben, desto mehr geben sie aus. Freilich, wenn Reiche unnötig
über ihre Verhältnisse leben, so ist es eine kleine Schwäche. Wenn Arme
es tun, ist es eine große Sünde. Wir sind Sünder, er und ich.

LLZ, 344

*Der pensionierte Notar Cornelius Reischl lebte mit seiner Frau Maria auf
seinem Gutshof in Dornach bei Saxen an der Donau im Stil eines Land-
adeligen.*

Frida Strindbergs Großmutter Maria Reischl und der Großvater Dr. Cornelius Reischl

An einem der allerschönsten Punkte im Strudengau, zwischen Mauthausen und Grein, hatten mein Großvater mütterlicherseits, Dr. Cornelius Reischl, und seine gestrenge Ehefrau Maria ihr großes Gut mit Viehwirtschaft und Jagd und Fischerei, seit Großvater, der k. u. k. Notar in Oberösterreich gewesen war, sich zur wohlverdienten Ruhe setzte. Er hatte durch Fleiß und geschickte Spekulationen außer mehreren stattlichen Zinshäusern in Wien auch ein für bürgerliche Begriffe ganz ansehnliches Vermögen erworben. Das Gut kaufte er sich zur Belohnung. Es diente lediglich als Surrogat. Er war an schwere Arbeit gewöhnt gewesen sein Leben lang und hätte den Ruhestand nicht ertragen. Hier fiel er nun abends von den Strapazen der Jagd erschöpft ins Bett, genau so wie er früher vom Studium der Akten und Börsenberichte traumlos in Schlummer gesunken war.

Großmutter war eine viel gefeierte Wiener Schönheit gewesen mit kornblumenblauen Augen und pechschwarzem Haar.

LLZ, 347

Das Ehepaar Reischl gab sich zunächst betont freigebig und gastfreundlich. Marie Uhl hielt sich im Hintergrund. Am Mittagstisch stand ein eigenes

Dienstmädchen für das junge Ehepaar bereit. Die Menüfolge trug die
Handschrift des passionierten Jägers Cornelius Reischl, so dass August
Strindberg nach einigen Wochen an einen Freund schreiben konnte, er
hätte sich bereits an Fasanen, Hasen und Enten abgegessen. Die angebote-
nen Zimmer im 2. Stock des Hauses mit Blick auf die Donau ließen die
tristen Wohnverhältnisse in Brünn vergessen.

Das große Haus in Dornach, von August Strindberg fotografiert

Jetzt hatten wir Raum. Jeder hatte sein Zimmer zum Schlafen! Jeder hatte sein Zimmer zum Ruhen. Jeder sein Zimmer zum Arbeiten, und das
war so herrlich, dass wir uns überhaupt eine Zeit lang gar nicht mehr
voneinander trennten und unzertrennlich mitsammen von einem Zimmer ins andere reisten. Der Schwefel und die anderen Brüder hatten
auch ihre gebührenden Appartements. Strindberg hatte einen großen
zweifenstrigen Raum in eine richtige Teufelsküche umgewandelt.

LLZ, 351

Der protzige Lebensstil ihrer Großeltern, der mit einer gewissen geistigen
Beschränktheit einherging, erfüllte Frida Strindberg mit Abscheu.

Großvater jagte Tag für Tag und erlegte mehr Rehe, Fasane, Hasen oder Wildenten, als ein kleines Regiment hätte vertilgen können. Großmutter hatte 27 Kühe im Stall. Wohl hatte jede Kuh ihre eigene Magd und jede Magd einen Burschen, wohl speisten auch die 14 Jagdhunde und 20 Katzen die Braten mit vom Tisch, aber die Fülle war nicht gänzlich zu bewältigen. Die Tafel bog sich unter trefflichem Wild, Riesenbraten, feinem Gemüse und edlem Obst, das Großvater selbst zog. Das meiste endete im Schweinetrog. Von Lebensgenuss oder auch nur Luxus verstand man in diesem Haus wenig, aber – man hatte es – und war stolz darauf. Man leistete es sich.

LLZ, 348

August Strindberg war um Konsens bemüht. Mit großer Selbstbeherrschung und höflichem Schweigen ließ er die Monologe, die der Hausherr bei der Zeitungslektüre hielt, über sich ergehen. Beim Schachspiel vermied er es tunlichst, Cornelius Reischl zu besiegen. Erholung fand Strindberg bei den einsamen täglichen Morgenwanderungen durch die Au entlang der Donau und beim gelegentlichen Spiel auf dem Klavier, das er sich auf Kosten Reischls angeschafft hatte.

Eines Tages hatte er einen längeren Spaziergang auf den herrlichen Auen oder Überschwemmungswiesen gemacht, auf denen die Rehe spielten, wo die Fasane wie Raketen aus den Büschen aufstiegen, wo die Reiher im Sumpf fischten und die Pirole in den Pappeln pfiffen. Hier fühlte er sich wohl, denn es war eine einsame Landschaft, in der sich aus Furcht vor dem großen Fluss kein Mensch niederzulassen wagte. […] Hier pflegte er sich also wiederzufinden, sich selbst und keinen anderen. Hier kamen ihm seine großen Gedanken, hier verrichtete er seine Andacht.

August Strindberg, Das Kloster, 297

Die junge Frau ging jetzt ganz in ihrer Mutterschaft auf, freute sich und hoffte, sprach von und mit dem Ungeborenen, als sei es ein Vertrauter; war sanft und weiblich; sogar demütig und dankbar ihrem Mann gegenüber, dessen Gefühle trotz ihrer entstellten Figur und ihrer verblassten Schönheit unverändert waren.

August Strindberg, Das Kloster, 285

Am Weihnachtsabend versammelte sich das Gesinde, um vom Hausherrn kleine Weihnachtsgeschenke entgegenzunehmen. August Strindberg stahl seinem Gastgeber beinahe die Schau, als er jeder Magd einen Silbergulden – insgesamt die Hälfte des Strindberg'schen Barvermögens – überreichte und den Knechten ein Kistchen mit bosnischem Tabak, das er von Marie Weyr erhalten hatte. Cornelius Reischl zitierte ihn daraufhin zur obligaten Schachpartie, die wunschgemäß mit seinem Sieg endete. Frida Strindberg legte unterdessen die Geschenke unter den Christbaum.

Weihnachtsgeschenk an die werdende Mutter: der 13-jährige August, gezeichnet vom Bruder Axel

Da war eine Riesenflasche Antoine-Kopiertinte, eine prunkvolle neue Adlerfeder; ferner gab es zwei Rahmen für Strindbergs Malereien und riesige Tuben mit Ölfarbe aus Wien und eine Flasche Schwedenpunsch von Schwager und Schwester Weyr gestiftet. Und ein Paar weiche Pantoffel, auf die ich symbolisch und schlecht je eine rote Rose gestickt hatte. Bruder Schwefel hatte seinen eigenen Bescherungstisch mit Retorten und Lampen für die Alchimistenküche, Mörsern und Tiegeln, und was er alles so für seine Heimlichkeiten brauchte. Das war leider alles – und ich schämte mich.

Aber als Strindberg ins Zimmer trat und ich seine Augen aufleuchten sah, kam ich mir wie Krösus vor. Er liebkoste mich mit den Augen und küsste mit dem Blick die Christrosen. Dann ging er zu seinem Schreibtisch und nahm eine kleine Bleistiftzeichnung heraus, sein Bild mit 13 Jahren, von seinem Bruder gezeichnet: ein kleiner gläubiger Heiliger, die Frömmigkeit selbst. Der sollte mir gehören, nur mir.

Dann löschte er die Lampe. Und da war es plötzlich, als träten der Mond, die Nacht und die Ewigkeit ins Zimmer. Hinter dem strahlenden Baum schimmerte zauberhell die Flusslandschaft und tiefblau wölbte sich das Firmament. Die kleinen Kerzenflämmchen glitzerten mit dem silbrigen Wasserspiegel um die Wette, bis sie erloschen und uns im Dunkel zurückließen, allein mit dem Mond und dem schimmernden Strom. Der frische würzige Atem der Christrosen war in der Luft.

„Ich bin noch nie so glücklich gewesen", sagte er leise.

LLZ, 355f.

Der Esel „Lumpi" in Dornach

Die Dornacher Idylle, die August Strindberg auch fotografisch dokumentierte, endete abrupt. Als ein lang erwarteter Brief aus Paris nicht eintraf, verdächtigte August Strindberg seine Frau, seine Post abzufangen, und schloss sich in sein Zimmer ein.

Es geschah, dass Strindberg Situationen zwischen sich und mir voraus-
setzte, die nicht vorhanden waren und es nicht sein konnten; aber für
ihn bestanden sie, genau wie in seinen Dramen. Es geschah dann, dass
er Worte zu mir sprach, die ich bereits gelesen hatte und kannte. Ich trug
in seinen Augen die Kleider seiner ersten Frau und handelte, so wähnte
er, wie sie gehandelt haben würde. Und er hasste mich dann, wie er sie
gehasst, unterschob und verzieh mir Verbrechen, die ich nie begangen
hatte, und liebte mich gleich wieder – wie er sie geliebt. Das war das
Ärgste. Manchmal wusste ich nicht mehr: war es denn überhaupt ich,
die er liebte und hasste, oder war es noch die andere, immer noch und
nur die andere? Oder überhaupt nur ein Dichtergebilde, eine von ihr
abgestreifte Form, die jetzt ich weiter trug? Oder brauchte er den Hass
zur Liebe?

LLZ, 356f.

*Mitte März 1894 gab es im Haus des ehemaligen Notars und Rechtsanwalts
Reischl einen großen Aufruhr. Ein Gerichtsdiener aus dem Bezirksgericht
Grein brachte eine Vorladung für den Gast aus Schweden. Es ging um den
Roman „Das Plädoyer eines Irren". Als sich Strindberg weigerte, in Grein
auszusagen, war es mit dem Hausfrieden vorbei. Der Familienrat im Hau-
se Reischl erlaubte schließlich aus Pietät gegenüber der hochschwangeren
Frida Strindberg eine Übersiedlung in das nahe gelegene Häusel, einen
ehemaligen Eselstall.*

*Am 25. März 1894 reiste August Strindberg für zwei Wochen nach Berlin,
um sich dort vor Gericht zu verantworten und den Druck seines im Jänner
abgeschlossenen „Antibarbarus" zu überwachen.*

Ich verstehe, dass du Dornach nicht liebst. Doch vergiss nicht, es ist der
einzige Ort, wo wir vor Hunger und völliger Not geborgen sind. Der
Sommer ist hier schön. Wir haben dann unser eigenes Heim und sobald
das Kind da ist, werde ich zusammen mit einer Magd den Haushalt führen. *Du kannst hier in Ruhe arbeiten* – und dein Werk vollenden, das du
liebst und von dem deine Zukunft abhängt. – Du wirst hier die nötige
Ruhe haben und ich will tun, was nur in meiner Macht steht, um es dir
erträglich zu machen. Denn glaube mir, August, ich bin und bleibe dein

treuester Freund. Und ich liebe dich. Heute noch mehr, als ich dich vor
einem Jahr geliebt habe.

Frida Strindberg an August Strindberg, 2. 4. 1894 (franz.), KB Ep S 53b

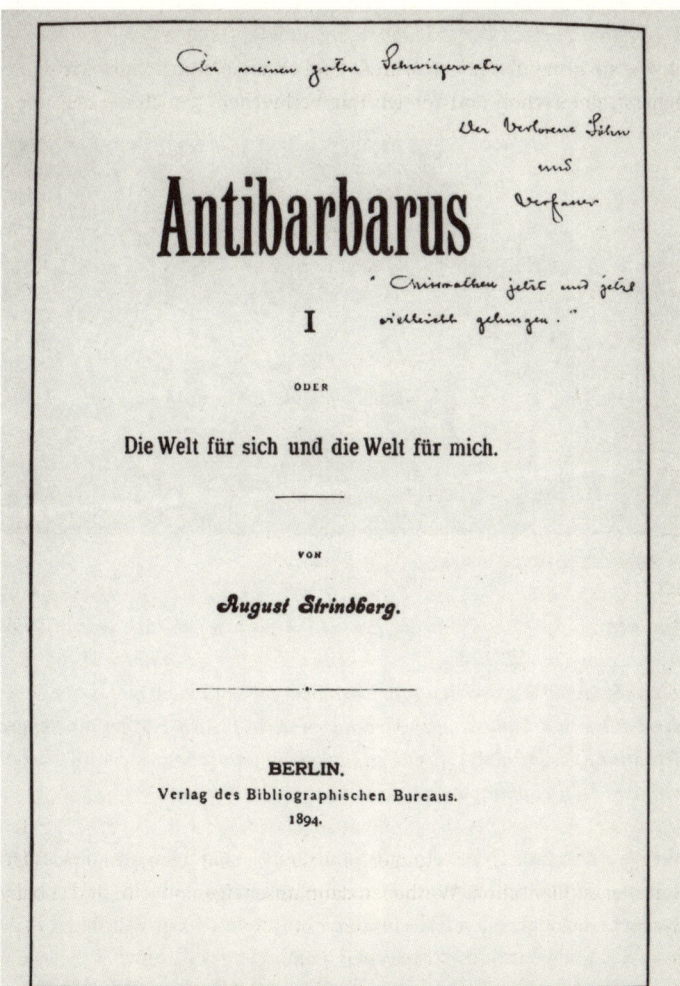

An meinen guten Schwiegervater. Der verlorene Sohn und Verfasser.
„Missrathen jetzt und jetzt vielleicht gelungen"

Eines der ersten Exemplare des „Antibarbarus" ging Anfang Mai 1894 an Friedrich Uhl und enthielt im Widmungstext Worte des Dichters aus Goethes „Faust"-Vorspiel. Das Werk, das die Gelehrtenwelt erschüttern sollte, blieb beinahe unbeachtet. Dass sein Freund und naturwissenschaftlicher Diskussionspartner Bengt Lidforss eine abfällige Besprechung publizierte und ein schwedischer Rezensent Zweifel an der geistigen Zurechnungsfähigkeit des Autors äußerte, ärgerte August Strindberg maßlos.

August Strindbergs Foto des Häusels

Um den 12. April 1894 war das Ehepaar wieder in Dornach vereint. Nun begann im Häusel die wohl glücklichste Zeit des Zusammenlebens. Die Zimmerwände wurden neu gestrichen. August Strindberg malte eine Serie symbolistischer Landschaftsbilder, die in ihren lichten Farben die heitere Stimmung des Frühlings spiegelten und die Räume schmückten. Im Garten vor dem Häusel pflanzte man Blumen und Gemüse.

Ihr Häuschen aus Graustein, mit Sandsteineinfassungen um die kleinen schießschartenähnlichen, mit schmiedeeisernen Gittern versehenen Fenster, war ein vollendetes Idyll. Es erinnerte an ein Klostergebäude und war mit Weinranken bedeckt. Die Wände der Zimmer waren weiß getüncht und ohne Tapeten, und die niedrigen Decken wiesen kräftige, vom Alter geschwärzte Balken auf. Er hatte ein kleines Zimmer in Form einer richtigen Mönchszelle bekommen; schmal und lang mit einem einzigen kleinen Fenster an der einen Breitseite. Die Mauern waren eine Elle dick, und darum konnten Blumen sowohl vor als auch hinter dem Fenster stehen. Die Möbel waren altmodisch und passten zum Übrigen. Hier richtete er sich nun sein Laboratorium und seine Bibliothek ein und hatte sich noch nie so wohl gefühlt.

Jetzt aber musste das Haus für die Ankunft des Kleinen hergerichtet werden. Der Hausherr und die Hausfrau strichen Fensterrahmen und Türen. Neben die Haustür wurden Rosen und Clematis gepflanzt. Der Garten wurde umgegraben und besät. Und um die großen weißen Wände im Inneren zu füllen, malte er Bilder.

August Strindberg, Das Kloster, 289

Da saß er Stunde um Stunde inmitten seiner Bücher, mit dem mittelalterlichen Barett auf dem Kopf, die kleine braune Holzpfeife auf dem Tisch neben sich, in loser Joppe, wie ein Dr. Faustus. Tief durchdrungen von dem suggestiven Einfluss der Tracht und des Milieus. […] Durch die offene Tür konnte er mich von seiner Zelle aus kommen und gehen hören, während ich die Hausarbeit verrichtete, kochte, scheuerte und Wäsche wusch. Das war nicht leicht, denn alles Wasser musste etliche 50 Meter hoch von der Donau in Eimern über Steingeröll heraufgeschleppt werden, und ich hatte keine Magd. Aber mir schien dieses Leben himmlisch schön, und nichts trübte jetzt unser Beisammensein.

LLZ, 385

Als die Schwangerschaft dem Ende zuging, kündigte August Strindberg seine Anwesenheit bei der Geburt an – allerdings zu Studienzwecken. Er sammelte Beweismaterial für eine seiner verstiegensten Männerfantasien: Gebären wäre für Frauen kein schmerzhafter, sondern ein lustvoller Vorgang. Am 26. Mai 1894 kam Kerstin (Christiane) Strindberg nach 12-stündigen Wehen zur Mittagsstunde auf die Welt.

Ich krümmte mich in Qualen. Die Bauersleute, die auf der Straße vorübergingen, hörten ein dumpfes Gebrüll und hatten Mitleid. Sie nahmen sich die Mühe, die Herrschaft im Großen Haus darauf aufmerksam zu machen, dass im Häusel eine kranke Kuh sein müsse, die offenbar verständnislos behandelt werde: – „Wenn man nichts vom lieben Vieh versteht, soll man keins halten!" murrten sie, mit Recht entrüstet.

Nur Strindberg schaffte mir Linderung. Von ihm ging auch jetzt jenes geheimnisvolle Fluidum aus, das mir Kraft verlieh. Ich hielt denn

Kerstin Strindberg

auch seine Hand umklammert, gab sie nicht frei, nicht eine einzige Sekunde lang, während der ganzen Schreckenszeit. Es muss ihn geschmerzt haben, ihn gemartert haben, sein Gesicht war weiß wie meines, aber er wich nicht von meiner Seite. Immer wieder glättete er die Kissen, küsste er mir die Stirn, stützte mich. Er rastete nicht, schonte sich nicht, nahm keine Stärkung zu sich. Ein Engel vom Himmel könnte kein vollkommenerer Samariter sein.

Da aber geschah plötzlich etwas, das kam so unerwartet, dass ich es nicht zu begreifen vermochte. Nach einem besonders wilden Schmerzensschrei, den mir äußerste Qual entriss, lag ich völlig erschöpft. Und in dem Augenblick beugte er sich über mich und sagte ruhig und ernst, leise, so dass es niemand hören konnte, aber eindringlich: „Spiel doch keine Komödie, Kind, ich weiß ja doch, dass das Gebären für die Frau eine Wollust ist und kein Schmerz!"

Die Wirkung dieser Worte war zauberhaft. Den Bruchteil einer Sekunde lang schien es, als habe er recht. Mein zu einem neuen Schrei geöffneter Mund verstummte, ich lag still, fühlte auch tatsächlich nichts und starrte Strindberg denkunfähig an. Kaum aber war das Wort verhallt, meinte ich, es nur geträumt zu haben; derselbe, der es gesprochen, hielt mich wieder wie vorhin im Arm, verhalf mir auf Kosten seiner armen, stundenlang geräderten Glieder zu einer besseren Lage, trocknete mir den Schweiß von der Stirn und lächelte mir freundschaftlich ermunternd wie vorher zu.

Mein Körper aber bäumte sich jetzt wild. Ein gellender Schrei entrang sich mir, wie eine Anklage gegen Mann, Natur, Gott, im Namen aller Frauen. Ein schwaches Jammern klang in diesen Schrei hinein. August Strindberg war ein Töchterchen geboren.

LLZ, 396f.

Am gleichen Tag kündigte August Strindberg einem Freund einen vernichtenden Roman über den Berliner „Ferkel"-Kreis an. (Die Geburt der Tochter erwähnte er nur in einem lapidaren Schlusssatz.) Seine Enttäuschung über den kühlen Empfang beim letzten Berlin-Besuch entlud sich schließlich im Essay „Die Genese einer Aspasia". Diese Verbalinjurie auf die einstigen Szenefreunde in Berlin erfolgte zu seinem Zeitpunkt, als sich neue Perspektiven eröffnet hatten. Französische Übersetzer, Verleger und Theatermanager waren an August Strindberg herangetreten. Er selbst hatte sich bereits bei einem wohlhabenden Skandinavier in Paris eingeladen.

Das Kind sollte den Namen Christiane (Kerstin) bekommen. Als Taufpatin wünschte sich Frida Strindberg ihre Freundin Marie Tscheuschner. Die strenggläubige Marie Uhl forderte die sofortige katholische Taufe, doch Frida Strindberg wollte das schwächliche, kränkelnde Baby zunächst einmal zu Kräften kommen lassen.

Ich widersetze mich daher der Taufe, bis das Kind kräftiger und der Sommer näher sein wird. Mutter will von solch irdischen Bedenken nichts hören. Bald hat sie sich derart in Wut geeifert, dass sie die Tür ins Schloss wirft und mich samt dem Kind liegen lässt. Die Tür knallt, das Kind weint. Ich will es beruhigen und stehe mühsam auf, aber meine Kraft versagt.

Das Kind schreit lauter, lauter – umsonst. Keiner vernimmt sein Weinen mehr. Auch ich nicht. Als Strindberg eine Weile später ein Buch über das Planetensystem holen will, das er bei mir vergessen hat, findet er das Kind brüllend in seiner Wiege und mich in tiefer Ohnmacht auf dem Boden.

Mutter verzieh rasch. Sie kam im Sinn der Christenliebe noch vor An-
bruch der Nacht zurück. Es war zu spät. Ich lag im Fieber und konnte
von da ab mein Kind nicht mehr stillen.

LLZ, 402

*Der Arzt verordnete Kuhmilch für das Baby, die es allerdings nicht vertrug.
Frida Strindberg war am Rande der Verzweiflung. Marie Uhl wollte jetzt
die Taufe erzwingen und versuchte ihren Schwiegersohn mit der möglichen
Rückkehr in den Gutshof zu ködern. Der einstige Notar Cornelius Reischl
legte ihm eine schriftliche Zustimmungserklärung vor. August Strindberg
lehnte derartige Händel in Gewissensfragen aber empört ab und kündigte
am 25. Juni 1894 seine baldige Abreise an. Angespornt durch die neuen
Angebote aus Paris schrieb er bereits an einer Serie von Essays für französische Zeitschriften und strebte weg von Frau und Kind und den vielen
weiblichen Helferinnen im Häusel.*

*Frida Strindberg berichtete in ihren Memoiren erstaunlich wenig über
diese bewegte Zeit. Eine drastische Szene über einen angeblichen Chemie-
unfall ihres Mannes, der sich ein halbes Jahr später tatsächlich ereignete,
dürfte so nie stattgefunden haben, sondern aus Brief- und Textsplittern
Strindbergs zusammengestoppelt worden sein.*

Über der Donau stand giftig grüngelber Hagelschein. Ein Blitz schlug
ins Wasser. Unser Häuschen bebte. Ich riss die Tür auf. Er saß, genau wie
Mutter es beschrieben hatte, grau, wie versteinert, hager, bleich, in dem
grauen Mantel, den er über dem Hemd auf dem bloßen Körper trug. Nie
werde ich das Gesicht vergessen. Hass und Verzweiflung brannten in
seinen Augen, als er mich ansah.

„Frauen lieben freilich den Buddha nicht", stieß er hervor, „sie lieben
nur Gesindel und Hunde – räudige Hunde."

Und er umklammerte wie ein Erstickender meinen Hals und streckte
mir dann – voll unbeschreiblichen Abscheus die Finger spreizend – seine armen Handflächen hin, an denen durch die Chemikalien, und wohl
auch durch den Zustand der Nerven, die Schwären aufgebrochen waren,
die blutigen Eiter abzusondern begannen.

Das war, sagte er, mein Werk … Der aussätzige Hund … Aussätzig …

LLZ, 426

Am 21. Juli 1894 flüchtete Frida Strindberg mit ihrem Kind erschöpft und verzweifelt in ein Gasthaus auf der gegenüberliegenden Seite der Donau.

Ich bin Dir nicht feind alles Vorgefallenen halber – ich verzeihe Dir aus ganzem Herzen und werde froh sein, wenn ich Dir jemals Gutes erweisen kann. Nur leben mit Dir *kann* ich nicht mehr; ich müsste mein letztes Gut, mein bisschen Selbstachtung verlieren und auch sonst elend zugrunde gehen.

Und ich kann Dir ja nicht helfen. Das Opfer wäre zwecklos. Du hältst mich für Deine Feindin und eine elende Kreatur. Es muss Dir wohl sein, wenn Du Dich derselben entledigen kannst. Liebe hast Du ja keine für mich. Das hast Du mir selbst gesagt. Warum also sollen wir aneinander gekettet bleiben und uns zu Tode quälen? – Wenn ich tue, was in meinen Kräften – was über Menschenkräfte geht – umsonst. Wenn ich Dir alles opfere – Du glaubst, ich schädige Dich. – Du behandelst mich nicht wie Deine Frau – nicht einmal wie Deine Magd, Deinen Hund.

Ich *kann* nicht mehr … ich bin elend, namenlos elend geworden und hab Dir nicht helfen können. Darum hab ich beschlossen, von Dir zu gehen, und *nichts* ändert mehr meinen Beschluss. […]

Auch weißt Du, dass ich – auch nach unsrer Trennung – mein Weniges gerne mit Dir teile. Solange ich was habe, soll der Mann, dem ich mein Kind verdanke, nicht in Not sein. Von den 100 Gulden meines Vaters wirst Du jeden 6. des Monats 50 erhalten. Es braucht niemand was davon zu wissen. Und glaub mir, August: trotz allem hast Du keine bessere Freundin als mich. Denn mein Kind, das hab ich lieb und vor dem will ich mich nie zu schämen brauchen.

Ich wünsche Dir Glück, mein armer Freund. Hoffentlich blüht Dir jetzt der Erfolg … Ich werde mich über alles Gute, das Dir widerfährt, freuen. Teilnehmen daran kann ich nur aus der Ferne. Denn ein ferneres gemeinschaftliches Leben ertrage ich nicht mehr.

Frida Strindberg an August Strindberg, ca. 22. 7. 1894,
Wenn nein, nein Nr. 49

Der Zustand ist einfach der: meine Ehe B ist aufgelöst. Und meine Lage als Getrennter ist elend, weil ich mangels Reisegeld nicht wegziehen kann. Ursache: ungefähr die gleiche wie beim ersten Mal. Alle Frauen hassen Buddhas, quälen, stören, martern, erniedrigen, schikanieren sie mit dem ganzen Hass der Unterlegenen, weil sie selbst keine Buddhas werden können. Sie haben hingegen eine instinktive Sympathie für Mägde, Knechte, Bettler, Hunde, besonders räudige. Sie verehren Schwindler, geprüfte Zahnärzte, Literaturfeldwebel, Holzhändler – alles Mittelmaß. Und ihre Liebe: siehe „Gläubiger".

August Strindberg an Leopold Littmansson,
ca. 23. 7. 1894 (schwed.), Brev X/2862

Dem Ratschlag eines Arztes entsprechend kehrte Frida Strindberg wieder in das Häusel zurück und stellte eine Amme an, die aber nur vier Tage lang blieb. Daraufhin borgte sie sich Geld von ihrer Schwester, reiste nach Wien und holte eine mährische Amme. Zuvor hatte sie ihren Vater dazu bewegen können, über die Apanage hinaus noch weiteres Geld zur Verfügung zu stellen. Endlich trat die entscheidende gesundheitliche Wende ein – für August Strindberg, der mit seinen neuen Essays gerade ein „Buch der Weisheit" zusammenstellte, kein Grund zur Freude.

In mir hat die Gesundung des Kindes den Starrkrampf gelöst. Strindberg atmet auf, er ist nicht mehr allein. Ich lebe wieder, habe wieder freie Stunden, kann sein Zimmer wieder in Ordnung bringen, seine Bücher abstauben, seine Instrumente reinigen. Ich kann wieder für ihn kochen. Ich koche elend, ungenießbar. Er aber findet es köstlich. Wenn er mich bei häuslicher Arbeit sieht, kommt Ruhe über ihn. Ich glaube wirklich, er hält dann eine Gesundung der Welt wieder für möglich. Er lebt für die Allgemeinheit und ihn quält, wie eine Besessenheit, die Furcht vor der drohenden Entartung des Männlichen durch eine falsche Evolution, die Frauenemanzipation. Es bereitet ihm kein Vergnügen, dass ich Teller wasche, er würde mir gerne einen ganzen Tross von Dienerinnen halten. Aber er ist selig, wenn ich mit frohem Herzen Magd bin – Magd, wie seine Mutter.

LLZ, 439f.

Ja, das Kind ist gerettet, mit zwei Ammen und einem Dienstmädchen, und damit habe ich verloren und muss auswandern … aber dafür das Buch! Das Buch!

August Strindberg an Leopold Littmansson, 1. 8. 1894 (schwed.), Brev X/2880

Die Schiffsanlegestelle in Grein

Am 14. August 1894 herrschte im Häusel wieder einmal Chaos. Das Baby schrie, weil die Amme gefeuert worden war. Frida Strindberg hatte Streit mit ihrer Mutter, woraufhin das Dienstmädchen davonlief. Am 15. August suchte auch August Strindberg das Weite. Maria Reischl streckte ihm das Reisegeld vor. Frida Strindberg äußerte sich beim Abschied in Grein, wo ihr Mann das Dampfschiff nach Linz bestieg, skeptisch bezüglich eines Wiedersehens. August Strindberg widersprach ihr von Linz aus per Karte.

Liebste Frida,
Ich hatte nicht dieselben Empfindungen wie Du in unserem letzten Augenblick in Grein, und ich bin ruhig und voll Hoffnung bezüglich unseres baldigen Wiedersehens.

August Strindberg an Frida Strindberg, 16. 8. 1894, Brev X/2903

Geliebte Schwester,

Bunt und heiter, herbstlich farbenfroh war das Schiff, mit dem heute
Abend August von Grein nach Linz fuhr, um von dort aus weiter nach
Paris zu reisen. Nie liebe ich ihn mehr, als wenn ich ihn verliere – – denke doch, *wie* ich ihn heute Abend lieben muss – – *Paris*! Und ich, dies
hier.

Es musste aber sein, nicht in der Hölle und nicht im Grab war er für
mich in solcher Gefahr wie hier. Jeder Zoll an ihm ging langsam in Meuterei über, und hätte er das Joch nicht abgeschüttelt, es hätte ihn erdrückt
– ertrage ich selber es doch kaum. Ja, Mietz, das sind meine Freiheits-
träume, das ist mein Höhenjubel: im verhassten Dornach sitzen, ohne
Kleider, ohne Bücher, ohne Mann. Ich habe es in dem einen Jahr weit
gebracht. Ich weinte wie ein Kind, als das Schiff abfuhr, weil er wegfuhr
und weil – ich so zurückblieb.

Frida Strindberg an Marie Weyr, ca. 15. 8. 1894,
Typoskript, KB Dep. 146/4

Als sich das Dampfschiff an dem schönen Herbstabend den Strom
hinaufarbeitete, sah er noch einmal das kleine Haus, hinter dessen
Fenstern Licht war. Und nun verschwand alles Böse und Hässliche,
das er dort erlebt hatte, und er empfand kaum eine flüchtige Freude,
aus diesem Gefängnis, in dem er so ungeheuer gelitten hatte, befreit
zu sein.

Nur Gefühle der Dankbarkeit und Wehmut ergriffen ihn; und einen
Augenblick spannte das Band zu Ehefrau und Kind so sehr, dass er sich
ins Wasser stürzen wollte. Dann aber machten die Schaufelräder ein
paar kräftige Umdrehungen, das Band straffte sich, dehnte sich – und
zerriss!

August Strindberg, Das Kloster, 301

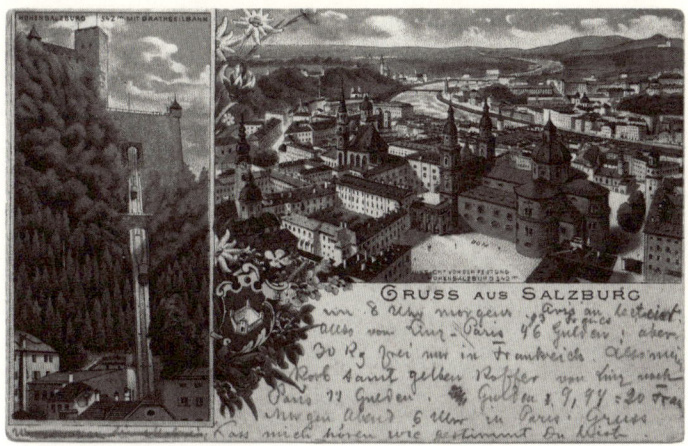

Grußkarte August Strindbergs aus Salzburg

Um 8 Uhr morgens. Hinweis für den Leser. Also von Linz–Paris 93 Francs / 46 Gulden, aber 30 kg frei nur in Frankreich. Also mein Korb samt gelbem Koffer von Linz nach Paris 11 Gulden. Gulden 9,44 = 20 Francs. Morgen Abend 6 Uhr in Paris. Gruss. Lass mich hören, wie Du gestimmt bist.

August Strindberg an Frida Strindberg, 16. 8. 1894 (dt./franz.),
Unbekannte Briefe I

Das letzte Wiedersehen in Paris (1894)

Oh, wie hier das Leben schäumt!
Voll Rausch, voll Süße, geistiges,
vergeistigtes Genießen
mit aller Sinnenkraft und Glut.
Frida Strindberg an Marie Weyr

Am Abend des 17. August 1894 kam August Strindberg in Paris an und zog in das luxuriöse, dreistöckige Haus seines Bekannten Leopold Littmansson in Versailles ein. Gemeinsam mit ihm übersetzte er die in Dornach geschriebenen Essays und bereitete ihre Publikation vor. Er hatte die Tendenzwende in der französischen Literatur vom Naturalismus zur Décadence genau mitverfolgt und gab sich nun als Parteigänger der neuesten Strömung.

Frida Strindberg haderte unterdessen in Dornach mit dem Schicksal.

Liebe, liebe Mietz,

Nun ist er seit einer Woche fort. Bin nur mehr ein halber Mensch, denn ich liebte ihn mehr von Tag zu Tag, liebte ihn am heißesten, wenn zwischen uns Kriegszustand herrschte: und das war jetzt oft der Fall. […]

So ist er nach Paris. Wohin ich immer wollte. Und ich – – ersticke weiter hier. Würde nur das Kind gesund, könnte ich ihm nur nach. Mietz, in mir schreit es, alles lehnt sich auf: ich habe noch nicht gelebt! Soll das mein Leben sein und bleiben? *Das?* Ich weiß nicht, wie sich andere Frauen stellen würden, es ist mir auch gleichgültig, was kümmern mich die andern? Mich kümmert nur eins, mein Kind, mein Mann, mein Glück! Mietz, lohnt es sich, das Geld zu verachten, um dann die Sklavin des Geldes zu werden, eine mutlose hilflose kleine Sklavin, wie – ich? Jetzt ist er in Paris und ich – bin in Dornach, wo ich nicht einmal tot sein wollte? Sind das die „Höhen der Menschheit"?

Hab zwei Dutzend Windeln gewaschen heute: die Amme macht diese Arbeit nicht. Ist doch zu gut.

Frida Strindberg an Marie Weyr, ca. 22. 8. 1894,

Typoskript KB L 166

Frida Strindberg musste sich in Dornach engstirnige Vorschläge zu ihrer beruflichen Zukunft anhören. Man riet ihr etwa zu einer Teilzeitarbeit als Erntehelferin bei Bauern. Mit der Idee ihres Mannes, ohne Kind nach Paris zu kommen, konnte sie sich zunächst nicht anfreunden. Frida Strindberg wollte nach der einjährigen Zwangspause unbedingt wieder Bücher lesen und Feuilletons schreiben. Sie wehrte sich vehement gegen eine Zurückstellung ihrer beruflichen Ambitionen und gegen eine Unterdrückung ihrer Individualität in der Ehe.

| 1235 | Strempel, Gustav bis Strzygowski. | 1236 |

Strempel, Guſt.Ludw., ⚔, OLGR. R o-
ſt o ck. (Moiſall.) **V:** Ueb. die justa causa
b. d. Tradition 56; Die Blankoceſſion nach
gem. Rechte 93. ()

Stricker, Salomon, ✴, Dr.med.u.chir.,
o.UP.Wien XIX,Hirſcheng.28b. (1834.) ()

Striebeck, Elimar,⚓,Hoffchauſp.Chem-
nitz, Kloſterquergaſſe 2. (Königsberg, Pr.
⁸/₁₂ 64.) **V:** Die Liebe 91; Clara Hellmuth
91; Modern 91; Kunſtreiterin 91; Erz. 91;
Geb. 91; Große Loos 92; D. ſchöne Schulmädchen 92; Im Naturheilbad 92. ()

Strindberg-Uhl, Frieda, SchG. D o r-
n a ch, Ardaggar Via Amſtetten, NOeſt. ()

Strnadt, Jul., ♛, Rechts⚖, Bezirks-
richter. K r e m s m ü n ſ t e r, OOeſter. 25.
(Schwertberg ²³/₁₂ 33.) **V:** Peuerbach 68;
Geburt des Landes ob. der Enns 86; Kürn-
berg b. Linz u. d. Kürenberg-Mythus 89. ()

Stromer, Theod., LW., VP., Litt.» u.
Kunſtw, **Ue:** FEIHSp. B e r l i n W,
Leipzigerſtr. 92.(Freienwalde a. O. ²³/₄44.)
V: Unter Schutt und Aſche 75 ; Viaje por
España? 83, 90; Reiſehandb. v. Deutſch-
land u. Schweiz 84—90; D. zweite Geſicht
u. and. Nov. 90. **Ue:** Annchen Lieb 75;
Max Havelaar 75; Inſel Bornholm 77;
Murillo 79. ()

Stroriebl, Guſtav Alexander (Pſ. Guſt.
Horſt), Politit, ✒, Red. d. „Grazer Volks-
blatt", Grazer Vertreter d. „Vaterland".
G r a z II, Merangaſſe 66 B. (Bruck a. d.
Mur ²/₂ 67.) **V:** Grazer Bilder 89; Licht
u. Schatten, Reiſebilder a. Italien 94. ✝

Strube, Guſtav, ✒. **Ue:** FEI, Priva-
tier. Soolbad Elmen=Salze, an der
Allee 78 b. (Halberſtadt ⁷/₈ 62.) **V:** Riviera
u. Hydra 93.

Lexikoneintrag Frida Strindbergs in Joseph Kürschners Deutschem Literaturkalender 1895

Ich arbeite 12 Stunden täglich. Ich habe mein Naturell als junges Mädchen wiedergefunden und die ganze Liebe zu meinem Beruf. Darüber hinaus habe ich Mut und viel Hoffnung. Meine alten Bekannten bei den Wiener Zeitungen haben mich wieder mit unendlich viel Wohlwollen aufgenommen, sodass ich ab Herbst ein fixes Einkommen haben werde. Mein Plan ist gemacht. Bis November werde ich die 500 Gulden verdient haben, die ich brauche, um alle Schulden zu bezahlen und zu reisen. Dann fahren wir nach Paris. Wir – denn mein liebes Kind kommt mit. Ein für allemal: Ich verlasse mein Kind nicht. Einmal ist es meine Pflicht, bei ihr zu bleiben, und überhaupt könnte ich nicht mehr ohne sie leben. Sie ist mein ganzes Leben, meine ganze Liebe. Wenn Du sie sehen könntest, würdest Du mich nicht bitten, ohne sie zu bleiben. Und sie ist so zart, die liebe kleine Seele. Wie sie aufhört zu weinen, wenn ich sie auf den Arm nehme, wie ihr kleiner Mund mich anlächelt und die anderen nicht, wie mich ihre kleinen Hände in der Nacht mit festen Fingern halten, und wie ihr kleiner Körper so sanft, so warm, so duftend jetzt auf meiner Brust ruht. Mein Gott, nichts auf der Welt kann dieses Kind aufwiegen! Wie könnte ich es verlassen! […]

Ich gehe meinen Weg. Willst Du mir folgen – gut. Ich werde glücklich sein. Aber ich gehe nicht mehr bedeckt mit Schmutz, und ich lasse in mir nicht mehr jeden rechtmäßigen Stolz töten, jedes Selbstwertgefühl, jede Individualität. Jetzt erst merke ich, was Du im Begriff warst, aus mir zu machen. Das war *wirklich* „Unterklasse"!

Frida Strindberg an August Strindberg, ca. 26. 8. 1894 (franz.),
Wenn nein, nein Nr. 53

Die energische Zukunftsperspektive seiner Frau ließ in August Strindberg alte Ängste erwachen. Er versuchte sie deshalb einzubremsen. Sie wäre „wirklich für die Familie geboren", sollte sich vor allem um den Haushalt und das Kind kümmern und nicht regelmäßig, sondern nur gelegentlich Feuilletons schreiben. Nach einem nervenaufreibenden Besuch in der Pariser Innenstadt träumte er sogar von einem heimeligen Familienleben in Schliersee (Bayern) oder in Dornach bei Saxen.

Aufs Neue meldete sich die ehrgeizige und unabhängige Frau; vielleicht auch der neidische Konkurrent, denn es gab Augenblicke, in denen sie sich als die ihm überlegene Schriftstellerin darstellte. Dies geschah, wenn ihre Freundinnen sie ein Genie nannten, in Briefen, die sie dann herumliegen ließ, damit sie gelesen wurden.

August Strindberg, Das Kloster, 301

Wenn Du Korrespondentin für Zeitungen wirst, musst Du das Haus, das Kind, den Haushalt und mich zurücklassen. Und wenn Du erst einmal in eine Gesellschaft interessanter Personen geraten bist, wirst Du Deinen guten Geschmack für die Familie verlieren und deren Mühen und Sorgen werden Dir Abscheu vor Haushalt und Kind einflößen. […] Ziehen wir doch in ein Dorf in der Nähe von Paris, das aber einfach und versteckt ist … und stellen wir die Regel auf, dass nie einer ohne den anderen unter die Leute geht. Dort ist die Emanzipation unbekannt und eine Emanzipierte gilt als Prostituierte.

August Strindberg an Frida Strindberg, 2. 9. 1894 (franz.), Brev X/2928

Willst Du, dass ich zurückkomme? Mit Geld schafft man sich Bücher, Zeitschriften und Zeitungen an – all die kleinen Annehmlichkeiten, die das Leben erträglich machen. Stell Dir vor: Fayencekamine, schöne Lampen, Vorhänge, Teppiche und vor allem Ammen! – Abends ein Glas Wein, die schönen Abende zu zweit. Hier bist Du zuhause angehängt,

hast schreckliche Dienstmädchen, wirst endlos ausgebeutet. Eine teure
Illusion, die sich in Luft auflösen wird. Die berühmten Leute schwat-
zen eine Stunde lang, anstatt dass man ihre Bücher bei sich daheim hat.
Hier erwartest Du Dir belebende Anregungen. Überhaupt nichts! Ist das
Kind hier, kannst Du nie ausgehen. Und abends bist Du müde und wirst
nicht Dein Kind und das gute Bett verlassen. In einem fremden Land,
wo man nicht versteht, was Du sagst, und über alles lacht.

   Willst Du?

August Strindberg an Frida Strindberg, 4. 9. 1894 (franz.), Brev X/2930

*Am 12. September 1894 erfolgte in der Pfarrkirche von Saxen die katholi-
sche Taufe von Christiane Strindberg. Die Patenschaft übernahmen Marie
Uhl und Cornelius Reischl. Die Mutter des Kindes fehlte ebenso wie der
Vater; sie hatte aber eine schriftliche Vollmacht ausgestellt. Im Gegenzug
erhielt Frida Strindberg vom Großvater das Reisegeld. Sofort brach sie
ohne ihre Tochter mit dem Zug nach Paris auf.*

Frida Strindberg traf im Gare de l'Est ein

*Nach einer äußerst beschwerlichen Zugfahrt dritter Klasse bezog Frida
Strindberg das prunkvoll ausgestattete Appartement, das der dänische Le-
bemann, Maler und Kunsthändler Willy Grétor ihrem Mann bis 15. Oktober zur Verfügung stellte. An den Wänden hingen Handzeichnungen von*

Rubens und Leonardo da Vinci und ein Ölgemälde von Paul Cézanne. Ihre Augen fielen aber zunächst auf die Dornacher Bilder ihres Mannes.

Die zehn jüngsten Strindberg aber stehen wie wohlgesittete Kinderchen zum Empfang der Mutter aufgereiht auf Staffeleien und auf Stühlen. Und plötzlich sind wir weit entrückt. Der alte heimatliche Strudengau leuchtet mir verklärt entgegen – von einem solchen Hauch der Zärtlichkeit und Sehnsucht übergossen, dass sich meine Augen mit Tränen füllen.

„Jetzt weiß ich, dass du mich liebst!" sage ich froh.

„Und ich weiß jetzt, dass ich ein gutes Bild gemalt."

LLZ, 470

Willy Grétor (eigentlich Wilhelm Petersen) kaufte zwei Gemälde Strindbergs an. Der zweite Gönner Strindbergs, der Verleger Albert Langen, schickte seinen Kammerdiener in Livree und weißen Glacéhandschuhen zu Frida Strindberg und ließ ihr zur Begrüßung einen Riesenstrauß Rosen

überreichen. Als sich Langen und sein Berater Grétor persönlich vorstellten, war Frida Strindberg hingerissen vom tadellosen Outfit und mondänen Auftreten der beiden. Im Gegensatz zu den Bohemiens im Berliner „Schwarzen Ferkel" hatte sie es hier mit vermögenden jungen Großstadtdandys zu tun, die Casinos und Nachtklubs aufsuchten und Logen an Theatern hatten – und zu flirten wussten. Willy Grétors Ge-

Willy Grétor mit seinen Rassehunden

liebte Rosa Pfäffinger, die seinen extravaganten Lebensstil finanzierte, er-
innerte sich später daran, wie betörend Frida Strindberg ihrerseits auf die
Pariser Künstler gewirkt hatte.

Endlich melden sich die Herren an und kommen. Sie sind beide ganz
jung, sind beide hübsch und elegant, mit einem Stich ins Dandyhafte.
Ich habe noch nie so viel Glanz gesehen wie auf diesen zwei brillantine-
geglätteten jungen Köpfen und auf diesen feinen Lackschuhen. Ich bin
so geblendet, dass ich für den ersten Augenblick vergesse, dass zwischen
Haar und Fußsohlen Männer aus Fleisch und Blut stecken.

Sie sind beide charmant. […] Grétor und Langen machen mir mit
übertriebener Energie den Hof. Grétor bewundert meine Handschrift,
die angeblich unlängst Sardou als die schönste Frauenschrift gepriesen
hätte, die er je gesehen. – (Dabei kritzele ich wie eine zappelige Henne.)
Langen will französische Autoren ins Deutsche übersetzen lassen und
preist meine (bisher unentdeckte) Kunst. Er bietet mir Hervieus *„Peints*
par eux-mêmes" an – und ganze vierhundert Francs dafür! Er wollte
dreihundert sagen, aber Grétor fing das Wort im Flug auf und wandelte
drei in vier! – Ich freue mich so unverhohlen, dass alle lachen, sogar Albert Langen selbst. Dann nimmt auf einen Wink Grétors Herr Langen
Strindberg beiseite und beginnt, mit ihm vertraulich über Madame und
Monsieur St. Cère, die Königsmacher am „Figaro", zu sprechen.

Grétor vertreibt inzwischen mir die Zeit. Er ist ein glänzender Cau-
seur und hat etwas Bestechendes. Hübsch kann man ihn eigentlich nicht
nennen, aber er hat das gewisse Etwas, dazu blaue Augen, starke weiße
Zähne und den Körper eines Sportsmannes. Schade, dass er auf einer
Seite gelähmt ist und das Bein nur mit brutaler Gewalt, wie einen besieg-
ten Feind, hinter sich herschleift.

LLZ, 472f.

Geliebte Miez,
kam nicht zum Schreiben, habe gelebt. Gelebt! Göttlich das meiste! Eigentlich kann ich sagen: alles. Denn was höchst irdisch und was nicht
erfreulich war – – das verschwindet da gegenüber. Wir sind hier nicht
auf des Lebens Höhen, Miez, aber so recht mitten drin: und *das* ist mein
Element. […]

Du würdest das Näschen rümpfen: mir gefällt es. Ehrbare Leute haben mir immer ein Gähnen und ein Angstgefühl entlockt. Hier gähne ich nicht, hier ängstige ich mich gar nicht: man ist wirklich gar nicht ehrbar hier. Ehrlich gesagt, ich gebe im Innern August recht: wir leben inmitten einer Schwindlerbande. Aber – es ist der Schwindel du monde des artistes [der Welt der Künstler], die sich so dicht als möglich an die Haute [Oberschicht] drücken. Dies Paris ist eine Welt des Glanzes: so viel Glanz könnte es gar nicht geben, versuchte der eine nicht, den andern zu blenden. Die Hälfte hier heißt Arbeit und Genuss, die andere – Bluff.

Frida Strindberg an Marie Weyr, ca. 20. 9. 1894,
Typoskript, KB Dep. 146/4

Ich werde den Augenblick nie vergessen, da ich, zum ersten Mal sein Atelier betretend, dem Bild Knut *Hamsuns* gegenüberstand. In den Straßen von Paris, die ich stundenlang durchkreuzt hatte, war an jenem milden, entnervenden Herbsttag Regen gefallen. Und um die sechste Stunde sank die Dämmerung hernieder. Da strahlte mir plötzlich warm und licht der große, teppichreiche Saal entgegen, der Grétor zur Künstlerwerkstatt diente und dessen Grundton ein mattes, blasses, goldgemischtes Gelb ehrwürdiger Brokate war. Aber ich sah nicht die zierlichen Rokokoformen der Möbel, nicht die weißen Felle am Boden, nicht einmal die echten Zeichnungen des Rembrandt auf dem Tisch, den Corot, Meissonnier, Velasquez an der Wand. Auf der Staffelei stand in Lebensgröße, vielleicht größer als bei uns ein Mann ist, das Bild meines norwegischen Lieblingsdichters. [...]

Ein Seitenstück zu Grétor ist sein Jagdhund „Wolf", gebürtig aus Algier, das schönste, doch auch blutgierigste Tier, das je die Schwelle seines Herrn gehütet hat. Er liegt an einer dicken Kette in einem Winkel des Ateliers: goldgelb im Fell, schlank und langgestreckt, fein in den Gelenken, ein Borgia unter den Hunden. Einmal hat er sich losgerissen und die spitzen, kalten Zähne in die linke Hand seines Meisters, der ihn züchtigen wollte, vergraben. Der lange Körper des Hundes an der hageren Gestalt Willy Grétors emporstrebend, der ihm trotz des Schmerzes mit eiserner Kraft den Hals drückte und ihn von sich abhielt: ich habe nie zwei wildere, schönere Bestien miteinander kämpfen gesehen.

WZ, 28. 10. 1896

Im Spätsommer heißt es aufgeregt: Der große Dichter X. [August Strind-
berg] ist in Paris. Aber mehr noch als von ihm wird von seiner neuen
jungen Frau gesprochen. Die Augen aller skandinavischen, französischen und deutschen Herren glänzen in derselben verräterischen Weise,
wenn ihr Name genannt wird.

Rosa Pfäffinger, Die Pariser Bohème, 145f.

Albert Langen bemühte sich um eine gute Vermarkung seines neuen Ver-
lagsautors. August Strindberg wurde mit einem Essay über Alexandre Du-
mas' Stück „Die Frau des Claudius" (1873) beauftragt, der am 30. Sep-
tember 1894 unter dem Titel „Césarine" erschien. Vor der Aufführung des
Stücks arrangierte Langen ein Dinner, zu dem auch andere Autoren seines
Verlags wie Paul Hervieu, Henri Becque und Sven Lange kamen. Diesmal
war Frida Strindberg nicht rundum begeistert vom Auftreten des sonst so
charmanten Verlegers.

Anschließend sollten die Strindbergs in der Comédie Française von ei-
ner Ehrenloge aus das Theaterstück „Die Frau des Claudius" sehen. Für die
Pause hatte Albert Langen mediengerecht das spektakuläre Zusammen-
treffen des „Weiberhassers" mit der exzentrischen Hauptdarstellerin Sarah
Bernhardt arrangiert. Aber Strindberg drückte sich. Er zog mit seiner Frau
durch Bierlokale und kam gar nicht erst zur Aufführung.

Herrliche Blumen duften auf dem Tisch. Das Gespräch sprüht wie der
Champagner. Nur zwischen Langen und mir kommt es beinahe zum
Krieg. Er hat einen wundervollen jungen algerischen Hund, den er-
schreckt er grausam, indem er ihm brennende Zigaretten zuwirft und
ihn zwingt, sie aufzufangen. Da fing ich eine, an Stelle des Hundes, auf
und löschte sie genießerisch langsam auf Langens wohlgepflegter Hand.
Es kostete ihn ein Stück Fell.

LLZ, 477

Friedrich Uhl verübelte seiner Tochter die Übersiedlung in das teure Paris
und kürzte ihr die Apanage von 100 auf 50 Gulden. Auf der Suche nach
zusätzlichen Verdienstmöglichkeiten wusste sie die neuen Kontakte zu
nutzen. Albert Langen bot ihr die Mitarbeit bei der Übersetzung der Ko-
mödie „La Parisienne" (Henri Becque) und des Romans „Peints par eux-

mêmes" (Paul Hervieu) an. Es gab mehrere gemeinsame Arbeitssitzungen im Appartement der Strindbergs, die oft bis Mitternacht dauerten. Der eifersüchtige Ehegatte ging im Nebenzimmer nervös auf und ab. Frida Strindberg sah in der Heimarbeit eine Möglichkeit, Erwerbstätigkeit mit Haushaltsführung (und Kinderbetreuung?) zu verbinden. Als eine Anstellung als ständige Verlagsmitarbeiterin zur Diskussion stand, überschüttete August Strindberg seine Frau mit Vorwürfen.

In einem Brief an ihre Schwester beschwerte sich Frida Strindberg bitter über die mangelnde Freiheit in ihrer Ehe. Gleichzeitig gestand sie ein erotisches Knistern bei der Zusammenarbeit mit dem attraktiven Albert Langen ein. Jahrzehnte später ließ sie in einem knappen Kommentar zu einem Geschäftsbrief Langens durchblicken, dass die Eifersüchteleien ihres Gatten unbegründet gewesen wären.

A literary-social secretary ist, was er [Langen] brauchen könnte, und für uns hätte die Ungewissheit ein Ende. Ich glaube, er wäre nicht abgeneigt. Aber dann – würde ich Strindberg mir nicht sichern, sondern ihn verlieren. Er sprach ein furchtbares Wort: „Emanzipation und Prostitution ist eins". – „Sklaverei und Meuterei ist eins", erwiderte ich darauf, und keiner von uns blickte tagelang mehr den andern an. Das ist dann immer schlimmer als ein bloßer Zank, es ist eine Kluft unserer Lebensanschauung, die sich weitet.

Ich liebe ihn, wie ich ihn nie wieder lieben werde können, von Tag zu Tag liebe ich ihn mehr. Aber wenn er an meine Freiheit tastet, dann ist er mir nimmer der Geliebte, sondern der Feind. Und doch hat er im Grunde recht: ein Strindberg sollte so hoch stehen dürfen, dass das Weib, das er sich erwählt, nur für ihn da wäre. – Wenn er aber dann zugrunde ginge? Vielleicht wäre es besser für ihn, auf seine Art zu sterben. Aber – muss das sein?

Vielleicht hat er übrigens Recht, vielleicht ist ein Funke Erotik immer da, wo der Mann das Weib und das Weib den Mann trifft. Vielleicht steckt die Erotik auch unter Arbeitskleidern und hockt zwischen dem jungen Langen und mir. Aber, Mietz, wenn man all diesen „Vielleicht" nachginge, wagte man dann noch zu atmen auf der Welt?

Frida Strindberg an Marie Weyr, ca. 1. 10. 1894,
Typoskript, KB 146/4

DER VERSUCHER Der Mann heiratet, um ein Zuhause zu haben, und die Frau, um aus dem Haus zu kommen; sie wollte hinaus, und ich wollte hinein! [...] Ich blieb also daheim; sie aber ging aus und wurde fremd. Denn wenn ich sie traf, war sie eine andere. [...] Ich hatte geheiratet, weil ich weibliche Gesellschaft haben wollte, und dieser Gesellschaft zuliebe trennte ich mich von meinen Freunden; ich hatte geheiratet, um Gesellschaft zu finden, fand aber die absolute Einsamkeit. Und ich unterhielt eine eigene Häuslichkeit, um fremden Herren eine Dame zu verschaffen, die ihnen Gesellschaft leistete. C'est l'amour, mon cher ami!

August Strindberg, Nach Damaskus III, 225f.

Noch ein Brief Albert Langens, der die Natur meiner „Beziehungen" zu ihm ziemlich klar enthüllt.

LLZ, Marbach I

Das Café de la Paix (links) bei der Oper

Die Zukunftsperspektiven der Ehepartner drifteten auseinander. Keiner war zu Kompromissen bereit. Es gab Streit und man ging sich zwei Tage lang aus dem Weg. Im Café de la Paix traf August Strindberg zufällig seine alten Bekannten Fritz und Alexandra Thaulow. Sie staunten über die Ängste, die seine Frau mit ihrem beruflichen Ehrgeiz bei Strindberg auslöste.

Zum anschließenden Dinner holte man Frida Strindberg aus der Wohnung ab. Sie erlebte ihren Mann erstmals beschwipst. Ob er sie nach der Heimkehr tatsächlich mit einem Messer bedroht hat, ist höchst fraglich.

„Sie ist sehr bösartig; sie stiehlt meine Gedanken und sie schreibt Bücher! Sie ist ein Teufel!"

Wir hatten ja gehört, dass er sich mit einer Österreicherin verheiratet hatte, und waren nach dieser Beschreibung sehr gespannt. Als wir uns dem Hotel näherten, sagte Strindberg: „Lasst mich vorausgehen und das wilde Tier zähmen!"

Wir warteten geduldig, auf ein abschreckendes Geschöpf gefasst. Groß war die Überraschung! Mit Strindberg kam eine arme, kleine, hübsche, dunkelhaarige Dame, ganz verweint und rotäugig. Sie sah wie höchstens 17 bis 18 Jahre aus. Sie hatte den ganzen Tag allein gesessen und auf ihn gewartet. Jetzt strahlte sie, voller Freude darüber, dass sie mit ihrem Mann und seinen Freunden ausgehen sollte.

Alexandra Thaulow, Als Fritz Thaulow malte, zit. LLZ, 480

Im Ehegemach halte ich es ihm vor, dass es 4 Uhr früh geworden ist. Er beschuldigt mich, die Uhr vorgestellt zu haben, es könne noch nicht so spät sein, man brauche doch nicht drei Stunden vom *Quartier* hierher. Ich nehme die Uhr und den Kutscher in Schutz. Er ist noch angeheitert, aber gar nicht mehr heiter. Er zieht, ohne zu sprechen, die Hand aus der Tasche und hebt sie gegen mich. Hoch hebt er sie und zielt; im letzten Augenblick aber lässt er sie wieder sinken, als habe er sich doch noch eines Besseren besonnen. Die Hand wandert nachdenklich in seine Tasche zurück und kommt dann mit einem riesigen Taschenmesser wieder hervor. Er betrachtet die Klinge mit sinnendem Blick. Ich betrachte sie auch – und bin mit einem Sprung auf dem Fensterbrett und mit einem zweiten im Garten, von oben bis unten mit Rosenranken bekränzt. Er will mir beflügelt nach, aber „etwas" lähmt ihn, und als er endlich gleichfalls unten anlangt, bin ich schon längst bei der *Concierge* geborgen …

LLZ, 481f.

August Strindberg machte im Winter 1894/95 in Paris durch seine antifeministischen Essays insgesamt mehr von sich reden als durch die erfolg-

reiche französische Premiere seines Theaterstücks „Der Vater" (1887). Der
junge Schriftsteller Georges Loiseau interviewte den gefragten Autor in sei-
ner Privatwohnung und kam dabei auch auf seine Rolle als „Weiberhasser"
zu sprechen.

Die junge Frau Strindberg kommt herein und wir unterbrechen unser
Gespräch. Sie bittet zu entschuldigen, dass die Wohnung nicht in Ord-
nung und dass ich so bescheiden empfangen worden sei. Sie spricht gut
Französisch, besser als ihr Mann. Sie schreibt selbst, ist Wienerin und
Tochter des Redakteurs einer der einflussreichsten offiziösen Zeitungen
der österreichischen Hauptstadt. [...]

Ich erdreiste mich zu fragen, ob sich sein Weiberhass nicht seit seiner
Wiederverheiratung abgeschwächt habe. Ich mache einen Frontalangriff
gegen den großen Mann, der mir mit finsterem Gesicht in einem niedrigen Sessel gegenübersitzt. Hinter ihm, auf der Armlehne des Sessels,
sitzt seine junge Frau und ahnt mit einem Lächeln auf den Lippen meine nächste Frage. „Sind Ihnen denn alle Frauen weiterhin verhasst? Ist
nicht die Zeit bald da, die Waffen zu strecken?"

Er muss selbst lächeln und es blitzt in seinem Auge, als er mir mit seiner ruhigen Stimme in ungekünsteltem Französisch antwortet: „Ach ja,
ich hasse sie. Das stimmt. Frauenhasser, das bin ich!"

Le Gaulois, 21. 12. 1894 (franz.) und
Strindberg im Zeugnis der Zeitgenossen, 226ff.

Adolf Paul, einer der Berliner „Ferkel"-Freunde, fragte bei Frida Strind-
berg in Paris vorsichtig nach, warum ihm August Strindberg aus dem Weg
ginge.

Warum mein armer Mann Ihnen so zürnt, lieber Herr Paul, hat er mir
nie gesagt. Doch kann ich es Ihnen erklären! Es geht ihm mit vielen
Menschen so. Sie sind seine Freunde und er hält sie dafür und da kommt
ein Tag, an dem ihn das Misstrauen packt. Und was er bloß vermutet,
erscheint ihm bald als Tatsache.

Ihm diese zu widerlegen, ist umsonst. Er hält sein Leben lang daran
fest, sich selbst zum Unglück.

Er hörte plötzlich auf, von Ihnen zu sprechen, erklärte, Sie seien sein Feind; – viel später sagte er mir, Sie hätten unsere Ehe im „Gefallenen Prophet" geschildert.

Sie sehen, das Ganze sind Hirngespinste, namenlos traurig, weil sie so unsagbar wehtun, den anderen und ihm selbst vor allem.

Lieber Herr Paul, nochmals, tragen Sie es meinem Mann nicht nach!

Frida Strindberg an Adolf Paul, September/Oktober 1894,
zit. Adolf Paul, Strindberg-Erinnerungen, 208f.

Am 15. Oktober 1894 mussten die Strindbergs das luxuriöse Appartement in Passy verlassen. Sie mieteten zwei kleine, spärlich möblierte Zimmer im Hôtel des Americains im Pariser Studentenviertel Quartier Latin. Von hier aus spazierten sie oft in den nahe gelegenen Jardin de Luxembourg, flanierten die Straßen entlang oder suchten Buchläden und die Bibliothèque Sainte Geneviève auf. Einen Abend verbrachte das Ehepaar im renommierten Künstlercafé Le Procope. Der Auftritt des berühmten Chansonniers Xavier Privas begeisterte Frida Strindberg. Auf ihre widersprüchlichen Berichte über diesen Kaffeehausbesuch wird später noch einzugehen sein.

Am 22. Oktober 1894 schwärmte Frida Strindberg in einem Brief an ihre Schwester gerade vom Besuch im Le Procope und von einem Glas Absinth mit Paul Verlaine, als sie ein Brief der Amme aus Dornach jäh aus allen Träumen riss. Maria Reischl hatte ihr Flirts mit Männern vorgeworfen und ihr das Bier gestrichen. Nun drohte die Amme mit Kündigung.

Frida Strindberg verließ noch am gleichen Tag schweren Herzens Paris, wo sie fünf kurze, aber intensive Wochen verbracht hatte. Auf einer Verkehrsinsel vor dem großen Warenhaus „Au Printemps" am Boulevard Haussmann küssten sich die scheidenden Ehepartner, ehe August Strindberg winkend mit einem Bus zu einem Termin im Fotoatelier Otto davonfuhr. Keiner der beiden ahnte, dass es ihr letztes Wiedersehen war. In der Romanversion von „Inferno" gab Strindberg vor, er habe seine Frau bis zum Pariser Nordbahnhof begleitet, und schrieb sich im Nachhinein eine andere Stimmungslage zu.

Vor dem Warenhaus Au Printemps sah sich das Ehepaar Strindberg zum letzten Mal

Oh, wie hier das Leben schäumt! Voll Rausch, voll Süße, geistiges, vergeistigtes Genießen mit aller Sinnenkraft und Glut. Und ein ganz neuer
Strindberg lebt diese Tage neben mir, vielseitiger, prickelnder als selbst
dies vielseitig prickelnde Paris. – Er ist jetzt Essayist geworden, Herr
Journalist. […]

Eben kommt beiliegende süße Nachricht von Kerstins Amme. […]
Ja, Mietz, ich muss heim, ich komme! – Adieu Paris, Strindberg-Seher,
Verlaine und die moderne Lyrik, adieu Gauguin, der sich anmelden ließ
… Adieu Leben! Das Kind schreit wieder und ich komme. Ich reise noch
heute Abend ab.

Frida Strindberg an Marie Weyr, 22. 10. 1894, Typoskript, KB Dep. 146/4

Wir umarmen und küssen uns mitten auf der Straße und sagen uns
ein nicht enden wollendes Lebewohl vor dem großen Warenhaus, dem
„Printemps". Schon einmal haben wir uns auf der Straße in einer fremden Stadt zum Abschied lang geküsst. Damals in London haben es uns
die Vorübergehenden erstaunt verübelt. In Paris küsst man sich öfter
und überall; niemand denkt daran, uns zu beanstanden, höchstens hält

uns die ganze Welt jetzt – ganz wie die gute Concierge – für nicht verheiratet. Dann springt er auf eine *Impériale*, er ist schon spät daran. Wir winken uns zu, wie wir uns in Dornach zugewinkt – –

Hoch über den Häuptern der Leute auf seinem Wagendach, das weiße flatternde Tuch in der Hand, halb weinend, halb lachend, sich die Augen ausschauend nach mir und winkend, immerzu winkend, während mich der schwarze Menschenschwarm der Straße einkreist und fortträgt: so sehe ich August Strindberg entschwinden.

LLZ, 491

Liebes,

Ich verließ Dich auf der wütenden Steininsel mit Printemps vorne und Herbst rückwärts und lief zum Ottomittag, den ich einen Augenblick wegfallen meinte. Klopfte an die Tür, und pang! – die Frau selbst öffnete! Du kannst Dir denken, dass ich es als Strafe für mein Dich-Verlassen fühlte.

August Strindberg an Frida Strindberg, 23. 10. 1894, Brev X/2969

Mit einem Gefühl wilder Freude ging ich vom Pariser Gare du Nord zurück, nachdem ich dort meine kleine Frau abgeliefert hatte, die zu unserem Kind fahren wollte, das im fernen Land erkrankt war. [...] Als ich ins Café de la Regence gekommen war, ließ ich mich an dem Tisch nieder, wo ich zuvor mit meiner Gattin gesessen hatte, meiner schönen Gefängniswärterin, die Tag und Nacht meine Seele ausspionierte, meine geheimen Gedanken erriet, den Gang meiner Ideen überwachte, eifersüchtig das Streben meines Geistes nach dem Unbekannten beobachtete ...

August Strindberg, Inferno, 501f.

Scheidungskampf
(1894–1896)

Deine Beschuldigungen sind nichts
als eine Waffe. Morgen wirst Du mir
alles wieder vergeben, alle sieben Todsünden
wirst Du mir vergeben, auch wenn ich nicht
eine davon begangen habe.
Das ist das Schlimmste, denn damit
bleiben sie alle auf mir kleben.
Frida Strindberg an August Strindberg

In Dornach erkannte Frida Strindberg ihre wieder genesene und wohl ge-nährte Tochter Kerstin kaum wieder. Die gekränkte Amme war aber inzwi-schen nach Wien abgereist. Frida Strindberg fuhr ihr sofort mit dem Zug nach und konnte sie mit Schmerzensgeld und Lohnerhöhung zur Rückkehr nach Dornach bewegen.

Das Häusel war nicht beheizbar und jetzt, zum Beginn der kalten Jah-reszeit, unbewohnbar. Frida Strindberg durfte wieder in den Gutshof über-siedeln, wo sich Marie Uhl und Maria Reischl im Verein mit der Amme um das Baby kümmerten.

Ich habe mich an meine Übersetzung gemacht. Die bedeutet Rückreise-billett zu Dir mit dem Kind. Hier bin ich fremd geworden. Ich wohne, wo das Kind wohnt, im Großen Haus, man ist sehr nett. Aber Gebro-chenes wird nimmer heil. Ich dachte vor kurzem noch, ich könnte nie richtig bitter werden. Aber Du sagst es ja, man frisst sich nirgends so gerne auf wie in der Familie.

Frida Strindberg an August Strindberg, ca. 25. 10. 1894, Typoskript, BF, 391f.

August Strindberg verbrachte eine Woche bei Fritz Thaulow in Dieppe und begab sich dann in Paris auf Wohnungssuche, kapitulierte aber bald. Ein Zusammenleben mit Frau und Kind in Paris oder in der näheren Um-gebung der Stadt, wie es Frida Strindberg favorisierte, schien ihm nicht finanzierbar. Er schlug als vorübergehenden Wohnsitz Schliersee in Bay-ern vor. Den Gedanken, sich als Maler zu etablieren, hatte er aufgegeben, weil das Gerücht ging, sein Mäzen Willy Grétor wäre ein Kunstfälscher und Betrüger. Fotos des Häusels, die seine Frau in japanischem Strohhut zwischen den von ihm angebauten Gurken zeigten, ließen ihn wieder von Dornach träumen.

Lieber Marienkäfer,
Was für ein Glück, dass auch Du mich ein wenig vermisst, sonst wäre ich verloren, denn ich sitze in der Klemme. Es ist furchtbar, aber es scheint, dass wir fürs Leben zusammengeschweißt sind. Das große, das größte Glück – das Unglück ohne Ende. Im Grunde hasst Du mich, wie ich Dich verfluche – ohne Zweifel. Und wir lieben uns, das lässt sich nicht leugnen. Da sehen wir, wie kompliziert das Leben ist. [...]

Genau in diesem Augenblick kommt Deine Karte, noch immer über Dieppe, mit den Büchern und Fotografien des Häusels. Wahnsinnige! Du hast das Heimweh nach der Donau in mir geweckt! [...]

Ich gebe Dir die volle Freiheit, weil ich Dich für durch und durch anständig halte, und nicht, weil ich mich für unwiderstehlich halte! Mein Vertrauen ist keine Kränkung, sondern ein Achtungsbeweis! Aber mache Deinen Mann nie lächerlich.

August Strindberg an Frida Strindberg, 3. 11. 1894 (franz.),

Wenn nein, nein Nr. 57

Angesichts des Hausverbots im Gutshof war an eine Rückkehr nach Dornach nicht zu denken. August Strindberg fühlte sich in einer Sackgasse. Innerhalb weniger Tage schlug seine Stimmung um. Ausgerechnet aus dem Mund des mit Eifersucht verfolgten Albert Langen erfuhr er, dass seine Frau am 10. November 1894 nach Paris zurückkehren wollte. Es hagelte wieder Vorwürfe wegen Frida Strindbergs Zusammenarbeit mit dem Jungverleger.

Eine verheiratete Frau, die sich mit Junggesellen verabredet, ist keine anständige Frau mehr. Das ist die Wahrheit. Nach meiner Hochzeit mit dir habe ich auf alle meine Freundinnen, platonisch oder nicht, verzichtet. Aber sobald du dir das Recht nimmst, deine Vergangenheit wieder aufzunehmen, nehme ich in der Folge die meine wieder auf.

August Strindberg an Frida Uhl, 6. 11. 1894 (franz.), Brev X/2992

Bis zum Tag der geplanten Rückkehr seiner Frau schrieb sich August Strindberg in drei weiteren Briefen in maßlose, immer monströsere Anklagen hinein, die jenen im „Plädoyer eines Irren", der Abrechnung mit seiner ersten Ehefrau, in nichts nachstanden und vielfach gleichlautend waren. Er wärmte alle früheren Vorwürfe wieder auf, von der vorehelichen „Affäre" mit Sudermann bis zu den in seinen Augen unehrenhaften Treffen mit William Heinemann in London und mit Albert Langen in Paris. In seiner grenzenlosen Obsession stellte August Strindberg neben dem Ehebruch auch eine lesbische Beziehung (mit ihrer Freundin Marie Tscheuschner) in den Raum. Den rhetorischen Höhepunkt seines zweiten Briefs entnahm er seinem kurz zuvor publizierten Essay „Césarine": „Ich, ich töte nicht; ich ersetze! Du bist ersetzt!"

Zur Zeit beherrscht mich eine einzige Empfindung – eine einzige, die letzte: meine Ehre zu verteidigen und mich zu rächen und mich von allem, was mich erniedrigt, zu befreien.

Handelst Du mit Absicht und bewusst, oder ist es Deine schmutzige Natur, die Dich treibt? In London ist Dein Ruf gefestigt nach Deinem Abendessen in der Öffentlichkeit mit einem Junggesellen – Du als Jungvermählte. In Berlin bist Du bekannt, in Wien ebenso, und in Paris hast Du gut angefangen.

Und überall, wo ich Dich einführe, verdirbst Du mir die Geschäfte, indem Du meine Verbindungen für Deine Interessen und gegen die meinen ausnützt. Wozu die Komödie der Liebe spielen, wenn wir uns hassen? Du hasst mich als den Überlegenen, der Dir nie etwas zuleide getan hat, und ich hasse Dich, weil Du als mein Feind handelst.

Wollte ich den Kampf gegen Dich fortsetzen, müsste ich Deine verdorbene Moral annehmen, was ich nicht will.

August Strindberg an Frida Strindberg, 7./8. 11. 1894 (franz.),
Unbekannte Briefe II

Ich habe den Brief gelesen, den Du in der Hochzeitsnacht auf Helgoland zerrissen hast, und ich habe meine Tür mit einer unbeschreiblichen Verachtung zugemacht. Ich habe Deine Vergangenheit gründlich gekannt und ich habe die Briefe Deines Liebhabers gelesen, die Du im Pensionat Werra wohl aller Welt ausstellen wolltest – sogar dem Zimmermädchen, das sie auf dem Leuchtertisch gelesen hat.

Ich bin nie der Gefoppte gewesen bei unseren ersten, ganz und gar ehelichen Auseinandersetzungen vor der Hochzeit. Ich bin in diese Richtung viel zu alt, als dass ich eine Jungfrau nicht von einer Nicht-Jungfrau unterscheiden könnte, was kein Vorwurf ist, denn – schließlich – schließlich.

Ich war ein wenig erstaunt über Dein Wissen um die Gestaltung des Tags nach der Hochzeit, aber ich kenne die Welt und die Frauen und ich verlange nicht viel von der Welt. Erst die Besuche von Fräulein Tscheu-

schner haben mir dieses doch ein wenig befremdliche, wenn auch wohl-
bekannte Phänomen klargemacht. [...]

Von der gleichen moralischen Gestörtheit wie Deine Mutter, die Dich
Hure genannt und mir versichert hat, dass Du mich in England betrogen
hast, betrogen wie eine Hure, was Du in einem (gut aufbewahrten) Brief
zugegeben hast.

August Strindberg an Frida Strindberg, 9. 11. 1894 (franz.), Unbekannte Briefe II

Bist Du wirklich zum Untergang geboren, wie deine Mutter sagt und
ich ahne?

August Strindberg an Frida Strindberg, ca. 10. 11. 1894, Brev X/3003

*August Strindberg schrieb seine beleidigenden Briefe an seine Ehefrau
nicht zornig und emotionsgeladen nieder, sondern wohl überlegt und in
tadelloser Schönschrift – wie ein literarisches Manuskript. Nicht zufällig
brachte er sich gleichzeitig mit einer Serie alter und neuer antifeministi-
scher Artikel (u.a. „Die Unterlegenheit der Frau gegenüber dem Mann") in
Stellung und spaltete damit die Pariser Öffentlichkeit.*

*Frida Strindberg erkannte den Mann, den sie vor 18 Monaten geheiratet
hatte, nicht wieder. Sie widerlegte einzelne Vorwürfe, kapitulierte aber
dann. In einem zweiten Brief verdeutlichte sie mit der distanzierten Sie-
Anrede, dass sie die Zerstörung der Ehe durch die rüden Attacken ihres
Mannes realisiert hatte.*

Seit ich Deine Frau geworden bin, habe ich nur für Dich gelebt. Ich habe
in Paris nur mit den Menschen verkehrt, mit denen Du mich zusam-
mengebracht hast, „dunkel" sind weder die Übersetzungen des Paul
Hervieu für Albert Langen, noch die Kritiken für die kaiserliche Wiener
Zeitung. [...]

Aber das Schlimmste ist, dass Du selber gar nicht Deine furchtbaren
Beschuldigungen glaubst. Das ist das Schlimmste! Wenn Du nur ein
Wort von all dem ernstlich glauben würdest, ich würde mich mit tausend Freuden reinwaschen. Ich würde Dir auf jede Art beweisen, wie
weltenfern mir das alles ist. Aber Deine Beschuldigungen sind nichts
als eine Waffe. Morgen wirst Du mir alles wieder vergeben, alle sieben

Je t'ai écrit hier une lettre très franche,
et je ne la retire ni ne décommande.
Au contraire je continue dans le même
style au risque de - Tout.
C'est que, si nous ne continuerons pas de faire
la vie ensemble et tu ne dois pas croire
que j'ais jamais été ta dupe. Je res-
pecte tes secrets mais je ne les ignore
point. J'ai lu la lettre que tu déchirais
à Helgoland le soir des noces et j'ai
fermé ma porte avec un mépris indé-
cible. Je connais ton passé à fond,
et j'ai lu les lettres de ton amant
que tu as bien voulu exposer à tout
le monde au pensionnat Werra. —
même à la domestique qui les as
vues sur le guéridon.
Je ne n'ai jamais été la dupe à nos
premiers débats tout à fait conjuguaux
avant le mariage et je suis trop vieux
dans ce sens que je ne puisse discerner

Brief vom 9. 11. 1894 – wüsteste Beschimpfungen in bestechender Schönschrift

Todsünden wirst du mir vergeben, auch wenn ich nicht eine davon begangen habe. Das ist das Schlimmste, denn damit bleiben sie alle auf mir kleben.

Das Ganze ist unser beider so unwürdig, dass ich uns nicht wieder erkenne und Dich und mich verloren habe.

Frida Strindberg an August Strindberg, Mitte November 1894, Typoskript, KB
Dep. 146/2

Ich kann Ihnen nicht sagen, dass Sie mir nicht wehgetan haben, dass ich nicht leide. Wenn Sie mir nicht den Todesstoß versetzt hätten, hätte ich Sie nie verlassen.

Aber ich kann Ihnen sagen, Ihnen ein für allemal schwören, dass ich *nicht Ihre Feindin bin und es nie sein werde.* Ich empfinde für Sie tiefes, aufrichtiges Mitleid.

Reden wir nicht mehr von der Vergangenheit. Lassen wir die Vorwürfe. Ich mache Ihnen und auch mir selbst keine. […]

Als ich Sie heiratete, glaubte ich, das Leben zu kennen; aber ich kannte nur das erste Wort: Verzweiflung. Jetzt habe ich den Rest gelernt: Schmerz und – Pflicht.

Sie haben mir die Freude genommen. Ich verdanke Ihnen mein Kind. Ich war ein verrücktes junges Mädchen. Ich bin eine ernste Frau und *ich danke Ihnen.*

Also keine Sorgen wegen mir, nicht wahr?!!!

Es sind drei Länder zwischen uns, in die ich *nicht* gereist bin, seit ich Sie verlassen habe. Setzen wir eine Welt zwischen uns, die Welt des Vergessens.

Frida Strindberg an August Strindberg, Mitte November 1894 (franz.),
Unbekannte Briefe II

Mitte November 1894 erhielt Friedrich Uhl vom Anwalt der ersten Ehefrau August Strindbergs die Aufforderung, seinem Schwiegersohn die noch ausstehenden Alimente in der Höhe von 2.100 Kronen vorzustrecken. Empört lehnte er ab. In Dornach brach große Panik aus, weil die Reischls um ihr Erbe fürchteten.

Frida Strindberg geriet unter familiären Druck und nützte die Gelegenheit zu einem weitreichenden Arrangement. Sie willigte in die Scheidung

ihrer Ehe ein, verzichtete auf ihren Erbanteil am Vermögen der Großel-
tern und trat ihre Apanage an Marie Uhl ab, die sich im Gegenzug bereit
erklärte, die dauernde Fürsorge für Kerstin Strindberg zu übernehmen.
Damit hatte Frida Strindberg die Rahmenbedingungen für die Rückkehr
in das voreheliche Berufsleben als Feuilletonistin geschaffen, die höchste
Priorität für sie hatte.

Nach dem Tod ihres Großvaters Cornelius Reischl am 11. Dezember
1894 durfte sie in seine Wiener Wohnung übersiedeln. Fiel es ihr schwer,
sich von ihrem Baby zu trennen? Sollte es nur vorübergehend sein oder
nahm sie von Anfang an eine völlige Trennung in Kauf?

Am Althanplatz lag die neue Wohnung Frida Strindbergs in Wien

Großvater hat in Wien acht oder zehn Häuser. In einem davon, dem
Franz-Joseph-Bahnhof gegenüber, bewohnt er, wenn er sich in der Stadt
aufhält, zwei Zimmer; der Rest der Wohnung ist einer Verwandten überlassen. In den zwei Zimmern hause jetzt ich. Ich bin wieder Junggeselle
geworden und gedenke, es zu bleiben. […] Vom Fenster aus sehe ich
das große runde Zifferblatt der Bahnhofsuhr. Sie übt auf mich eine Art
Hypnose aus. Ich habe rasch gelernt, bei welchen Ziffern Pfiffe ertönen,
die Menschen aus den Portalen strömen, die wartenden Wagen sich mit
einem Ruck in Bewegung setzen. Wenn es dunkelt, leuchtet das Ziffer-

blatt von innen. Du, meine einzige Helle in der Nacht – es gibt noch Eisenbahnen!

LLZ, 521, 524f.

Frida Strindberg wollte um jeden Preis einen öffentlichen Scheidungskrieg verhindern. Von ihrem Rechtsberater, dem Burgtheaterdirektor Max Burckhard, erfuhr sie, dass die protestantisch geschlossene Ehe des geschiedenen Strindberg mit ihr als Katholikin nach österreichischem Recht ungültig wäre. Er riet ihr, eine Eheannullierung anzustreben.

Abends traf sie sich häufig mit dem halb blinden und halb tauben Autor Jakob Julius David, einem guten Freund ihrer Schwester Marie Weyr. Ihre schwankende Haltung zum Ehemann quittierte David mit dem regelmäßigen Begrüßungssatz: „Wie stehen Sie mit Strindberg heute?" Auch August Strindberg war längst nicht so entschlossen, wie es die vernichtende Briefserie vermuten ließ.

Über meine Ehe weiß ich eigentlich nicht viel. Sie wurde nie sehr ernst genommen, wie Du in Berlin wohl merktest, und geht wahrscheinlich ihrer Auflösung entgegen – doch ich weiß es noch nicht sicher. Sie war manchmal sehr schön und gut, aber Sprache, Rasse, Rechtsbegriffe und schlechte Gewohnheiten bildeten manchmal eine harte Zerreißprobe.

August Strindberg an Richard Bergh, 26. 11. 1894 (schwed.), Brev X/3010

Am 3. Dezember 1894 zeigte sich August Strindberg in einem Brief kompromissbereit und lud seine Frau ohne Kind zur Rückkehr nach Paris ein, wo immer noch ihr Gepäck lagerte. Er nannte allerdings acht Bedingungen für das weitere Zusammenleben. Frida Strindberg sollte u.a. auf jegliche weitere Treffen mit Albert Langen und Willy Grétor und auf Spaziergänge allein oder mit kompromittierenden Freunden verzichten. Anstatt eigene Beiträge für „zweifelhafte" Zeitschriften zu verfassen, sollte sie ihm bei der Übersetzung seiner Werke helfen. Nicht zuletzt verlangte er von ihr die Führung des gemeinsamen Haushalts.

Während Frida Strindberg im Verlobungsstadium noch Unabhängigkeit und Selbstverwirklichung in Aussicht gestellt worden war, sollte sie nun in die Rolle einer konservativen Ehefrau schlüpfen und ihr Wirken auf Ehemann und Haushalt beschränken. August Strindberg wird um die

Unerfüllbarkeit seiner Bedingungen gewusst haben. Nur fünf Tage später fiel er in die übelste Beschimpfungsmanie zurück. Frida Strindberg hatte ihm zuvor ihr Langen-Honorar in der Höhe von 100 Francs überwiesen, das Strindberg nun empört zurückschickte.

Überlege gut, bevor Du kommst! Ich nehme nicht ein Wort zurück, im Gegenteil. Und ich bekenne, dass Du für mich nur eine Frau der übelsten Sorte bist. [...]

Du bist das schmutzigste menschliche Vieh, das ich je kennengelernt habe! Und ein Leben gemeinsam mit mir wird für Dich eine einzige furchtbare Strafe sein. Ich werde Dich nie als meine Frau vorstellen, ich werde Dich nie unter die Leute ausführen. [...]

Geh Deinen schmutzigen Weg, der die Gosse entlangführt. Das ist das Leben, das Du suchst. [...]

Ich räche mich nicht! Einen zweiten Band „Plädoyer" zu schreiben, das hieße den ersten abschreiben! Und wozu schon. Ein gewöhnlicher und vulgärer Typ wie Du interessiert mich nicht! Also leb wohl!

August Strindberg an Frida Strindberg, [8. 12. 1894], franz.,

Wenn nein, nein Nr. 60

Am 4. Dezember 1894 erschien nach 16-monatiger Pause wieder ein Feuilleton Frida Strindbergs in der „Wiener Zeitung". Es handelte sich um eine Rezension eines Buchs von Maurice Bigeon über moderne skandinavische Autoren und Künstler. Während Frida Strindberg den darin enthaltenen Porträts von Georg Brandes, Björnstjerne Björnson und Hermann Bang viel Platz einräumte, blendete sie das Kapitel über „August Strindberg und die emanzipierten Frauen" gänzlich aus. Weder in ihrer Ehezeit noch in den Jahren danach bis zu August Strindbergs Tod sollte Frida Strindberg je eines ihrer Feuilletons seiner Person oder seinem Werk widmen.

Reformatoren sind sie alle, der feurige, zürnende Björnson, Ibsen, der mit schneidender, hoffnungslos grollender Verachtung seiner Seelen- und Gesellschafts-Anatomie nachgeht, Strindberg, der bittere, und Georg Brandes, der lächelnde, überlegene Skeptiker. [...] Bigeon weiß noch vieles und gut zu erzählen; auch von Edvard Grieg, dem Heide-Komponisten, von Sinding, der dem Marmor wild trotzendes Leben oder unendliche Schönheit leiht; von Strindberg und Ibsen, die zu bekannt sind, als dass eine nähere Besprechung ihrer Werke nötig wäre.

WZ, 4./5. 12. 1894

Albert Langens Entwarnung an Frida Strindberg

Anfang Jänner 1895 las Frida Strindberg in einer Zeitung, dass August Strindberg mit einer Blutvergiftung in ein Pariser Spital eingeliefert worden wäre. Von Mitleid gepackt wollte sie sofort nach Paris reisen und bekniete ihren Vater um das Reisegeld. Friedrich Uhl brachte über befreundete Journalisten in Paris in Erfahrung, dass es sich nur um eine Hautabschürfung handelte. Trotzdem stellte er seiner Tochter 100 Gulden zur Verfügung. Frida Strindberg kontaktierte Albert Langen, der ihr brieflich ebenfalls Entwarnung gab. Schließlich meldete sich auch August Strindberg selbst und ersuchte seine Frau, ihm regelmäßig zu schreiben.

Der Kassengewaltige krümmt vor der Tochter des Chefs devot den Rücken. Strahlt Ehrfurcht und Zuvorkommenheit über das ganze Gesicht:

„Hundert Gulden? Aber sofort, gnädige Frau! Einkäufe, nicht wahr? Haben wohl das Portemonnaie daheim vergessen, gnädige Frau!?"

„Ja, ich habe mein Portemonnaie vergessen. Es muss ein organischer Fehler bei mir sein. Ich denke nie an mein Portemonnaie."

„Das schadet nichts, der Herr Papa hats ja!"

LLZ, 542

Lieber Freund –

Heute hat mich dein Brief von einer enormen Verzweiflung befreit: eine Zeitung von gestern hat eine Blutvergiftung gemeldet.

Die Leiden dieser Nacht haben mir bewiesen, dass dein Schmerz noch der meine ist.

Ich bin so glücklich darüber, dass es wenigstens nicht gefährlich ist. So glücklich, dass man dich pflegt!

Frida Strindberg an August Strindberg, ca. 13. 1. 1895 (franz.),

KB Ep S 53a

Am 12. Jänner 1895 trafen die letzten Dokumente August Strindbergs in Wien ein. Eine Woche später stellte Frida Strindberg über ihren Anwalt beim Landesgericht Wien den Antrag auf Untersuchung der Rechtsgültigkeit ihrer Ehe mit August Strindberg.

Als sie ihrem Mann neuerlich Geld schickte, retournierte er es wieder. Es war nicht zuletzt die finanzielle Abhängigkeit gewesen, die August Strindberg in der Ehe zu schaffen gemacht hatte. Er brauchte Frida jetzt nicht als edle Spenderin, sondern als Briefmutter. Fast täglich gingen Briefe aus dem Spital in Paris nach Wien ab.

Am 15. Jänner 1895 schickte August Strindberg sein neuestes Porträt des Fotografen Reutlinger. Es lag in einem Buch von Guy de Maupassant mit dem sprechenden Titel „Stark wie der Tod" (Fort comme la mort). Frida Strindberg ging nicht auf die sentimentale Anspielung ein und antwortete deutlich.

Es waren zwei Königskinder,

Die hatten einander so lieb

Und *konnten* zusammen nicht kommen –

Das Wasser war allzu tief!

[…]

Mir ist, als sähe ich die Buchhändlerecke am Odéon – uns beide lachend wählen, lesen, während der kalte Novemberregen auf die Straße fällt. – Ist es das, was uns zusammenhält, das Suchen und Suchen nach Glück und Wissen – das ewig rastlose, nie gesättigte Verlangen? – Du wirst nie mehr ein Weib finden, das Dich versteht wie ich – ich niemals einen Mann, dessen ich weniger müde werde.

Doch zueinander können wir niemals mehr: weil der Schmutz, mit dem Du mich beworfen, über uns zusammenschlüge.

Weil wir zugrunde gingen aneinander und unsre Feuer uns verzehrten.

Weil in unsrer Liebe und unsrem Leben ein Riss entstanden ist, der *niemals* wieder heil wird. Drum leb wohl – für ewig!

472   Strindberg.

„Dahinter lauert ein anderes Gesicht und ich schaudere"

Die Liebe mag stärker sein als der Tod: sie geht bisweilen am Leben zugrunde.

Dein Bild sieht mich an und lockt: es ist das Bild der guten Stunden des Glücks: doch dahinter lauert ein anderes Gesicht und ich schaudere. Nie – nie will ich Dich wiedersehn.

Frida Strindberg an August Strindberg, Jänner 1895?, Unbekannte Briefe II

Am 16. Jänner 1895 bewunderte August Strindberg die Stärke seiner Frau und sagte ihr Erfolg auch ohne sein Zutun voraus. Am nächsten Tag sprach er einen Zwiespalt in seinem Wesen in Bezug auf Frauen an. Schließlich träumte er sogar von einem Neubeginn.

Was willst Du? Das Leben um des Lebens willen, den Lärm, den Ruhm, das Geld! Alles! Wer weiß, ob es nicht in Erfüllung gehen wird, jedoch und vor allem ohne mich. Denn Du besitzt alle Eigenschaften, um es zu etwas zu bringen.

August Strindberg an Frida Strindberg, 16. 1. 1895 (franz.), Brev X/3070

Ich nehme an, dass meine Natur zum Teil nach einer Frau, einem Kind, einer Familie verlangt, und weil ich jedes Attentat auf meine Unabhängigkeit hasse, bin ich frauenfeindlich.

August Strindberg an Frida Strindberg, 17. 1. 1895 (franz.), Brev X/3071

Frida, versuchen wir [es] noch einmal!

August Strindberg an Frida Strindberg, ca. 20. 1. 1895, Brev X/3076

Zum 46. Geburtstag am 22. Jänner 1895 erhielt August Strindberg von seiner Frau ein Porträtfoto des Kindes, Blumen und österreichische Zigarren. Er bedankte sich bei seiner Tochter mit einem Heiratstipp für später, der eine versteckte Anspielung auf die eifersüchtig verfolgte Kooperation Frida Strindbergs mit Albert Langen enthielt.

Wenn Du, liebe Tochter, einmal Dich [ver]heiraten solltest (willst Du wohl nicht), so nimm nicht den Dichter; nimm den Verleger, und Du wirst glücklich sein! Du hast immer deine beiden Eltern zu Hause; und vielleicht auch den Dichter in einer Ecke irgendwo. Unter allen Umständen – zuerst den Verleger!

August Strindberg an Kerstin Strindberg, 22. 1. 1895, Briefe an Kerstin, 13f.

Albert Langen bezahlte Frida Strindberg für ihre Übersetzungen, die freilich unter seinem Namen erschienen, betraute sie aber auch mit vielen weiteren Arbeiten für seinen Verlag. Sie versuchte französische Theaterstücke des Verlags (u.a. von Henri Becque, Abel Hermant, Marcel Prévost) beim Wiener Burgtheater unterzubringen und über Otto Neumann-Hofer Vorabdrucke von Romanen (wie Knut Hamsuns „Pan") bei Zeitungen zu organisieren.

Ihre guten Nachrichten über die „Parisienne" haben Becque und mich sehr gefreut. Die Zensur ist das Damoklesschwert! Becque und ich autorisieren Herrn Burkhardt, von dem ich noch keine Nachricht habe, zu allen Änderungen und Streichungen. Möge das Stück doch aufgeführt werden! [...]

Übrigens habe ich verschiedene neue, im Manuskript noch nicht beendete Theaterstücke von Prévost, Abel Hermant, Meilhac, die mir ihre Manuskripte zur Verfügung stellen werden (das ist ein enormes Vertrauensvotum), die ich gern Herrn Burckhardt in erster Linie anbieten will. Was macht das Romangeschäft? Sie sehen jetzt wohl selber ein, wie schwer das ist. Ich habe von Neumann-Hofer wegen „Pan" keine Antwort und kann nicht länger warten. Das Buch erscheint in 14 Tagen. Die Aushängebogen der kleinen Novellen und Novellen sende ich Ihnen. Die sollten doch leicht anzubringen sein.

Albert Langen an Frida Strindberg, 18. 1. 1895, zit. Koch, Langen, 41f.

Ende Jänner lud August Strindberg seine Frau noch einmal nach Paris ein, aber sie antwortete nicht. Dann verließ er das Spital und die Korrespondenz flaute wieder ab.

Im Februar 1895 befasste sich Frida Strindberg in einer Sammelrezension mit der Autorin Annie Neumann-Hofer (Pseudonym Annie Bock), der Frau ihres Freundes Otto Neumann-Hofer. Sie begann sich nun neben der französischen Literatur vermehrt für Schriftstellerinnen und Frauenthemen zu interessieren. Derartige Nischenthemen überließ man in der „Wiener Zeitung" freien Mitarbeiterinnen. Die wirklich großen Autoren der Wiener und Berliner Moderne behielten sich die fest angestellten (männlichen) Redakteure selbst vor.

Das Leben in Wien in der Nähe ihres Vaters und ihrer Schwester dürfte Frida Strindberg nicht behagt haben. Sie konnte sich als noch verheiratete, aber ohne Ehemann lebende Frau aus gesellschaftlichen Rücksichten nicht frei bewegen. Ab März lebte sie wieder zusammen mit ihrer Tochter in Dornach. Dem Wunsch August Strindbergs nach Neuigkeiten über Kerstin kam sie nach.

Also komm, schreiben wir ... dass du brav bist ... und dass du dick und stark und lustig wirst ... dass du gern auf seiner Gitarre spielst und dass

auch du schon deine eigene trotzige Melodie hast, du Strindbergkind
… dass deine kleine Himmelfahrtsnase genauso herausfordernd wie
seine ist und dass deine Augen ganz unglaublich dunkel werden wie
Veilchen im Schatten … dass du gut Freund mit all den netten fetten
Kühen bist … dass die Primeln heraus sind und wir jetzt auf den Sommer warten, damit er uns die Melonen, die Tomaten und die Gurken
wieder bringe …

LLZ, 572

*Der idyllische Bericht weckte in August Strindberg den Wunsch, den Som-
mer in einem Dornacher Gasthaus in der Nähe Kerstins zu verbringen.
Inzwischen plante das Deutsche Theater in Berlin zu seinen Gunsten eine
Benefizveranstaltung. August Strindberg lehnte jegliche Unterstützung ab
und wollte das Geld an Kerstin schicken. Friedrich Uhl, der am 14. Mai
unter großer öffentlicher Anteilnahme seinen 70. Geburtstag gefeiert hatte,
war entrüstet über diese öffentliche Bloßstellung. Es entstand der Anschein,
als kümmerte er sich nicht um sein Enkelkind. Auch Frida Strindberg zog
einen deutlichen Schlussstrich und brach anschließend die Korrespondenz
für mehr als ein Jahr ab. Der Eheannullierungsantrag war inzwischen vom
Landesgericht Wien abgewiesen worden und ging auf Frida Strindbergs
Betreiben hin in die zweite Instanz.*

Was mich betrifft – August, wenn ich über das Vergangene nachdenke,
kommen mir immer wieder böse Erinnerungen. Ja, ich habe Ihnen Leid
zugefügt, oft. Wie sehr bereue ich dieses oder jenes … ich habe Ihrem
Genie und Ihrem Herz Leid zugefügt. Wie schäbig, dumm … klein ich
war!! Ich verstehe mich nicht mehr. Ich nahm das Leben so lange nicht
ernst, bis es mich erdrückt hat. Ich bitte Sie um Verzeihung für das Unrecht, das ich begangen habe. Vergessen Sie es. Vergessen Sie mich. Unsere Ehe war ein Fehler. Aber glauben Sie wenigstens das eine – zu Ihrem
Wohl, nicht zu meinem: *Niemals* habe ich einen jener *wirklich schweren*
Fehler begangen, die Sie mir vorwerfen. Ich habe aus Stolz, aus Dummheit, aus Mangel an Nächstenliebe gesündigt, ich habe Sie – mit einem
Wort – schlecht behandelt. Aber ich habe Sie nicht betrogen. Ich habe
Ihnen nicht geschadet.

– Glauben Sie nicht, dass ich mich mit Ihnen versöhnen will. Nein.
Nie mehr. Ich weine über das, was uns trennt. Ich werde es nicht vergessen können.

Lieber sterben, als wieder Ihre Frau werden. Wir sind zu ungleiche
Kämpfer. Sie würden mir die Seele töten, die jetzt erst wieder beginnt, in
der Ruhe und in der Liebe meines Kindes von neuem aufzuleben. Und
dann … Sie wissen es auch, was ich durch Sie gelitten habe. Nein – nein.
Wir sind einander der Untergang!! Also Schluss. Schluss mit allem. Für
immer. […]

Haben Sie mich je geliebt? Ich frage es mich manchmal. Und ich weiß
doch: nein. Wahrscheinlich ist es auch das, was ich Ihnen nicht verzeihen kann. Im Übrigen, warum nicht? Die Vergangenheit scheint mir nur
mehr ein Traum. Man grollt Visionen nicht.

– Leben Sie also wohl – Sie, den ich zu lieben glaubte, den ich zu vergessen versuche, der nicht mehr für mich lebt. Leben Sie wohl, und ohne
Groll: Wir werden uns auf Erden nicht mehr wiedersehen.

Frida Strindberg an August Strindberg, April/Mai 1895 (franz.),
Wenn nein, nein Nr. 62

Nach einer erwartungsgemäß lobenden Rezension von Knut Hamsuns Ro-
man „Pan" (Langen-Verlag!) widmete sich Frida Strindberg Ende Mai 1895
ausführlich Pierre Lotis französischem Pilgerbuch „Jerusalem". Sie lobte
die feine Stimmungsmalerei und Nervenkunst Lotis, sah aber stellenwei-
se die Grenze zum Pathos überschritten. Dann setzte sie sich kritisch mit
der introvertierten Fin-de-siècle-Literatur auseinander. Frida Strindberg
empfand die Ich-Sucht der Décadents als krankhaft und „weibisch". Auch
die jüngste Wende hin zum Religiösen (Joris Karl Huysmans), die August
Strindberg gerade intensiv mitvollzog, sah sie von grenzenlosem Egoismus
gesteuert und als bloße Modeerscheinung.

Wichtiger als die gesamte Dekadenzliteratur (Maurice Barrès, Josephin
Péladan) schien Frida Strindberg eineinhalb Jahre später der sozialkriti-
sche Roman „Le Coupable" (Der Schuldige) von François Coppée, der den
Leidensweg eines verstoßenen Richterkindes in die Armut und schließlich
zum Verbrechen beschrieb. Damit zeigte sie sich als Parteigängerin der na-
turalistischen Aufarbeitung der Elendsproblematik. Frida Strindberg plä-
dierte energisch für den Schutz von Kindern vor jeglichem Missbrauch.

Die Schriftsteller der Jetztzeit gehen nicht mehr wie die Sänger früherer Zeiten angeblich an Wein und Weib zugrunde, sondern an der ausschließlichen Vergötterung ihres Ich. Sie vermögen für nichts mehr zu fühlen, keinem mehr zu leben. Einzig und allein für sich selbst zu existieren aber ist traurig. [...] Lotis unmotivierte Trauer wirkt allzu weibisch. Seine letzten Bücher sind von keinem Mann mehr geschrieben, sondern von einer sich selbst anbetenden Weibnatur.

Einer der Jüngstskandinavier, *Arne Garborg*, hat in den „Müden Seelen" den Mannestypus, dem viele der jetzt lebenden Literaten angehören, klargezeichnet dargetan. Der Held in dem mühsam peinlichen Buch heißt Gabriel Grau und ist kein Dichter, sondern ein ganz einfacher kleiner Beamter in einer ganz einfachen kleinen Stadt. [...] Als er dann schließlich nichts mehr anzufangen weiß mit seinem Ich, nachdem er ihm alles hingeschlachtet, wird er fromm. Als ob nicht gerade der Glaube die Religion der Nächstenliebe wäre! So wird ihm das Höchste, der Gottesdienst sogar, zum Kleinsten, dem Ich-Kultus.

WZ, 25. 5. 1895

„Man kann an der Kunst mehr haben als seine Freude", schrieb einst Gerhart Hauptmann. Das letzte Buch Coppée's wiegt nicht nur seine sämtlichen Werke, sondern die ganze Literatur Jung-Frankreichs auf. Ob Barrès und Louys und Péladan wohl Zeit hätten, über die Abweichung ihrer Geschlechtstriebe so gründlich nachzusinnen, wenn das große Leben mit seiner großen Not an ihr kleines Herz heranträte? Was liegt an all den Männern, die blasiert sind, nicht mehr „lieben" können? Die Mädchen sollte man schützen, die das Opfer ihrer herzlosen Begierden sind, die *Kinder* vor allem, die aus Bettlern zu Verbrechern werden. In „Le Coupable" ist jedes Wort trostlose Wahrheit.

WA, 29. 12. 1896

Am 10. Mai 1895 gratulierte August Strindberg seiner Tochter Kerstin per Brief zum ersten Geburtstag. Das genaue Datum (26. Mai) hatte er vergessen. Wieder kündigte er für den Sommer seinen Besuch an. In den nachfolgenden Wochen kam er wiederholt darauf zurück. Frida Strindberg verbrachte den Frühling und wohl auch den Sommer abwechselnd in Dornach und Wien.

Ich bin allein auf der Wiese hinter dem Häusel in Dornach. Um mich grünt und blüht der Frühling. Vor zwei Jahren waren wir Liebesleute im Monat Mai, Strindberg und ich. Auf der weißen Veranda in Helgoland, unter dem ersten grünenden Baum.

Vor einem Jahr wurde uns das Kind geboren. Ich schrie so wild, als kämpfte ich gegen den Tod. Es war ein junges Leben, das begann, und keins von uns beiden wusste, war mein Schrei Schmerz oder Lust. Vor einem Jahr!

Heute schauen zwei große Kinderaugen zu mir auf. Ein kleines Menschenwesen sitzt im weißen Hemdchen neben mir im Gras und spielt, so ernsthaft, wie Kinder spielen. Der Himmel ist so weit und blau, als stünde er offen für jeden, der Mut hat, sich emporzuschwingen: Man müsste bis tief hinein fliegen können. Die Sonne ist so warm, alles duftet. Ich hebe die Stirn und starre hinein in den blauen offenen Himmel. Fast hätte ich es laut gesagt: „Flieg … flieg …"

LLZ, 594

Umschlagbild zum Roman
„Die Amerikanerin" von Jules Claretie

In einer Rezension von Paul Bourgets Amerika-Impressionen „Outre-Mer" im Sommer 1895 schenkte Frida Strindberg dem Abschnitt über die Stellung der Frau erhöhte Aufmerksamkeit. Die Verwirklichungsmöglichkeiten für Frauen schienen ihr in der „Neuen Welt" (anhand von Bourgets Schilderungen) besser als im „alten" Europa. Ihre eigenen bitteren Eheerfahrungen leuchteten im Hintergrund auf. Schon Jahre zuvor hatte Frida Strindberg ihre unverhüllte Sympathie für das selbstbewusste Auftreten der amerikanischen Protagonistin im Roman „L'Américaine" von Jules Claretie bekundet.

Die junge Amerikanerin geht unbelästigt zu jeder Stunde, an jedem Ort aus und ein. Kein freches Wort beleidigt sie auf der Straße. Sie hat in den Cafés und Restaurants ihr eigenes Lokal. Sie sucht ruhig das Heim eines befreundeten Junggesellen auf. Ihr droht keine Gefahr daselbst. Sie braucht es nicht zu verbergen. [...] Wenn eine Zeitung Reporter zu jungen berühmten Künstlern schickt, um ein Interview zu erbitten, ist der Reporter oft – eine Dame. In der Schule sitzt das Mädchen neben dem Knaben. Wo es Broterwerb gilt, bleibt ihr der Platz neben dem Mann offen. Woher diese Freiheit, woher kommt es, dass die Männer dieses Landes, die so energisch, die geborene Herrscher sind, sich das Szepter derart entwinden lassen?

Vor allem, antwortet Bourget, von jenem Fieber der Demokratie, jener Abgötterei der Gleichheitslehre, die seit zwei Jahrhunderten der Stolz und die Leidenschaft der Amerikaner ist.

WZ, 28. 6. 1895

Die Amerikanerin lacht viel und laut, weint selten und handelt, wenn es nottut. Sie ist frei im Denken, frei im Reden, frei im Tun. In Amerika wird das Weib geachtet, weil ein Stückchen Mann, d.h. Individualität, in ihm steckt. Es darf sich vieles erlauben, vieles wagen, was dort eben nicht als Wagnis gilt.

WA, 26. 8. 1892

Die Rezension eines Buches des Langen-Verlags über die dunklen Seiten der „Welthauptstadt" Paris nutzte Frida Strindberg, um ausführlich die dort geschilderten Sozialprojekte für Straßenkinder zu präsentieren. Anschließend gab sie die Passage über die neu erstandene Pariser Kabarettszene wieder. Die Faszination war seit ihrem Besuch im Künstlercafé Le Procope im Oktober 1894 ungebrochen. Frida Strindberg vermittelte der Wiener Leserschaft das Umfeld von Yvette Guilbert und vor allem Aristide Bruants, dessen berühmtes Verbrecherlied „À la Roquette" sie in einer Übertragung Albert Langens abdruckte. (WZ, 27. 8. 1895)

Am 5. September 1895 überwies Frida Strindberg von Saxen aus 50 Gulden an den Maler Fritz Thaulow in Dieppe, der August Strindberg Ende Oktober 1894 eine Woche lang ein Quartier zur Verfügung gestellt hatte.

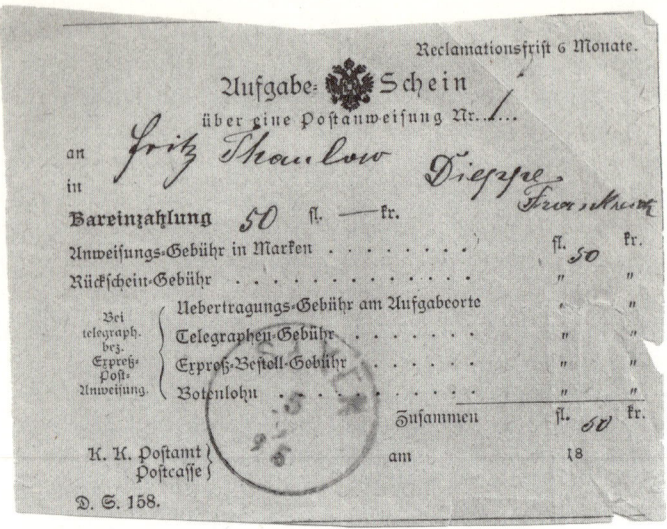

Frida Strindbergs Geldüberweisung für ihren Mann

Im Winter 1895/1896 publizierte Frida Strindberg Feuilletons über die jüngsten, noch nicht ins Deutsche übersetzten Bücher Pierre Lotis. Anlässlich eines Gerichtstermins in der Scheidungsangelegenheit erkundigte sich August Strindberg am 2. Mai 1896 nach der Höhe seiner Schulden und nach dem Befinden Kerstins. Frida Strindberg sagte zwei Tage später in Wien vor Gericht aus, die Ehepartner hätten in Gütergemeinschaft gelebt und schuldeten einander nichts. Alimente würde sie keine verlangen und auch nicht annehmen. Sie wollte das nötige Geld für den Unterhalt des Kindes selbst verdienen. Im Notfall würde Kerstin von ihren Angehörigen nicht im Stich gelassen.

Wenige Tage später lud sie ihren Mann zu einem Wiedersehen mit Kerstin ein, allerdings nicht in Dornach, wo das Hausverbot der Reischls weiterhin aufrecht war. Eine günstige Gelegenheit wäre im Sommer, wenn sie mit dem Kind auf Urlaub in Bayern wäre. Als einzige Bedingung forderte Frida Strindberg Stillschweigen vor ihrer Familie, von der sie abhängig wäre. Noch einmal ließ sie die Ehe Revue passieren.

August – ja, ich habe unsere Verbindung aufgelöst. Du warst unglücklich und ich habe so viel gelitten. Glaub mir: Nach dem, was zwischen uns vorgefallen ist, ist ein Leben hinkünftig unmöglich. Ich hatte Zeit, nachzudenken, und ich weiß jetzt, dass ich bei weitem keine ideale Ehefrau war. Ja … ich habe Sie viel leiden lassen, ich habe unverzeihliche Sachen getan und gesagt, ja vor allem gesagt. Ich bitte Sie um Verzeihung dafür. Glauben Sie mir, dass ich mir selbst nicht verzeihe. Ich würde viel darum geben, wenn ich mir Ihnen gegenüber nichts Hartherziges und Unrechtes vorzuwerfen hätte. – Und Sie: Vielleicht wissen auch Sie – ruhig wie Sie geworden sind, worin Sie mir Unrecht getan haben, mich unglücklich gemacht haben. Ich will es vergessen – ich will Ihnen gegenüber nicht verbittert sein! Sie haben Ihre Fehler, ich meine. Gemeinsam haben wir unser Leben zerstört.

Aber sobald unsere Verbindung einmal aufgelöst und unser Schicksal getrennt sein wird – glauben Sie mir, August, dann werden Sie keine ergebenere und aufrichtigere Freundin haben, als die, die sich schlecht dafür eignete, Ihre Frau zu sein. Was immer ist, Sie können mit mir rechnen!!! Vielleicht wird es so besser sein. Was man Liebe nennt, löst immer Kampf und Hass aus. Die Ehe ist ein Kampf der Egoismen. Sehen wir, was die Freundschaft uns bringen wird!!

[…] So! Und jetzt, August, wenn Sie erlauben, drücke ich Ihnen als gute Freundin die Hand! Die

Edvard Munchs raffiniertes Lithografie-Porträt des „Weiberhassers" (1896) mit versteckter nackter Frau im Rahmen und (bewusster?) Fehlschreibung des Namens (norwegisch „stind" = dick)

Frau ist für Sie verloren. Glauben Sie es, und glauben Sie, dass es so auch besser ist. Sie werden eines Tages eine andere finden, die Sie glücklicher macht. Verzeihen Sie mir, dass es mir nicht gelungen ist, es zu tun.

Frida Strindberg an August Strindberg, 10. 5. 1896 (franz.),
Wenn nein, nein Nr. 65

Mitte Mai spielte man Frida Strindberg eine Zeitungsnotiz über eine Nord-polexpedition zu, auf deren Teilnehmerliste der Name Strindberg stand. Wenige Tage zuvor hatte ihr August Strindberg eine Nummer des „Gil Blas illustré" mit dem Abschiedsgedicht eines Selbstmörders an die grausame Geliebte geschickt. Deshalb hielt sie die Teilnahme an der Expedition für einen indirekten Selbstmordversuch. Mit einer sofortigen Einladung zum Besuch der Tochter Kerstin wollte sie Strindberg von der Mitfahrt abhal-ten. August Strindberg klärte den Irrtum auf – es handelte sich um einen entfernten Verwandten – und reagierte erbost. Ein Wiedersehen Kerstins in ihrer Anwesenheit lehnte er fortan strikt ab.

Angenommen ich wäre es, der zum Pol wollte: Was interessiert Sie das, wo Sie doch unsere Verbindung aufgelöst haben und glücklich sind, meiner entledigt zu sein? Und wie würden Sie das verhindern wollen? Immer diese Überschätzung von Rechten und Macht.

Sie wollen nicht, dass ich sterbe, aber Sie wollen doch, dass ich unend-lich leide. Sie sind von einem Dämon besessen und Ihre Mutter hat das erahnt, als sie Sie Schlangenbrut nannte.

August Strindberg an Frida Strindberg, 19. 5. 1896 (franz.),
Brev XI/3291

Was Ihre Einladung betrifft, wissen Sie, ich erinnere mich an Ihre letzte vom vergangenen Jahr und kann sie nicht annehmen. Ich kann mein Kind ohne Sie sehen, auch in Dornach. Da sehen Sie, dass die vertrauli-chen Mitteilungen nicht umsonst waren und dass Sie – dank meiner – in einer imaginären Welt der Unschuld und Kraft gelebt haben.

Warum wollen Sie immer noch mit meinem Namen unterschreiben, den Sie ganz und gar beschmutzt haben und den zu tragen Sie nicht das Recht haben? Haben Sie den Verdacht, dass noch was damit zu verdie-nen ist?

Ich habe der Vorsehung gedankt, dass sie mich von Ihnen befreit hat. Jetzt habe ich, scheint es, auch noch die Rolle, Sie zu retten!

August Strindberg an Frida Strindberg, ca. 25. 6. 1896 (franz.),
Wenn nein, nein Nr. 66

In der Frauenfrage behielt Frida Strindberg ihre ambivalente Haltung vom Juli 1893 bei. Einerseits lobte sie ein Buch von Ernest Legouvé über die Geschichte des Frauenrechts als Mahnmal an die „traurige, frauenfreiheitsfeindliche Vergangenheit" und als Darstellung „der großen Tragödie des Weibes". Im Einklang mit dem französischen Autor wünschte sie die Erschließung neuer Berufsfelder für Frauen und den Zugang zum Universitätsstudium.

Andererseits feierte sie das konservative Frauenbild der deutsch-baltischen Autorin Laura Marholm, das Frida Strindbergs eigener Lebensführung eigentlich nicht entsprach. Laura Marholm sah im „Weib" – ähnlich wie August Strindberg – ein reines Triebwesen, das seine Erfüllung nur durch den Mann finden könnte. In ihrem Salon trafen sich Frauen mit „femininen" Eigenschaften, keine emanzipierten Frauen. Frida Strindberg lobte Marholms „Buch der Frauen" (1895), das der erste Kassenschlager des noch jungen Albert Langen Verlags war. Frauenrechtlerinnen tauften es hämisch in „Buch der Frau für die Männer" um. Erst in ihren Memoiren ging auch Frida Strindberg auf ironische Distanz.

Zu altersgrauen Zeiten schon hat man das Weib vergöttert und verwünscht. Dass dieses viel begehrte, dem Mann unentbehrliche Wesen aber auch wirklich eine *Seele* habe, das wurde eigentlich erst durch ein Konzil festgestellt. Und wiederum vergingen – gut Ding braucht Weile – Jahrhunderte, bis man auf den Gedanken kam, der so heiß geliebten, gleichfalls von Gott geschaffenen und erlösten Eva-Tochter Menschen-, wenn schon nicht Mannesrechte einzuräumen. Man schrieb, als die ersten Worte der „Frauenfrage" laut wurden, 1800 und so und so viel. Dass ein Weib sich selbst ihr Brot verdienen, dafür aber auch über sich frei verfügen will, gilt als Errungenschaft im 19. Jahrhundert. Die Welt ist wirklich fortschrittlich gesinnt.

WZ, 26. 6. 1896

Laura Marholm, Ola Hanssons kluge, schaffensmutige Frau, war das erste Weib, das die Kühnheit hatte, in die Welt hinauszuschreien, dass der
Mann des Weibes Inhalt sei. Das ist so wahr, dass das Weib selbst da, wo
es sich vom Mann loslöst und aufsteht wider ihn, nichts ist als ein Ab-
glanz des von ihm empfangenen Denkens, der von ihm eingehauchten
Seele. Dieser Mann braucht durchaus nicht der eigene Mann zu sein, wie
er es für Laura Marholm war. Oft ist es ein ganz fremder Mensch, den
man im Leben ein, zwei Mal sieht und dessen Persönlichkeit trotzdem
die Form abgibt, in die sich die Persönlichkeit des Weibes ergießt. Oft
ist es gar kein Mann, nur ein Dichter, der mit einigen tief empfundenen
Seiten das Innerste in der Seele einer Frau klarlegt und sie, die ihn nie
gesehen, nach sich bildet.

WZ, 27. 6. 1896

Auch den Socken ihres Ola, die sie dabei so unablässig wie eine Penelope
am Webstuhl stopfte, wohnte übrigens so etwas wie Zauberkraft inne.
Die Riesenzahl dieser immer wieder stopfbedürftigen Socken nahm nie
ab, trotzdem Eingeweihte darauf schworen, dass Ola Hansson mit Vorliebe barfuß ging. Möglicherweise riss auch Frau Laura nachts hinterlis-
tig wieder auf, was sie den Abend über geflickt; sie war eine ganz unge-
wöhnlich begabte Frau und lebte in einem Kreis, der nur weibliche Frau-
en gelten lassen wollte und keinerlei „Emanzipation". Strümpfestopfen
aber wurde 1893 als weiblich angesehen und mancher verzieh ihr ob der
Socken sicherlich den Verstand.

LLZ, 38

Münchner Boheme
(1896–1898)

Ich habe immer von klein an da am meisten
geliebt, wo ich am schlechtesten behandelt
wurde, und habe nie die gesucht, die gut zu mir
waren, sondern hing wie eine Sklavin, oft sogar
ohne wirkliche Liebe, an solchen, die schlecht
waren zu mir (wie Wedekind).
Frida Strindberg an Kerstin Strindberg

Nach einem längeren Aufenthalt bei Freunden in Gmunden fuhr Frida
Strindberg im August 1896 nach Schliersee (Bayern). Im Hotel Wendel-
stein traf sie sich mit ihrer Schwester Marie Weyr und mit der Familie
Porges aus München. Hermann Bahr, der Mentor der Wiener Moderne,
war ebenfalls für einige Wochen hier abgestiegen. Schliersee zählte zu den
bevorzugten Urlaubsorten der Münchner Gesellschaft. Das Ehepaar Laura
Marholm und Ola Hansson lebte seit 1893 ständig hier. Bahr besuchte mit
den Uhl-Schwestern eine Aufführung des angesehenen Schlierseer Bauern-
theaters. Bei einem abendlichen Lokalbesuch erwiesen sich die beiden als
gesellig und trinkfest.

Schliersee

10. August Abends mit Frau Weyr, Strindberg, Caesar [Weyr], Gold, Dr.
Müller im Seehaus burschikos zechend. […]

16. August […] Baden. „S'Lieserl von Schliersee". Die Strindberg wird
ekelhaft und abgeschüttelt.

Hermann Bahr, Tagebücher, Bd. 2, 224

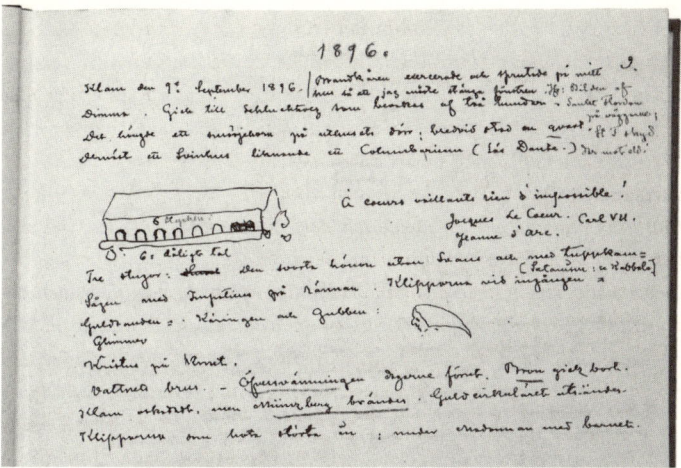

Notizen und Skizzen August Strindbergs aus Saxen und Klam in seinem „Okkulten Tagebuch"

Frida Strindberg erneuerte ihre Einladung an August Strindberg zu einem Besuch Kerstins in Dornach. Offenbar hatte sie sich damit abgefunden, dass er sie selbst nicht dabei haben wollte. Diesmal kam ihm das Angebot sehr gelegen. Am 30. August 1896 traf August Strindberg ein. Er wohnte bei seiner Schwiegermutter Marie Uhl abwechselnd in den Orten Saxen und Klam. Die Verbindung zu Kerstin vertiefte sich während des dreimonatigen Aufenthalts. Strindberg nützte die Zeit, um Material für seinen autobiografischen Roman „Inferno" über seine jüngste Vergangenheit zu sammeln. Am 27. November 1896 reiste er wieder ab und blieb dann viele Jahre lang in Briefkontakt mit Marie Uhl und Kerstin.

15. August. – Erhielt einen Brief von meiner Frau: Sie weint über mein Los, sie liebt mich noch immer und hofft um unseres Kindes willen, dass alles bald wieder besser wird. Ihre Verwandten, die mich früher gehasst haben, sind nicht mehr gefühllos gegenüber meinen Leiden, und ich bin eingeladen, zu kommen und meine Tochter, einen kleinen Engel, zu besuchen, die zur Zeit auf dem Land bei der Großmutter wohnt! Mir ist, als würde ich ins Leben zurückgerufen!

August Strindberg, Inferno, 593

Sehr verehrte und teure Großmutter,

Du gibst mir deine Hand und ich drücke sie als Zeichen von Versöhnung und Verzeihung für meine Rücksichtslosigkeit, da ich ein großes Ziel [zu] erreichen suchte.

Grüß Dich Gott, Dich und die Deine.

August.

August Strindberg an Marie Uhl, 22. August 1896, Briefe an Kerstin, 14

Frida Strindberg fuhr von ihrem Urlaubsdomizil nicht nach Dornach zurück, sondern – mit Familie Porges? – nach München. Die Isarstadt war für sie nicht zuletzt deshalb so attraktiv, weil Albert Langen 1895 seinen Verlagssitz von Paris hierher verlegt hatte. Frida Strindberg dürfte mit einer Weiterbeschäftigung als Übersetzerin und mit der noch immer nicht erfolgten Anstellung als Literaturagentin des Langen-Verlags gerechnet haben. Deshalb ging sie ein hohes Risiko ein. Sie nahm bei ihrem Vater ein Darlehen von 800 Kronen auf und verzichtete im Gegenzug für immer auf die monatliche Apanage. Die Münchner Boheme wurde nun zu ihrer neuen Wahlheimat.

Der Verleger Albert Langen

Ihrer Mutter gegenüber rechtfertigte Frida Strindberg die Reise nach München damit, dass sie sich für eine geplante Aufführung von August Strindbergs „Gläubiger" am Deutschen Theater einsetzen wollte. August

Strindberg schickte ihr am 8. September 1896 konkrete Inszenierungsan-
weisungen. Die Aufführung kam nicht zustande. Am 21. September 1896
folgte aus Saxen eine Liste von Büchern, die sie in München für ihn besor-
gen sollte. Es war August Strindbergs letzter Brief an Frida Strindberg.

Tante Melanie geht nach Wien für den Winter und gibt mir ihre Wohnung in Klam. Mutter geht nach Klam, weil ihr Saxen verhasst ist. Wahrscheinlich bleibe ich Oberösterreicher für den Winter. Kerstin ist gesund
und guter Laune.

August.

August Strindberg an Frida Strindberg, 21. 9. 1896, Brev XI/3381

Frida Strindberg schätzte München als Stadt der Lebenslust und des
Kunstsinns. Nach einem Besuch der Münchner Sezessionistenausstellung
lobte sie in ihrem Bericht die Landschaftsbilder von Fritz Thaulow und die
Frauenporträts von Eugène Carrière, Fernand Khnopff und Franz Stuck.
In einem weit ausholenden Essay für die bedeutende „Wiener Rundschau",
in der gerade Karl Kraus' berühmte Satire auf die Wiener Moderne („Die
demolirte Literatur") erschienen war, würdigte sie die Autoren (Micha-
el Georg Conrad, Otto Julius Bierbaum, Ludwig Fulda, Detlev von Lili-
encron) und Maler (Franz von Stuck, Uhde, Max Slevogt) der Münch-
ner Moderne, resümierte aber, die Isarstadt habe „im Grunde genommen
stets nur eine Kunst besessen, die Kunst zu leben, sich auszuleben, frei und
rückhaltlos nach jeder Richtung hin".

Die Münchener sind geborene Künstler, Biertrinker und Katholiken
und das naivste, toleranteste, lebenslustigste Völklein der Welt. [...] Und
die holden Mädels! Was sind sie lasterhaft, aber nicht schlecht. Nie oder
selten wenigstens sündigen sie wider ihre bessere Überzeugung. Freilich
ist diese Überzeugung meistens die, dass das Leben zum Gelebtwerden
da sei, die Jugend zur Freude, der Tag zum Genuss, ja dass man, wird
derselbe allen kurz, ihm auch noch die Nacht zur Hilfe beigesellt. [...]

Das Münchener Volk kennt keinerlei Bedenken der Moral und Kon-
vention. Hebt man nur ein wenig den Mantel, den die Wohlerzogenheit
des Bürgertums darüber gebreitet hat, empor, so staunt man allerdings;
wie kam nur dieser Schandfleck ins reine, deutsche Reich! Mahnt es

nicht schier an ein kleines, gesund gebliebenes Paris? An ein Paris, das nur einen Tyrannen duldet, vergöttert, den künstlerischen Geschmack?

Frida Strindberg, Jung-Münchens Kunst

Zu den wichtigsten Autoren des Langen-Verlags zählte Frank Wedekind. 1891 war er mit seiner Kindertragödie „Frühlings Erwachen" bekannt geworden, in der er die herrschende bürgerliche Scheinmoral mit ihrer Ta-

Frank Wedekind

buisierung der Sexualität anprangerte und deren fatale Folgen für Jugendliche aufzeigte. Im Herbst 1894 hatte er in Paris als Sekretär Willy Grétors gearbeitet, dem er später mit dem Drama „Marquis von Keith" (1900) ein Denkmal setzte. 1895 war sein Drama „Der Erdgeist" erschienen, der erste Teil der „Lulu"-Tragödie, in deren Mittelpunkt eine Frau stand, die ihren Sexualtrieb ungehemmt auslebte.

Keines der als skandalös empfundenen Stücke kam zunächst auf die Bühne. Wedekind lebte hauptsächlich von seinen Beiträgen für den „Simplicissimus", die bedeutendste satirische Zeitschrift Deutschlands, die seit April 1896 im Langen-Verlag erschien. Im Herbst 1896 trafen die beiden Langen-Mitarbeiter Frank Wedekind und Frida Strindberg bei einem Empfang im Salon Elsa Bernsteins erstmals aufeinander.

„Ach, Sie, Herr Wassermann, was ich noch fragen wollte", begann Frank Wedekind. „Ich war da gestern Nachmittag bei den Bernsteins zum Jour. Wer ist denn eigentlich diese Frau Frida Strindberg? Hat sie mit August Strindberg irgendwas zu tun?"

„Das will ich meinen!" sagte Wassermann. „Seine geschiedene, ich glaube, zweite Frau. Eine geborne Uhl aus Wien."

„Teufel, Teufel", gab Wedekind zurück, „als Strindbergs ‚Nachtigall' kann ich mir diese ‚Uhl' ja allerdings nicht vorstellen. Aber sie hat entzückende Details: die Hand, das Ohr …!"

In vollem Umfang wird die Komik hiervon freilich nur verstehen, wer da weiß, wie heftig hingenommen Wedekind schon kurz darauf von dem Ensemble dieser Einzelheiten war […].

Korfiz Holm, ich – kleingeschrieben, 62f.

Bei einem geselligen Abend im luxuriösen Münchner Café Luitpold berichtete Max Bernstein von Frank Wedekinds jüngster Komödie „Die junge Welt", einer überarbeiteten Fassung des Jugendwerks „Kinder und Narren". Spontan bot Frida Strindberg ihre Hilfe bei der Suche nach einer Aufführungsmöglichkeit an. Vielleicht sprach sie das Thema an.

Einige Schülerinnen eines Mädchenpensionats begeistern sich für die Emanzipationsidee. Sie fordern eine Verbesserung der schulischen und beruflichen Ausbildung von Mädchen, die ihnen später ein Studium und die selbstständige materielle Versorgung ermöglichen soll. Die Mädchen geben einander das Versprechen, nicht vor der Umsetzung entsprechender Reformen zu heiraten, werden aber nacheinander wortbrüchig, als attraktive Brautwerber auftreten. Auch in der gleichzeitigen Skizze „Die Fürstin Russalka" bleibt die Protagonistin nur vorübergehend engagierte Frauenrechtlerin, bis sie ein allseits bewunderter Sozialistenführer zu ihrer „natürlichen" Bestimmung als Ehefrau und Mutter zurückführt.

Frida Strindberg hatte selbst einmal einen kritischen Roman „Klosterfräulein" über ihre Klosterschulzeit geplant, der freilich zur Emanzipation der Protagonistin von Elternhaus und Klosterschule geführt hätte. Was empfand sie bei der Lektüre von Wedekinds höhnischen Satiren auf die Emanzpationsbestrebungen junger Frauen?

Frank Wedekind war um 15 Jahre jünger als August Strindberg. Wieder wollte Frida Strindberg einem aufstrebenden, revolutionären Dramatiker hilfreich zur Seite stehen. Ihre eigenen Texte waren beim neuen Partner ebenso wenig gefragt wie beim ersten. Vorübergehend muss sie auch Wedekinds lockerer Umgang mit der Sexualität angesprochen haben. Der lose Kontakt zwischen Frida Strindberg und Frank Wedekind mündete innerhalb kurzer Zeit in eine Affäre. Ein Münchner Bekannter, der Autor und

spätere Kabarettgründer Ernst von Wolzogen, kommentierte die Liaison
mit erhobenem Zeigefinger – für Frau Strindberg.

Dann verlautete wieder, Strindberg sei von Paris und seiner süßen kleinen Frau flüchtig gegangen. Als sie gegen Ende des Jahrhunderts in
München auftauchte, war sie in großer Bedürftigkeit, besonders an Liebe. Sie hielt sich auch wohl für eine Ausnahmenatur, die für schlichte
bürgerliche Verhältnisse und gesunde Liebe zu vornehm sei. So üble Erfahrungen sie auch in der Ehe mit dem schwedischen Zyklopen gemacht
hatte, ihr dämonischer Gusto verlangte nach Steigerung. Was war na-
türlicher, als dass sie Frau Wedekind wurde, wenn auch, soviel ich weiß,
ohne amtliche Bestätigung.

Ernst von Wolzogen, Frau Strindberg

Im Dezember 1896 begleitete Frida Strindberg ihren neuen Schützling
nach Berlin, um sich bei ihren Bekannten (u.a. Ludwig Fulda, Julius Elias)
für eine Aufführung der Komödie „Die junge Welt" einzusetzen. Wede-
kind war begeistert von ihrem Organisationstalent, und Frida Strindberg
genoss die Rückkehr in das brausende Leben der Boheme. Kurt Martens
erlebte einen Auftritt der beiden im Berliner Lokal „Künstlerklause".

Von dem Augenblick an, da ich den Anhalter Bahnhof betrat, fühlte ich
tatsächlich ein neues Leben in mir und heute bin ich ein neuer Mensch.
Die liebe gute Frida! Es ist um ein großes Herz doch keine Kleinigkeit.
Ich werde vielleicht meine ganze Weltanschauung ändern müssen.

Eh bien, ich habe doppelt so viel Vertrauen auf einen guten Erfolg
meiner Reise. Wenn mir einer hundert Besuche, die einem solchen Ereignis vorausgehen, erleichtern kann, so ist es Frida. Wenn mir jemand
aus meiner zehnjährigen Arbeit endlich blankes Gold münzen kann, so
ist es Frida.

Frank Wedekind an Richard Weishöppel, 20. 1. 1897, Wedekind, Briefe 276

Das war Frank Wedekind. Steinernst und würdevoll bescheiden betrat
er das Lokal, ein noch wenig bekannter, doch schon neugierig beflüs-
terter, abenteuernder Literat. An seinem Arm hing die schöne, kürzlich
geschiedene Frau Frieda Strindberg, geborene Uhl; herrisch und unter-

würfig zugleich betreute Wedekind sie mit komödienhaft chevaleresken Manieren. Mit grimmiger Eifersucht fauchte er zuweilen Otto Erich [Hartleben] an, weil dieser sich, mehr aus Ulk als ernstlichem Begehren, an Frau Strindbergs üppigem Arm zu schaffen machte.

Kurt Martens, Schonungslose Lebenschronik, Bd. 1, 186

Noch vor Jahresende 1896 kehrte Frida Strindberg allein nach München zurück und gab Wedekind von dort aus weitere Anweisungen zu Treffen mit Theaterleuten. Sie wusste, dass sie mit ihrem sexbesessenen Partner keine traditionelle Beziehung führen konnte, und ließ ihm – wie schon Strindberg – alle Freiheiten. Ein Urteil Frida Strindbergs über Wedekinds Lulu-Drama „Der Erdgeist" (1895) ist nicht überliefert. Sie dürfte aber die Kritik am bürgerlichen Rollenbild der Frau und an der Unterdrückung der weiblichen Sexualität begrüßt haben. Dass Lulus Libertinage gleichzeitig eine männliche erotische Wunschfantasie mit Kehrseite für die Frau war, sollte sie schon bald am eigenen Leib erfahren.

Was machst Du? Du ziehst von einer zwielichtigen Kneipe in die andere und trinkst Bier und ich möchte für Dich gern riesige Salons, voll Spiegeln und Gold, und Champagner im Überfluss. Ich will nicht, dass Du Dir ein Mädchen von der Straße nimmst. Der Gedanke tut mir im Herzen weh. Nimm eine, die schön wie eine Prinzessin ist. Ich werde mich darüber freuen. Verletze nicht meinen Geschmack und berühre nicht, was ich nicht berühren möchte.

Solltest Du Deinen Geschäften nachgehen, so wende Dich an Grube. Ich habe ihm, was die Junge Welt betrifft, alles erklärt. Vergiss auf Landau nicht.

Frida Strindberg an Frank Wedekind, Dezember 1896? (franz.), SBM

Frank Wedekind notierte sich 1908 einige Passagen aus Briefen Frida Strindbergs an ihn (großteils wohl aus den Jahren 1896 und 1897), die nicht erhalten geblieben sind. Sie bildeten die Basis für den Rollentext von Wanda Washington im Stück „Oaha".

So bin ich noch nie vergöttert worden, so heiß, so ausschließlich, so blind.

Schau, Liebster, für mich ist ja jeder Tag aus dem Leben gestrichen, den du nicht bei mir bist.

Du hast mir Blut zu lecken gegeben. Die Milchsuppe ist nichts mehr für mich.

So unglücklich kann mich im Leben und Sterben nichts machen, wie du mich glücklich gemacht, wenns auch nur kurze erzwungene (erstohlene) Augenblicke waren.

du liebes gutes böses dummes Scheusal du!

Menschen wie wir gehen nicht unter. Es wäre auch schade um uns.

Ich habe nie besser gewusst, was du mir bist, als in diesen Tagen. Wenn ich eine Sekunde daran zweifeln konnte, dass mein Verhältnis zu dir das Gebot meiner innersten unverfälschten Natur ist – dann weiß ich es jetzt für alle Zeiten. Es ist vielleicht ja nicht Liebe, was mich an dich bindet, sondern nur der blinde egoistische Instinkt, mir das zu schaffen und zu wahren, was mir Bedürfnis ist, was mein Wesen verlangt und was kein Mensch auf Gottes Erde mir so zu bieten vermag wie du.

Ich kriege einen meiner seltenen Schüchternheitsanfälle.

Ich verzeihe dir und bedaure nur deine schlechte Menschenkenntnis, die Dich veranlasste, das einzige Geschöpf, das treu und ehrlich zu dir gehalten hat und heute noch aus innerer Anständigkeit deine Freundin bleibt, zu ruinieren, vor allen, ohne Grund! Herabzusetzen und zu belügen!

Ich lösche dich heute aus meinem Leben aus. Unwiderruflich!

Dein Benehmen hat einen neuen Abgrund zwischen dir und mir eröffnet.

Frank Wedekind, Oaha Notizen, 455ff.

Zu Weihnachten 1896 warteten Marie Uhl und Kerstin in Dornach vergeb-
lich auf die Ankunft Fridas. Man raunte der Familie Uhl zu, sie würde aus
Geldnot sogar ihren Körper verkaufen – und meinte vielleicht die Liaison
mit Wedekind. Kerstin verschwand jedenfalls auf Jahre hin aus dem Blick-
feld ihrer Mutter.

August Strindberg ahnte Schlimmes, nahm seine Frau aber in Schutz.
Marie Uhls Schadenfreude über den finanziellen Ruin ihrer Tochter be-
fremdete ihn. Am 5. Februar 1897 erklärte das Landesgericht Wien die Ehe
von August und Frida Strindberg für ungültig. Von den knapp vier Ehe-
jahren hatte das Ehepaar Strindberg nur wenig mehr als ein Jahr zusam-
mengelebt.

Wie hats Frieda. Ist sie glücklich? Ich bin unruhig ihretwegen.

August Strindberg an Marie Uhl, 10. 12. 1896, Briefe an Kerstin, 20

Wenn jetzt die arme Frida-Mama kommt, so sollst Du lieb und brav
sein, Mädi, und sie nicht plagen. Sie ist kranker als Papa und liebt Dich
ebensoviel wie er. Und Du sollst sie wieder gesundliebkosen und sie lachen lernen.

August Strindberg an Kerstin Strindberg, 26. 12. 1896, Briefe an Kerstin, 31

Was Du mir von Frida schreibst, macht mich krank. […] Mag sie kommen nach Klam und sich am Kind erfrischen, dieser ewigen Jugend-
quelle. Aber lass ihre Seele in Ruhe und plage sie nicht mit ihren Krat-
zereien.

August Strindberg an Marie Uhl, 27. 12. 1896, Briefe an Kerstin, 32

Also Du willst, dass ich als ein wahrer Egoist mich an Fridas Bankrott
freuen [soll]? Das meinst Du wohl nicht!

August Strindberg an Marie Uhl, 1. 1. 1897, Briefe an Kerstin, 34

Zu Jahresbeginn 1897 dürfte die ursprünglich enge Kooperation Frida
Strindbergs mit Albert Langen nicht mehr bestanden haben. Ihr Begleiter
Wedekind stand im Dauerkonflikt mit dem Verleger, nicht zuletzt wegen
der als zu gering empfundenen Honorarzahlungen. Frida Strindberg sah
sich zu einer Stellungnahme genötigt. Sie schlug sich eindeutig auf die Seite

des Autors und prangerte den Verleger in ungewöhnlicher Schärfe öffent-
lich an. Vielleicht dachte sie bei ihrer Verlegerschelte auch an die eigenen
Übersetzungen, Rezensionen und vielfältigen organisatorischen Arbeiten
für Albert Langen, die nicht zur erhofften Anstellung als Verlagsagentin
geführt hatten.

„Le trésor d'Arlatan", der jüngste Daudet, ist ein reizend ausgestattetes
Buch, zierlich im Wort, zierlich in der Zeichnung, auf glänzendem Papier gedruckt: solide Ware. Man kennt dergleichen bei uns nicht, trotz
der schlechten Preise, die ein Albert Langen z.B. seinen Dichtern und
Zeichnern zahlt, um die „Sache" zum allgemeinen Wohl! billiger auf den
Büchermarkt zu bringen, was ein französischer Verleger niemals wagen
würde. Überrheinische Schriftsteller sind für Sklavenarbeit und Skla-
venpreise im Dienst der Millionäre eben nicht genügend ausgehungert.

WA, 26. 2. 1897

Die für Mitte Februar geplante Aufführung der Komödie „Die junge Welt"
am Berliner Residenztheater kam nicht zustande. Im März, als Frank We-
dekind längst in neue Affären verstrickt war, merkte Frida Strindberg, dass
sie von ihm schwanger war. Sie versank in Depressionen und befand sich
bald in einem besorgniserregenden
gesundheitlichen Zustand.

Die Bekannten rieten zu einer
Verlobung, aber Wedekind blieb
in Berlin und kümmerte sich nicht
weiter um seine schwangere Freun-
din. Der Autor Max Halbe und
Lotte Dreßler, die Frau des Sängers
Anton Dreßler, halfen bei der Woh-
nungssuche und bei den Geburts-
vorbereitungen. Frida Strindberg
revanchierte sich mit einem Feuil-
leton, in dem sie Max Halbes Stück
„Mutter Erde" (1897) als großes
naturalistisches Schauspiel in der
Nachfolge Ibsens feierte.

Frida Strindbergs väterlicher Freund Max Halbe

Inmitten der Sudermann und Hauptmann, der Skandinavier und Franzosen-Jünger steht Halbe da als ausgesprochene Persönlichkeit. Es ist dies nicht sein Verdienst, nicht das Fazit seines Könnens. Die dichterische Individualität in Halbe, sein Charakter sind so stark, dass er nicht anders schreiben könnte, als er schreibt und ist. Ein Glück, dass wir dadurch um einen echten Dichter reicher sind.

WA, 30. 11. 1897

Im rasch wachsenden Feld der Frauenliteratur hob Frida Strindberg die Werke von Marie von Ebner-Eschenbach, Gabriele Reuter, Maria Janitschek, Fannie Gröger und ihrer Freundin Elsa Bernstein-Porges (Pseudonym Ernst Rosmer) hervor und sprach ihnen eine „eigene Physiognomie" (WA, 30. 3. 1898) zu. Gabriele Reuter, die sie einmal in Gesellschaft der Fotografin und Frauenrechtlerin Sophia Goudstikker traf, schätzte sie als „die begabteste der Romane schreibenden Frauen, die wahrste und gemäßigteste von ihnen". Ihr Roman „Aus guter Familie" mit dem bezeichnenden Untertitel „Leidensgeschichte eines Mädchen" begeisterte Frida Strindberg, weil er aufzeigte, dass der Weg eines Mädchens aus gutbürgerlicher Familie unter den „normalen", standesgemäßen Sozialisationsbedingungen unweigerlich in der Nervenheilanstalt enden musste. Sigmund Freud lobte Reuters Roman später wegen des guten Einblicks in die Entstehung weiblicher Neurosen. Frida Strindbergs Rezension enthielt ein flammendes Plädoyer für die gleichberechtigte Partnerschaft von Mann und Frau jenseits von Standesgrenzen.

Dieses Mädchen wird durch die Beschränktheit, die Verständnislosigkeit seiner Familie, es ist aus „guter Familie", trotz innerer Regsamkeit geistig und seelisch am Wachsen gehindert. Es wird im Alter, wo andere schon Mütter sind, immer noch als junges Mädchen geschont. Bittere Ironie des Wortes! [...]

Endlich naht einer. Er ist kein Märchenprinz. Ihr aber ist er die Erlösung: das Wesen, das nur ihr gehören wird und das sie lieben darf. Ein Mal, ein Mal nur sich ausleben! [...]

Die Mutter Käthes [...] weist den Freier zurück. Er besitzt nicht genug, um Weib und Kind „standesgemäß" zu erhalten. Kommt es denn all diesen Leuten nicht in den Sinn, dass zwei gesunde, lachende Menschen, die sich lieben, fern vom „Standesgemäßen" in vier Mauern *glücklich* sein können, dass ein Weib mit dem Mann seiner Wahl auch zu hungern und zu arbeiten vermag, selbst wenn ihm der Hunger fremd gewesen, die Arbeit verhasst, wenn sie dann weiß, es ist für ihn? Das Glück, das man sich durch Sorgen und Not, eigene Kraft und eigenes Entbehren erringt, sollte kein Glück sein? Man soll es sich nicht erringen können? Lasst die Mädchen aus „guter Familie", die jetzt hinwelken, Brot essen und taglöhnern, doch gebt ihnen Liebe und seht, ob sich ihnen die Wangen nicht wieder röten! Zu zweit erträgt sich alles leicht. Nur nicht allein sein.

WA, 27. 2. 1897

Im Frühling und Sommer 1897 geisterte seine nunmehrige Ex-Frau wiederholt durch August Strindbergs Träume. In seinen autobiografischen Romanen „Inferno" und „Kloster" und in seinem Stück „Nach Damaskus" (Teil I und II) verarbeitete er in den Jahren 1897 und 1898 intensiv seine Erlebnisse mit Frida Strindberg und ihrer Familie. Marie Uhl blieb lange im Unklaren über das Schicksal ihrer Tochter, aber Strindberg hatte eine Ahnung.

Dein Brief hat mir jetzt erst Angst gegeben. „Ich wollte, ich wäre so glücklich wie Du, nichts zu wissen." Also ist was Schreckliches mit Frida geschehen, aber was? Was ist schrecklich?
1. Ist sie tot?
2. Geisteskrank?
3. Krank?

August Strindberg in Lund (1897)

4. Hat Sie eine neue (alte?) Verbindung geschlossen?

[…] Meine Träume und Ahnungen haben mir schon längst gezeigt: eine verlassene Mutter mit einem Kind.

Ist es so? Und lebt sie allein, unglücklich? Oder ist es nicht so? Oder doch so, aber glücklich?

August Strindberg an Marie Uhl, 25. 7. 1897,
Briefe an Kerstin, 81f.

Ungeachtet der persönlichen Distanz zum Verleger Albert Langen schrieb Frida Strindberg weiterhin über Neuerscheinungen seines Verlags. Neben heimischen Autoren wie Jakob Wassermann und Otto Julius Bierbaum favorisierte sie Paul Bourget und Marcel Prévost, dessen viel gelesene psychologische Gesellschaftsromane das ökonomische Fundament des Langen-Verlags bildeten. Als neuer Stern der italienischen Moderne erschien ihr Gabriele d'Annunzio, dessen Ästhetizismus und Immoralismus sie (wie jenen Oscar Wildes) bewunderte.

Eine Besprechung von Hermann Bahrs Roman „Theater" nutzte Frida Strindberg, um sich bei ihrem Vater auf angenehme Weise in Erinnerung zu rufen. Ohne seinen Namen zu nennen, aber doch deutlich erkennbar schrieb sie ihm (mit „Die Theaterprinzessin", 1863) die Begründung des Wiener Theaterromans zu, in dessen Nachfolge sie Bahrs „Theater" sah. Fast nebenbei lieferte sie ein humorvolles Psychogramm des umtriebigen Organisators der Wiener Moderne.

Der erste Wiener Theaterroman, der vor Jahren viel von sich reden machte, handelte von einer schönen Prinzessin vom Theater. Sie ähnelte der damals lebenden ersten Heroine. Der „Wiener Roman" hat seither wenig andere Vertreter von literarischer Bedeutung gefunden, bis das letzte Werk von Hermann *Bahr* erschien, „Theater", dessen Heldin wieder einer Tragödin gleicht. […]

Hermann Bahr, der die merkwürdige Eigenschaft besitzt, immer und immer er, dabei aber doch stets ein anderer zu sein, hat sich, einige liebe Sprachwendungen, von denen er nicht lassen kann, ausgenommen, ganz die ruhige, objektive, zersetzende Art des Älteren zu eigen gemacht.

WA, 29. 5. 1897

Frank Wedekind bedauerte, dass er aufgrund seiner literarischen Erfolg-
losigkeit in Berlin die hochschwangere Frida Strindberg nicht unterstützen
konnte; ansonsten kümmerte ihn ihr Schicksal nicht weiter. Noch ein hal-
bes Jahr zuvor hatte er ihr Organisationstalent gelobt. Jetzt gab er ihr die
Schuld am Scheitern der geplanten Aufführung von „Die junge Welt" und
unterstellte ihr zu Unrecht üble Nachrede.

Mein Pech schmerzt mich nicht in letzter Linie um Frida Strindbergs
willen. Ich habe ihr gegenüber niemals Illusionen gehegt und hege sie
auch jetzt nicht, aber umso eher würde ich ihr gerne in einer Lage bei-
stehen, an der ich der Mitschuldige bin, wenn ich es nur könnte. Dass
sie gegen mich die Beleidigte spielt, scheint mir angesichts der ernsten
Situation kindisch, kann mich aber nach so vielem Kindischen nicht
überraschen.

Frank Wedekind an Richard Weishöppel, 15. 7. 1897, Wedekind, Briefe, 283

Frida hat niemals hässlich von Ihnen gesprochen. Das ist wirklich wahr,
sie hat mir nur gesagt, dass Sie sie eben nicht lieben können und deshalb
alles in Freundschaft zu Ende sei. Sie können sich gewiss denken, dass
sie innerlich sehr erregt ist, weil sie leider in diesem beklagenswerten
Zustand ist – sonst würde sie ja leichter darüber hinwegkommen.

Lotte Dreßler an Frank Wedekind, 11. 7. 1897, zit. Regnier, Wedekind, 169

Ich würde sie auch niemals heiraten, so wenig wie sie mich. Wir haben
einander gründlich satt gekriegt. Sie hat mich schon geliebt, aber durch
ihre ungeheure Dummheit nicht wenig zu den Missgeschicken beigetragen, die in Berlin meine dortigen Aussichten zu Wasser werden ließen.

Frank Wedekind an seine Mutter, 8. 9. 1897, zit. Wedekind,
Der Kammersänger, 659

Der Sohn Frida Strindbergs und Frank Wedekinds kam am 21. August 1897
in München zur Welt. Die Mutter gab ihm zwei Vornamen: Friedrich nach
ihrem Vater Friedrich Uhl und Max nach ihrem väterlichen Freund Max
Halbe. Den Nachnamen erhielt er von August Strindberg, den er nie ken-
nenlernen sollte. Der befreundete Anwalt Max Bernstein, der Ehemann
von Elsa Bernstein-Porges, hatte ihr dazu geraten. Nach österreichischem

Recht galt ein Kind, das innerhalb einer Frist von neun Monaten nach der
Ehescheidung geboren wurde, noch als eheliches Kind. Frida Strindberg
wollte mit dem Namen Strindberg das Stigma der unehelichen Geburt von
ihrem Sohn nehmen, legte ihm aber gleichzeitig einen lebenslangen Identi-
tätskonflikt in die Wiege.

Als eines Abends das Gespräch auf seinen Vater kam, bat er [Friedrich
Strindberg] überraschend, das Thema zu wechseln. Er werde zu oft darüber befragt, meinte er entschuldigend. Bei einer späteren Gelegenheit
stellte er fest, dass er zwar urkundlich berechtigt sei, den Namen seines
berühmten Vaters zu führen, da er noch vor der Scheidung seiner Eltern
geboren wurde. Sein wirklicher Vater sei jedoch der Dramatiker Frank
Wedekind. Dies habe ihm seine Mutter mitgeteilt, als er schon erwach-
sen war. […]
　　Auf die Frage, welchen der beiden Schriftsteller er für den wahren Vater Friedrich Strindbergs halte, antwortete Anton Kuh kurz und schlüs-
sig: „Friedrich Strindberg? – Er ist ganz die Mama!"

Milan Dubrović, Veruntreute Geschichten, 117

Bald nach der Geburt des Kindes dürfte Frida Strindberg in Wien gewesen
sein. Als sie von einer schweren Krankheit Wedekinds erfuhr, reiste sie so-
fort ohne Baby nach München. Frank Wedekind brüskierte sie vor seinen
Zechgenossen und verwies sie aus seinem Krankenzimmer.

Der Würfel ist endgültig eben gefallen. Wäre es nicht, dass es mich im
Innersten getroffen hat, dass er mich nun ein zweites Mal seinen Zechgenossen preisgegeben … Ich wäre ebenso entschlossen mit ihm fertig,
weil … ich es ihm *gut* meine. Wie ich ihn so dasitzen sah, im Bett, auf
die *Riesen*fäuste gestützt – den Lebens*hunger* in Blick und Stimme – – da
ist es mir so klar geworden, dass diese gewaltige Urnatur ihren eigenen
Gesetzen folgen muss und nicht denen unseres zahmen Fühlens, dass
ich ganz still wurde. Und ich seh ihn immer so vor mir jetzt … Tag
und Nacht. Und sie sind lang, die Tage und Nächte für mich – das weiß
Gott!
　　Wenn ich ihm je im Leben ein Opfer gebracht, das er mir anrech-
nen sollte, so war es nicht, dass ich oft wochenlang wie ein herrenloser

Hund, mit meinem Kind im Leib, hungernd herumlief, um *ihm* meinen letzten Bissen ganz zu lassen – nicht alles andere – alle *Jahre* der Qual … sondern der *eine* Moment, wo er mich von seinem Krankenbett wies und ich *lächelnd*, mit ein paar banalen Redensarten, die jede Erregung ihm bannen sollten – *ging*.

Frida Strindberg an Max Halbe, Herbst 1897?, SBM

Ich wäre Ihnen unendlich dankbar, wollten Sie mir durch eine *Zeile* sagen, ob ich jetzt oder später Frank in irgendeiner Weise durch irgendetwas nützen kann. Mit irgendwas. Wenn nicht, so fahre ich heute von hier ab. Mir wäre vielleicht am wohlsten … Aber … Sie haben mir gestern vorgeworfen, dass ich zu ihm hingegangen, nachdem ich wisse, „wie er über mich denke." Herr Doktor … *das* habe ich nicht gewusst. Nun, [da] ich es weiß, vergess ichs wohl bis an mein eigenes Sterben nicht. So sage ich mir das, was wohl auch Ihr Gedanke war: die Frau, die für ihn alle Not gelitten und ihm ein Kind geboren hat und ihm trotzdem so verhasst ist, dass er sie nicht um sich sehen will, wenn er sich dem Tod nahe glaubt, hat nicht das Recht der Anteilnahme, das der Fremdeste hat. Auch nicht das Recht, ihren eigenen Schmerz durch eine ihm verhasste Nähe zu lindern. […]

Wird er wieder gesund – ganz gesund, dann fordern Sie in meinem Namen meine Briefe von ihm und lesen Sie sie. – Ich werde Frank nie angreifen – auch nicht, [um] mich zu verteidigen – der Kampf wäre zu ungleich, denn ich brächte es nicht über mich, ihm wehzutun. Nur von *einem* anständigen Menschen möchte ich vielleicht nicht ganz verurteilt sein – damit vielleicht später einmal, wenn ichs überstanden habe, mein Kind wenigstens *ein* Wort zur Rechtfertigung seiner Mutter hört. Ich habe ein trostloses Leben voll schwerer Fehler hinter mir – aber *wie* es kam und *was* ich gelitten – das wird mein Kind wohl hindern, mich zu richten.

Frida Strindberg an Max Halbe, Herbst 1897?, SBM

Im Februar 1898 warf sich Frida Strindberg in das Münchner Faschingsgetümmel, um das bunte Treiben in einem ebenso amüsanten wie entillusionierenden Bericht für die „Wiener Abendpost" einzufangen.

Am Sonntag durchziehen, von der Karnevals-Gesellschaft geleitet, Hunderte von Wagen die Stadt im Zug. Frische Blumen und Flor säumen die Räder, Mimosen in großem Bund füllen die Wagenecken. Hold lächelnde Damen neigen sich kusshandsendend heraus. Die Flut ihrer Locken wallt frei hernieder, die Arme und der mächtig gewölbte Busen sind fast nackt, trotz der Winterkälte und trotz der so strengen Polizei. Diese lacht an solchen Tagen nur dazu. Lacht auch, wenn dralle Mädel in überkurzen Röcken ehrbaren Bürgersleuten frech um den Hals fallen, ihnen einen Kuss auf die widerstrebenden Lippen drücken, denn die Mädel und die Damen sind keine Damen, sondern etwas viel Höheres, Freieres, sind insgesamt verkleidete Männer.

Es ist schier nicht zu glauben, besonders am Faschingdienstag, wenn das ganze wilde Heer losgelassen durch die Gassen strömt. Hier wiegt sich eine anmutige Radlerin in grünem Dress auf ihrem Sattel. Ein duftiger Schleier verhüllt das Gesicht. Erst wenn sie abspringt und den Arm einer ahnungslosen Dame ergreift, sieht diese mit Entsetzen, dass die „Schwester" einen schwarzen Schnurrbart trägt. [...]

Auch Bettler fanden sich; einer, ärmlich gekleidet, mit einer Maske vor dem Gesicht, drängte sich an eine Dame heran, die mehr nach freiem Platz als nach den Wagen aussah. „Schenken S' mer was." Die Dame lachte, wie es die Höflichkeit den Narren gegenüber fordert, und schlug ihm auf die Hand: „Da hast an Taler". Im selben Augenblick aber flüsterte die Stimmer heiser: „Ich habe Hunger", und die Augen glühten dazu so unheimlich, dass sie, das verschämte Elend nun erst erkennend, den Irrtum gutmachte. Der Mann haschte dankend nach ihrer Hand und verschwand im Gedränge.

WA, 25. 2. 1898

Um Kosten zu sparen, zog sich Frida Strindberg mit ihrem einjährigen Sohn in ein kleines Haus in Tutzing am Starnberger See zurück. Das verantwortungslose Verhalten Frank Wedekinds ihr und dem Kind gegenüber sorgte in München für Kritik. Im Frühling 1898 kam Wedekind nach München und legte einen Abstecher nach Tutzing ein, um sein Kind acht Monate nach der Geburt erstmals zu sehen. Seinen 34. Geburtstag verbrachte er am 24. Juli 1898 ebenfalls bei seiner „Familie" in Tutzing.

STARNBERGER SEE: TUTZING VON DER BUCHT.

Der neue Wohnort Tutzing am Starnberger See

Frank Wedekind dachte daran, Friedrich Max bei seiner Mutter in Lenzburg (Schweiz) unterzubringen, wie Frida Strindberg ihre Tochter Kerstin bei Marie Uhl, doch diese lehnte ab. Dann verschwand der Sohn wieder aus dem Blickfeld Wedekinds.

Vorgestern Nachmittag war ich in Tutzing bei Frau S. und sah mir die Folgen meiner Gewissenlosigkeit an. Ich hatte hier von allen Seiten schon rühmen hören, kein Mensch, der mir hier begegnete und mir nicht erzählte, dass er ihn auf dem Arm gewiegt und welch ein stattlicher Bengel es sei, aber ich muss gestehen, ich war trotzdem überrascht. […] Seine Mutter zog ihn auf dem Diwan aus und präsentierte ihn mir wie ein Juwelier, der auf dem Ladentisch seine Ware anpreist. Dabei hing ihr Auge angstvoll an meinen Lippen, ob ich nicht vielleicht doch etwas auszusetzen finden könnte. Ich fand offen gesagt nichts.

Frank Wedekind an Beate Heine, 19. 4. 1898, Wedekind, Briefe, 301f.

Es gibt für uns beide nur das eine, den Nimbus zu wahren. Von irgendeinem Glück kann zwischen zwei Menschen, die so wenig wie möglich zusammenpassen, nicht die Rede sein.

Frank Wedekind an Beate Heine, 14. 8. 1898, zit. Wedekind, Oaha, 568

Die Freundin Franziska Gräfin zu Reventlow mit ihrem Sohn Rolf

Im Herbst 1898 freundete sich Frida Strindberg mit Franziska Gräfin zu Reventlow an, die im Mittelpunkt der Münchener Künstlerboheme von Schwabing stand. Es gab einige Parallelen im Leben der beiden Frauen. Reventlows Sohn Rolf war nur wenige Tage nach Friedrich Max auf die Welt gekommen und wuchs ebenfalls vaterlos auf. Beide brachen mit ihren gut situierten Familien und schlugen sich ohne Partner mit Übersetzungen und Zeitungsartikeln durch. Reventlow strebte die Befreiung der Frau über ein modernes Hetärentum und – sehr zum Unterschied Frida Strindbergs – über ihre Rolle als alleinerziehende Mutter an.

Die Frauen der Boheme, die außerhalb bürgerlicher Absicherung lebten, mussten in ihrer angespannten finanziellen Lage mit neuen Existenzformen experimentieren und konnten oft nur auf abenteuerliche Weise zu Geld kommen. Franziska zu Reventlow versuchte sich u.a. im Fälschen von alten bemalten Gläsern (Frida Strindberg sollte später mit gefälschten Kunstwerken handeln) und in der Führung eines Milchladens, in dem auch Frida Strindberg mitgearbeitet haben soll. Gemeinsam lieferten sie manchen Schabernack, etwa als der Nervenarzt Albert Freiherr von Schrenk-Notzing beiden den Hof machte, ohne um ihre Freundschaft zu wissen.

Nach langem Zögern lud Frau Strindberg Herrn von Schrenk zum Tee und dieser, in der Erwartung, nun erhört zu sein, erscheint im Gehrock mit dem Blumenstrauß. Kaum hat er Platz genommen, so tönt die Klingel und Frank Wedekind steht im Flur. Die scheinbar überraschte Frida flüstert: „Gehn Sie schnell auf die Toilette, dass er Sie nicht sieht". Aber nachdem der Freiherr sich einriegelte, klingelte es abermals und

Franziska Reventlow steht im Flur. Und dann erscheinen immer neue Besucher und bald will der eine, bald der andere auf die Toilette, findet sie verschlossen, rüttelt und flucht. So wurde der arme Geisterseher in Schrecken gesetzt, bis sich Frau Strindberg erbarmte und ihn entwischen ließ.

Theodor Lessing, Einmal und nie wieder, 288

Die Entwicklung des viel gelesenen französischen Autors Paul Bourget, den sie wegen seiner feinen psychologischen Frauenporträts lange geschätzt hatte, verfolgte Frida Strindberg mit zunehmendem Befremden. Nicht zufällig gehörte er mittlerweile dem exklusivsten Altherrenklub Frankreichs, der Académie Française, an. In Frida Strindbergs Augen entfernte er sich mit seinen jüngsten psychologisierenden Romanen, die sie im französischen Original las, gänzlich von der Lebenswirklichkeit der breiten Bevölkerung. Gekonnt stellte sie in ihrem Feuilleton den Bourget'schen Nobelvierteln die Lebenswelt der Pariser Arbeiter gegenüber.

Manche Arbeiterstraßen der Großstadt mit ihrem hastigen Gedränge gleichen völlig einem Maschinenhaus, die Menschen darin – Automaten. Alles an ihnen rein mechanisch: der geradeaus gerichtete Blick sowohl als die Eile in ihren Gliedern, als diese Glieder selbst, von denen Arme und Beine nur mehr Hebel zu sein scheinen. Die Haare rauchschwer wie Dampfeswolken über der Stirn, deren frühe Furchen von allzu harter Sorge und müdem Blut sprechen.

Es sieht nicht lustig aus in dem – Maschinenhaus. Aber dafür ist dasselbe ja auch nur *ein Teil* der Stadt, der Welt, beileibe nicht ein Bild des ganzen Lebens. Im Gegenteil, in der übrigen Welt, die man für gewöhnlich sogar schlankweg als *die* Welt, *le monde*, zu bezeichnen pflegt, sieht es wahrhaftig anders aus. Da drängen die Menschen nicht in staubschwülen Gassen dahin, nein, sie ruhen in kühlen, duftvollen Boudoirs. Und wenn bei den einen das ganze Denken in dem einen großen Instinkt des Fortbestehens aufgegangen ist, für den die Arbeitersprache aller Länder das Wort „verdienen" gebraucht, so sorgen sie, die im Übrigen nichts zu tun haben, dafür, dass auch das überflüssige Kopfzerbrechen seine Märtyrer findet. Sie haben über furchtbar Wichtiges nachzudenken: über sich selbst. […]

Diese allerdings auch nur beschränkte Welt ist die einzige, die uns augenblicklich kümmert, denn sie ist die einzige, für welche Paul Bourget schreibt, von der er schreibt, früher galt seine Liebe manchmal noch dem Dichter, seitdem sich jedoch seine Einnahmen um ein Erhebliches gesteigert haben, gilt sein Interesse nur noch ausschließlich den höchsten Damen und jenen seltenen Männern Jung-Frankreichs, die mit einer Jahresrente [von] über fünzigtausend Francs zur Welt kommen. […]

Es ist nicht so heiter in den Arbeitervierteln der Großstadt wie um die herrliche Madeleine herum, aber die Zukunft wächst aus ihnen hervor, die Zukunft, der *le monde où l'on s'amuse* [die Welt, in der man sich amüsiert] nichts mehr zu geben hat. Tritt in die Liebe der Heldinnen Bourgets jemals das Kind? In die Sorgen seiner Helden jemals das Vaterland? Wozu leben sie? Um Bourget zu lesen? Das ist schon seit einiger Zeit fast kein Vergnügen mehr.

WA, 30. 6. 1898

Am 25. August 1898 besuchte Frida Strindberg die deutsche Erstaufführung des Dramas „Johanna" von Björn Björnson, des Schwagers Albert Langens. Die Protagonistin muss sich zwischen einer vom Vater gewünschten Ehe mit einem lebensfernen protestantischen Prediger und der Selbstverwirklichung als Pianistin an der Seite eines jungen Schriftstellers entscheiden. Frida Strindberg nützte ihr Theaterfeuilleton, um für (weibliche) Selbstverwirklichung und freie Partnerwahl einzutreten.

Es gibt Menschen, die nicht füreinander geschaffen sind. Diese Menschen können nie zueinander gelangen, außer durch Seelenmord – dem unnatürlichsten und furchtbarsten aller Verbrechen. […] Kein Mensch hat das Recht, sich selbst untreu zu werden, um einem anderen treu zu sein. Noch weniger aber hat er das Recht, diesem anderen zur lähmenden Last zu werden, die ihn niederzieht in die Tiefe. Das Neue Testament enthält eine Parabel, in deren tiefer Schönheit sich auch die tiefste, unumstößliche Moral birgt. Es ist die Parabel von den Talenten und dem ungetreuen Knecht.

Wenn wir den Goldreichtum zu mehren haben, den der Herr in unsere Hände legt, um wie viel mehr die Schätze, die er in unser Herz, in unsere Seele legt. Sich selbst entwickeln, auf einem einigen, harmonischen

Herzensgrund emporwachsen, das ist die erste Pflicht des Menschen gegen sich selbst und gegen seine Nachkommenschaft.

WA, 30. 8. 1898

*Im Oktober 1898 wurde die Sondernummer des „Simplicissimus" über
die Fahrt Kaiser Wilhelms ins Heilige Land beschlagnahmt. Frank Wedekind hatte ein Spottgedicht beigesteuert. Um der drohenden Verhaftung*

*wegen Majestätsbelei-
digung zu entgehen,
verließ er am Morgen
des 30. Oktober 1898
München und fuhr
nach Zürich, wohin
auch der Verleger Al-
bert Langen geflüchtet
war.*

*Am Abend davor
fand die Münchner
Premiere von „Der
Erdgeist" am Schau-
spielhaus statt. Frida
Strindberg reiste aus
Tutzing an. Das Pu-
blikum bedachte das
Stück mit einem Pfeif-*

Frank Wedekind mit Tilly Newes in einer Aufführung von „Der
Erdgeist"

*konzert. Anschließend
durchzechte Wedekind
seine letzte Nacht in*

*München mit Langens Sekretär Korfiz Holm und der fürsorglichen Frida
Strindberg. Es war das letzte Zusammentreffen Frank Wedekinds und Frida Strindbergs.*

Und einer um den andern drückte sich; auf einmal saßen nur noch Wedekind, Frau Frida Strindberg und ich selbst am Tisch. Der Mittelpunkt
des Abends gähnte und teilte mir dann mit, er wolle jetzt auch heim,
Frau Strindberg müsse ja noch seinen Koffer packen. Als er trotz mei-

nem Widerspruch darauf bestand, erklärte ich: nun gut, ich ginge aber mit.

So pilgerten wir denn selbdritt nach Wedekinds möblierter Bude hin. Das Köfferchen war bald gepackt und immer lagen noch drei Stunden Wartezeit vor uns. Wir saßen schläfrig da und nippten freudlos von dem Inhalt einer Flasche, die unser Wirt hinter dem Muschelaufsatz seines Kleiderschranks hervorgezogen hatte. [...] „Beinah zwei Stunden noch!" rief ich. „Ach, fahren wir zum ‚Donisl'! Lechzt Ihre Seele denn nicht auch nach Weißwürsten und Bier?" Dies Zauberwort erweckte Wedekind und seine lahm gewordene Energie. „Teufel, dass wir daran jetzt erst denken!" stimmte er ein und schleunigst fuhren wir zum „Donisl".

Als Wedekind die erste Halbe fast in einem Zug hinabgegossen und die erste Weißwurst mit viel süßem Senf verschlungen hatte, kriegte er auf Vorschuss Heimweh nach der Münchener Gemütlichkeit und wurde sentimental, was sich auch darin äußerte, dass er den Arm zärtlich um meine Schultern schlang und mich als seinen besten Freund in diesem Jammertal pries. Nun, Gott sei Dank gelang es mir, den Sturm seiner Gefühle nach der andern Seite abzulenken, wo Frau Strindberg saß. – Ich darf schon sagen, dass ich mich von Herzen freute, als ich endlich doch am Ostbahnhof dem Zug nachwinkte, der den Majestätsbeleidiger entführte – diese Nacht war mir verzweifelt lang geworden. Ich brachte Frida Strindberg mit der Droschke noch vor ihre Pension, fuhr heim und fiel um sieben Uhr ins Bett, war aber pflichtgemäß um neun Uhr wieder auf dem Büro.

Korfiz Holm, ich – kleingeschrieben, 95ff.

Die Sympathien Frida Strindbergs in der Münchner Theaterlandschaft galten eindeutig dem Schauspielhaus, das 1896 mit dem Deutschen Theater eine neue Heimstätte erhalten hatte. Sie lobte das gute und junge Ensemble und die Öffnung des Hauses für das moderne Theater (Gerhart Hauptmann, Frank Wedekind, Max Halbe) durch den Direktor Georg Stollberg, der aus Wien stammte. Am Generalintendanten des Hoftheaters, Ernst von Possart, ließ Frida Strindberg hingegen kein gutes Haar.

Ziehen wir die Bilanz seiner Tätigkeit im letzten Jahr. Kommt da nicht neben dem materiellen auch ein künstlerisches Defizit heraus?

Im Schauspiel: „Anno dazumal", „Die Krone", „Im Hause des Majors",
„Vanina Vanini", – sind das die einzigen Dichterkinder, die auf dem
deutschen Parnass dieses Jahres zur Welt gekommen – gibt es keinen
Hauptmann, keinen Schnitzler, sind die Namen Ruederer, Hirschfeld, ja
selbst Fulda dem Leiter der Münchner Hofbühne so ganz fremd? Und
wenn man schon ausgräbt, ist es nicht würdiger, ja ist es nicht notwen-
dig, die Hebbel, Kleist, Grabbe, Otto Ludwig neu zu beleben, anstatt
die vermoderten Leichen der „Relegierten Studenten" und des „Doktor
Wespe" und „Klaus" dem erschreckten Publikum zu zeigen? Und ist es
zu glauben, dass an einem ersten Hoftheater die wichtigsten Dramen
Shakespeares und Goethes nicht aufgeführt werden können – weil die
Schauspieler zu ihrer Besetzung fehlen!

WA, 27. 2. 1899

Die Dramaturgenstelle des geflüchteten Frank Wedekind am Münchner
Schauspielhaus ging an seinen Bruder Donald. Nach nur wenigen Wochen
wurde er gekündigt, weil er die Frau des Direktors Georg Stollberg sexuell
belästigt hatte. Seit Jahren schwankte Donald Wedekind zwischen einem
Eintritt in ein Jesuitenkloster, wo er aller Existenzsorgen enthoben sein
wollte, und einem wild bewegten Leben, das ihm eine Syphiliserkrankung
bescherte, hin und her. Im Schatten seines bekannteren Bruders versuchte
er sich auch als Autor pikanter Geschichten, von denen einzelne im „Sim-
plicissimus" erschienen.

Frida Strindberg, die hoffnungslos angezogen war von exzentrischen
Autoren der Boheme, umsorgte nach der Abreise Frank Wedekinds seinen
orientierungslosen Bruder. Im November 1898 bat Frank Wedekind die
beiden um die Nachsendung zweier Manuskripte in sein Züricher Exil. Er
hatte bei Frida Strindberg brisante Manuskripte zurückgelassen, die zehn
Jahre später einen handfesten Skandal auslösen sollten. Am 22. Mai 1899
erschien das Pärchen unangemeldet bei Frank Wedekind in Paris – ohne
Geld und ohne Friedrich Max, den Frida Strindberg wie Kerstin bei Marie
Uhl in Pflege gegeben hatte. Donald wollte sich mithilfe seiner Mentorin
in Paris als Schriftsteller etablieren. Sein Bruder konnte ihn schließlich zur
Rückkehr nach Zürich bewegen.

Der kürzlich hier verstorbene Zeichner Thomas Theodor Heine aus München hat mir gegenüber behauptet, Frida (meine Mutter) habe Donald weitaus lieber gehabt als Frank W. Sie soll nach der Geburt des Buben mit Donald zusammengelebt haben. Ob wie Bruder und Schwester oder wie Mann und Frau – ich weiß es nicht. Donald war genial, schwer belastet und soll liebenswert arm gewesen sein.

Kerstin Strindberg an Lina Loos, 29. 2. 1948, Du silberne Dame, 273

Wenn man die Reihenfolge von *Fridas* Männerfiguren untersucht, findet man, dass *Donald* die Bestätigung für meine Vermutung war, sie könne nur verkannte *Genies* – lieben = „*retten*", lancieren, für sie *Reklame* machen, ihnen zu dem ihnen gebührenden Platz zu verhelfen suchen, den die *dumme blinde* Publikums- und *Verlegermeute* nicht begriff.

Anmerkung Kerstin Strindberg, KB Dep. 146/5–6

Noch vor ihrer Paris-Reise unternahm Frida Strindberg eine ausgiebige Erholungsreise in das Schwarzwaldgebiet. Zunächst ging es per Zug in den Nobelkurort Baden-Baden. Von dort fuhr sie weiter nach Hornberg in das „Zentrum der Urschwarzwäldler", wo sie das vor Ort gebraute, „gut mundende" Hellbier verkostete. Die jungen Frauen in ihren schwarzen Trachten erschienen ihr „wie vermummte junge Klosterfräulein". Von ihrer nächsten Station Triberg aus wanderte sie auf den Spuren Marie Antoinettes, der Ehefrau Ludwigs XVI., zum Titisee. Frida Strindbergs Reisefeuilleton enthielt amüsante Passagen und erinnerte in seiner Pointiertheit an Kurzprosaskizzen Peter Altenbergs.

Ich habe im Schwarzwald übrigens auch einen „Traum" gesehen, das heißt etwas, was selbst die Fantasie nicht schöner, harmonischer erfinden könnte und was nicht nur schön, was auch heimlich, lautlos ist wie sonst nur ein Traum. Ich meine den *Titisee*. Von Triberg führte mich die Wanderung durch das Höllental dahin. [...] Ein wunderbar stiller Winkel ist dieser Bergsee, geschaffen zu einem „Glück".

Ich saß am offenen Fenster in *dem* Gasthaus im ersten Stock, als die klare Dämmerung allmählich in Nacht überging. Zwei Leutchen wanderten nebeneinander auf und ab: ein schwer dunkeläugiger *Commis Voyageur* [Handlungsreisender], der schon während der ganzen Eisenbahnfahrt sich das Lockenhaar geglättet, die Lippen gefeuchtet hatte, und des Wirtes Töchterlein. Ich hörte, wie der dunkle Schöne sagte: „Erinnern Sie sich, Fräulein, wie wir voriges Jahr miteinander auf dem See gefahren sind? Wie Sie da lieb mit mir gewesen sind und wie der ganze See vom Mond so rot gewesen ist?"

Ich habe leider keinen „roten Mond" am Titisee erlebt. Die Nacht war dunkel. Ich bezweifle aber, dass das Fräulein mit mir „lieb" gewesen wäre und der Mond mir „rot" geleuchtet hätte. Man muss dazu ein poetischer Reisender sein. Mit mir war nur die Luft lieb, die wonnige Düfte in ihrem weichen Hauch trug. Und rot war die Sonne, als sie am nächsten Morgen hinter den dunklen Fichten aufstand und ich zeitigen Abschied nahm.

WZ, 26. 4. 1899

Die Schwarzwaldreise führte zunächst zum Donauursprung. Nach einem Besuch des Freiburger Doms und des Straßburger Münsters ging es über Stuttgart weiter nach Frankfurt am Main. Dort schwänzte sie eine Aufführung von Friedrich Hebbels „Maria Magdalena", um die 20-jährige aus-tralische Cancantänzerin Saharet (geborene Clarissa Rose Campell) zu sehen.

Die Cancantänzerin Saharet, ein „schönes, böses Weib"

Sie ist der verkörperte Tanz, und sie ist die Verkörperung eines fremden Landes. Sie hebt die Füßchen, wie man es im *Moulin Rouge* nicht so gut kann, und dabei blitzen ihr die dunklen Augen und die weißen Zähne, wie sie einem Raubtier, einer Pantherkatze in ihrer Heimat blitzen mögen. Sie kann, was man im Opernballett lernen kann, und sie ist ungezähmt, wie eine Wilde. Jedes Glied ist biegsam, jede Geste Grazie. Sie beugt sich nach vorn, nach rückwärts, fegt den Boden mit den Haaren. Sie sitzt, die Beine *au grand écarté*, am Boden und nickt vergnügt nach rechts und links, aber ganz fremdartig vergnügt. Man sollte meinen, diese Lippen müssten beißen, statt zu küssen, Blut saugen. Die Augen mit dem grausamen Blick und diese Lippen sind vielleicht noch mehr von Wert als der Tanz. Denn wenn sie wahr sprechen, dann muss ja ihre Herrin tanzen können, locken und entschlüpfen, Schlange sein und Schakal: nennen wirs ein schönes, böses Weib.

Die Saharet entspricht nicht ganz den Begriffen, mit denen man hierzulande das Varieté besucht. Kraftmänner und Jongleurs, Humoristen und Akrobaten gefallen, glaube ich, besser. Man findet ja auch manchmal Gediegenes auf dem Brettel. So kündigte Freiburg ein Quintett von „akademisch gebildeten Damen" an. O Simplicitas!

WZ, 28. 4. 1899

Eine gescheiterte Existenz? (1899–1901)

Ich habe zu viel an den Kindern,
besonders an Kerstin, gesündigt,
um nicht jetzt gutmachen zu wollen –
was ich kann.
Frida Strindberg an Marie Weyr

Im Sommer 1899 gab Frida Strindberg ihr kleines Haus in Tutzing auf. Ihr
Sohn Friedrich Max war mittlerweile zusammen mit Kerstin in der Obhut
Marie Uhls in Saxen. Dann nahm sie einen neuen Anlauf, ihr Leben auf
eigene Füße zu stellen und die nicht geringen Schulden bei ihrer Familie
mithilfe eigener Arbeit zurückzuzahlen.

Die feministische Pariser Tageszeitung „La Fronde", die von der Schau-
spielerin Marguerite Durand im Dezember 1897 begründet worden war
und ausschließlich weibliche Redakteurinnen beschäftigte, beauftragte Fri-
da Strindberg mit drei Essays über das Theaterjahr in Österreich, Deutsch-
land und England. In London frischte sie den Kontakt zu ihrem Freund
William Heinemann auf. Der bewunderte Verleger, dem sie im Juli 1896
ein eigenes Feuilleton gewidmet hatte, beschäftigte sie auf Honorarbasis als
Übersetzerin und als Verlagsagentin für den deutschsprachigen Markt. Ein
Brief an den Münchner Autor Michael Georg Conrad zeigt, wie sehr ihr
die Ereignisse der letzten Jahre zugesetzt haben.

Es ist eine Ewigkeit, seit wir uns sahen, aber ich glaube nicht, dass so-
undsoviel Ewigkeiten im Stande wären, mein Gefühl treuer, herzlicher
Anhänglichkeit an Sie zu mindern. Wenn ich Ihnen das nicht früher
geschrieben, so war es auch nur, weil ich nicht die geringste Freude inzwischen erlebt und mir vergönnen durfte. Es war unmenschlich, wie es
mir erging – körperlich, moralisch. Jetzt endlich atme ich ein bisschen
auf, hier in England, wo ich seit sechs Wochen raste und durch seltenes
Glück Arbeit und Freunde und alles Gute – angefunden habe.

Die oben angegebene Adresse ist die meines Verlegers – ich selber bin
der Hitze halber bald hier, bald dort außer London auf Besuch. Denn
da ich momentan nur mehr Haut und Knochen bin, erachte ich es nicht
für richtig, mich von der Hitze braten zu lassen. Es hätte niemand was
davon.

Aus Deutschland höre ich ganz und gar nichts. Schicksalsschwester
Reventlow ist die einzige Getreue, die mir hin und wieder schreibt, auch
nichts Frohes.

Frida Strindberg an Michael Georg Conrad, 26. 8. 1899?, SBM

Im Mai 1899 hörte Frida Strindberg von einer Stendhal-Ausgabe im noch
jungen Diederichs-Verlag und bot sich als Übersetzerin an. Vier Monate

später erreichte sie in London die Absage des Verlags. Die enttäuschte Fri-
da Strindberg gab sich kämpferisch und stellte wegen der in ihren Augen
verspäteten Absage eine Klage in den Raum. Eugen Diederichs bot ihr da-
raufhin die Übersetzung von Werken Algernon Charles Swinburnes und
John Ruskins aus dem Englischen an, die sie aber ablehnte. Sie wollte mo-
derne Autoren des Heinemann-Verlags übersetzen und strebte eine länger-
fristige Zusammenarbeit zwischen Heinemann und Diederichs an. Dazu
dürfte es aber nicht gekommen sein.

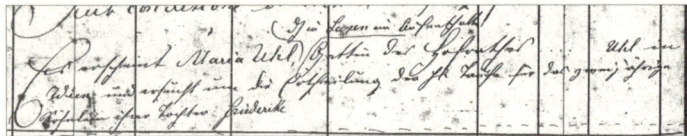

Taufbuch der Pfarre Saxen, 1. 11. 1899: „Es erscheint Maria Uhl, derzeit in Saxen im Aufenthalte, Gattin des Hofrathes … Uhl in Wien und ersucht um die Ertheilung der hl. Taufe für das zweijährige Söhnlein ihrer Tochter Friedrike."

Nach längerem heftigen Drängen ihrer Mutter erteilte Frida Strindberg
von London aus die schriftliche Vollmacht zur katholischen Taufe ihres
Sohnes. Auf ihren ursprünglichen Wunsch, Max Halbe als Taufpaten aus-
zuwählen, musste sie umständehalber verzichten. Dieses Amt übernahm
Marie Uhl persönlich, die den kleinen Friedrich Max am 1. November 1899
allein zum Pfarrer nach Saxen brachte. Frida Strindberg teilte dem Anwalt
ihrer Eltern mit, dass sie unter keinen Umständen ihre Rechte als Mutter
abgeben wollte. An ihrem Fernziel, ihr Leben und das ihrer Kinder durch
eigene Arbeit zu finanzieren, hielt sie weiterhin fest.

Ich bin augenblicklich auf dem besten Weg, mir meine Existenz zu ordnen, und hoffe, wenn ich gesund bleibe, in Jahresfrist in der Lage zu
sein, meine Schulden selber zu begleichen und meinen Kindern ein ein-
faches, aber sicheres Heim zu bieten. […] Ich gestatte mir, da ich alles
Interesse daran habe, unbedingte elterliche Gewalt über die Erziehung
meiner Kinder zu wahren – hingegen nicht den leisesten Wunsch ver-
spüre, auch nur an einen Heller Geld zu rühren, der ihnen von meinen
Eltern kommt, Ihnen geehrter Herr Doktor folgenden Vorschlag zu machen:

Ich verzichte durch Unterzeichnung eines Dokumentes, das Sie mir gütigst übersenden wollen, auf *jedes* Erbrecht väterlicher- sowie mütterlicherseits unter [der] Bedingung, dass der mir zufallende Betrag voll und ungeteilt auf meine Kinder übertragen und für diese von Dr. Rudolf Raabe oder Herrn Professor Weyr – kurzum von einem unbedingt achtbaren und klugen, mir bekannten Mann verwaltet werde.

Mich selber haben die Geschehnisse der letzten Zeit zu sehr erschüttert, als dass ich irgendwie von meinen Eltern, die sich seelisch von mir losgesagt, materielle Hilfe annehmen möchte. Nicht jetzt und nicht in Zukunft. Dieser Verzicht entspricht also völlig meinen Gefühlen. Ich will nur eines und bestehe nur auf Einem: an dem Tag, da *ich* sie ehrlich ernähren kann, will *ich* meine Kinder haben. Dieses natürlichen Rechtes *lasse* ich mich nicht berauben.

Im *Übrigen* bin ich zu jeder Konzession, zu allem bereit, was meines Vaters Wunsch ist. Ich glaube, auf diese Art wird sich alles am *einfachsten* schlichten lassen. [...] Wenn ich nur *diesmal* ein paar Monate der Ruhe habe, werde ich ja im Stande sein, alles ganz anders anzupacken und zu ordnen.

Ich bitte meinen Vater herzlich, mir nur ein Jahr zu schenken. Bis dahin will ich alles tun, ihn zu beruhigen, was ich kann. Jede Feindseligkeit ist so fürchterlich und so unnatürlich.

Frida Strindberg an einen nicht genannten Advokaten, 1. 11. 1899, SMS

Marie Weyr nahm ungeachtet des Kontaktverbots durch ihren Vater und ihren Ehemann die Korrespondenz mit ihrer Schwester in London wieder auf. Ihre Ehe mit Rudolf Weyr war nun an einem Endpunkt angelangt und man entschloss sich – ähnlich wie bei der Ehe Friedrich Uhls – zu einer stillschweigenden Trennung ohne offizielle Scheidung. Dennoch schlug Frida Strindberg ihrer Schwester vor, beim nächsten Wien-Besuch Rudolf Weyr zum Vormund ihrer beiden Kinder zu bestellen. Als Grund für den plötzlichen Handlungsbedarf nannte sie eine schwere Herzerkrankung. Um den Schuldenstand von 1.000 Gulden bei ihrer Schwester zu verringern, wollte sie ihr zwei publikationsfertige Feuilletons über Romane aus dem Heinemann-Verlag übermitteln.

Ich dank Dir inzwischen von Herzen für Deinen Brief. Auch wenn ich Dich nie wiedersehen sollte, wäre es mir ein Trost gewesen, die – die mir bis weit ins Leben hinein die Liebste auf Erden gewesen, nicht meine Feindin zu wissen. Über alles andere lässt sich kaum sprechen. Schon gar nicht schreiben.

Nur eine Bitte hätte ich an Dich, die besser *nicht* auf die lange Bank geschoben wird. Es ist meine Absicht, bei meiner nächsten Anwesenheit in Wien einen Advokaten aufzusuchen; alle Papiere der Kinder müssen geordnet werden. Jede Erbschaft, die mir lebend oder nach meinem Tod zukommt, muss voll und ganz auf sie übertragen werden.

Ich – will nichts in dieser Welt, als was ich mir selbst schaffe – für die Kinder aber *alles*, was sie vor einem Leben wie dem meinen schützen kann. Es *muss* auch ein Vormund für sie ernannt werden. Ich kenne aber nicht einen, nicht einen rechtlichen Deutschen, in Wien ansässig, der sich ihrer annehmen würde, könnte. Der Einzige wäre … Rudolf Weyr.

Wie Du davon denkst, liebe Mizi, möchte ich wissen. Auch was Du mir sonst vorschlagen könntest. Die Sache ist *darum* d'urgence [dringend], weil ich *(was aber niemand daheim ahnen darf)* ein schweres Herzleiden habe, bei dem es nicht bald aus sein muss, aber bald aus sein *kann*, und bei meinem Leben wohl auch bald aus sein wird.

Ich habe zu viel an den Kindern, besonders an Kerstin, gesündigt, um nicht jetzt gutmachen zu wollen – *was* ich kann. Sprich daher über die Sache nicht und geh' mir an die Hand. Ich *bitte* Dich. […]

P.S. Ich habe Deinem Mann in Wien gesagt, dass ich Dich *nicht* gesehen [habe]. Dass Du von mir nichts wissen willst und mich vor Jahren auf das Härteste gerichtet hast.

Ich glaube, das war das Beste, um Dich und Papa ihm gegenüber zu entlasten.

Frida Strindberg an Marie Weyr, November 1899?, SMS

Ein Brief an Max Halbe dokumentiert die oft schwierigen Entstehungsbedingungen von Frida Strindbergs Feuilletons. Durch die Zerstörung des reichhaltigen Archivs der „Wiener Zeitung" in der NS-Zeit lässt sich kein Vergleich zwischen den eingereichten Manuskripten und den Druckfassungen ihrer Feuilletons mehr herstellen. Es ist auch nicht bekannt, wie viele Texte abgelehnt wurden und somit verloren gingen. In Frida Strind-

bergs Nachlass blieb kein einziges Feuilleton erhalten. Der Brief zeigt aber, dass oft mutwillig eingegriffen und gekürzt wurde.

Anton gibt Ihnen inzwischen einen Artikel von mir. Damals, als er geschrieben werden sollte, war ich allein bei meinem Kind. Wenn Sie einem Gehirnweib das Gehirn abgewöhnen wollen, so machen Sie ihr ein Kind – vorausgesetzt, dass die Betreffende die Mühe wert ist. – Als ich den Artikel endlich fertig hatte, war es zu spät. Ich änderte also einiges und gab ihn dann als Buchkritik heraus. – Nun hatte ich ein zweites Pech … der Anfang war etwas ungesittet. Ich erwähnte, dass der Adam Böcklins ein Idiot sei und der Armen im Geiste das Himmelreich – auf Erden schon – etc. Das musste die Wiener Zeitung streichen, ändern. So wurde die Sache sinnlos. In der Mitte und zum Schluss ist auch gestrichen worden.

Stolz bin ich auf den Artikel – auf meine Kritzlerei überhaupt nicht. Sie hätten dieselbe nie zu Gesicht bekommen, aber – – – – man sagte mir, dass Sie mir nicht einmal das Schlechtschreiben zutrauen. Und lieber noch will ich für talentlos gelten, als für eine so talentvolle – Lügnerin. Da haben Sie also etwas von mir – schwarz auf weiß.

Mir bleibt dabei, wie bei allem Literarischen, der eine kleine Trost, dass es für meinesgleichen, die nichts sind und können, immer noch etwas zu tun gibt: die verehren, denen helfen, die was sind und können, Beispiel: Max Halbe.

Frida Strindberg an Max Halbe, Dezember 1899?, SBM

In London nahm Frida Strindberg mit einem anderen Bekannten, Willy Grétor, Kontakt auf. Er betätigte sich hier als Kunsthändler und bot auch gefälschte Alte Meister an. Frida Strindberg soll an seinen Kunstgeschäften mitgewirkt haben. 1899 übernahm sie von Irmgard Gemberg, einer Schauspielerin des Berliner Lessingtheaters, zwei Gemälde von Lucas Cranach und (Giovanni?) Bellini zum Weiterverkauf. Jahre später sollte es deshalb zu einem Rechtsstreit kommen. Wie ihre „Schicksalsschwester" Franziska zu Reventlow sah sich Frida Strindberg zur Sicherung ihres Lebensunterhaltes oft zu zweifelhaften Praktiken des Gelderwerbs gezwungen.

Ich sah sie dann in London wieder, wo sie im Auftrag des Marquis von Keith, will sagen: des lebenden Modells jener Wedekindschen Figur, sich vom Schleichhandel mit alten Bildern ernährte. Sie wurde damals gefüttert und gegängelt von einer südafrikanischen Brillantenkönigin, einer schwerreichen Witwe von übelstem Ruf. Immer noch hatte sie einen Hauch von Mütterlichkeit und liebenswürdiger Wiener Weichheit bewahrt, aber sie zog bereits ihre Kleidersäume durch den Schmutz der Weltstadt, ohne sich um ihre Reinigung zu kümmern. Später kam sie gar mit der Kriminaljustiz überquer, weil sich herausstellte, dass die alten Meisterwerke, mit denen sie handelte, gefälscht waren.

Ernst von Wolzogen, Frau Strindberg

Nun liegt mir daran, ein objektives Leumundszeugnis Grétors zu erhalten. Ich kenne ihn nicht persönlich, habe Frau Strindberg, die mich mal bat, ihn zu empfangen, (Frau Str. war seine Maitresse) die Bitte abgeschlagen, weil ich zu viel Übles über den Mann wusste.

Julius Meier-Gräfe an Franz Blei, 12. 1. 1910, zit. Meier-Gräfe, Kunst, 97

Und doch hatte Frieda, Strindbergs zweite wienerische Frau, als eben aus Russland in London abgestiegene Gräfin, die „nur russisch" sprechen kann, Grétor'sche Rembrandts verkauft und Fragonards der gleichen Herkunft.

Franz Blei, Der schüchterne Wedekind, 173f.

Nicht alle Schriftstellerkollegen sahen Frida Strindbergs ungewöhnliche Lebensweise als alleinstehende Frau, die durch die Welt reiste und ihr eigenes Geld zu verdienen trachtete, so abschätzig wie Ernst von Wolzogen. In London traf sie wiederholt den dänischen Autor Holger Drachmann, einst Stammgast im Berliner „Schwarzen Ferkel", und seinen Freund Conrad Pineus, einen Kunstsammler und Kunsthändler. Pineus bewunderte Frida Strindbergs exzentrische Seiten.

Eine höchst bemerkenswerte Frau. Wenn ich sage, dass ihre Ansichten das Gegenteil des gewöhnlichen Bürgers sind, habe ich sicher nicht zu viel gesagt.

Conrad Pineus, Tagebuch, zit. Rosen, Konrad Pineus, 99

Zu Weihnachten 1899 erschien in der „Wiener Zeitung" ein unscheinbares Feuilleton des Volkskundlers Michael Haberlandt, das schwer wiegende Folgen für Frida Strindberg hatte. Weil sich darin das Wort „Christussage" fand, das die historische Existenz Jesu Christi in Frage stellte, protestierte ein christlichsozialer Parlamentarier heftig und forderte den Rücktritt des Chefredakteurs Friedrich Uhl. Der längst pensionsreife, aber keineswegs rücktrittswillige Hofrat fand keine mächtigen Fürsprecher mehr. Die große Ära des Liberalismus war vorbei. Am 31. Mai 1900, wenige Tage nach seinem 75. Geburtstag, musste Hofrat Friedrich Uhl nach 28-jähriger Tätigkeit seinen Sessel als Chefredakteur der „Wiener Zeitung" räumen.

Damit versiegte eine wichtige Einnahmequelle Frida Strindbergs ausgerechnet in jenem Moment, in dem sie ihr Leben neu ordnen wollte. Der Nachfolger ihres Vaters lud sie zu keiner weiteren Mitarbeit mehr ein. Sie konnte nur mehr wenige Artikel bei anderen Blättern unterbringen. Eine fixe Anstellung als Feuilletonistin zu finden, war zu dieser Zeit für Frauen kaum möglich. In den Berliner Zeitungsredaktionen arbeiteten beispielsweise zwischen 1878 und 1914 nur drei Frauen neben 521 Männern. (Bland/Müller-Adams, Frauen, 151)

Die „Münchener Neuesten Nachrichten" druckten gelegentlich Feuilletons Frida Strindbergs ab. Im April 1899 rezensierte sie dort den Novellenband „The Day's Work" des Heinemann-Autors und späteren Nobelpreisträgers Rudyard Kipling („Die Dschungelbücher"). Dabei zitierte sie lange Passagen aus einer der 13 Erzählungen in eigener Übersetzung.

Der Berliner Vita-Verlag, der später die deutsche Ausgabe des Buches herausbrachte, klagte Autorin und Chefredakteur wegen unerlaubter Publikation des Textes und forderte den hohen Schadenersatz von 2.500 Mark. Im September 1899 legte der Vita-Verlag den englischen Copyright-Eintrag für den Novellenband vor. Max Bernstein, der Frida Strindberg wiederholt juristisch beriet und mittlerweile zum Staranwalt avanciert war, konnte bei der Verhandlung am 24. Oktober 1900 nachweisen, dass der Eintrag erst im August 1899, also nach dem Erscheinen des Feuilletons, erfolgt war und entlastete damit seine Mandantin.

Rudyard Kipling lag vor kurzer Zeit schwer krank darnieder. Das genügte, dass man in allen Teilen der zivilisierten Welt das beschwor, was längst gewesen, dass er der erste Humorist, der erste Dichter der englischen Zunge sei. Wir sagen der „englischen", denn europäisch ist unsere Kritik, unser Vergleichssystem, dem guten Brandes zum Trotz, ja leider nie gewesen. [...] Kipling, der große Naturalist, Kipling, der Maler und Schöpfer und nicht zu mindest der Kipling mit dem göttlichen Humor, dem sonnigen Lachen. Und weil er eine so volle Persönlichkeit ist, sollte man wenig über ihn sagen, sondern ihn sagen lassen.

Münchner Neueste Nachrichten Nr. 190, 25. 4. 1899

Otto Julius Bierbaum hatte 1897 in seinem Roman „Stilpe" die Idee eines „Literatur-Varieté-Theaters" nach Pariser Vorbild propagiert und gab 1900 „Deutsche Chansons" heraus. Zu den Mitautoren zählten Frank Wedekind und Ernst von Wolzogen. Das Buch wurde ein Bestseller. Ernst von Wolzogen gründete daraufhin das „Bunte Theater (Überbrettl)" in Berlin. Er strebte die Anhebung der rein unterhaltenden Gesangs- und Tanzdarbietungen der „Brettl" (Vergnügungslokale) auf ein literarisch-künstlerisches Niveau an. Die Vorbereitungsarbeiten lockten auch Donald Wedekind und Frida Strindberg nach Berlin.

Am 18. Jänner 1901 eröffnete das „Überbrettl". Der Abend brachte humoristische Rezitationen (Hanns Heinz Ewers), erotische Chansons (Ernst von Wolzogen), zeitkritische Couplets (Ludwig Thoma), eine Literaturparodie (Christian Morgenstern), einen Einakter aus Arthur Schnitzlers „Anatol"-Zyklus, eine Pantomime, ein Schattenspiel und ein Duett mit anschließendem Rundtanz (Otto Julius Bierbaum). Im Publikum saß auch Frida Strindberg, die das Genre Kabarett seit ihrem Paris-Besuch von 1894 begeisterte. Es kam zur Gründung vieler neuer Kabaretts in Berlin. Das „Überbrettl" und die mehr als 40 Unternehmungen ähnlichen Stils überlebten aber alle das Jahr 1902 nicht.

Die norwegische Sängerin und Gitarristin Bokken Lasson suchte nach einer Auftrittsmöglichkeit im „Überbrettl" und kontaktierte Frida Strindberg. Mit ihrem Empfehlungsbrief an Ernst von Wolzogen beförderte sie Lassons Karriere, was ihr zehn Jahr später zugute kommen sollte.

Wolzogen hatte keinerlei Verständnis für Frida Strindbergs „moderne" Lebensweise. Rückblickend schilderte er sie äußerst abfällig als Femme fatale, die sich nur mit den „Werwölfen der Literatur" eingelassen hätte und

als „Opfer ihrer literarisch erotischen Neugierde zugrunde ging". Er sagte
ihr auch eine kurze Affäre mit Hanns Heinz Ewers nach. Der schmissige
Burschenschafter trug seine satirischen Texte am „Überbrettl" mit großem
Erfolg vor, sodass sie zu Gassenhauern in Berlin wurden. Henry Marc, ein
Freund von Ewers, überlieferte ein ähnlich abwertendes Urteil über Frida
Strindberg wie Wolzogen.

Als ich im Jahre 1901 mein unglückliches Überbrettl auftat, suchte mich
eines Tages verweint, in ihrem ganzen inneren und äußeren Zustand
schon ein wenig geknickt und verschlissen, Frau Strindberg auf, um mir
ihr Herzleid zu klagen. Ich glaubte, mich recht zu erinnern, dass inzwi-
schen ein kleiner Wedekind dem kleinen Strindberg bei der Großmutter in Wien Gesellschaft leistete. Mein Rat, sich doch endlich einmal mit einem kräftigen Ruck von dem literarischen Zigeunertum loszumachen und Gesundung in ländlicher Umgebung bei tüchtiger Arbeit, vereint mir ihren Kindern,

Exlibris von Hanns Heinz Ewers

zu suchen, schlug nicht an. Sie war und blieb eine Großstadtsumpfpflan-
ze, nichts weniger als bedeutend in ihrer abhängigen Geistigkeit, aber
immer noch ein liebes, Mitleid und Liebe heischendes Weiberl, das eine
warme Fraulichkeit ausstrahlte. Sie war nicht wegzubringen von Berlin und gliederte sich, zitternd vor banger Erwartung, dem schillernden
Schweif zwerghaft gewachsener Übermenschen an, die meinem Thes-
piskarren durch dick und dünn folgten.

Und es kam der epochale Abend, an welchem Hans Heinz Ewers auf
meinem Nudelbrett am Alexanderplatz öffentlich Popo sagte! Berlin war
hingerissen und der mit Schmissen bedeckte schlanke Rheinländer zum

königlichen Löwen des großen Tiergartens gekrönt. Ich kannte Hans
Heinz bereits gut genug, um zu wissen, dass in diesem flotten Dichter,
der so prächtig den harmlosen guten Jungen mimen konnte, ein ganz
gefährlicher Schlingel steckte. Ich warnte die Strindbergin als aufrich-
tiger Freund, aber ihr Verhängnis musste sich erfüllen, denn nach Wedekind gab es nur noch eine Steigerung: eben Hans Heinz Ewers! Es
dauerte nicht lange, so kam die arme kleine Frau wieder zu mir beichten:
Strindberg war ein zahmes Lamm, Wedekind ein armer Waisenknabe
gewesen im Vergleich zu ihrem neuesten Abgott! Und dennoch brachte
sie die Kraft zur Flucht nimmer auf. Sie küsste noch die Peitsche, die ihrem sündigen Fleisch Striemen schlug.

Ernst von Wolzogen, Frau Strindberg

Sie zog von Stadt zu Stadt, mit einem Haufen unannehmbarer Manuskripte unter dem Arm, teilte ihre Zeit zwischen Redaktionen und öffentlichen Orten, an denen berühmte Autoren verkehrten. Ihre zärtliche
Seele versuchte, die Gunst notorischer Poeten zu gewinnen. Einige erla-
gen ihr für kurze Zeit. Sie verließ ihre Geliebten resigniert. So erweiterte
sich ihr Leben um neue Kapitel, in die sich die ganze Geschichte der
modernen deutschen Literatur eintrug. Man nannte sie das „Schriftstellerlexikon".

Henry Marc, Au Pays de Maîtres-Chanteurs (franz.), 72f.

Strindberg forever (1902)

Ich segne Dich dafür, dass Du in meinem unglücklichen Leben das einzige große und edle Wesen gewesen bist, das ich getroffen habe.
Frida Strindberg an August Strindberg

Im Oktober 1901 hielt sich Frida Strindberg mit dem Kunsthistoriker Julius Meier-Gräfe in London und Brighton auf. Ende November 1902 kündigte sie sich nach fünf Jahren Abwesenheit bei ihrer Tochter Kerstin brieflich an. Gegen Weihnachten kehrte Frida Strindberg kränklich und gebrochen nach Dornach zurück. Alle Versuche, eine eigene Existenz aufzubauen und für sich und ihre beiden Kinder selber aufzukommen, waren fehlgeschlagen. Der Kniefall vor der ungeliebten Mutter, die sich in ihren schlimmsten Befürchtungen bestätigt sah, muss Frida Strindberg als grenzenlose Demütigung erschienen sein. Kerstin, die gerade die Volksschule beendet hatte, erkannte ihre Mutter nicht wieder.

Kerstin Strindberg

Mit 7 Jahren lerne ich meine Mutter kennen. 1896 ließ sie mich bei der Großmutter in Saxen zurück und ward nicht mehr gesehen.

Notiz Kerstin Strindbergs, undatiert, KB Dep. 146/13

Bald nach ihrer Rückkehr entdeckte Frida Strindberg auf dem Dachboden des Häusels in Dornach die vielen Briefe August Strindbergs an Kerstin und Marie Uhl. Dem Wunsch Strindbergs entsprechend hatte ihr Marie Uhl die seit 1896 laufende Korrespondenz verschwiegen. Frida Strindberg verschlang die Briefe und verfiel in schwere Depressionen. Ein handfes-

Das Häusel in Dornach bei Saxen

*ter Streit entbrannte. Es ging einerseits um die 1.000 Gulden, die Strind-
berg im Jahr 1900 als Entschädigung für die mitverbummelte Mitgift an
sie überwiesen hatte. Andererseits empfand Frida Strindberg die geheime
Allianz ihrer Mutter mit ihrem Ex-Ehemann als Verrat. Sie warf ihrer
Mutter vor, durch ihr Dazwischenfunken eine bis zuletzt mögliche Versöhnung mit Strindberg verhindert und die Ehe endgültig zerstört zu haben,
und verfälschte damit die Tatsachen. Zuletzt entriss sie, Kerstin zufolge, in
rasendem Zorn Marie Uhl alle Strindberg-Briefe und vernichtete jene, in
denen sie sich unvorteilhaft dargestellt sah.*

*Es ist unwahrscheinlich, dass Frida Strindberg je irgendwelche Briefe
August Strindbergs beseitigt hat, die ihr stets als ihr höchstes Gut galten.
Sie behielt auch unliebsame Briefe auf, etwa jene mit den schlimmen Be-
schimpfungen vom November 1894. Die Antwortbriefe Marie Uhls sind
allerdings nie aufgetaucht. Marie Uhl vermutete sie Jahrzehnte später im
Nachlass August Strindbergs. Hat sie Frida Strindberg bei ihrem Besuch in
Stockholm 1913 von dort entfernt? Oder hat sie August Strindberg noch zu
Lebzeiten vernichtet?*

Wenn Strindberg meine Briefe aufbewahrt hat, dürfte man sie unter seiner hinterlassenen Korrespondenz finden.

Marie Uhl in: Karin de Pers, August Strindbergs äktenskap (schwed.)

Völlig gebrochen wandte sich die 30-jährige Frida Strindberg mit einem langen Brief an August Strindberg, von dem sie wusste, dass er mittlerweile mit der Schauspielerin Harriet Bosse verheiratet war. Sie ließ ihren depressiven Stimmungen und Gefühlswallungen freien Lauf, blickte mit ebensoviel Selbstanklage wie Selbstmitleid auf ihre Erlebnisse in der Münchener Boheme zurück und verklärte die kurze Ehezeit.

August,

ich habe Dich das letzte Mal in diesem Leben in Paris (vor acht Jahren!!) gesehen, als die Bäume im Luxembourg (erinnerst Du Dich?) Gold hervorbrachten, müde wie sie waren vom einfachen Blühen.

Ich habe Dich plötzlich an einem anderen Herbsttag wiedergesehen, dieses Jahr – Dich, Dich –; Deine Seele und Deine Augen, Deinen Mund, Dein Gesicht und Dein Lächeln … sogar Deine Stirnfalten! Ich habe Dich wiedergesehen, ich sehe Dich seither jede Minute wieder: Dich, die Güte und Zärtlichkeit in Person, jung, lieb, ohne Vorwurf, ohne Hass – im Gesicht Deines und meines Kindes.

Und ich, die ich während der Ewigkeiten übermenschlicher Leiden jedes Wehklagen erstickt und keine einzige Träne vergossen habe, ich weine seither wie eine Verdammte – nicht wegen der Hölle in mir, um mich …, sondern weil es einen verlorenen Himmel gibt.

Ich bin eines Tages auf den Dachboden im „Häusel" gestiegen. An diesem Tag habe ich geglaubt, ich werde verrückt, und habe mit meiner Stirn auf die Steinplatten geschlagen. Ich habe *die Briefe* gesehen, *das erste und einzige Mal gesehen, die Du während unserer Trennung an Mutter geschrieben hast!*

Ich glaubte mich aus Deinem Herzen und Deinem Leben verbannt, seit fünf Jahren und zu Recht. Ich hielt mich für verflucht, gehasst – verloren, *verloren*. Zu erfahren, dass Du mich geliebt hast, mir Verzeihung, Trost angeboten hast …, das nicht gewusst zu haben und *jetzt* zu erfahren …

Was für eine Qual! – Was für ein Trost!

August, ich danke Dir, ich danke Dir auf Knien! Du wirst nie mehr von mir hören. Das werden meine letzten Worte sein: „Ich segne Dich dafür, dass Du in meinem unglücklichen Leben das einzige große und edle Wesen gewesen bist, das ich getroffen habe. Ich segne Dich dafür, dass Du der Vater meines Kindes bist! Vergangenheit und Zukunft verdanke ich Dir! Ich habe nicht eine Stunde reiner Freude irgendjemandem anderen in dieser Welt zu verdanken.

Und ich *bitte Dich um Verzeihung*, ich, der ich mir niemals verzeihen werde, *niemals!* – Was ich Dir hier sagen werde, ist die reine und nackte Wahrheit. […]

Ich habe Dich vor acht Jahren verlassen und hatte keine Schuld an diesem Verrat. Ich wollte zu Dir zurückkommen … Deine Briefe haben mich glauben lassen, dass ich verabscheut wurde … Ich habe mich aufgelehnt. Familie, Freunde – alle haben mich gedrängt, mich von Dir zu trennen. *Du warst nicht da!* Ach, wärst Du zurückgekommen, hätte ich Dich gesehen … Aber ich war allein mit meiner Verbitterung und meinen Verdachtsmomenten, mit meinem aufbegehrenden Stolz und dem Geschwätz der anderen.

Nun kam die Stunde, in der ich nicht mehr zu Dir zurückkehren *konnte*, selbst wenn ich es *gewollt* hätte, weil mich die Einsamkeit, das Leben und die Jugend zu einem Fehler verführt haben, den nichts wieder in Ordnung bringen konnte: Ich wurde Mutter eines armen kleinen verwaisten Jungen! – Ich habe nicht mehr geheiratet, obwohl ich in meiner ersten Hoffnungslosigkeit die Absicht dazu hatte. Ich werde nie wieder heiraten. Keine Angst, Kerstin wird keinen Stiefvater haben.

Seit dem Tag, an dem ich die Treue gebrochen habe, hast Du nichts, nichts mehr von mir gehört durch meine Hand. Als das andere Kind *geboren* wurde, war unsere Ehe durch mich geschieden. Ich habe Dich im Unglück verlassen – verzagt, erbärmlich wie ich war! Sollte ich Dich noch mit meiner Schande beflecken? Nein – *niemals*.

Aber das, August, glaub mir: Es gibt kaum einen Abgrund, der mich nicht verschlungen hätte. Ich habe gelitten … gelitten … guter Gott, was habe ich gelitten – was leide ich. Und ich verdiene kein Mitleid, denn ich habe Fehler begangen – ich habe alle erdenklichen Fehler kennen gelernt … in Gedanken und in Werken … und die ganze Verachtung …

August, der Tod wäre für mich *süß*, wenn er mein Leben sühnen könnte. Aber ich war nie gemein. Ich habe Dich nicht verlassen, um mich zu verkaufen, wie sie Dir gesagt haben. Ich habe mich niemals verkauft. Nein, nein! Ich habe gegeben und ich habe mehr gegeben, als ich das Recht hatte zu geben. Ich war nicht infam, oh nein, das wenigstens nicht. […]

Es scheint mir, dass ich immer im Traum gelebt habe – immer, immer – unbewusst, blind, machtlos gegen das Schicksal, und ich frage mich: Gibt es eine Wirklichkeit und welche Wirklichkeit, wenn dieser Albtraum vorbei sein wird??

Nur Kerstin hält mich noch in diesem Leben. Ich habe Angst, sie ohne Stütze und ohne erfahrenen Rat der Zukunft überlassen zu müssen … und in der Dunkelheit meiner Hoffnungslosigkeit ist es manchmal ein Strahlen starker, intensiver, *wilder* Freude, dass du für immer durch mich in ihr und ihren Kindern lebst.

Verloren – ja, ich *bin* verloren. Ich bin sterbenskrank durch das, was ich gelitten habe … Aber auch wenn ich ganz verloren bin, gibt es zwischen dir und mir die Unsterblichkeit … eine Unsterblichkeit, wie sie nur die Liebe schaffen kann. Dieses Kind … es hat nicht seinesgleichen. Es ist deine Kraft, dein Gehirn, deine Schönheit und es ist ein wenig das junge Herz, das auch ich hatte […]

Es ist unsicher, ob ich alt werde. Gebrochenes Herz – das ist kein Mythos. Man nennt es in der Medizin in meinem Fall ein wenig anders, aber es ist die gleiche Sache. – – Da sie aber ohne Mutter aufgewachsen ist – (selbst mit so einer Mutter), würde ich sie gerne unter deinem Schutz sehen. […]

Sag jener, die Deine Frau ist, dass ich sie segne, wenn sie Dich glücklich macht! Und sag ihr – – was ich gelitten habe, um Dich zu verlassen, nachdem ich Dich verkannt habe. Erwähne diesen Brief niemandem gegenüber. Ich habe schwer zu tragen und es wäre noch schwerer.

Adieu, August, auf ewig adieu! Aber nicht in Feindschaft, nicht im Schmerz. Adieu, oder vielmehr von meiner Seite: *Verzeih!* Verzeih der, die Du vergessen hast.

Frida

Frida Strindberg an August Strindberg, Dezember 1902 (franz.),
Wenn nein, nein Nr. 71

Das im Brief erzählte Leben hat mit dem einst erlebten Leben nur mehr wenig zu tun. In ihren letzten Briefen an den Ehemann hatte Frida Strindberg eine Fortsetzung der Ehe, ja sogar ein bloßes Wiedersehen noch rigoros ausgeschlossen und energisch die Scheidung angestrebt. Jetzt sah sie sich schuldlos am Scheitern der Ehe und stempelte ihre Familie, insbesondere ihre Mutter zum Sündenbock. Überwältigt von der Großherzigkeit Strindbergs, die sie aus seinen besorgten Nachfragen nach ihrem Schicksal herauslas, verklärte sie ihn zur Lichtgestalt ihres Lebens. Ihr flottes Leben in der Münchner Boheme schrieb sie ihrer Einsamkeit und Jugend zu.

Dieser Brief spiegelt Frida Strindbergs Innenwelt und ist zugleich ein Meisterwerk der Selbstinszenierung. Aus der Not des beruflichen wie privaten Scheiterns in der Gegenwart („Hölle") heraus färbte Frida Strindberg die vergangene Ehe mit August Strindberg um („verlorener Himmel") und nahm eine Weichenstellung für die Zukunft vor. Jetzt erschien ihr die Ehezeit als der sinnerfüllteste Abschnitt ihres Lebens, der ungeachtet der Scheidung auch ihr weiteres Leben prägen sollte. Frida Strindberg griff intensiv auf die katholische Beichtstuhlrhetorik („verdammt", „verflucht", „verloren", „Schuld", „Abgrund", „Verzeihung", „Trost", „segnen") zurück, die ihr aus der langjährigen Klosterschulzeit geläufig war und die bei Strindberg, dessen neu erwachte Religiosität sie aus der Lektüre der Briefe kannte, anschlagen sollte. Der Brief blieb dennoch unbeantwortet.

Im Umfeld der Wiener Moderne (1902–1905)

Es lohnt sich kaum, die Freundin der bedeutendsten
Männer des 19. Jahrhunderts gewesen zu sein,
wenn man nicht einmal zur Ahnung gelangt,
dass Anstand nichts ist als eine bürgerliche
Vorsichtsmaßregel, die in der *Kunst* nichts
zu suchen hat.
Frida Strindberg über Jane Welsh-Carlyle

Anfang 1903 hielt sich Frida Strindberg längere Zeit in London auf, wohl um mit dem Verleger Heinemann zusammenzuarbeiten. Am 19. April 1903 starb völlig unerwartet Marie Weyr im Alter von 39 Jahren. Zeitungsmeldungen zufolge war sie drei Tage zuvor „plötzlich gefährlich erkrankt" und in einer Privatklinik noch am Unterleib operiert worden. Kerstin Strindberg vermerkte später als Todesursache: „Embolie nach geheimem Abortus". Die Ehe mit Rudolf Weyr hatte nur mehr auf dem Papier bestanden.

Der Verlust des vertrautesten Menschen ihrer Familie traf Frida Strindberg schwer. Beim Begräbnis fehlten der Vater Friedrich Uhl und der Sohn Cäsar Weyr laut Presse „wegen Unwohlseins". Rudolf Weyr schrieb die Schuld am Tod seiner Frau Friedrich Uhl zu, ohne genauere Hinweise zu geben.

Wie teuer mir, seit ich die gütige, liebe, von mir stets unendlich geliebte Frau nicht mehr besitze (dieses arme Opfer eines wahnsinnigen Vaters), du als ihre intimste Freundin, der ja ihr Herz mehr offen stand als mir, jetzt worden bist, wirst du mir glauben, wenn du mir glaubst, wie unendlich glücklich in meinem Unglück ich mit ihr war. Wie hätte sonst unser Verhältnis weiter bestehen können. […] Seit ihrem Tod – es ist mir, als ob sie gemordet worden wäre – habe ich noch kein Auge geschlossen, ich zittere am ganzen Körper, […] und ich bin die Nächte mit ihr zusammen, unser Geschick beweinend, dass es bei so viel Liebe nicht glücklicher sein konnte.

Rudolf Weyr an Irma von Perger, ca. 21. 4. 1903, zit. Perger, Neues, 122f.

Wenige Wochen nach dem Tod seiner Frau begann Rudolf Weyr, an einem lebensgroßen Porträt zu arbeiten. Die Marmorskulptur sollte sie als Schriftstellerin mit aufgeschlagenem Buch zeigen. Jakob Julius David, ein enger Freund Marie Weyrs, beschrieb anlässlich eines Atelierbesuchs im Herbst 1903 das im Entstehen begriffene Erinnerungsmal.

Weyr inspirierte sich nicht nur an Fotografien und an der Totenmaske, sondern ließ Frida Strindberg als Modell in das zuletzt getragene Kleid seiner Frau schlüpfen. Ob er ihr freilich einen Heiratsantrag machte, wie sie sich später zu erinnern glaubte, ist fraglich.

Die Skulptur wurde zusammen mit einem Brunnen im Frühling 1907 am Seeufer von Mondsee aufgestellt. August Strindberg, dem Marie Uhl

eine Ansichtskarte zuschickte, notierte befremdet, dass der Künstler seine
Frau, die er nun verherrlichte, zu Lebzeiten geschlagen hätte. Gleichzeitig
ließ er durchblicken, dass er selbst keine hohe Meinung von seiner einsti-
gen Trauzeugin hatte. Das Monument wurde 1938 von Nationalsozialisten
zerstört.

Rudolf Weyrs Gedächtnismal an seine verstorbene Frau

Vor nunmehr sieben Monaten ist ihm seine Frau gestorben, eine hoch-
begabte Person; sicher mit der Feder, anmutig im Wort; von einer weit
gesteckten, fast männlichen Bildung; ehrgeizig und über den Journalismus hinaus, in dem sie vollkommen sicher und gewandt war, höhe-
ren Aufgaben rastlos zugewendet. Ihr stiftet er dies Mal: ausruhend, ein
Buch in der Hand, wie sie es gern auf ihren Spaziergängen mit sich trug.
Vortrefflich ist die Behandlung des Kleides, dieser mannigfachen und
launischen Umhüllungen der modernen und nervösen Frau, voll Ausdruck von den zierlichen Halbschühlein aufwärts. Ganz glänzend aber
ist der Kopf; eine niedrige Stirn, umwirbelt von der Fülle des eigenwillig
herandrängenden, schwärzesten Haares, schwarze, sehr nachdenkliche
Augen, eine starke Nase und sehr sanfte, leicht angedrückte Linien um
den Mund. Man vermisst die Farbe nicht, die sonst eben bei Frauenköp-

fen so viel ausmacht. Eine reiche Seele scheint eingefangen, die uns für immer entfloh.

Jakob Julius David, Rudolf Weyr

Das Verlangen, der Verstorbenen ein Denkmal zu setzen, war in ihm Besessenheit geworden. Er wollte sie sich und der Welt erhalten. Auf allen Tischen und Möbeln lag ihr Lichtbild. Von der Wand starrte ihre Totenmaske. Er hatte bereits begonnen, den Kopf zu formen, aber sie verweigerte sich ihm. So stark die Erinnerung in ihm auch war, er kam von der Totenmaske nicht los. An die Gestalt wagte er sich nicht heran. Er war das lebende Modell gewohnt, seine Hand versagte. Er hatte nicht nur das Weib, er hatte seine Kunst verloren. So empfand er es; es war das Ende.

Da merkte ich, wie er mich plötzlich starr ansah, wie sich seine Augen weiteten und eine Hoffnung in ihnen glomm, eine Frage? Die Schwester war älter gewesen als ich, zierlicher, feiner, Kultur, während ich unverfälschte Natur war. Aber Leben und Leid hatten mich ihr ähnlicher gemacht. Und so, wie ich nun vor ihm stand, verschmolz ihm mein Bild mit ihrem. Da lag ihr graues Kleid, das sie am letzten Abend des Beisammenseins mit ihm getragen hatte, daneben die kleinen Schuhe mit den hohen Louis-quinze-Absätzen. Nie hätte er einem Berufsmodell erlaubt, sie zu berühren; aber da war nun ich, die Schwester, die sie liebte – – –

„Gern. Oh, so gern", sagte ich und schlüpfte in Kleid und Schuhe. Dann nahm ich den Platz auf dem Gerüst ein; es sollte den Mondseer Felsblock symbolisieren. […]

Als er sein Werkzeug fortlegt, ists Abend. Er hat in rohem Umriss meine Gestalt in Mitzis Pose skizziert, auf meinem Fuß sitzt Mitzis winziges Pantöffelchen; es passt wie angegossen, nur ist mein Fuß nicht so schön, nicht so fein, weniger schmal und adelig, ihrer war so reizend. Den Kopf hat er nicht berührt, und das arme verhärmte Gesichtchen der Schwester starrt mich an, scharf und hart, unter dem Helm des schweren Haares wie die Totenmaske; ein lebender Mensch mit einer toten Seele.

Frida Strindberg, Mitzi, Typoskript, SMS

Ich war in ihrem Haus; sie war unglücklich, weil sie als Verheiratete nicht wie eine Unverheiratete leben konnte. Sie zog sich Schläge von ih-

rem Mann zu; mit andern Worten: Er schlug sie. Und jetzt, nach dem
Tod, errichtet er ihr eine Marmorstatue auf einem öffentlichen Platz. Hat
er die sich selber errichtet? Könnte ich fragen. Ja, er hat sie sich errichtet,
der Erinnerung an das Schöne, das er in ihre Seele legte und das ich nie
gesehen habe.

August Strindberg, Das Buch der Liebe, 162

Villa Uhl in Mondsee

*Der Tod Marie Weyrs ermöglichte Frida Strindberg die Rückkehr nach
Wien. Arthur Schnitzler, der Friedrich Uhl wiederholt aufsuchte, um seine Theaterprojekte mit ihm zu besprechen, traf sie wenige Tage nach dem
Begräbnis ihrer Schwester an dessen Seite. Im Juni besuchte Frida Strindberg ihre Freunde in München, u.a. Franziska zu Reventlow. Anschließend
übersiedelte sie mit ihrem Vater in die Mondseer Villa.*

Lieber Freund,
nach Jahren in München. Man sagte mir, Ihre Familie sei in Franken!!
München schien mir öde. Ich *bleibe* bei Papa in unserm Häusel am
Mondsee. Werde ich Sie sehen hier – früher, später?

Frida Strindberg an Michael Georg Conrad,

25./26. 6. 1903, SBM

Denke einmal, die Frau Strindberg ist hier und hat mich auf morgen zu sich bestellt, gesehen hab ich sie noch nicht, freu mich aber furchtbar darauf. Zu schade, dass Du gerade fort bist und ich sie Dir nicht vorführen kann –

Franziska zu Reventlow an Karl Wolfskehl, Juni 1903, Reventlow, Briefe, 419

Eugen Guglia, der als Chefredakteur der „Wiener Zeitung" in den einstigen Amtsräumen Friedrich Uhls residierte, versuchte sich 1903 als Dramatiker und publizierte einen Band mit drei Theaterstücken, den Frida Strindberg in einer nicht genannten Zeitung rezensierte. Eine ironische Seitenbemerkung veranlasste den einstigen Gymnasialprofessor, sich mit ihrem Vater in Verbindung zu setzen und seinen Unmut zu äußern. Frida Strindberg reagierte mit einer humorvollen Gegendarstellung.

Sehr geehrter Herr Doktor,
Papa zeigt mir eben Ihren Brief, die unseligen Bemerkungen betreffend, die ich über Ihre Stücke niederschrieb, weil es eben eine meiner vielen Untugenden *ist*, über alles Bemerkungen zu machen und dieselben noch dazu niederzuschreiben. […] Herr Richard Schaukal ist auch mir *überaus* sympathisch, seit Jahr und Tag bereits, und mehr denn je seit seinen letzten Rezensionen in der „Wiener Zeitung", in denen er – meiner Ansicht nach – von *allen* Wiener Rezensenten die feinste Fühlung für das wirkliche Wesen einer Dichtung bekundet hat. […]

Wenn ich Ihnen daher Schaukal zum Kritiker wünschte und nicht einen „ordentlichen Redakteur" – so wollte ich damit wirklich *nicht* Schaukal angreifen, sondern ganz einfach bedeuten, dass Ihr Stück etwas frei – literarisch recht wertvoll, daher nicht *jedem* zu Gefallen sei.

Mais c'est toujours le ton qui fait la musique – und Sie konnten ja nicht *erraten*, dass „ordentliche" Menschen, ob Redakteure oder nicht, mir noch nicht als die berufensten *Kunst*richter erscheinen und dass ich zumeist *sehr* eines Sinnes mit Herrn Schaukal und Konsorten bin.

Frida Strindberg an Eugen Guglia, 10. 7. 1903, WB

Nach Jahren des Schweigens meldete sich Frank Wedekind zum 6. Geburtstag seines Sohnes Friedrich Max bei Marie Uhl. Er schickte ein Exemplar seines Kinderepos „Der Hänseken", eines Jugendwerks, das 1896 in Buch-

form erschienen war. Den genauen Geburtstag seines Sohnes hatte er nicht
in Erinnerung, er tippte auf den 18. (anstatt des 21.) August. Friedrich Max
sollte erst im Jugendalter den Namen seines richtigen Vaters erfahren.

Seien Sie überzeugt, gnädige Frau, dass ich für jedes Wort, das ich über
ihn höre, so wenig Anspruch ich mir bis jetzt darauf erworben habe,
sehr dankbar sein werde. Ich selber bin jetzt nahezu vierzig Jahre alt
und in Anbetracht der Tatsache, dass man in dieser Hinsicht mit dem
Alter nicht im Wert steigt, wird mir die Wahrscheinlichkeit immer größer, dass ich mich nicht mehr verheiraten werde. In diesem Fall wäre es
selbstverständlich, dass Fritzi und ich noch einmal sehr gute Freunde
werden. Fritzi kann mir mit Recht darauf erwidern, dass das alles Zukunftsmusik ist und nicht im Entferntesten gegenüber dem in Betracht
kommt, was seine Adoptiveltern bis jetzt für ihn gewesen sind und für
ihn getan haben. Zu meiner Entschuldigung kann ich nur das eine sagen, dass für mich das ganze Leben bis jetzt nur Zukunftsmusik war.
Ich hoffe sehr, dass sich Fritzi sein Leben einmal etwas vernünftiger
einrichtet und demzufolge mehr Dank davon hat, als es seinem Vater
gelungen ist.

> *Frank Wedekind an Marie Uhl, 16. 8. 1903,*
> *Wedekind, Briefe, 102f.*

Kerstin Strindberg kannte ihren Vater nur aus der Korrespondenz, die er
aber knapp vor seiner dritten Hochzeit im Jahr 1901 abgebrochen hatte.
Nun wollte das mittlerweile 10-jährige Mädchen den Kontakt wieder auf-
nehmen. Sie bewunderte ihren Vater aus der Ferne. Im Juli 1904 holte Fri-
da Strindberg ihre Tochter aus der Internatsschule in Haag (Niederöster-
reich) ab und bat ihren Ex-Ehemann vergeblich, auf die Briefe Kerstins zu
antworten. Im Herbst kam Kerstin in eine Internatsschule der Englischen
Fräulein in Maria Spaz (Traunstein, Bayern).

August,
Mit jedem Tag des Lebens, dessen Erfahrung den Blick weitet, wächst
bei mir die tiefe Bewunderung, die Sie so weit über die anderen Menschen hebt. Und ich lehre Ihr Kind, Sie so zu bewundern, wie ich Sie
bewundere.

Kerstin mit Buch als Hinweis auf den Schriftsteller-Vater

Und die kleine Kerstin liebt Sie! Ich pflege ihre Liebe … Aber sie leidet darunter. – „Warum schreibt mir mein Vater nicht mehr?" fragt sie, wenn sie die früheren Karten wieder liest, die wir aufgehoben haben. Und ich lüge – um Sie zu entschuldigen, ohne mich anzuklagen.

Was soll ich ihr sagen?

Ich sage ihr: Dein Vater liebt dich! Er liebt dich! Ganz sicher! Sie senkt ihren kleinen Kopf, um nicht zu weinen.

Wie soll man sie trösten, ihr das glauben machen? – Selbst wenn ich ihr sagen würde: Dein Vater schweigt, weil deine Mutter zu jung und zu dumm gewesen ist, um ihn zu verstehen – egoistisch und lebenshungrig, und dann zu feige – ach! Würde sie nicht mit Recht denken, dass sie unschuldig an den Fehlern ihrer Mutter ist und darunter als arme Waise schon genug leidet – sie, die so gut, so nett, so gut ist – oh, wenn Sie wüssten!!!

August, da Sie sie lieben, antworten Sie ihr, wenn sie Ihnen schreibt. Ich bitte Sie darum!!

Frida Strindberg an August Strindberg, 2. 7. 1904 (franz.), KB Ep. S 53a

Zu Frida Strindbergs Bekannten in London zählte der Verleger John Lane. 1903 publizierte er die Briefe und Aufzeichnungen von Jane Welsh, der Frau des Historikers Thomas Carlyle. Frida Strindberg schrieb eine Rezension,

die – wohl über Vermittlung ihres Vaters – in der „Neuen Freien Presse"
erschien. Dass sie damit Eingang in den renommiertesten Feuilletonteil der
österreichischen Zeitungslandschaft fand, muss sie mit großer Genugtuung
erfüllt haben.

Das Buch zeichnete ein düsteres Bild des Ehelebens und erregte in Eng-
land großes Aufsehen. Die hochgebildete Jane Welsh hätte ihre eigenen li-
terarischen Neigungen zugunsten der Karriere ihres ehrgeizigen Mannes
aufgeben müssen und in der Ehe doch nur Unglück und Krankheit erlebt,
hieß es in den Rezensionen. Frida Strindberg, die sich an ihre eigene Ehe
erinnert fühlen musste, stimmte nicht in diesen Chor ein. Sie relativierte
die geistige Größe der Frau und trat gegen eine einseitige Stilisierung zum
Opfer auf.

Besonders missfiel ihr das sittenstrenge Urteil von Carlyles Frau an-
lässlich einer Tanzvorführung des italienischen Ballettstars Marie Tagli-
oni. Für Frida Strindberg hatten Anstandsregeln in der Welt der Kunst
nichts verloren. Allerdings sah sie die höchste Vollendung der Frau nicht
in ihrer Selbstverwirklichung, sondern in ihrer Hingabe an ein männliches
Genie.

Ein schlechter Ehemann in England? Die Welt ist seit Byrons Zeit nicht
nachsichtiger geworden. Dazu kommt noch der so falsch verstandene,
Mode gewordene Schutz des Weibes. Schriebe Offenbach heute seinen
Orpheus, er ließe ihn vielleicht in die Hände der Frauenrechtlerinnen
fallen und zerfleischen dafür, dass dieser anspruchsvolle Gatte der armen Eurydike selbst im Tod noch nicht Ruhe ließ. […]
Jane Welsh war wahrlich *kein Weib* im guten Sinn des Wortes! Denn
wenn es auch manchem klugen Mann ihrer Zeit dünken mochte, als
mache sie mit Engelszungen Konversation – die *Liebe* fehlte ihr. Sie *hatte*
keine Liebe. Keine Liebe, keine Verehrung, nur Geist und eine scharfe
Zunge. […] Es scheint so seltsam, dass unter allen Menschen, die es Carlyle zum Vorwurf machen, dass er sein bescheidenes Los mit der ohne
ihn noch ärmeren Jane Welsh geteilt, kein einziger ist, der fragen möchte, was das wohl für Frauen sind, die heute einen Mann zu küssen wissen
und morgen nicht mit ihm entbehren können. […]
Sie verachtete die „kritzelnden Sands und Eliots". Aber die einzige
kleine Geschichte, die sie selbst geschrieben, ist banal. […] Sie, die an

anderer Stelle anlässlich des Gasttanzes der Taglioni niederzeichnet: „…
ein Frauenzimmer, das nicht einmal hübsch ist, sich auf dem äußersten
Ende ihrer großen Zehe wiegt und den anderen Fuß hoch in die Lüfte
streckt – höher als es sich der Anstand je träumen ließ." Es lohnt sich
kaum, die Freundin der bedeutendsten Männer des 19. Jahrhunderts gewesen zu sein, wenn man nicht einmal zur Ahnung gelangt, dass Anstand nichts ist als eine bürgerliche Vorsichtsmaßregel, die in der *Kunst*
nichts zu suchen hat.

Das Beste an Jane Welsh ist ihr Humor. […] Dieser Humor lacht so
frei und so mannigfaltig, dass er hinreißender wirkt als alle Tränen, die
sie je vergossen, weil sie nicht zu fassen vermochte, dass für die wahre
Frau die wirkliche Größe nicht so im Glanz des eigenen, „selbstständi-
gen Individuums" besteht, als in der *Hingabe* an den Einen, Größeren.

Neue Freie Presse, 13. 9. 1903

*Im Frühling 1904 erfuhr Frida Strindberg von einer schweren Krankheit
des notorisch mittellosen Prosaisten und Bohemiens Peter Altenberg. Sie
versuchte über den „Fackel"-Herausgeber Karl Kraus Hilfsmaßnahmen
einzuleiten. Es kam zu mehreren Treffen zwischen Frida Strindberg und
Karl Kraus. Einen schon fixierten Termin mit Altenberg ließ dieser plat-
zen.*

*Als im Sommer 1904 in Berlin zur Unterstützung Peter Altenbergs auf-
gerufen wurde, trat Frida Strindberg in den Hintergrund. Im August 1904
trafen sich auch in Wien Freunde und Verehrer des exzentrischen Poeten
und Lebenskünstlers, um Geld zu sammeln. Hugo von Hofmannsthal war
Augenzeuge der grotesken Versammlung.*

Sehr geehrter Herr Kraus,
werden Sie mir böse sein, wenn ich mich ganz unbekannter und unbe-
rechtigter Weise mit einer Bitte an Sie wende?

Man sagt mir, Herr Peter Altenberg sei schwer krank. Ich kenne ihn
nicht persönlich. Und wenn er irgendwie Hilfe brauchte und ich ihm
dieselbe entgegenbringen könnte, würde ich es doch so gerne tun.

Wollen Sie mir sagen, ob dazu irgendwie Veranlassung ist, *was* ich tun
könnte und dann Herrn Altenberg gegenüber mir etwaige Schritte erleichtern? Ich bin ganz sicher, dass Sie mich nicht missverstehen werden

und auch gewiss, dass Ihr Takt und Ihre Güte das Richtige bezeichnen werden. Und ich danke Ihnen bereits im Voraus herzlich.

Ihre

Frida Strindberg

Frida Strindberg an Karl Kraus, April/Mai 1904, WB

Lieber Herr Kraus,

hélas, Altenberg kam nicht. Die Telefonnummer war unauffindbar. Ein Bote, den ich sandte, brachte Bescheid, dass P.A. das Haus verlassen. Ich sah mir bis 3 1/2 die Bäume und den Himmel an – dann ging ich heim und schrieb einen Brief.

Morgen muss ich einrücken ins Sanatorium. Wann ich wieder herauskomme, weiß Gott. Man sagt in 8 – 10 Tagen.

Frida Strindberg an Karl Kraus, 23. 5. 1904, WB

Altenberg selbst, in einem Fauteuil, etwas abseits der anderen, aber im gleichen Zimmer, wohnt der Beratung bei. Er verdeckt das Gesicht mit der Hand. „Ich bin ein Bettler und ein Sterbender", murmelt er vor sich hin, „was wollt ihr von mir? Lasst mich ruhig sterben." Verschiedene erheben sich und bringen Anträge vor, wie für seine Gesundheit und sein Auskommen zu sorgen wäre. Er winkt ab, dann wieder, zitternd im Fieber, scheint er gar nichts zu achten.

Da steht die hübscheste Frau des Kreises auf: die junge zarte Frau des Architekten Loos. „Ich liebe Altenberg mehr als ihr alle", sagt sie, „ich liebe seine Seele und die Gebärden seiner Seele. Und ich weiß nichts Schöneres, als ihn so sterben zu sehen, in einem Winkel, mit einer dürftigen Decke zugedeckt. O rührt nicht an das Wunder dieses Sterbens. Pauvre Lélian! Wer wollte ihn um die Schönheit seines Endes bringen?" – Da schnellt Altenberg wütend aus seinem Fauteuil auf: „Dumme Gans", schreit er sie an, „verfluchte dumme Gans! Ich will nicht sterben! Ich will leben! Ich will ein warmes Zimmer mit einem Gasofen, einen amerikanischen Schaukelstuhl, eine Rente, Orange Jam, Kraftsuppe, Filets Mignon; ich will leben!"

Hugo von Hofmannsthal, Aufzeichnungen aus dem Nachlass 1904, 456

Illustration Aubrey Beardsleys zu Oscar Wildes „Salomé"

Da die Publikationsmöglichkeiten in Zeitungen immer geringer wurden, suchte Frida Strindberg nach neuen Betätigungsfeldern. Im kreativen Milieu der Wiener Moderne engagierte sie sich auf vielfältige Weise als literarische Agentin, Anregerin, Managerin und PR-Frau. Dabei halfen ihr nicht nur die Kontakte ihres Vaters zu den maßgeblichen Wiener Autoren und Künstlern, sondern auch ihre eigenen Erfahrungen aus der Zusammenarbeit mit Verlegern wie Albert Langen und William Heinemann.

Im Laufe des Jahres 1904 lernte Frida Strindberg den umtriebigen Verleger Fritz Freund kennen, der 1903 den Wiener Verlag übernommen hatte. Er brachte neben nicht autorisierten Strindberg-Ausgaben viele Werke der Wiener Moderne (Arthur Schnitzler, Hermann Bahr) heraus. Frida Strindberg begeisterte ihn für die Idee einer ersten deutschsprachigen Gesamtausgabe des jüngst verstorbenen irischen Autors Oscar Wilde. Auch die letzten Briefe des bedeutenden englischen Jugendstilkünstlers Aubrey Beardsley wollte sie veröffentlichen.

Im August 1904 schlug sie dem Maler Carl Moll, dem Mitbegründer und künstlerischen Leiter der Wiener Secession, eine Ausstellung von Werken Aubrey Beardsleys vor. Auch hinter diesem Projekt dürfte ihr Vater gestanden sein. Nach einer Aufführung von Wildes „Salome" in Wien im Dezember 1903 hatte Friedrich Uhl das Stück und Beardsleys Illustrationen in der „Wiener Zeitung" enthusiastisch gefeiert.

Im August 1904 reiste Frida Strindberg zusammen mit Fritz Freund nach London. Dort verhandelte sie im Auftrag Carl Molls mit dem Verleger John Lane, aus dessen Sammlung die Beardsley-Originale für die Ausstellung kommen sollten. Frida Strindberg regelte die Details bezüglich Transport und Versicherung der Kunstwerke und traf die Auswahl.

Gleichzeitig suchte sie fieberhaft nach den letzten noch unveröffentlich-

ten Briefen Aubrey Beardsleys. Mit dem Nachlassverwalter Oscar Wildes, Robert Ross, besprach sie die geplante deutsche Gesamtausgabe. Man traf sich an mondänen Plätzen, u.a. im Hotel Cecil, einem riesigen Hotel an einem der prominentesten Plätze in London mit Blick auf die Themse.

Als platonischer Bewunderer des Künstlers kann ich nur wünschen, dass Sie ihnen [den Wiener Organisatoren] wohl gesonnen sind und sich mit ihnen einigen können. […] Was mein eigenes geplantes Werk (Beardsley) betrifft, geht es mir gerade jetzt so schlecht damit, dass Sie mir verzeihen müssen, wenn ich darauf verzichte, es zu erwähnen.

Frida Strindberg an John Lane, August 1904 (engl.), UT

Wenige Tage vor Weihnachten 1904 konnte die Ausstellung mit 80 Zeichnungen Aubrey Beardsleys in der Wiener Galerie Miethke eröffnet werden. 1905 erschien bei Fritz Freund die Komödie „Lysistrate" von Aristophanes mit den erotischen Illustrationen Beardsleys. Zur geplanten Briefausgabe Beardsleys kam es nicht.

Frida Strindbergs neues Domizil war ein Hotel in der Johannesgasse nahe beim Stadtpark

Um die steigende gesellschaftliche Anerkennung auch nach außen hin sichtbar zu machen, wechselte Frida Strindberg 1905 ihre Wohnadresse

und zog von der noch etwas abgelegenen Reisnerstraße 41 außerhalb des Rings in das zentral gelegene Hotel Tegetthoff in der Johannesgasse 23 nahe beim Stadtpark.

Viel Zeit widmete Frida Strindberg der Neuübersetzung von Oscar Wildes „Salomé" und mehrerer seiner Erzählungen, u.a. von „The House of Pome-

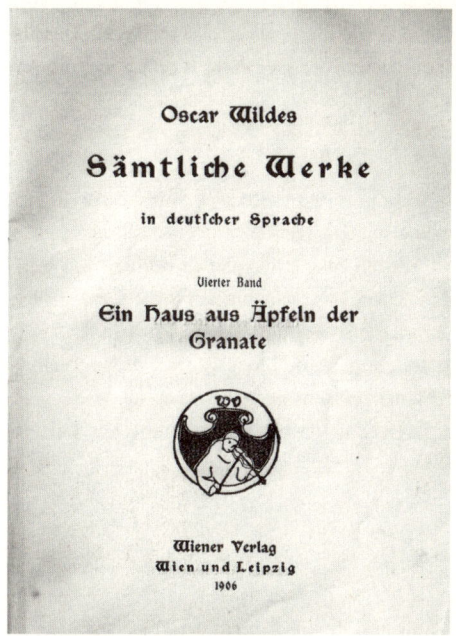

Übersetzungen Oscar Wildes von „Frieda Uhl"

granates", „Lord Arthur Savile's Crime" und „The Canterville Ghost". Als Honorar sollte sie 600 Gulden erhalten. Die Übersetzungen erschienen zwischen 1906 und 1908 im Rahmen der zehnbändigen Werkausgabe im Wiener Verlag. Frida Strindberg trat hier überraschenderweise mit ihrem Mädchennamen „Frieda Uhl" auf. War die erstmalige Rückkehr zum „eigenen" Namen Folge eines neu gewonnen Selbstbewusstseins?

Karl Kraus verehrte August Strindberg und Frank Wedekind wegen ihrer beißenden Kritik an der gesellschaftlichen Moral und wegen ihrer kritischen Haltung zur Emanzipationsfrage. Beiden Autoren gab er starke Präsenz in seiner Zeitschrift „Die Fackel". In diesem Zusammenhang dürfte er sich auch für die einstige Lebensgefährtin beider interessiert haben.

Frida Strindberg fühlte sich geschmeichelt, war aber keineswegs eine unkritische Bewunderin des zynischen Sprachwächters. Im November 1904 organisierte sie ein Treffen des dänischen Lyrikers Holger Drachmann

mit dem österreichischen Ministerpräsidenten Ernest von Koerber, der vor
dem Rücktritt stand. Das wohlwollende Interview erschien am 27. Novem-
ber 1905 im „Fremdenblatt". Karl Kraus reagierte mit einem Verriss in
der „Fackel" und schreckte auch vor einer Verunglimpfung des Namens
Drachmann nicht zurück. Frida Strindberg belächelte seinen rigiden Mo-
ralismus.

Am 16. Jänner 1905 druckte Kraus in der „Fackel" einen langen Essay
Otto Soykas über Oscar Wilde ab, der ein abschätziges Urteil über dessen
Privatleben enthielt. Für Frida Strindberg war diese Würdigung schlicht-
weg verfehlt.

Lieber Herr Kraus,
Ich würde Sie gerne im Löwenbräu treffen oder im Central oder im Im-
périal, aber … Das Interview war *mein* Werk!!

Ich habe so lange Jahre hindurch so fürchterlich geweint … Ich *kann*
jetzt nur mehr lachen … Ich würde am Galgen noch lachen – denn ich
finde es sehr komisch an ihrem Ernst wund und müd geworden.

Ich *hasse* Ernst und Überzeugungen und bin augenblicklich so wahnsinnig verliebt – ins Leben. Voilà une femme –

Mit dem bissel Aufrichtigkeit, das ich noch habe, habe ich Sie *sehr*
hoch geschätzt.

Stets Ihre
Frida Strindberg

Frida Strindberg an Karl Kraus, 6. 12. 1904, WB

Soyka hat Wilde nicht gekannt und ihn auch nicht erraten – schade.

Frida Strindberg an Karl Kraus, Jänner 1905, WB

Im Frühling 1905 startete Frida Strindberg eine weitere Benefizaktion. Am
15. Februar 1905 war Rudolf von Pöllnitz, der langjährige Leiter des Insel-
Verlags, verstorben. Um der 20-jährigen kranken Witwe zu Geld zu verhel-
fen, plante Frida Strindberg einen Benefizband mit Texten und Illustrati-
onen von Autoren und Künstlern des Verlags. Sie stürzte sich in hektische
Aktivitäten und nahm Kontakt mit Ricarda Huch, Richard Dehmel, Her-
mann Bahr, Hugo von Hofmannsthal, Franz Blei, Richard Schaukal und
Julius Meier-Gräfe auf. Für den Illustrationsteil sah sie Werke von Aubrey

Karte Frida Strindbergs mit einer Ansicht ihres Hotels

Beardsley, Gustav Klimt, August Strindberg (!), Rembrandt, William Blake und Henri Toulouse-Lautrec vor. Konkrete Zusagen gaben nur Richard Schaukal und Richard Dehmel. Im August 1905 kam vom Diederichs-Verlag, der das Buch publizieren sollte, das endgültige Aus.

Einige Insel-Autoren und Zeichner haben mir ihren Beistand zugesagt: Wir wollen bei der Insel ein Werk herausgeben, das dem Andenken Pöllnitz' gewidmet ist … der *ganze* Ertrag soll seiner kleinen Frau, die er so lieb gehabt und die ein Kind noch ist, zugute kommen!

Frida Strindberg an Ricarda Huch, 2. 3. 1905, DLA

Sie sind der Erste hier in Wien, an den ich mich gewendet habe. Heute schreibe ich noch an Bahr und bitte ihn, auch mit Hofmannsthal zu sprechen.

Verzeihen Sie, dass ich Sie, unbekannter Weise, so bemühe. Aber nicht wahr: die Welt ist doch so voll von Leid, dem man nicht helfen kann, dass man wirklich förmlich froh sein sollte, wenn man einmal ein *bisschen* lindernd wenigstens einzugreifen vermag?

Frida Strindberg an Richard Schaukal, März 1905, WB

Im Winter 1904/1905 suchte Karl Kraus nach einer Aufführungsmöglichkeit für Frank Wedekinds Stück „Die Büchse der Pandora" (1902), des zweiten Teils der „Lulu"-Tragödie. Frida Strindberg sagte ihm ihre Unterstützung zu. Der Jurist und Kraus-Freund Robert Scheu schlug eine Privatlesung vor, an der auch Kraus' Intimfeind Hermann Bahr teilnehmen sollte. Frida Strindberg hielt nicht viel von diesem Plan, der schließlich scheiterte. Auch von einer Einladung Frank Wedekinds nach Wien riet sie – aus privaten Gründen? – ab.

Also: Dr. Scheu kam und – blieb leider auch! Über zwei Stunden! […] Nun hat er Folgendes vor: Er will einen Abend der „Büchse" weihen – Sie sollen lesen, Hermann Bahr soll sprechen und irgendein Presse-Mensch ich weiß nicht was tun. […] Entre nous: ich glaube nicht, dass aus Scheu-Sache etwas wird – werde daher trachten, auf anderes zu sinnen.

Frida Strindberg an Karl Kraus, Anfang 1905, WB

Lieber Herr Kraus –
bitte schön: laden Sie Herrn Wedekind vielleicht doch lieber *nicht* ein, hier mitzutun. Nötig oder nützlich ist es ja nicht und bei genauerer Überlegung steigen mir viele Bedenken auf.

Falls *er* den Wunsch äußern sollte zu kommen, darf selbstverständlich nur *sein* Wunsch in Betracht gezogen werden – sonst nichts. Aber ich glaube ohnedies nicht, dass es ihn besonders herzieht – jetzt im Winter – knapp vor Aufführung Hidalla's in Berlin …

Frida Strindberg an Karl Kraus, Anfang 1905, WB

Die vielen Hilfsaktionen und sonstigen Aktivitäten setzten Frida Strindberg zu. Sie arbeitete fast pausenlos und meist unentgeltlich und achtete wenig auf ihre eigene Gesundheit. Offenbar litt sie mittlerweile unter einem regelrechten Helfersyndrom. Die Folgen ließen nicht auf sich warten.

Anfang April 1905 musste sie sich erschöpft und ausgebrannt für drei Monate in das abgeschiedene Maria Bründl bei Freistadt (Oberösterreich) zurückziehen. Im neu erbauten, villenartigen Kurhaus mitten im Wald ließ sich billig leben und ausspannen. Die Kur mit guter Waldluft und Kneipp-Wasserbädern wurde u.a. bei körperlicher Ausgelaugtheit und

Maria Bründl bei Freistadt im Mühlviertel

Nervosität empfohlen. In den Osterferien war auch ihr 7-jähriger Sohn Friedrich Max bei ihr.

Der „Infant" und ich leben mitten im Wald und ziehen zwei junge Geier groß, die, wenn man ihnen Fleisch gibt, gleich nach den Fingern hacken. – So vergessen wir Menschen und Menschentun nicht ganz.

Frida Strindberg an Richard Schaukal, Frühling 1905, WB

Ein Klatschreporter berichtete im Wiener „Sonn- und Montags-Courier" am 3. April 1905 von einer Salongesellschaft in Frida Strindbergs Hotelappartement. Die Gastgeberin habe dabei den anwesenden Karl Kraus informiert, dass Rosa Bahr, die Ehefrau von Kraus' Intimfeind Hermann Bahr, gerne seine Bekanntschaft machen würde. Schon kurze Zeit später habe man Frida Strindberg, Karl Kraus und Rosa Bahr bei einer Redoute in angeregter Unterhaltung gesehen.

An der Sensationsnachricht stimmte nur, dass Frida Strindberg sowohl mit Karl Kraus als auch mit Rosa Bahr bekannt war; sie traf aber nie beide zugleich. Kraus reagierte im Auftrag Frida Strindbergs mit einem Widerruf, der eine Woche später erschien.

Lieber Herr Kraus – *bitte* geben Sie für mich in dem Sonn- und Montags-Courier den Widerruf, der Ihnen angemessen erscheint. Ich *er-*

mächtige Sie, alles mit meiner Unterschrift zu sagen, was Sie *irgendwie* zu sagen wünschen. Dr. Strasser, Seidelgasse 25, dem ich nicht mehr telefonieren konnte, soll *Ihnen* sagen, wer den Tratsch gemacht, und tun, *was Sie wünschen*. Dies in Eile und inmitten des *furchtbarsten* Lärmes – halb-erstickt durch den schlimmsten Buben, den ich je gesehen – der sich Ihnen aber zu Gnaden empfiehlt.

Herzlich Ihre Frida Strindberg

Frida Strindberg an Karl Kraus, 8. 4. 1905, WB

Mitte Mai 1905 unterbrach Frida Strindberg ihre Kur, um mit Karl Kraus in Wien eine Aufführung der Tragödie „Elektra" von Hugo von Hofmannsthal zu besuchen. Zu den Privataufführungen von „Die Büchse der Pandora", die am 29. Mai und am 15. Juni unter den Auspizien der „Fackel" stattfanden, reiste sie nicht an. Frank Wedekind spielte Jack the Ripper und Karl Kraus wirkte in einer Nebenrolle mit. Frida Strindberg traf aber wiederholt mit der Hauptdarstellerin der Lulu, der 19-jährigen Tilly Newes, zusammen und war von ihr fasziniert.

Ihr Versuch, Kraus für den französischen Dramatiker Henri Becque zu begeistern, von dem Frida Strindberg ein Drama übersetzt hatte, misslang Anfang 1906. Karl Kraus war ihr ungeachtet einzelner Freundlichkeiten nicht wirklich gewogen.

Einzigste Lulu,

Sie sehen so müde aus, jetzt immer, wenn ich mit Ihnen plaudere! Schonen Sie sich! … Nerven und Schönheit …!

Nun ist es wohl bald vorüber … morgen? Übermorgen? Ich kenne den Tag nicht, und die Zeitungen sind stumm. […]

Wie lange wird Frank in Wien bleiben? Gelt, Sie erwähnen mich nicht (geschweige denn in der bewussten Angelegenheit): Sie und ich – – wir haben offenbar so sehr in allem dieselbe Empfindung, dass Sie mir sicher auch das nachfühlen können – es *könnten* wenigstens.

Frida Strindberg an Tilly Newes, Ende Mai 1905, WB

Die Dame steckt voll von Misstrauen und ich höre gelegentlich, dass sie sich immer wieder – bei Bekannten – nach Ihnen erkundigt.

Karl Kraus an Frank Wedekind, 26. 10. 1906, Kraus – Wedekind, Briefwechsel, 88

Den aufstrebenden Wiener Autor Richard Schaukal, dessen Novelle „Mimi Lynx" 1904 im Insel-Verlag erschienen war, hatte Frida Strindberg über den geplanten Benefizband des Insel-Verlags kennen gelernt. Sie trat gegenüber dem Wiener Verlag, vor dem sie ihn aus eigener schlechter Erfahrung warnte, und dem S. Fischer Verlag als seine Mentorin auf.

Am 8. Oktober 1905 veröffentlichte Frida Strindberg im „Fremdenblatt" einen Nachruf auf den spanischen Dichter José-Maria de Heredia, der anonym abgedruckt wurde und Nachdichtungen Richard Schaukals enthielt. Als Schaukal den fehlerhaften Abdruck seiner Gedichte bemängelte, verwies Frida Strindberg auf den Termindruck durch die Zeiung.

Werter Herr Doktor,
Ich habe das Manuskript an einen anderen adressiert gestern in meiner Hast!!

Bin verzweifelt. Schon ganz schwachsinnig. Gleichzeitig mit Ihrem Brief fand ichs vor. Aber denken Sie: ich hatte *drei* Stunden, das Feuilleton zu schreiben, die Post zu erledigen und nebenan saß eine alte zugereiste Tante und schwatzte. – Kann lieb werden morgen! *Bitte* lesen Sie es nicht. Und seien sie mir nicht böse.

Frida Strindberg an Richard Schaukal, Herbst 1905, WB

Ich danke Ihnen herzlich für Ihren Brief und bitte Sie ebenso herzlich, mir nicht böse zu sein. Sie haben mit allem, was Sie sagen, völlig recht und dass meine Absicht Ihnen gegenüber die aufrichtigste und freundschaftlichste war, ändert nichts dran, dass ich mich zumindest als sehr ungeschickt erwiesen habe.

Das Hauptelend ist bei mir eben immer die Arbeitsüberbürdung und – das Müdesein.

Frida Strindberg an Richard Schaukal, Herbst 1905, WB

Seien Sie vorsichtig mit Wiener Verlag. Ich habe *recht* bittere Erfahrungen gemacht – mein Freund Robert Ross in London wurde dank meiner freundlichen Vermittlung direkt geprellt. Ich selber sah endlose Arbeit und Verdruss und keinerlei Entschädigung.

Dies soll Sie nicht hindern, dem Mann Ihr Buch anzuvertrauen – Sie nur veranlassen, *sehr* vorsichtig, *alles* bedenkend bei Abfassung [des]

Kontraktes zu sein – Ausstattung etc. […], um sowohl vor künstlerischer als finanzieller Enttäuschung sicher zu sein. *Nichts* ohne Kontrakt tun.

Frida Strindberg an Richard Schaukal, Herbst 1905, WB

Frida Strindbergs vielfältige organisatorische, redaktionelle und literarische Arbeiten für das Wiener „Fremdenblatt" sind in zwei Einzelfällen (Heredia-Nachruf und Drachmann-Interview) eher zufällig über ihre Korrespondenz zu rekonstruieren. Im rasch expandierenden und sich beschleunigenden Pressemarkt waren keine gehobenen Feuilletons mehr gefragt, sondern schnell hingeschriebene Artikel ohne höhere stilistische Ansprüche. Frauen wie Frida Strindberg fanden kaum feste Anstellungen bei Zeitungen, waren aber als freie Mitarbeiterinnen gefragt, die gegen geringes Honorar den Redakteuren in vielfältiger Weise zuarbeiteten: Sie organisierten Treffen, führten Recherchen durch und schrieben Rohfassungen zu Artikeln, die dann mehr oder weniger überarbeitet unter dem Namen des Redakteurs (oder anonym) erschienen.

Das einzige erhaltene Foto, das Frida Strindberg zusammen mit ihren beiden Kindern Kerstin und Friedrich Max zeigt, dürfte 1905 in Freistadt aufgenommen worden sein. Die Selbstinszenierung als fürsorgliche Mutter stand in krassem Gegensatz zur bitteren familiären Realität.

Von der Salondame zur Skandalfigur (1906–1908)

Frau Strindberg ist als exzentrisch bekannt. Vor kurzem erst zog sie gelegentlich einer Auseinandersetzung mit einem Aristokraten einen Revolver und gab einen Schuss ab.
Linzer Volksblatt, 28. 1. 1908

Für November 1905 plante Frida Strindberg, den Verleger Fritz Freund
nach London und Paris zu begleiten. Sie bot Arthur Schnitzler an, beim
bekannten Schauspieler Sacha Guitry für eine Aufführung seines neuesten
Stücks „Zwischenspiel" einzutreten. Als sie zu diesem Zweck einzelne Sze-
nen ins Französische übersetzen wollte, winkte er ab.

Die Reise kam nicht zustande. Ein Telegramm rief Frida Strindberg
nach Mondsee, wo ihr Vater im Sterben lag.

Sie kennen wohl den augenblicklichen traurigen Stand der Dinge bei
uns. – Es sind qualvolle schleppende Tage, die mich ganz müde und ent-
mutigt lassen.

Frida Strindberg an Richard Schaukal, Dezember 1905?, WB

Mein Vater liegt im Sterben, hat nur mehr Stunden zu leben …

Frida Strindberg an August Strindberg, Weihnachten 1905 (franz.), KB Ep. S 53a

Am Abend des 20. Jänner 1906 starb Friedrich Uhl in seiner Mondseer
Villa. Sieben Wochen hatte Frida Strindberg an seiner Seite ausgeharrt.

Heute Nacht, 10¼ Uhr, entschlief still und schmerzfrei

Hofrat Friedrich Uhl
Chef-Redakteur der kais. Wiener Zeitung i. P.

Ritter des kaiserl. österr. Leopold-Ordens, der eisernen Krone III. Klasse, Kommandeur
des russischen Stanislaus-Ordens, des portugiesischen Christus-Ordens mit dem Stern, des
persischen Sonnen- und Löwen-Ordens, Offizier des italienischen Mauritius Ordens, Ritter
I. Klasse des bayrischen Michael-Ordens u. a. m.

im 81. Lebensjahre, nach Empfang der hl. Sterbesakramente

Die Beisetzung findet am Dienstag den 23. Jänner, um 4 Uhr nachmittags, vom Trauerhause
aus. statt.

Die hl. Seelenmesse wird am Mittwoch, um 8 Uhr früh, in der Pfarrkirche zu Mondsee gelesen

Von dem schweren Verluste, der sie betroffen, geben Nachricht

Die tieftrauernden Hinterbliebenen.

MONDSEE, am 20. Jänner 1906.

Druck von S. Löwel in Salzburg

Partezettel zum Tod Friedrich Uhls

Ich möchte Ihnen dankbarst die Hand drücken – ganz still. Leben, hoch-verehrter Meister, ist schwerer oft als das Sterben … So will es mir er-scheinen. Mein armer Vater schlief hinüber. Er hat lange gelitten, unsag-bar – – und als das Ende kam, merkte ich es daran, dass er ruhig wurde und dass sein Atem, der früher ein Röcheln war, ganz leicht und fried-lich wurde, bis er – verstummte!

Er lag dann im Tode da wie ein ergebener Stiller, der zufrieden ist: ich hätte um jeden Preis der Welt mit ihm getauscht – um *meiner selbst willen.*

> *Frida Strindberg an Ferdinand von Saar, Ende Jänner 1906, WB*

Hofrat *Uhl* ist an den Folgen seiner langwierigen Krankheit, eines schmerzhaften Fußleidens, im 81. Lebensjahr verschieden. Am Sterbe-bette befanden sich seine Frau und seine Tochter, Frau Frieda *Strind-berg.* Hofrat Uhl starb ruhig und ohne Schmerzen. Seine Leiche ist im Verandazimmer mit der herrlichen Aussicht auf See und Gebirge auf-gebahrt.

> *Neue Freie Presse, 22. 1. 1906*

Mit ihrem Vater verlor Frida Strindberg die prägendste Bezugsperson ihres Lebens. Er hatte ihr schriftstellerisches Talent erkannt, sie zur Journalistin ausgebildet und sie als solche beschäftigt und ihr damit Zugang zu einem weiblichen Traumberuf ihrer Generation verschafft. Deshalb hatte sie auch in Zeiten familiärer Krisen versucht, sich nie ganz aus seiner schützenden Einflusssphäre zu entfernen.

In den ersten Wochen suchte Frida Strindberg Halt bei ihrem Schwa-ger Rudolf Weyr in Wien. Mit ihrer Mutter geriet sie sofort in Streit. Zu-nächst ging es um die Erbschaft. Nach dem Willen Marie Uhls sollte Frida Strindberg ihren Anteil von 11.100 Kronen erst 1910 erhalten. Frida Strind-berg fürchtete, dass bis dahin das Geld verloren gehen könnte, und forderte die sofortige Sicherstellung. Im Juni 1906 kam es zu einer Einigung. Frida Strindberg sollte ihr Erbe zum Zeitpunkt des Verkaufs der Villa oder der auf 30.000 Kronen geschätzten Kunstsammlung Friedrich Uhls erhalten.

Meines Vaters Tod und die vielen Wochen, die vorangingen, haben mich plötzlich ganz zu Boden gestreckt. Zwei Tage nach seinem Tod übermannten mich die Nerven derart, dass ich mir das Einfachste nicht mehr klarzulegen vermochte. Dabei lag alles auf meinen Schultern. Ich schrieb einige Briefe automatisch zwei Mal an dieselben Leute – unterließ andere – und brachte es bis zur Stunde nicht fertig, dem Ministerratspräsidium und irgendeinem Menschen zu danken.

Ich weiß nicht, wer genug Takt und Güte hätte, mir eine halbe Stunde über das Ärgste hinwegzuhelfen, wenn Sie es nicht sind. Der Betreffende müsste all den Verstand haben, der mir fehlt. Ich weiß – ich sollte nicht, bitte aber trotzdem: stehen Sie mir bei.

Frida Strindberg an Richard Schaukal, Ende Jänner 1906, WB

Im Mai 1906 bezog Frida Strindberg eine Wohnung in der Veithgasse, die wie jene ihres Schwagers Rudolf Weyr im 3. Bezirk lag. In der Strohgasse, einer Querstraße, residierte in einem luxuriös ausgestatteten Appartement Baron Friedrich Werner van Oestéren. Der Sohn eines reichen ungarischen Magnaten und einer Berliner Schauspielerin huldigte seinen schriftstellerischen und schauspielerischen Neigungen. Frida Strindberg dürfte ihn schon aus ihrer Münchner Zeit gekannt haben, wo er sich im Umfeld von Frank Wedekind, Michael Georg Conrad und Rainer Maria Rilke bewegt hatte. Sie unterstützte die künstlerischen Ambitionen des auf großem Fuß lebenden Kavaliers und unterhielt wohl auch eine Beziehung zu ihm. Franz Servaes, Feuilletonist bei der „Neuen Freien Presse", traf die beiden wiederholt zusammen in Oestérens Wohnung.

Zu jenen Zeiten stand sie mit Werner in Verbindung, was beinahe als legitim gelten konnte. Sie war behaglich und dicklich geworden und ganz amüsant. Eines Abends, als Mitternacht bereits vorüber war und es für Martha und mich keine Zugverbindung nach Weidlingau mehr gab, führte uns Frau Strindberg in ihre Wiener Privatwohnung und bot uns dort ihr eigenes Nachtlager an. Indes, o Schreck, als sie sich entfernt hatte, erscholl von nebenan die höchst ungnädige Stimme der eigentlichen Wirtschaftgeberin und veranlasste uns, das kaum gewonnene Feld gleich wieder zu räumen. In morgendlicher Stunde waren wir, da wir die „Gesellschaft" nicht mehr stören mochten, genötigt, nach unserem Vorort in stundenlanger Nachtwanderung zurückzustreben. So hatten wir, recht wider Willen, noch einmal die Freuden der Boheme kennengelernt. Als dann die Schuldige samt ihrem Kavalier tags darauf in unserer Wohnung erschien, um Abbitte zu leisten, war das Übel bereits derart überwunden, dass wir darüber lachen konnten.

Franz Servaes, Grüße an Wien, 176

Im Laufe des Jahres 1905 oder 1906 dürfte Oestéren versucht haben, auf Distanz zu gehen. Frida Strindberg ließ sich nicht abschütteln. Sie engagierte einen Privatdetektiv, der Oestérens Bemerkung aufschnappte, er würde Frida Strindberg abschieben lassen, wenn sie es wagte, ihm in sein Seebad nachzureisen. Daraufhin klagte ihn Frida Strindberg. Als Oestéren vor Gericht konterte, sie hätte ihn zweimal mit einem scharf geladenen Revolver bedroht, zog Frida Strindberg ihre Klage wieder zurück.

Frida Strindbergs Versuch, mit drastischen Überwachungs- und Einschüchterungsversuchen gegen den Weggang des Partners anzukämpfen, sollte sich später wiederholen. Vielleicht lag hinter diesem Verhaltensmuster ein Kindheitstrauma – die Verlassenheit der kleinen Frida, die ohne Eltern aufwachsen musste. Vielleicht wollte die erwachsene Frida um jeden Preis, notfalls auch mit Gewalt, verhindern, dass sie von ihren Partnern – wie zuvor von ihren Eltern – allein gelassen wurde.

Am 23. Oktober 1906 erkundigte sich Frank Wedekind bei Karl Kraus nach der Adresse Frida Strindbergs. Er wollte jene Manuskripte, die er im Oktober 1898 bei seiner Flucht in das Schweizer Exil in ihrer Obhut zurückgelassen hatte, zurückfordern oder zumindest Abschriften erhalten. Frida Strindberg hatte die zum Teil brisanten Texte (Tagebücher, Prosaentwurf „Eden") Ende 1898 bei Franziska zu Reventlow deponiert, die sie dem Grafiker Rolf von Hoerschelmann überließ. Dieser verkaufte sie dem Münchner Antiquar Emil Hirsch, von dem sie 1908 schließlich in die Hände des Leipziger Verlagsbuchhändlers Ernst Rowohlt kamen, der jetzt eine Veröffentlichung plante.

Obwohl er Rowohlt die Bezahlung des Kaufpreises anbot, gelang es Frank Wedekind nicht, die Manuskripte zurückzubekommen. Die Bemühungen Frida Strindbergs, die in den Jahren 1908 und 1909 mehrmals selbst nach München reiste und auch Franziska zu Reventlow aufsuchte, blieben ebenfalls erfolglos. Es kam zum Prozess, der erst 1911 mit einem Vergleich endete. Die Manuskripte gingen wieder an Wedekind zurück, der Rowohlt im Gegenzug versprach, seinem Verlag eine Autobiografie anzubieten, die er freilich nie schrieb.

Ich will Ihnen auch offen sagen, dass ich die eventuelle Rache der Strindberg einigermaßen fürchte und die Affäre überhaupt sehr üble Folgen für mich haben könnte.

Franziska zu Reventlow an Rolf von Hoerschelmann, Frühling 1908, Reventlow,

Briefe, 535

Im Herbst 1906 dürfte Frida Strindbergs körperlicher und psychischer Zustand derart dramatisch gewesen sein, dass sie einige Zeit in einem Sanatorium verbringen musste. Als sie im November 1906 nach Mondsee in die Villa Uhl zurückkehrte, waren bereits alle Möbel und Kunstgegenstände abtransportiert. Vom 3. bis 7. Dezember 1906 fand im Dorotheum Wien die Versteigerung der Kunstsammlung Friedrich Uhls statt. 1.048 Objekte kamen unter den Hammer, darunter ein großformatiges Antiphonar von Mondsee (1464, heute im Oberösterreichischen Landesmuseum), ein gotischer Schauschrank (um 1500), viele Renaissance- und Barockmöbel sowie Gemälde von Josef Danhauser und Peter Fendi. Der Erlös lag mit 48.000 Kronen deutlich über dem Schätzwert. Marie Uhl erwarb mit dem Geld eine Nachbarvilla in Mondsee und richtete die Villa Uhl neu ein.

Erst lag ich im Sanatorium, nun sitze ich zwischen rattenkahl geschorenen Wänden, denen alles Herumlaufen erst binnen 14 Tagen die dezenteste Garderobe verschaffen wird –

Frida Strindberg an Franz Servaes, Ende November 1906, ÖNB

Auch nach der Versteigerung der Kunstsammlung dürfte Marie Uhl die vereinbarte Ausbezahlung des Erbes an ihre Tochter hinausgezögert haben. Der Konflikt eskalierte im Laufe des Jahres 1907. Jetzt ging es auch um das Sorgerecht für Kerstin. Marie Uhl setzte alles daran, Kerstin an ihren Vater August Strindberg zu binden und die Mutter Frida Strindberg beiseite zu drängen. August Strindberg unterstützte nach wie vor Marie Uhl, wollte aber nicht in den Konflikt hineingezogen werden. Im März 1907 lud ihn Marie Uhl zu einem Osterbesuch ein. Als Frida Strindberg davon er-

fuhr, beschwor sie August Strindberg in zwei Briefen vergeblich, Kerstin an ihrer Seite und ohne Großmutter wiederzusehen.

Wozu denn ein Titular-Vater? Warum die Kleine und ihre Gefühle zerreißen? Sie hat einen Bruder, der mir nicht gehört, das weiß Kerstin. Nein – ich kann nicht in diese Netze zurück hineinkriechen. Durch Kerstin sollte ich in indirekte Verbindung mit ihrer Mutter treten. – Das will ich nicht!, darf nicht.

Ich weiß gar nicht, ob Frida lebt (lebendig ist), ob sie verheiratet ist, etc. Ich könnte ja riskieren, sie zu treffen, und sicher ist, dass Kerstin in kindischer Einfalt versuchen sollte, uns zu „versöhnen". – Das geht nicht! – Warum Tragödien arrangieren?

August Strindberg an Marie Uhl, 2. 3. 1907, Brev XV/5503

Und nun erzähl ich dir noch einiges von Frida, wohl immer dieselbe Geschichte, hauptsächlich darin, dass sie ein armes Kind ist, kann sich nicht helfen. Papa fand das richtige Wort zur Erklärung ihres Wesens: sie hat keinen Verstand. An dem liegt es, und so ist ihr Tun und Lassen ganz unqualifizierbar; wenn sie krank ist, schleppt sie sich am Ball, wenn sie nach Einsamkeit lechzt, stürzt sie in den größten Trubel. Sie ist nicht verheiratet, lebt in Wien; inwieweit sie das Leben mitnimmt, weiß ich nicht; Mädi liebt sie, den Buben nicht – seines Vaters willen.

Sie ist alt und unschön geworden, leider auch krank, kein Wunder, denn sie ist nicht imstand, sich in Obacht zu nehmen; bei Schnee und Eis geht sie in Schleier, Schlafröcken und Saffianlederschuhen in den Garten hinaus, die Arme ist nun einmal so. Ich fürchte nur, sie hat schon ernstlichen Schaden genommen, und auch darauf achtet sie nicht, was liegt ihr daran, aber sie will doch gesund sein.

Marie Uhl an August Strindberg, 6. 3. 1907, KB Ep. S 53a

August,
Als Du mich vor Jahren als Frau bei meiner Mutter zurückverlangt hast, hat sie mir davon nichts gesagt. Nicht ein Wort.

Genauso wusste ich nicht, dass sie dich jetzt einlädt. *Ich habe ihr verboten*, sich noch an dich zu wenden.

Was *du* willst, wird geschehen. Aber meine Mutter hat nichts ohne unser Wissen zu entscheiden, weder für dich noch für mich …

Kerstin ist gut, zärtlich, nobel. Sie liebt dich und möchte dich umarmen. Ich wäre glücklich, wenn du kommen und sie sehen und lieben wolltest. Sehr glücklich.

Aber dann nicht in Mondsee, sondern bei mir in Wien, während der Osterferien oder wann immer du willst. Ich werde sie wegbringen – aber nicht nach Mondsee. Und keine Interventionen Fremder oder der Eltern mehr.

Du brauchst dich nur zu entscheiden.

Frida

Frida Strindberg an August Strindberg, 3. 3. 1907 (franz.), KB Ep. S 53a

Das Kind ist unglücklich. Sie leidet darunter, nie einen Vater zu haben. Ich bitte Sie sehr demütig: Schreiben Sie ihr oder kommen Sie, um sie zu sehen. Sie werden sie ganz alleine haben und werden meinen Anblick, der Ihnen missfällt, nicht ertragen müssen.

Strafen Sie nicht das Kind, weil Sie die Mutter verlassen hat! Das Leben hat mich alle Höllenqualen erleiden lassen. Ich bin bestraft, über meine Fehler hinaus, und schrecklich unglücklich. Ich wünsche für mich selber nichts mehr als den Tod. Aber für Ihr Kind wünschte ich das Leben, den Frieden, die Liebe.

Ich bin zu sehr gebrochen, um ihr das zu geben – –

Wollen Sie es versuchen? Aber ohne Großmutter – um Gottes Willen.

Wir verbringen die Ferien in Traunstein. Schreiben Sie der Kleinen oder kommen Sie.

Frida Strindberg an August Strindberg, 6. 6. 1907? (franz.), KB Ep. S 53a

Retten Sie das Kind! Ich habe keine Heimat, keinen Verkehr, keine Verwandten. Ich gehe in [ein] möbliertes Zimmer oder Pensionat, bin momentan sogar ruiniert, ökonomisch!

August Strindberg an Marie Uhl, Februar 1908, Brev XVI/5802

Als ihr Sohn Friedrich im Sommer 1907 die Volksschule abschloss, musste Frida Strindberg über seine weitere Zukunft entscheiden. Sie wollte ihn

in ein Gymnasium mit Internat schicken und forderte Frank Wedekind
auf, sich an den Kosten zu beteiligen. Um ihrem Anliegen Gehör zu ver-
schaffen, fuhr sie am 1. Oktober 1907 persönlich zum Münchner Anwalt
Wedekinds und drohte mit einem Gerichtsverfahren. Wedekind erklärte
sich umgehend zur Zahlung von monatlich 50 Mark bereit und wollte für
Notfälle 1.200 Mark in einem Depot hinterlegen. Frida Strindberg reagier-
te zunächst empört, ließ aber durchblicken, dass im Falle einer Ausbezah-
lung der 1.200 Mark an sie persönlich mit ihrer Zustimmung zu rechnen
wäre.

Ich denke nicht mehr daran, mit Herrn *Wedekind* jenes naive Abkommen zu treffen, das eigentlich *mich* zur Alimentation verpflichtet hätte
und ihm die Rechte eingeräumt.

Ich habe jahrelang für Herrn *Wedekind* Not gelitten, dann für sein
Kind.

Ich bin heute zum Zusammenbrechen müde, von Sorgen und Schulden so überlastet, dass ich nicht aus noch ein weiß.

Natur- und Menschengesetz befehlen, dass der *Mann* für sein Kind
sorgt, wenn schon nicht für die Frau.

Ich bin kein Lasttier und mag nicht länger Ausbeutungsobjekt sein.
Herr *Wedekind* soll meine Hände ansehen – dann seine daneben und
– für sein Kind arbeiten. *Will* er nicht dafür schaffen, so soll *er* die Ver-
antwortung tragen dem Kinde gegenüber. Man setzt nicht Kinder in die
Welt, damit die Mütter daran zu Grunde gehen. Wehe dem Manne, der
ein Weib zwingt, den Tag zu verfluchen, an dem sie sich ihm in Liebe
gab.

Frida Strindberg an Frank Wedekinds Anwalt Wilhelm Rosenthal,
ca. 10. 10. 1907, Abschrift, SBM

1890 hatte Friedrich Uhl mit dem renommierten Cotta-Verlag in Stuttgart
die Herausgabe seiner Lebenserinnerungen vereinbart. Als er 1906 starb,
lag das Manuskript druckfertig in seinem Schreibtisch. Obwohl der Cotta-
Verlag sofort seine Bereitschaft zur Publikation bekundete, verzögerte sich
der Termin, weil Frida Strindberg erst Ende Juli 1907 das Manuskript an
den Verlag schickte. Im September 1907 ersuchte sie den Cotta-Verlag, das
Honorar von 800 Mark im Vorhinein auszubezahlen und es an ihren Ver-

*teidiger Emil Frischauer zu überweisen, bei dem sie offenbar in Schulden
stand. Der Verlag kam ihrer Bitte nach.*

*Das Buch Friedrich Uhls mit dem irreführenden Titel „Aus meinem
Leben", eigentlich eine Sammlung von Essays und Feuilletons, sollte nach
weiteren Verzögerungen erst im Oktober 1908 erscheinen.*

Es tut mir über alle Maßen leid, dass mein monatelang durchaus zerrüt-
teter Gesundheitszustand die Veranlassung war, dass ich meiner literarischen und moralischen Obliegenheit dem Buch und Ihnen gegenüber
nicht nachkam.

Frida Strindberg an Cotta-Verlag, 5. 11. 1908, DLA

*Frida Strindbergs Schwäche für ein Leben unter Prominenten hatte sich
seit dem Tod ihres Vaters deutlich gezeigt. Zuletzt begann sie den Lebensstil Adeliger zu imitieren. Sie ließ ihre Kleidung in den exquisitesten Wiener Modesalons wie Christoph Drecoll, Ungar und Schlesinger anfertigen,
kaufte in feinen Delikatessenhandlungen ein und war bei den mondänen
Bällen Wiens zu sehen. Mit dem Hinweis auf die zu erwartende große
Erbschaft gelang es ihr auch, den einen oder anderen Zahlungsaufschub
zu erreichen. Zusammen mit den Kosten für Privatdetektive und Rechts-
anwälte türmte sich aber gegen Jahresende 1907 ein bedrohlicher Schul-
denberg auf.*

*Frida Strindberg verkehrte in den vornehmsten Kreisen der Wiener
Gesellschaft. Sie hatte Kontakt mit der Gräfin Sophie Chotek, der Frau
des Thronfolgers Franz Ferdinand, und nahm an Empfängen Katharina
Schratts, der Freundin von Kaiser Franz Joseph, in deren Privatvilla in
Wien-Hietzing teil. Dort lernte sie Vertreter des Hochadels wie den Fürs-
ten Karl Fugger von Babenhausen kennen. Der elegante Frauenheld hatte
1906 das reiche Familienerbe in Bayern angetreten, war aber wegen seiner
Überschuldung unter Kuratel gestellt worden.*

Und nun noch tausend Dank für den schönen Nachmittag gestern, der
das lustigste Nachspiel der Welt hatte. Denken Sie: kaum auf der Straße
angelangt, erinnerte sich Fürst Fugger dankbarst des bei Ihnen (neben
Milch und Honig) fließenden Champagners. Oder der Champagner erinnerte sich des Fürsten. – Wie es war, weiß ich nicht genau. – Immer-

hin: Ihr armer Gast fühlte offenbar plötzlich zur Belustigung der ganzen herzlosen Gesellschaft den Boden unter den Füßen wanken. Sein Wagen war auch nicht da – so fasste ich ihn am Arm und wir wackelten im strengsten militärischen Takt einher. Unterwegs holte uns der Wagen ein. Fürst Fugger bestieg ihn unter meiner Obhut in tadellosester Haltung. Es war urkomisch – vor allem, als wir an dem armen Ehepaar Königswarter vorüberkamen, das nun zu Fuß einherwandeln musste.

Jedenfalls kann ich Ihnen die Beruhigung geben, dass Ihr Gast wohlbehalten und ungekränkt im Bristol angekommen ist.

Die Pointe von der Geschichte ist natürlich, dass, wie ich den Fürsten das letzte Mal bei Ihnen traf, er mich in der rührendsten Weise heimgeleitete, und dass nunmehr das zweite Mal ich mich so revanchieren konnte.

Frida Strindberg an Katharina Schratt,
Dezember 1907?, ÖNB

Ich danke Ihnen *innig* für alles. Ich weiß auch, wie lieb und gütig Sie für mich Partei ergriffen, als Tratschereien über mich und Fürst Fugger waren. Ich habe mich aber mit dem Fürsten wirklich angefreundet – das heißt, ihn seiner inneren Ehrlichkeit, seiner unter rauer Hülle steckenden Seelengüte und Weichheit und seiner seelischen Vornehmheit halber aufrichtig schätzen gelernt.

Und ich danke Ihnen darum doppelt, dass Sie mich nicht für leichtsinnig hielten. Ich war es auch nie. *Leider.*

Frida Strindberg an Katharina Schratt, 31. 12. 1907?, ÖNB

Arthur Schnitzler nahm die Wiener Benefizaktion für Peter Altenberg von 1904 als Ausgangspunkt für sein Drama „Das Wort" (1907), das Fragment blieb. Der Figur der Berliner Autorin Hedwig Flatterer verlieh er Züge Frida Strindbergs. Der Name verweist auf ihr theatralisch-oberflächliches Wesen. Schnitzler schilderte sie als Exzentrikerin und als Autorin eines Gedichtbandes mit dem Titel „Keusche Räusche". Ihre humanitäre Geschäftigkeit empfand er als Pose und als Mittel, die Aufmerksamkeit auf sich zu lenken. Bei dieser wenig schmeichelhaften Charakterisierung klang freilich auch Schnitzlers grundsätzlicher Vorbehalt gegen schreibende Frauen durch.

Frida Strindbergs Alter Ego Frau Flatterer in Arthur Schnitzlers „Das Wort"

FRAU FLATTERER Mit einigen von den Damen müssen Sie mich dann bekannt machen. Ich will das Wiener Leben in all seinen Tiefen und Untiefen kennen lernen. Gibt es hier vielleicht auch Orgien?

GLEISSNER Nichts als das.

FRAU FLATTERER Überall dasselbe. Ich habe mehr als eine mitgemacht. In Taormina zum Beispiel – in Paris – – –

RAPP *kühl* Auch aktiv?

FRAU FLATTERER Selbstverständlich! Ich habe mich sogar einmal versteigern lassen – zu wohltätigem Zweck natürlich.

RAPP *kühl* Welchen Preis haben Sie erzielt, gnädige Frau?

FRAU FLATTERER Ach, Sie nehmen alles so wörtlich.

FRAU FLATTERER Ich vergesse niemals, für unvorhergesehene Festivitäten ein Tigerfell und einen Thyrsusstab einzupacken.

ZACK Sie erscheinen also als Bacchantin?

FRAU FLATTERER Zuweilen auch als Nonne.

RAPP Nonne mit Thyrsusstab.

FRAU FLATTERER Man soll sich verschwenden – überall. Ich verschwende mich immer und immer noch. Was für eine herrliche Stadt, Ihr Wien!

Arthur Schnitzler, Das Wort, 37f., 40, 80

Hotel Bristol – Schauplatz des mysteriösen Revolverschusses

Nach und nach dürfte Frida Strindberg ihr äußerlich glanzvolles Leben entglitten sein: Sie konsumierte große Mengen an Alkohol und kam mit der Modedroge Morphium in Berührung. Ihr Gesundheitszustand verschlechterte sich. Zum Jahreswechsel eskalierte die Lage.

Es begann im Dezember 1907 mit einer Anzeige. Die Schauspielerin Irmgard Gemberg hatte Frida Strindberg im Jahr 1899 zwei Gemälde, angeblich von Lucas Cranach und (Giovanni?) Bellini, im Gesamtwert von 10.000 Mark zum Verkauf übergeben und nun vergeblich zurückgefordert. Am 1. Jänner 1908 stürmte Frida Strindberg in das Hotel Bristol, um den dort wohnenden Fürsten Fugger zur Rede zu stellen, von dem sie sich vernachlässigt fühlte. Im Zuge der Auseinandersetzung feuerte sie schließlich einen Schuss aus einem Revolver ab – nach eigenen Angaben gegen sich selbst. Eine weitere Anzeige – diesmal wegen gefährlicher Drohung und Erpressung – folgte. Über ihren Ex-Freund, den Schriftsteller Friedrich Werner van Oestéren, gelangten die Vorfälle einige Wochen später in die Presse.

Fürst Karl Fugger-Babenhausen hatte Frau Strindberg in einer Gesellschaft bei *Frau Katharina Schratt* kennen gelernt. Das Ende der Bekanntschaft war eine höchst aufregende Szene, die sich am Neujahrstag dieses Jahres im hiesigen *Hotel Bristol* abspielte. Fürst Fugger befand sich an diesem Tag im Hotel Bristol mit einer Gesellschaft. Plötzlich erschien Frau Strindberg in großer Aufregung, begann gegen den Fürsten Fugger allerhand Drohungen auszustoßen und zog plötzlich einen Revolver hervor und im nächsten Moment krachte ein Schuss.

Erschwerend an diesem Delikt ist der Umstand, dass eine Wiederholung vorliegt. Frau Strindberg hatte bereits im Jahr 1905 in gleicher Weise auf den Wiener Schriftsteller Werner van Oestéren, zu dem sie Beziehungen unterhielt, ein Attentat mit einem scharf geladenen Revolver zu verüben gesucht.

Die Neue Zeitung, 26. 1. 1908

Frau Strindberg ist als exzentrisch bekannt. Vor kurzem erst zog sie gelegentlich einer Auseinandersetzung mit einem Aristokraten einen Revolver und gab einen Schuss ab. Die Kugel ging fehl. Frau Strindberg erklärte damals, dass sie den Schuss gegen sich selbst abgegeben habe. In der Tat wurde die aus diesem Anlass gegen sie eingeleitete Untersuchung eingestellt.

Linzer Volksblatt, 28. 1. 1908

Es konnte nicht festgestellt werden, ob sie den Schuss gegen den Fürsten oder gegen sich selbst abgegeben habe. Sie selbst behauptete, der Revolver sei für diesen Schuss mit einer blinden Patrone geladen gewesen, doch waren alle anderen Patronen, die sich noch in der Revolvertrommel befanden, scharfe Patronen.

Pester Lloyd, 26. 1. 1908

Nach dem Vorfall im Hotel Bristol dürfte die völlig verzweifelte Frida Strindberg in ihrer Wohnung einen Selbstmordversuch unternommen haben. Sie hinterlegte ein Schreiben an August Strindberg.

Neujahrstag 1907 [wohl 1908]
nachdem ich Veronal genommen habe –
und damit rechne, zu sterben
August,
Hab Mitleid mit Deiner Tochter – verlass sie nicht.

Verzeih mir. Ich leide –

Mitleid mit Deinem Kind ohne Mutter.

Sei glücklich – – – –

Frida – einst Deine Frau, heute eine Sterbende!

Frida Strindberg an August Strindberg, 1. 1. 1907 [wohl 1908], (franz.),

Unbekannte Briefe II

Frida Strindberg hatte ihren Gläubigern für 6. Jänner 1908 die Rückzahlung eines Großteils der Schulden in Aussicht gestellt, die sich nach Medienberichten auf 16.000 Kronen beliefen. Ihre Mutter drohte ihr mit der Einweisung in eine Nervenheilanstalt. Am 5. Jänner flüchtete Frida Strindberg Hals über Kopf aus Wien. Tags darauf erschien sie beim Münchner Anwalt Frank Wedekinds und unterschrieb eine Erklärung, wonach sie gegen Zahlung von 1.200 Mark alle Unterhaltsleistungen für den Sohn Friedrich aus den vergangenen zehn Jahre für abgegolten betrachtete. 100 Mark ließ sie sich sofort ausbezahlen, um nach London weiterreisen zu können; der Rest sollte auf ein Konto überwiesen werden.

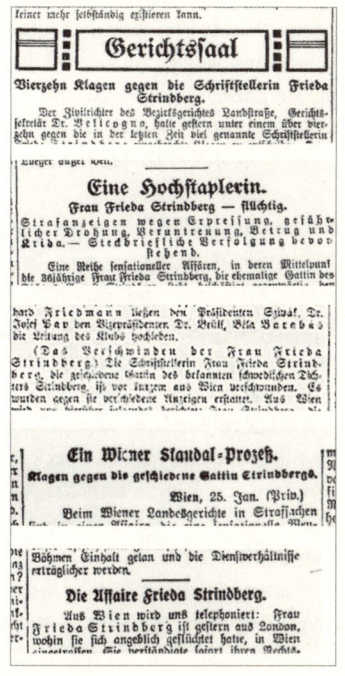

Frida Strindberg in den Schlagzeilen

Ihre Flucht zog im Lauf des Jänner 1908 weitere Klagen nach sich. Delikatessenhändler, Kohlenhändler, Detektive, Modesalonbesitzer und Schneiderinnen meldeten sich mit Forderungen bei Gericht. Es kam zu Vorerhebungen wegen fahrlässiger Krida, Veruntreuung, Betrug, gefährlicher Drohung und Erpressung, die in den Medien genüsslich ausgebreitet wurden. Im Mittelpunkt der Berichte standen Aussagen des

Ex-Freundes Friedrich Werner van Oestéren, den Urheber der Schmutz-
kübelkampagne gegen Frida Strindberg.

Frau Strindberg suchte überall den Glauben zu erwecken, dass sie sehr
reich sei, spricht überall herum, dass sie von den Tantiemen für die Aufführung der Werke ihres ehemaligen Gatten Strindberg Einkünfte be-
ziehe, dass sie auch aus der Auktion der aus dem Nachlass ihres Vaters
stammenden Antiquitäten viel zu bekommen habe, und tat mir sogar
den Schimpf an zu behaupten, dass sie mich souteniert habe. Auch be-
rief sie sich meines Wissens Geschäftsleuten gegenüber auf ihre guten
Beziehungen namentlich zu Frau Katharina Schratt und auf eine andere
hochstehende Persönlichkeit aus den Hofkreisen. Durch diese Vorspie-
gelungen gelang es ihr, sich bei den Geschäftsleuten einen großen Kredit
zu verschaffen.

Zeugenaussage Friedrich Werner van Oestéren, zit. im Rehabilitationsschreiben
Frida Strindbergs an Unbekannt, Jänner/Februar 1908, WB

Ich wollte von Wien aus ins Jenseits reisen – aus Privatgründen. Die
Kugel ging daneben – so speiste ich Morphium und um *ganz* sicher zu
gehen – Veronal. Das Veronal hob die Wirkung auf. – Ich delirierte –
voilà tout. Im Rausch des Giftes reiste ich weg von Wien, um die Sache
anderorts gescheiter anzufangen, denn die Polizei war in der Höhe.

Natürlich hatte ich Schulden – 5–6.000 Gulden. Ich dachte, Mama
würde sie zahlen. Sie – dachte nicht daran. Nun stand offenbar alles auf.
Es soll gepfändet werden oder gepfändet worden sein. – *Ich weiß nichts*
mehr, was nach meiner Abreise geschah.

Frida Strindberg an Karl Kraus, Jänner 1908, WB

Frida Strindberg fürchtete in ihrem Londoner Hotel, dass August Strind-
bergs Originalbriefe in ihrer Wiener Wohnung gepfändet und verkauft
werden könnten. Sie bat daher Karl Kraus, die Holzkiste und den Reise-
korb mit den Strindberg-Dokumenten aus ihrer Wohnung in Sicherheit
zu bringen. Kraus dürfte nichts unternommen haben und vermied forthin
jeden Kontakt mit Frida Strindberg.

Ich laufe hier von früh bis in die Nacht hinein herum und glaube, dass ich das Geld bald zusammengerackert habe – Gott sei Dank.

Ich habe Strindbergs Namen durch den Kot gezerrt – ich habe es nicht vermocht, sein Kind für ihn zu erziehen – das Letzte, was ich von ihm habe, soll nicht auf die Straße geschleudert werden – seine ganzen Leiden zum allgemeinen Amüsement – beide nackt ausgezogen vor der Bande!

Lieber – na!

Ich war von Morphium und Alkohol halb wahnsinnig die letzten Wochen. – Bin jetzt so weit klar, dass [ich] dagegen ankämpfen kann zumindest –

Meine Familie hat *kein* Recht auf ein Stück meiner Habe oder meiner Person.

Mama, die in einem Jahr 25.000 Gulden für alte Kästen ausgab – hat sich geweigert, ein paar arme Teufel schadlos zu halten.

Frida Strindberg an Karl Kraus, Jänner 1908, WB

Sehr geehrter Herr Kraus,

Sie haben mich längst verdammt – in Ihrer Sprache „abgetan." Sie haben damit *sehr* recht gehabt, freilich waren es nur mehr menschliche Überreste, die Sie da wegwarfen. Mais enfin: man sieht nur das, was *ist*. Nicht, *wie* es wurde. […] Ich arbeite hier, wenns geht, bis ich die Schulden abgezahlt habe – – denn das ist doch in aller Augen das Ärgste – und ich mag nicht ewig noch womöglich als „Betrügerin" gebrandmarkt bleiben – weil ich in schwerem Leid wirklich vergaß – welche Bedeutung das Geld hatte. Ich hatte nie viel Sinn dafür. Zum Schluss schon gar nicht.

Frida Strindberg an Karl Kraus, Jänner 1908, WB

Verehrter Herr Kraus,

Haben Sie Dank! Ich war wieder einmal unverantwortlich dumm und unverschämt.

Bitte seien Sie mir nicht böse. – Ich bin und war Ihnen immer *sehr* gut.

Nur war ich längst eine Ruine, als ich Sie kennen lernte. Und auf Ruinen wuchert Unkraut. Ihnen von Herzen dankend und Gutes wünschend,

Frida Strindberg

Frida Strindberg an Karl Kraus, 27. 1. 1908, WB

*Ende Jänner 1908 kehrte Frida Strindberg aus London zurück. Nach dem
Verhör und weiteren Zeugeneinvernahmen stellte sich heraus, dass ihre
Schulden mit 8.000 Kronen halb so hoch wie kolportiert waren. Frida
Strindberg erklärte sich bereit, für die Rückzahlung zu sorgen. Irmgard
Gemberg sollte den für die beiden Gemälde vereinbarten Kaufpreis er-
halten. Die Voruntersuchung wegen der gefährlichen Drohung gegen den
Fürsten Fugger wurde mangels Tatbestandes eingestellt.*

    *Somit endeten alle gerichtlichen Vorerhebungen gegen Frida Strind-
berg. Die Rufschädigung durch die Skandalberichte in den Zeitungen war
aber nicht mehr rückgängig zu machen. Selbst gut informierte Bekannte
wie Karl Kraus gingen auf Distanz und glaubten ihren Unschuldsbeteu-
erungen nicht. Frida Strindberg wusste, dass sie in Wien keine Zukunft
mehr hatte.*

Ich bin *nie* wegen, sondern *trotz* meiner 5.000 Gulden Schneiderrech-
nungen von hier fort – mit einem Schuss in der Brust und halb betäubt
vom Morphium – die Rechnungen vergessend.

    Ich habe *nie* einen Wortwechsel mit Fürst Fugger gehabt. Fürst Fugger
hat nie eine Anzeige gegen mich erstattet. Ich wollte zu ihm flüchten –
das war alles. […]

    Als ich in London die erste Zeitung las, reiste ich hierher zurück. We-
nigstens soll man mir ins Gesicht nachsagen, dass ich Ärgeres getan, als
dass ich mit Schulden sterben wollte und mich dann verkroch. Ich hasse
Feigheit mehr denn alles. – Drum halte ich noch aus. Meine „Unschuld"
wird wohl das Gericht bald festgestellt haben.

    Aber das Schandmal nimmt mir *keiner* mehr – keiner und nichts. Das
Lied ist aus.

              Frida Strindberg an Karl Kraus, Jänner/Februar 1908, WB

*Bald nach ihrer Rückkehr nach Wien traf Frida Strindberg Vorkehrungen
zum Schutz ihres größten Vermögens – der Originalbriefe August Strindbergs. Sie nahm Kontakt mit der ehemaligen Hausbesorgerin der Villa Uhl
auf, die in einem kleinen Ort im Marchfeld unweit von Wien wohnte, und
deponierte bei ihr den Korb mit den Manuskripten.*

    *Im Sommer 1909 residierte Frida Strindberg im mondänen Hotel Erz-
herzog Karl in der Wiener Kärntnerstraße und ließ Kerstin zu sich kom-*

men. Sie besuchte mit ihrer Tochter Museen und Theatervorstellungen und wollte offenbar wieder ihren Mutterpflichten nachkommen. Nach wenigen Wochen kam es zum Konflikt und zur Trennung.

Kerstin gab ihrem Vater zu verstehen, wie sehr sie von ihm hören wollte. August Strindberg blieb auf Distanz und schrieb am 5. September 1909 den letzten Brief an seine Tochter. Die 15-jährige Kerstin protestierte energisch gegen den Rückzug ihres Vaters, aber ohne Erfolg.

Foto Kerstins in Tracht für ihren Vater im Mai 1908 (?)

Von meiner Mama höre ich gar nichts. Jetzt empfinde ich mehr denn je, was es heißt, keine Mutter zu haben. – Wenn ich irgendetwas habe, kann ich doch nicht zu jedermann gehen.

Kerstin Strindberg an August Strindberg, 29. 12. 1908, KB Ep S 53a

In Wien habe ich meine Mutter gesehen! Nach 1 1/2 Jahren. Es waren eigenartige Gedanken, mit denen ich zu kämpfen hatte! Sie arbeitet – übersetzt – lebt ganz allein – ohne allen Verkehr. So blass – ganz müde Augen hat meine Mutter. Mich dauert sie. Aber wer kann ihr denn helfen? Eigentlich sie sich selbst! […] Bitte schreibe meiner Großmama gewiss nichts davon, dass ich Mama gesehen! Ich bitte Dich sehr darum.

Kerstin Strindberg an August Strindberg, 2. 9. 1909, KB Ep S 53a

Mein Kind,

Ich habe keinen Brief von Dornach bekommen. Und ich bin so befremdet für alles, was Österreich betrifft, mehr als befremdet. Es ist mir wie ein altes Märchen, unglaublich, und war doch wahr einmal. […]

Ich bin 60 Jahre alt und lebe in einem Pensionat … Aber ich bin ja ein Dichter, und das Leben ist ja mir nur Material für Dramen, am meisten Tragödien! – – –

Leb wohl! und betrachte mich nur als ein Souvenir.

Dein Vater.

August Strindberg an Kerstin Strindberg, 5. 9. 1909, Brev XVIII/6677

Du bist mir kein „Souvenir" –! Wirst es nie sein! Dem Wortlaut nach verlangte es das Leben. Aber das kann es nicht begehren, mir nicht nehmen: Du *bist* mein Vater … zwar weit entfernt von mir … Aber dem Kinde noch das Andenken nehmen!! Nein – über das habe ich zu regieren! Du bleibst mein lieber, alter Vater!

Kerstin Strindberg an August Strindberg, 10. 9. 1909, KB Ep S 53a

Lass den letzten Satz des Briefes: „Betrachte mich nur als ein Souvenir" – nicht gelten! Sende mir ein Bild von Dir! – Es tut mir weh, vom Vater nichts zu hören.

Kerstin Strindberg an August Strindberg, 26. 12. 1909, KB Ep S 53a

Ende 1909 wollte Marie Uhl einen Vormund ihrer Wahl für die mittlerweile 15-jährige Kerstin Strindberg bestellen lassen. Verzweifelt wendete sich Frida Strindberg an August Strindberg. Dabei bezog sie auch erstmals Stellung zu seinem autobiografischen Roman „Das Kloster", der 1909 mit dem Titel „Entzweit" in Deutsch erschienen war. Sie hatte das Buch über die Ehezeit unter Tränen gelesen und sah sich darin extrem ungerecht behandelt. Besonders verletzte sie die falsche Anschuldigung, sie hätte im Frühling 1893 in London im Reichtum gelebt, während er auf Rügen hungerte. Gerade damals hatte sie aus Geldnot mehrfach Wäsche in ein Londoner Pfandhaus tragen müssen.

Mein Herr,

Nur die schrecklichste Hoffnungslosigkeit kann mich dazu bringen,

Porträt August Strindbergs von Hans Fronius

diese Zeilen zu schreiben und mich als Bettlerin an Sie zu wenden – Bettlerin für die einzige Sache in der Welt, die noch für mich existiert – unser Kind!!! Die Frau, die sich meine Mutter nennt, will, nachdem sie mein Leben ruiniert hat, das des Töchterchens ruinieren. Sie war am Gerichtshof, um die Ernennung eines Vormunds zu verlangen, der alle

Rechte über die Erziehung und das Vermögen Kerstins hätte – Vermögen und Erziehung, die von Gesetzes wegen als alleiniges *Vorrecht dem Vater* vorbehalten sind – unter dem Vorwand, dass Sie unbekannten Aufenthalts sind und sich nicht um das Kind kümmern – – –

August – sie hat mir mein Kind gestohlen und gedroht, es verhungern zu lassen, sollte ich bei ihr bleiben, von zartester Kindheit an. Unter der gleichen Drohung, mit der sie früher unsere Verbindung zerstört hat. Und als Mutter ohne Kind, Frau ohne Ehemann, habe ich mehr das Leben einer Verdammten als einer Verdammenden geführt.

Alles ist ruiniert, alles ist verwüstet um mich, und der Glaube an deine Großzügigkeit ist der einzige, letzte Felsen der Rettung.

August, ich beschwöre nicht die Erinnerung an meine Jugend, die dir gehörte – ich beschwöre nicht die Erinnerung an unsere Liebe, deren Leiden nur der Preis an das unabwendbare Schicksal für unser Glück war, wenn ich dich anflehe: *Verzichte nicht auf deine Tochter!!*

Wenn man dich fragt, ob du deine Rechte an einen Fremden abtrittst, antworte mit *Nein*. Du behältst die Rechte! Du, alle. […]

Ich kann sie heute nicht ohne dich betreuen, *denn mir fehlt das Geld. Das ist mein Verbrechen.*

Du hast einst das gleiche begangen – wirst du mich verdammen? Der Gedanke bringt mich zum Lachen. – Als dein Buch „Entzweit" erschienen ist, habe ich *nicht* gelacht. Dort steht, was du einst von mir gedacht hast –

August, du hast mir Unrecht getan. Als du nur kalten Braten hattest, hatte ich nicht eine Brotkrume. „Die Familie" hat mir keine gegeben – und ich war zu stolz, um es zu sagen!

Du hast mir Unrecht getan – Unrecht – Unrecht – und so hast du mich in die Nachwelt befördert! …

Aber beim Lesen und Weinen habe ich dir vergeben, weil ich mir gesagt habe: Er tut dir so furchtbar Unrecht, aber er hat dich geliebt – er hat dich geliebt! […]

Sei glücklich, August, glücklich, glücklich – – – – Aber rette dein Kind vor einer alten Frau, die nicht weiß, was es bedeutet, Mutter zu sein – – Rette dein anderes Du-selbst –

Frida

P.S. Meine Mutter ist durch das Testament von Großmutter *verpflichtet*, Kerstin zu ernähren. – Verzichte nicht auf dein Recht als Vater!!!!

Frida Strindberg an August Strindberg, Dezember 1909? (franz.), KB Ep S 53a

Obendrein wurde eine Art ausgekochtes Schweinefutter serviert, so dass man hungrig vom Tisch aufstand und den ganzen Tag hungrig blieb. Alles war gepanscht, sogar das Bier, und das Fleisch hatte sich die Wirtsfamilie zuvor ausgekocht; die Gäste bekamen die Sehnen und die Knochen – als ob man Hunde fütterte. […]

Ein dritter Brief berichtet, dass sie krank darniederliege. Er steckt voller Vorwürfe an den Mann, der seine kranke Frau in Not in einem fremden Land zurücklässt (dass sie selbst reich war, wurde nicht erwähnt!).

August Strindberg, Das Kloster, 251, 253

Frida Strindberg schlug den Vormund von Friedrich Max auch als Vormund für Kerstin vor. Marie Uhl schrieb am 17. Dezember 1909 an August Strindberg, dieser Mann wäre der Liebhaber Fridas und ihr Komplize, um an das Vermögen Kerstins zu kommen. Sie präsentierte den Künstler und Gymnasialprofessor Franz Kopallik, der ein Freund Rudolf Weyrs war und bereits als Kerstins Kurator fungierte. August Strindberg unterstützte wieder Marie Uhl und schrieb ihr ein letztes Mal.

Was soll ich tun? Wenn ich *jetzt* meine Vaterrechte behaupte, so komme ich in Verdacht, ein „Erbschleicher" zu sein. Dieses grausame Wort ist einmal in Mondsee gefallen bei meinem ersten Besuch.

Also das nicht!

Dagegen will ich gern deinen und Rudolf Weyrs Kandidaten befürworten – schriftlich, gerichtlich! – obschon ich keine Ahnung von einem Erbe habe. […]

Eine andere Seite hat die Sache doch!

Wenn ich meine Vaterrechte absage, so wird ja das Kind erblos meinerseits. Arm lebe ich, aber tot werde ich wahrscheinlich reich. Begründen Sie das! – und geben Sie das an Kerstins Mutter zu bedenken!

August Strindberg an Marie Uhl, 20. 12. 1909, Brev XVIII/6847

Londons
erstes Kabarett
(1908–1914)

Wir möchten einen Platz, der der Fröhlichkeit
gewidmet ist, einer Fröhlichkeit, die das Denken
anregt und nicht vernichtet.
Aims and Programme of the Cabaret Theatre Club

Im Jahr 1908 kamen viele wichtige Literaten wie Katherine Mansfield, Wyndham Lewis und Ezra Pound nach London. Neue künstlerische Strömungen begannen sich zu formen, die in Zeitschriften wie „The New Age" und „The English Review" ihre Foren fanden. Protest gegen die langjährige viktorianische Repression regte sich. Robert Ross, Oscar Wildes Nachlassverwalter, konnte Ende des Jahres 1908 den Abschluss der Werkausgabe des lange geächteten irischen Dichters verkünden. Am Bankett nahm vielleicht auch Frida Strindberg teil, die bei der pionierhaften, bereits früher fertiggestellten deutschen Wilde-Ausgabe des Wiener Verlags mitgearbeitet hatte.

Im Lauf des Jahres 1908 verlegte Frida Strindberg ihren Hauptwohnsitz nach London. Robert Ross, der selbst eine Galerie besaß, führte sie in die englische Kunstszene ein. Sie suchte den Kontakt zu Künstlern und Galeristen und handelte mit Gemälden. Anfang Juli 1910 bemühte sie sich, Arthur Schnitzler für eine Übersetzung seiner Stücke „Komtesse Mizzi" (1909) und „Der junge Medardus" (1910) durch den jungen Autor Wyndham Lewis zu begeistern, der später als avantgardistischer Maler Karriere machen sollte. Sie stellte auch Aufführungen in England in Aussicht. Die Initiative blieb aber erfolglos.

Verehrter Herr Doktor,
Obwohl ich zwar gar keinen Grund habe anzunehmen, dass Sie von Zeit zu Zeit die Alte gerne sehen – melde ich mich halt doch so alle 2–4 Jahre einmal bei Ihnen. Heute ist wieder so ein großer Tag. – Ein Londoner Bekannter von mir, der sehr begabte, erprobte, wohl bekannte Schriftsteller Percy Wyndham Lewis, schwärmt für Gräfin Mizi – – und möchte sie gerne hier einführen. Nun frug er mich, ob dieser Traum realisierbar sei. – Eh voilà. Lewis ist sehr gewissenhaft, sehr gewandt, schreibt auch glänzende Verse und könnte eventuell auch dem Schleier der Beatrice gerecht werden. Seine Beziehungen sind die allerbesten, da man sehr viel auf ihn hält.

Ist die Gräfin noch frei – für England und *wollten* Sie sie ihm anvertrauen – und was sonst noch von Ihren Werken?

Was macht Medardus? – Sie sehen, das sind schrecklich viele, schrecklich freche Fragen. Aber wenn man schon keine der weiblichen Tugenden hat, muss man zumindest die Laster *alle* in sich vereinen.

Frida Strindberg an Arthur Schnitzler, Anfang Juli 1910, DLA

Im Sommer 1910 stieß Frida Strindberg in einem Londoner Antiquariat auf ein Bündel gerollter Ölbilder, die sie an den 1903 verstorbenen Maler James McNeill Whistler erinnerten. Sie forschte nach und stieß auf Walter Greaves, einen einstigen Schüler Whistlers. Dass der mittlerweile 64-jährige Künstler nun vergessen war und in Armut leben musste, erschütterte Frida Strindberg. Sie erwarb 50 seiner Gemälde und verkaufte sie an Privatsammler und Kunsthändler weiter.

Der angesehene Galerist William Marchant widmete Walter Greaves im Mai 1911 eine eigene Ausstellung. Die Tagespresse feierte die Entdeckung eines Malergenies. Kritiker trauten ihm sogar einen Einfluss auf seinen Lehrer Whistler zu. Für einige Wochen herrschte ein wahres Greaves-Fieber in London, das den Verkauf seiner Kunstwerke anheizte. Dann folgte der tiefe Fall. Whistler-Kenner beschuldigten Greaves und seine Entdeckerin Frida Strindberg – zu Unrecht – der Überarbeitung und Fälschung von Gemälden Whistlers. Es sollte bis 1922 dauern, ehe Walter Greaves durch eine weitere Ausstellung rehabilitiert wurde.

Wyndham Lewis bewunderte die Impulsivität Frida Strindbergs, fürchtete aber ihre besitzergreifende Anhänglichkeit. Deshalb beschwor er seine Freunde, ihr unter keinen Umständen seine oft wechselnden Aufenthaltsorte bekannt zu geben.

Auf der Suche nach Wyndham Lewis tauchte Frida Strindberg 1910 im Atelier von Augustus John im Londoner Stadtteil Chelsea auf. Der groß gewachsene, attraktive Waliser mit dem rötlichen Haar zählte zu den anerkanntesten jungen Künstlern Londons. Frida Strindberg erwarb einige Zeichnungen und Gemälde und bot ihm ihre Dienste im internationalen Kunsthandel an. Sie gab sich als weltgewandte Dame, die seiner Karriere dienlich sein konnte. Und sie verbrachte auch gleich die Nacht bei ihm.

Der 32-jährige Bohemien, der sich am Lebensstil der Zigeuner inspirierte, nahm das Gönnertum Frida Strindbergs nicht sehr ernst, ließ sie aber gewähren. Als er die Affäre – wie unzählige andere davor und danach – schließlich abhaken wollte, stieß er auf unerwartet heftigen Widerstand. Der One-Night-Stand wuchs sich zu einer seiner fatalsten Frauenbeziehungen aus.

Frida Strindberg forderte eine Vorrangstellung im kommuneartigen Lebensumfeld des Künstlers. Es ging ihr offenbar nicht darum, seine Ehefrau oder die vielen Mätressen zu verdrängen, sondern als Managerin seiner künstlerischen Karriere und seines komplizierten Privatlebens alle Fäden in der Hand zu halten. Augustus John fühlte sich zunächst geschmeichelt und amüsiert angesichts der Unnachgiebigkeit seiner Freundin. Bald empfand er ihre erdrückende Fürsorglichkeit aber als Bedrohung seiner Freiheit. Je mehr er Frida Strindberg entkommen wollte, desto mehr verfolgte

Augustus John

sie ihn. Das alte Spiel begann von neuem. Als er im Juli 1911 zu einem Porträtauftrag nach Liverpool musste, fuhr ihm Frida Strindberg zusammen mit einer jungen Pariser Freundin nach.

Als wir uns trafen, was unvermeidlich war, führte ich die beiden, um sie zu unterhalten, in eine mir bekannte Austern-Spelunke. Ich dachte, dass wir in diesem düsteren Keller nicht weiter auffallen und keine Schwierigkeiten bekommen würden. Weit gefehlt! Als während des Festmahls eine Champagnerflasche an meinem Kopf vorbeisauste, wurde mit klar, dass Vorsicht nötig war. Das Wurfgeschoss ging zwar daneben, überzeugte mich aber, dass ich irgendetwas falsch gemacht hatte. Ich hatte offenbar die Schuld begangen, die ältere meiner Gäste vernachlässigt zu haben, als ich einen Moment lang vom Charme ihres Lockvogels überwältigt war.

Später auf dem Weg zur Fähre betraten wir eine Bar, die wir eigens
wegen ihrer Seriosität ausgewählt hatten, und ich erlebte den Gipfel an
Peinlichkeit: Meinen Begleiterinnen wurde eine Erfrischung verwehrt
aufgrund ihrer – Unpassendheit. Madame Strindberg, die sich viel auf
ihre gute Erziehung einbildete, war außer sich.

Augustus John, Chiaroscuro (engl.), 104f.

*Alle Fluchtversuche von Augustus John scheiterten an der Allgegenwart
Frida Strindbergs. Wenn sie ihn nicht selbst verfolgen konnte, setzte sie
Detektive oder Vertrauenspersonen ein. Einmal spürte sie ihn in Paris auf.
Als Augustus John sie demonstrativ ignorierte, soll sie einen Schläger auf
ihn angesetzt haben, der ihm vor dem Hotel eine Abreibung verpassen sollte, aber irrtümlich einen anderen Hotelgast verprügelte. Ein anderes Mal
schickte ihm Frida Strindberg, die um seine Schwäche für Frauen wusste,
von London aus ihr attraktives kroatisches Dienstmädchen nach.*

*Im Herbst 1911 begann die „mad Austrian", wie er sie Freunden gegen-
über nannte, für Augustus John unerträglich zu werden.*

Sie war geschmackvoll in schwarzen Samt mit passendem Hut gekleidet.
Ihre Person, die von Natur aus schon so gut ausgestattet war, hatte einen
neuen und verhängnisvollen Zug von Eleganz bekommen. Ohne zu fragen, wie sie es geschafft hatte, mich aufzuspüren, lud ich sie zum Mittag-
essen ein. Die Kroatin war in einer höchst liebenswürdigen Stimmung
und die Zeit verging in ihrer Gesellschaft sehr angenehm. Schließlich
enthüllte sie den wahren Grund ihres Besuchs. Madame war sehr krank.
Sie hatte versucht, Selbstmord zu begehen, und flehte mich an, zurück-
zukommen und sie ein letztes Mal zu sehen. Diese Nachricht ließ mich
kalt. Madame beging oft „Selbstmord", erholte sich aber ebenso oft wieder. Für eine Frau ihrer Konstitution hatte keine noch so große Menge
an Veronal irgendeine dauerhafte Wirkung. Es verdarb ihr lediglich ein,
zwei Wochen den Magen.

Augustus John, Chiaroscuro (engl.), 102f.

Es ist kein Ende meiner Probleme mit dieser Frau in Sicht, die die wan-
delnde Höllenhündin der westlichen Welt ist. Sie ist die Frau August
Strindbergs, des norwegischen oder schwedischen Schriftstellers – und

jetzt, glaube ich, eine Wahnsinnige. Sie scheint machtgierig zu sein und schreckt vor nichts zurück, um Menschen in ihren Bann zu ziehen. Sie handelt mit Kunstwerken und ist eine Möchtegern-Besitzerin der Körper und Seelen jener, die sie schaffen.

Augustus John an John Quinn,
16. 8. 1911 (engl.), NYPL

Augustus John hatte sein großes Gemälde „The Way Down to the Sea" seinem amerikanischen Mäzen John Quinn versprochen, gab es aber irrtümlich zu einer Ausstellung, wo es Frida Strindberg kaufte. Trotz intensiver Bemühungen gelang es ihm nicht, das Bild zurückzukaufen.

Im September 1911 kam John Quinn selbst zu weiteren Verhandlungen nach London. Als Augustus John das Ende seiner Beziehung zu Frida Strindberg verkündete, verübte sie einen Selbstmordversuch. Bei seinem nachfolgenden Fluchtversuch nach Paris soll sie ihn am Londoner Bahnhof mit einem Revolver in der Hand bedroht haben. Die Verfolgungsjagd führte über Dover bis nach Paris, wo es zu einem weiteren Selbstmordversuch gekommen sein soll. Erst als er mit einem Mietauto in den Süden Frankreichs flüchtete, konnte er seine Verfolgerin abschütteln.

Ich war in London acht Jahre lang unter dem Bann einer grande passion. Augustus John, der Maler, den Du vielleicht dem Namen nach kennst. Er liebte mich soviel wie nicht und ist, auch wenn er liebt, nie einen Tag treu – ein prächtiges, aber wildes Tier. Zweimal fraß ich Veronal, was niemand weh tat außer mir – – wie oft ich sterben wollte und im Geist starb, weiß ich nicht – *tot* war ich jahrelang. Zerrüttet hats mich total.

Frida Strindberg an Kerstin Strindberg,
August 1923?, KB Dep. 146/7b

Strindberg, der schwedische Dramatiker, hatte viele Frauen; eine war Wienerin. Diese sehr unternehmungslustige Frau mietete ein riesiges Kellergeschoß. Ich erinnere mich an ihre Lieblingsbemerkung: *„Je suis au bout de forces!"* [Ich bin am Ende der Kräfte!] Aber sooft ich sie das auch sagen hörte, ich sah sie nie in diesem Zustand; ihre „Kräfte" waren immer glorreich ungebrochen.

Wyndham Lewis, Rude Assignment (engl.), 134

Noch Jahrzehnte später versetzte Augustus John ein Erinnerungsbild in
Angst und Schrecken: Frida Strindberg erspähte ihn im November 1911 in
einem offenen Taxicab, strahlte über das ganze Gesicht und kam winkend
näher mit ihrem pompösen Hut, der rückwärts hochgebogen und vorne
mit üppigem Blumendekor versehen war.

Zum Jahreswechsel 1911/1912 ereichte der Konflikt seinen Höhepunkt.
Frida Strindberg betrachtete gewisse Personen als schlechten Umgang für
Augustus John. Sie glaubte, ihn vor seinem Malerfreund James Dickson
Innes und vor seiner kurzzeitigen Geliebten Edith Ashley beschützen zu
müssen. Ashley schlug zurück und fabulierte, Frida Strindberg hätte ihr
Geld bezahlt, damit sie sich nicht mit Augustus John träfe. Bei anderer Ge-
legenheit behauptete sie, Frida Strindberg hätte zwei Mordanschläge ver-
übt und sie einmal vergiften und einmal von einer Klippe stoßen wollen.
Am Weihnachtsabend soll Frida Strindberg im Nachthemd bei Schnee und
Kälte vor dem Haus von Augustus John aufgetaucht sein.

Im Londoner Stadtteil Chelsea verbreiteten sich derartige Geschichten
wie ein Lauffeuer – sehr zum Ärger von Augustus John. Erst im Nachhin-
ein, beim Verfassen der Memoiren, konnte er darüber lächeln und (gele-
gentlich übertreibend) berichten.

John, ich möchte Dir keine Vorwürfe machen und Dich auch nicht be-
schimpfen – – aber ich bin *erschöpft*, ich leide mehr, als ich Kraft habe
zu ertragen!!

Ich sehe es alles: Sie lügen Dich an und dann lügst Du als nächster.
Es ist menschlich, vermute ich. […] Es gab *nichts*, wozu ich mich nicht
gezwungen hätte, nur um Dich noch einmal wiederzusehen!!! Und zu
wissen, dass Dir kein Schaden zugefügt wird von diesen Leuten um Dich
herum – und auch nicht durch das Trinken! […]

Sie greifen mit Lügen aus dem Hinterhalt an, diese Schurken. Sie ver-
stecken sich und streiten ab, wenn man ihnen gegenübertritt. Und es
wird schlimmer und schlimmer. […]

John – ich würde lieber ein *allerletztes* Mal in meine schlechten Manieren zurückfallen, als Dich verletzt zu sehen. John, sei größer als Du
selbst, sei so groß wie Du *bist*, sein *kannst* … John, hilf mir, unterstütze
mich – – lass sie mich in Stücke reißen, aber sei *Du* mit mir. Nichts kümmert mich – *Du* kümmerst mich!

Lass nicht zu, dass Diebe und Zuhälter, lass nicht zu, dass ein dummes Kensington-Mädchen mit dem Einfallsreichtum eines Debütromans Dich zum Narren hält und mich ruiniert. – – Und wenn Du es nicht um der Ehre willen tust, *tu es aus Mitleid.*

Frida Strindberg an Augustus John, Winter 1911/1912 (engl.), NLW

Du bist für das Melodramatische bestimmt, durch und durch! Da Deine Einladung an mich, Dich zu treffen, mit der ausdrücklichen Unterstellung gemacht wurde, dass ich ein Lügner und Schuft bin, ist es völlig unmöglich für mich, diese anzunehmen. Ich kann auch nicht „tapfer" oder sonst wie „gegen Machenschaften auftreten", von denen ich keine Kenntnis habe.

Augustus John an Frida Strindberg, Winter 1911/1912 (engl.), NLW

Ich weiß nicht, was Du mit „ständige Angriffe und Diffamierungen etc." meinst. Wenn ganz Chelsea um Deine Existenz weiß, ist das einfach, weil Du ein Talent hast, diese öffentlich bekannt zu machen. Ich persönlich würde gerne auf den „Ruhm" (!) verzichten. Kannst Du im Ernst denken, dass ich diese Sache *genieße,* – dass ich sie *auskoste*???

Dieses *ständige* Missverstehen meines Charakters ist das verhängnisvolle Element in der ganzen Angelegenheit. Wenn Du mich nicht mit übertriebenen Lobesreden ärgerst, beleidigst Du mich mit den übelsten Verdächtigungen und Anklagen.

Augustus John an Frida Strindberg, Winter 1911/1912 (engl.), NLW

Mitten in diesen selbstzerstörerischen Streitigkeiten mit Augustus John erfuhr Frida Strindberg, dass August Strindberg an Magenkrebs erkrankt war. Ihre stürmischen Hilfsangebote per Telegramm beantwortete er nicht. Am 12. Mai 1912 starb August Strindberg. Beim Begräbnis, an dem 10.000 Menschen teilnahmen, waren weder Frida Strindberg noch ihre Tochter Kerstin anwesend.

schrecklich besorgt und mitfühlend erbitte nachrichten gesundheit frida savoy hotel london

Frida Strindberg an August Strindberg, 29. 12. 1911 (franz.)
zit. Söderström, Strindberg, 406

bitte sie inständig strindberg zu bitten mir zu erlauben zu kommen ihn
zu pflegen mich noch einmal zu sehen adresse frida strindberg burni-
shed london

> *Frida Strindberg an August Strindberg, Anfang 1912? (franz.),*
> *zit. Söderström,. Strindberg, 406*

Schattenriss August Strindbergs

flehe sie mit verletztem herzen an
mir zu erlauben zu kommen sie
zu pflegen und ihnen zu dienen 3
heddon street w london

> *Frida Strindberg an August*
> *Strindberg, 24. 4. 1912 (franz.), zit.*
> *Söderström, Strindberg, 406*

Im Frühling 1911 hatte der Theater-
kritiker Jacob Thomas Grein in der
„Sunday Times" die Glanzlosigkeit
des Londoner Nachtlebens beklagt
und zur Gründung eines Kabaretts
nach Pariser Vorbild aufgerufen.
Frida Strindberg, die auch in Zei-
ten privater Krisen ihren Mut und
Unternehmungsgeist nicht verlor,
meldete sich auf den Artikel hin und bot ihre Mitwirkung an.

Als Grein es ablehnte, seine Idee selbst in die Tat umzusetzen, ergriff
Frida Strindberg die Initiative. Im Winter 1911/1912 bildete sie ein Komitee
von elf Personen, dem angesehene Journalisten (Austin Harrison), Thea-
terfachleute (Frederick Whelen), Künstler (Spencer Gore) und Schriftstel-
ler (vor allem aus dem fantastischen Genre wie Arthur Machen und Lord
Dunsany) angehörten. Ihre gastronomische Erfahrung sammelte sie mit
einem elitären „Supper Club", in dem sie Theaterbesucher nach der Abend-
vorstellung bis Mitternacht bewirtete. Bei einer vorbereitenden Werbever-
anstaltung für das neue Kabarett soll Frida Strindberg auf originelle Weise
versucht haben, Spenden zu lukrieren. Der Wahrheitsgehalt dieser Anek-
dote (und anderer, die nicht zuletzt ihre sexuelle Freizügigkeit betreffen) ist
freilich nicht überprüfbar.

Sie plante, einen Nachtklub zu eröffnen, den ersten seiner Art in London. Um den Weg für dieses Projekt zu bereiten, gab Madame Strindberg ein Abendessen, zu dem sie Künstler und jene einlud, von denen sie glaubte, sie wären an ihrem Vorhaben interessiert. Das Essen war üppig und der Champagner floss in Strömen. Als die Geschäftsführung die Rechnung präsentierte, nahm sie Frau Strindberg in die Hand, wandte sich an die Gäste und sagte: „Who will be my knight, to-night?" Es kam keine Antwort aus der Gesellschaft.

Jacob Epstein, Let there be Sculpture (engl.), 134

[Frida Strindberg] wies einen Kunden von ihrem Tisch weg und sagte dabei, sie würde mit ihm schlafen, aber niemals mit ihm reden: „Irgendwo muss Schluss sein."

Ezra Pound, zit. Cork, Cave (engl.), 66

Als Kosmopolitin kannte Frida Strindberg die wichtigsten europäischen Kabaretts wie das Pariser „Chat noir", das Wiener „Kabarett Fledermaus" und das Berliner „Überbrettl" aus persönlichen Besuchen. Ihr eigenes Kabarett sollte aber eine avantgardistische Gesamtausstattung nach dem letzten Schrei erhalten und damit alle Vorbilder an künstlerischer Radikalität übertreffen.

In Auseinandersetzung mit dem französischen Kubismus und dem italienischen Futurismus entwickelte sich in London gerade eine neue Formensprache. Frida Strindberg kannte viele der jungen „wilden" Künstler persönlich und beauftragte drei Maler (Spencer Gore, Charles Ginner, Wyndham Lewis) und zwei Bildhauer (Eric Gill, Jacob Epstein) mit der Dekoration ihres Kabaretts. Jacob Epstein hatte im Auftrag von Robert Ross das Grabmal für Oscar Wilde gestaltet. Wyndham Lewis, den Frida Strindberg seit Jahren schätzte, zeichnete auch für das grafische Design aller Plakate, Programme, Ankündigungen und Speisekarten verantwortlich. Augustus John kam hingegen nicht mehr zum Zug.

Mit dieser Auswahl stellte Frida Strindberg ihr großes Gespür für junge, aufstrebende Künstler und ihren Sinn für innovative Kunst unter Beweis. Der Großauftrag und der dynamische geistige Austausch brachte die beteiligten Künstler ein gehöriges Stück weiter auf ihrem Weg zur späteren Berühmtheit.

Ich habe nicht sehr viel Geld für meine Nachtklub-Wandgemälde bekommen, genau genommen 60 Pfund. Ich war freilich ziemlich unbekannt und hätte sie umsonst gemacht.

Wyndham Lewis, Rude Assignment (engl.), 135

Als Lokalität für ihr Kabarett wählte Frida Strindberg einen geräumigen Kellerraum unter einem Kleiderwarenhaus in der Heddon Street, einer kleinen Seitengasse der Regent Street im Vergnügungsviertel Soho. Die Dekoration war auf den Namen des Lokals abgestimmt, der auf eine Geschichte aus dem Alten Testament anspielte: „The Cave of the Golden Calf".

Das Buch Exodus (32, 1–6) berichtet, dass sich die Israeliten ein Goldenes Kalb errichteten und diesem zu Ehren ein ausschweifendes Fest feierten. Die unterirdische Lage des Kabaretts deutete an, dass man sich auch in der „Höhle" abseits von moralischer und kultureller Konformität befand und sich ausgelassen vergnügen konnte. Im Gegensatz zu den herkömmlichen eleganten Künstlercafés sollte das Kellerlokal ein Experimentierfeld für neue Kunstformen und für antibürgerliche Lebensformen sein.

The Cave of the Golden Calf · · Cabaret Theatre Club · 9, Heddon Street, Regent Street, W.

THE "CABARET THEATRE CLUB" is intended for the use of Members and their friends only, and will be administered under the usual rules and customs which obtain at West End Clubs. The Theatre of the Club is a private one, the performances are confined to Members and their guests, and no payment is taken at the doors. Ladies are eligible for membership.

Management
The Cabaret Theatre Club is a proprietary Club. The liability of the Members is limited to the amount of their subscriptions and entrance fees.

Premises
The premises of the Club are at 9, Heddon Street, Regent Street, and have been specially adapted to the purposes of a Cabaret Theatre. A stage has been erected, decorations have been carried out under the guidance and supervision of Mr. SPENCER GORE. They include large panels by Mr. CHARLES GINNER, Mr. SPENCER GORE, and Mr. PERCY WYNDHAM LEWIS, to which paintings by Mr. ALBERT ROTHENSTEIN, Mr. LEON DAVIEL and others will be added after their completion. Mr. ERIC GILL is building a pedestal for the "Golden Calf" and carving its image.

Election of Members
Every Candidate for Membership must make application on a specified form, a copy of which is attached. The application must be signed by the Candidate. The Annual Subscription for Town Members is £5-5s. with £1-1s. Entrance Fee. The Annual Subscription for Country Members is £2-2s. with £1-1s. Entrance Fee.

Detail des Vorausprospekts

Die Dekoration war von einem stilisierten Primitivismus bestimmt, der an prähistorische Höhlenmalereien und an exotische Bilder Paul Gauguins und Henri Rousseaus denken ließ. Das radikal Neue war aber die starke Abstraktion und die kubistische Durchformung. Die Gäste wurden beim Eingang von Eric Gills Relief eines männlichen Kalbs begrüßt. Im eigentlichen Kellerlokal hatte Jacob Epstein die tragenden Eisensäulen durch Stuckdekorationen in farbenprächtige Totempfähle verwandelt, die Köpfe von Falken, Katzen und Kamelen zeigten. An den Wänden waren bunte Farbmuster von Spencer Gore zu sehen, die ferne Landschaften mit Himmel, Meer, sanften Hügeln und nackten urzeitlichen Jägern erkennen ließen. Weitere Wandgemälde von Charles Ginner zeigten grellfarbige Indianerfiguren und Dschungelmotive mit Tigerjagden, Vögeln und Affen. (In ihrem Hotelzimmer hielt sich Frida Strindberg einen lebenden Affen.) Schließlich gab es an bevorzugter Stelle noch eine provokante Skulptur Eric Gills, die das Goldene Kalb in sexuellem Erregungszustand zeigte. Das Ensemble musste auf den nicht vorbereiteten Besucher wie ein geballter visueller Schock wirken.

Frida Strindberg entfachte durch eine gezielte Werbestrategie die Neugier der Öffentlichkeit auf das neue Kabarett, das als halbprivater Klub organisiert war. Im April 1912 brachte sie ein gedrucktes Vorausprospekt in Umlauf, das auch eine Art Manifest enthielt. Die Mitgliedschaft im Cabaret Theatre Club kostete fünf Pfund. 50 ausgewählte Mitglieder, die das Theater, die Literatur, die Kunst und die Musik repräsentierten, erhielten die Mitgliedschaft zu einem stark reduzierten Preis. Die Hausherrin Frida Strindberg, die am 4. April 1912 ihren 40. Geburtstag gefeiert hatte, vergab aber auch Ehrenmitgliedschaften. Mit diesen Maßnahmen wollte sie jungen Künstlern mit geringem Einkommen den Besuch ermöglichen.

Wir möchten einen Platz, der der Fröhlichkeit gewidmet ist, einer Fröhlichkeit, die das Denken anregt und nicht vernichtet.

Wir möchten eine Fröhlichkeit, die nicht auf Mitternacht achten muss.

Wir möchten eine Umgebung, die nach der Realität des Alltagslebens die Realität des Unwirklichen enthüllt.

Wir möchten Licht und wir möchten Lieder.

Mit diesen ziemlich bescheidenen Wünschen wollen wir niemanden verletzen, es sei denn solche Überseelieferanten von Unterhaltung, wie sie blüht, nicht unbedingt so sehr aufgrund ihrer Verdienste, als vielmehr wegen der drastischen Langweiligkeit unseres heimatlichen Lebens. Wir möchten nicht kontinentalisieren, wir möchten nur bis zu einem gewissen Grad den Unterschied, den das Wort „kontinental" enthält, abschaffen und die Notwendigkeit, den Kanal überqueren zu müssen, um bis nach der Kinderstunde frei zu lachen und aufzubleiben.

Aims and Programme
of the Cabaret Theatre
Club, SMS

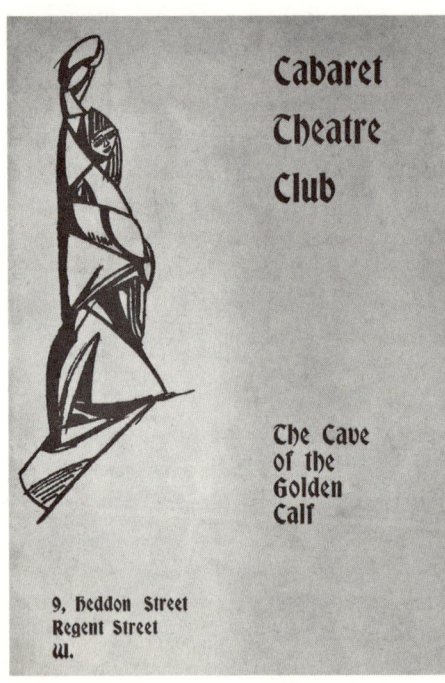

Tänzerin mit wallendem Umhang und erhobener Hand auf dem Umschlag des Vorausprospekts

Die Umsetzung und Ausführung des radikalen Ausstattungsprogramms verlangte der Auftraggeberin viel Überzeugungskraft und Organisationstalent ab. Je näher der Eröffnungsabend rückte, desto chaotischer ging es auf der Baustelle in der Heddon Street zu. Wyndham Lewis zog nach einem Streit sein Wandgemälde zurück. Auf der Durchreise nach Paris kam die norwegische Sängerin und Gitarristin Bokken Lasson vorbei, die in Kristiania soeben ihr eigenes „Chat Noir" eröffnet hatte. Frida Strindberg hatte ihr 1902 einen Empfehlungsbrief für Wolzogens Berliner „Überbrettl" geschrieben, für den sich Lasson jetzt durch tatkräftige Mithilfe bei den letzten Vorbereitungen revanchierte.

Um Mitternacht am Tag vor der Eröffnung hatten wir in einer Höhle in der Stadt eine Generalprobe, aber es fehlte an allen möglichen Dingen. Sie war nackt und kalt, ohne Tische und Stühle, mit dem Geruch von Mörtel und Kalkstein überall. Es sah nach einer Baustelle oder einer Ruine aus. Ich konnte mir nicht vorstellen, wie dieser Raum bereit sein

Anonyme Zeichnung im Daily Mirror, 4. 7. 1912

könnte, am nächsten Abend ein kritisches Publikum voller Erwartungen zu empfangen. Und auch wenn ich aus meiner eigenen Erfahrung wusste, dass Wunder in 24 Stunden geschehen können, war ich für Madame Strindberg ziemlich nervös. Sie eilte zwischen den Handwerkern herum, sprach verführerisch mit ihnen, gab links und rechts Anweisungen, wies unangenehme Rechnungen zurück und hatte einen Streit mit einer Mö-

belfirma, die sie überreden wollte, Sessel und Tische rechtzeitig ohne
Barzahlung zu liefern.

Bokken Lasson, Livet og Lykken (norw.), 148

*Der Eröffnungsabend konnte wie geplant am 26. Juni 1912 stattfinden. Weil
die Küche ohne Gas und Strom geblieben war, mussten die österreichischen
Köche anstelle des angekündigten „Artist's Meal" kalten Hummersalat ser-
vieren. Der in letzter Minute vollendete und noch nicht getrocknete Büh-
nenvorhang von Wyndham Lewis (mit zahmen Rehen und nackten Menschen) hob sich erst nach einem Ruck.*

*Bokken Lasson moderierte mit großer Routine den Abend in einem
Pierrotkostüm und sang Lieder mit Gitarrebegleitung. Die junge Avantgar-
detänzerin Margaret Morris bewegte sich zu Klängen von Edvard Grieg.
Den größten Applaus erhielt ein spanischer Tänzer. Anschließend las ein
Schauspieler Oscar Wildes „The Happy Prince". Zuletzt nahm ein junger
Mann mit Cockneyakzent die Protagonisten des Kabaretts und das Publi-
kum auf die Schaufel.*

*Die Zeitungsreporter staunten über so viel Exzentrik und künstlerische
Vielfalt mitten im biederen London. Vier Monate nach der Eröffnung war
das Lokal in London bereits so berühmt, dass es in der Revue „Kill that
Fly!" von George Grossmith parodiert werden konnte.*

*Als Gründerin und Betreiberin des ersten Kabaretts zählte Madame
Strindberg, wie sie respektvoll genannt wurde, nun zur Prominenz in der
Londoner Boheme. Sie residierte im mondänen Savoy Hotel und wusste
sich in Szene zu setzen. In ihrem Kabarett begrüßte sie die Gäste manchmal mit einem Affen auf der Schulter, der sich an ihren unzähligen Koral-
lenketten zu schaffen machte.*

Madame Strindberg hatte einen Affen und jeden Abend um 10 Uhr 30
wurde Lilian Shelley, die im Kabarett Abend für Abend *Popsy Wopsy*
und *You made me love you* sang, in das Savoy Hotel geschickt, um ihn
zu füttern. Madame Strindberg gab dort Dinnerpartys. Sie liebte es sehr,
Leute einzuladen, die sich gegenseitig nicht leiden konnten. Diese Partys
endeten oft in einer allgemeinen Schlägerei.

Nina Hamnet, Laughing Torso (engl.), 47

Ein Kellner stand mit einem langen, grünlichen Zettel bei meinem Ellbogen. Er war längsseitig zusammengefaltet. Ein dreieckiges Eckstück war hochgeklappt und zeigte die Zahlen 7, 14, 6 Pfund. Madame griff langsam über den Tisch und nahm bedächtig den langen, grünlichen Zettel. Sie zerriss ihn in unzählige graugrüne Dreiecke und ließ sie auf den Kopf des Kellners herabregnen.

Ford Madox Ford, The Marsden Case (engl.), 94

An Sonntagen gab es Aufführungen ausgewählter Theaterstücke. Frida Strindberg erfüllte sich damit einen Herzenswunsch und verwirklichte im Nachhinein – wenn auch in stark reduzierter Form – doch noch den gescheiterten Theatergründungsplan von 1893. Am ersten Sonntag stand ein Einakter von Henri Becque („Cards") auf dem Programm, den sie vielleicht selbst übersetzt hatte. Später folgten Stücke von August Strindberg („Mit dem Feuer spielen"), Frank Wedekind und Leonid N. Andreev.

Der führende englische Komponist Granville Bantock organisierte das gehobene Musikprogramm. Am ersten Sonntag wurde die kleine Barockoper „La serva Padrona" von Pergolesi aufgeführt. Arnold Schönbergs Melodramenzyklus „Pierrot Lunaire" kam schon bald nach der Berliner Premiere vom Oktober 1912 auf die Bühne.

Im Gegensatz zu den Sonntagen präsentierte man an Wochentagen ein breit gefächertes Unterhaltungsprogramm. Es gab Schleiertänzerinnen, Spaßmacher, Maskeraden, Zigeunerfolklore, Lesungen, Lieder und Schattenspiele. Spät in der Nacht tanzte man zu den Klängen eines afroamerikanischen Orchesters den wilden „Turkey Trot" oder den „Bunny Hug". Das Publikum war äußerst durchmischt: Künstler, Schriftsteller, Prominenz aus der Innenstadt, Tänzer, Gardesoldaten und leichte Mädchen. An den Tischen konnte während der Vorführungen gut gespeist oder Wein und Champagner getrunken und eifrig geplaudert werden.

Der bunte Programmmix, der Populärkultur und Avantegardekultur vereinen sollte, führte zu geteilten Reaktionen im Publikum. Die einen fanden manches zu abgehoben für einen Nachtclub, den anderen wiederum war vieles zu seicht.

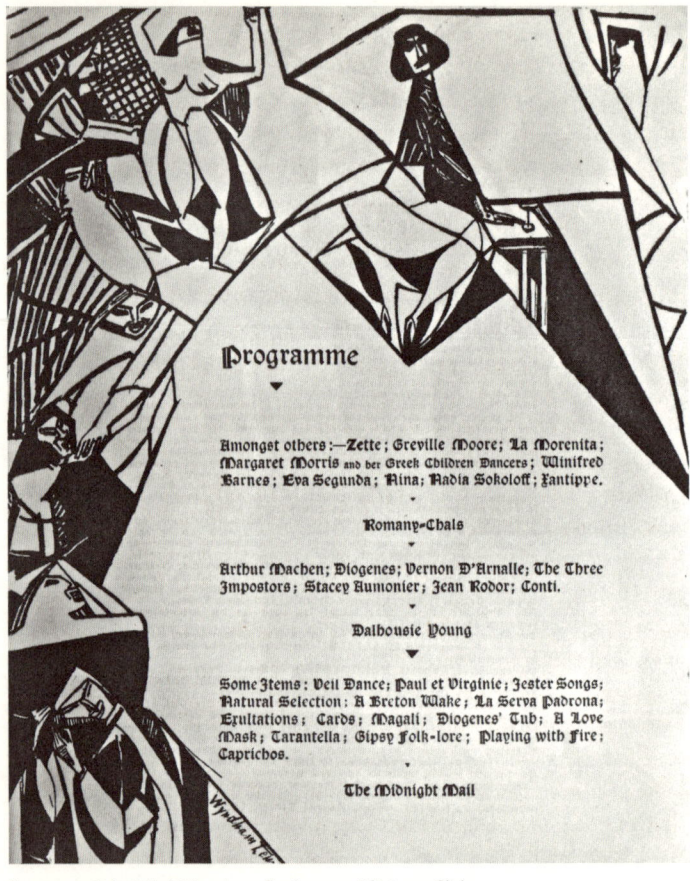

Programmzettel mit Nacktänzerin vor Zuschauern mit lüsternen Blicken

Wir hoffen, zeigen zu können, dass Talent über Banalität erhaben ist, sogar wenn es der Unterhaltung dient.

Aims and Programme of the Cabaret Theatre Club (engl.), SMS

Der Raum war fast voll und ein Franzose mit einem kleinen, gewichsten Schnurrbart sang *Two Eyes of Grey*, wobei er seine Augen auf eine stumpfsinnig sentimentale Art an die Decke heftete. Ich erinnere mich, dass unser erster Drang war umzudrehen und die Flucht zu ergreifen.

Man sagte mir, dass man solche Lieder in Bolton und Oldham hört, und – ich wage es zu sagen – in den Vororten Londons, aber dass Madame Strindberg den ganzen Weg von Schweden gekommen sein soll und einen Mann den ganzen Weg von Frankreich hergebracht haben soll, um den letzten Schwachsinn zu singen, war unglaublich.

Gerald Cumberland, Set Down in Malice (engl.), 279

Sehr kurz nachdem ich nach London gekommen war, wurde ich von Austin Harrison in einen Nachtclub geführt, der sich Cave of the Golden Calf nannte. Dieser wurde von einer von Strindbergs Frauen geführt, einem Füllhorn von Frau, die geschickt versuchte, die Aufmerksamkeit von der Dürftigkeit der Liköre abzulenken, indem sie erzählte, dass Strindberg (mit einem wachen Menschenverstand, den ich ihm nie zugetraut hätte) immer ein Fleischmesser unter dem Polster aufbewahrte. Dort gab es eine Kabarettshow – einen spanischen Tänzer, der, als ihn Austin Harrison auf Spanisch anredete, nachfragte: „Wot's that, dearie?" und einen deutschen Friseur aus Hull, der Gedichte vortrug, die man für ziemlich exotisch hielt, die für mich aber nur darauf hindeuteten, dass er zu viel in den Docks von Hull herumgehängt und rauhen Männern beim Reden zugehört hatte.

Dazu trat Frank Harris in einem sehr neuen Abendanzug auf, der, wie man merkte, Teil einer Ausstattung war, die er sich mittels Vorspiegelung falscher Tatsachen bei irgendeiner vertrauensseligen alten Jungfer beschafft hatte, und hielt eine Vorlesung über Stil. Ich gestehe, das war mutig von ihm, denn er war sehr betrunken.

Rebecca West an George Bernard Shaw, [1917/18],
in: Selected Letters (engl.), 36f.

Neben Wyndham Lewis kamen auch andere Mitglieder der literarischen Boheme Londons in das Kabarett, darunter Violet Hunt, Ford Madox Ford, Ezra Pound und Rebecca West. Pound und Ford entwickelten mit dem Vortizismus eine eigene literarische Stilrichtung. Lewis und Ford schrieben für die „Cave of the Golden Calf" Schattenspiele. Katherine Mansfield trat einmal in einem chinesischen Kostüm als Klatschtante auf. Ezra Pound bezeugte Frida Strindbergs soziales Mitgefühl: verarmte Schriftsteller, Künstler und Künstlermodelle durften an ihrem Tisch frei konsumieren.

Der einzige Nachtklub (einer der ersten in London), in den verarmte
Künstler hineinkamen. Mitteleuropäischer Scharfsinn, was den Werbe-
wert von Herrn Epstein, Frank Harris etc. betrifft. Man konnte sogar
freies Essen bekommen, wenn Du sie an Fridas Tisch brachtest.

Ezra Pound an Eustace Mullins, 6. 4. 1959 (engl.),
zit. Strauss, Cruel Banquet, 182

Ich weiß, dass sie sehr wohltätig war zu unzähligen jungen Männern
mit hohen Spitzhüten und schwarzen Koteletten und zu vielen jungen,
talentierten Frauen wie Clarice Honeywill, die völlig verzweifelt zu ihr
gekommen ist.

Ford Madox Ford, The Marsden Case (engl.), 96f.

Das Kabarett hatte von Anfang an mit finanziellen Schwierigkeiten zu
kämpfen. Bei der Gründung soll Frida Strindberg ihren Besitz verpfändet
haben. Ende des Jahres 1912 musste sie unfreiwillig das Gemälde „The Way
Down to the Sea" von Augustus John an dessen Mäzen John Quinn ver-
kaufen. Charles Ginner und Spencer Gore bot sie für ihre Mitwirkung bei
der Ausstattung des Lokals anstelle von Geld vier Gemälde und 35 Grafi-
ken von Augustus John aus ihrem Privatbesitz an. Wyndham Lewis nutzte
eine Geschäftsreise Frida Strindbergs nach Paris, um sich das ausstehende
Honorar selbst aus der Kassa zu holen.

Frida Strindbergs eigener lockerer Umgang mit Geld dürfte den Nie-
dergang beschleunigt haben. Weil Nichtmitglieder für Alkohol und Tabak
zu bezahlen hatten, kam es aus gewerberechtlichen Gründen zu einer Po-
lizeirazzia. Im Juli 1913 folgten Treffen mit Gläubigern. Frida Strindberg
gelang es, Aufschub zu erreichen.

LONDON, 3. Mai. – Die Polizei führte heute am frühen Morgen in einem der Nachtklubs, die in London in letzter Zeit wie Pilze aus dem
Boden schießen, eine Razzia durch. Der Klub, den sie sich auserwählte,
um ihm ihre Aufmerksamkeit zu widmen, sorgte merkwürdigerweise
in mancher Hinsicht für die beste Ausbeute und war sicherlich der einzige, der Anspruch darauf erheben konnte, modern zu sein. […] Laut
Stammgästen des Klubs hatte Madame Strindberg der Tatsache, dass
junge Engländer beim Trinken oft über-ausgelassen sind, nicht genü-

gend Aufmerksamkeit geschenkt und sich geweigert, ihr Kabarett mit
einem tüchtigen Türsteher zu versehen.

The New York Times, 4. 5. 1913 (engl.)

*Frida Strindberg begann sich nach dem Tod August Strindbergs verstärkt
um die Verbreitung seiner Werke zu kümmern. Als Arthur Machen im
März 1912 im Londoner New Prince's Theatre Stücke von Hermann Bahr
und August Strindberg („Gläubiger") aufführen ließ, bediente er sich ver-
mutlich der Kontakte Frida Strindbergs. Der renommierte amerikanische
Schauspieler Maurice Moscovitch hatte mit seiner jiddischen Version von
August Strindbergs „Der Vater" am 29. Mai 1911 am Pavilion Theatre
Whitechapel in London die englische Erstaufführung des Stücks realisiert.
Anfang 1913 gab er bei einer neuerlichen Gastspielreise eine Privatvorstel-
lung für Frida Strindberg.*

Ein jüdischer Schauspieler, Moskowitch, hat vorige Woche auf Yiddish
den „Vater" in Whitechapel gespielt, für mich. Es war eine so wundervolle Vorstellung, dass Austin Harrison, Philipp Carr und ich zusam-
mensteuern wollen, damit sie im April in *englischer* Sprache wiederholt
wird.

Frida Strindberg an Karl Otto Bonnier, Anfang 1913?, BF

*Nach dem Ende der ersten Kabarettsaison reiste Frida Strindberg im Som-
mer 1913 nach Stockholm, um Kerstins finanziellen Anteil am Erlös der
Werke August Strindbergs innerhalb der Erbengemeinschaft zu regeln und
einige intime Briefe aus der Ehezeit mit Strindberg zurückzufordern. Ihre
Tochter Kerstin hatte sich mittlerweile im Unfrieden von ihrer Großmutter
Marie Uhl getrennt und lebte in einer Pension in München. Seit dem Tod
ihres Vaters August Strindberg träumte sie davon, sein Grab in Stockholm
zu besuchen. Im Sommer 1913 war es soweit.*

*An einem nebeligen Abend lief Kerstin Strindberg in Stockholm einer
Frau in die Hände, die ihr bekannt vorkam. Es war ihre Mutter. Vier Jahre
lang hatten sich die beiden nicht gesehen und das Aufeinandertreffen war
ein nicht geplantes. Frida Strindberg führte Kerstin in den inneren Kreis
der Strindberg-Familie ein. Bis zum nächsten Treffen sollte mehr als ein
Jahrzehnt vergehen.*

Eine erschöpft wirkende Frida Strindberg (2. von links) in Stockholm

Kerstins Halbbruder Friedrich Strindberg hatte auf die Frage nach seinen Eltern stets geantwortet: „Meine Eltern sind gestorben." Erst 1912 erfuhr der mittlerweile 15-jährige Knabe den Namen seines leiblichen Vaters. Nach der intensiven Lektüre seiner Werke suchte er Frank Wedekind im Herbst 1913 in Berlin auf. Der Salzburger Internatsschüler sprach seinen Vater mit „Herr Wedekind" und in der 3. Person an.

Das Weihnachtsfest 1913 verbrachte Friedrich Strindberg bei seinem Vater und dessen viel jüngerer Frau Tilly. Er entwickelte selbst schriftstellerische Ambitionen, die Frank Wedekind zunächst begrüßte. Zu Ostern 1914 las er ihm bei einem weiteren Treffen sein Stück „Menschenrecht" vor, in dem ein alternder Vater seine Frau an den jugendlichen Sohn verliert. Frank Wedekind, der selbst keine Hemmungen bei der literarischen Ausbeutung der Privatsphäre seines Bekanntenkreises gezeigt hatte, fühlte sich und seine Ehe porträtiert und war außer sich über die in seinen Augen dreiste Kritik.

Es kam nur mehr zu einem weiteren Wiedersehen in Salzburg, ehe Friedrich Strindberg 1915 in das österreichische Heer einrücken musste. Als er 1918 aus dem Feld zurückkehrte, war Frank Wedekind bereits tot.

Meine unglückliche Mutter ist weiß Gott wo. Ich habe, wie meine Schwester, jede Liebe zu ihr aufgegeben und sie nur Dir zugeeignet. Meinerseits wird sie immer standhalten, und ich fühle vielleicht, was Dir durch mich geschieht, doppelt so hart wie Du.

Friedrich Strindberg an Frank Wedekind, 9. 5. 1914,

zit. Regnier, Wedekind, 346

Im Sommer 1913 erhielt Frida Strindberg eine Einladung an das schwedische Theater in Chicago. Von dort aus ersuchte sie den Autor Joseph Conrad um die Aufführungsgenehmigung seines Stücks „One Day More", die er im September auch erteilte. Vor dem Start der neuen Saison wurde das Londoner Kabarett renoviert. Nach der Wiederversöhnung mit Wyndham Lewis konnte beim Stiegenabgang die letzte Version seiner abstrakten Karnevalsdarstellung „Kermesse" aufgehängt werden, eines der ersten kubistischen Gemälde Englands. Der Entwurf für das verschollene Bild zeigt einen ekstatischen Tanz, bei dem drei Männer mit lüsternem Grinsen über eine Frau herfallen.

In der zweiten Kabarettsaison gab es neue Angebote, u.a. einen Tanzkurs mit einem Pariser Tanzlehrer. Einen Höhepunkt bildete der Auftritt des italienischen Futuristen Filippo Tommaso Marinetti, der im November 1913 eigene Gedichte deklamierte. Der notorische Okkultist Aleister Crowley legte – offenbar erfolglos – ein Manuskript vor und beschrieb Frida Strindberg später als dänische Sirene in seinem berüchtigten „Diary of a Drug Friend" (1922).

Die finanziellen Schwierigkeiten rund um das Kabarett drückten auf die Stimmung. Unzuverlässige Kellner arbeiteten in die eigene Tasche. Fehden mit Künstlermodellen eskalierten, als Frida Strindberg Privatdetektive einschaltete. Im Februar 1914 musste die „Cave of the Golden Calf" Konkurs anmelden. Alle Rettungsversuche – wie etwa eine Anbindung an die neue Londoner Kultzeitschrift „Blast" – schlugen fehl. (In einer Liste der Gesegneten und Verfluchten im ersten Heft von „Blast" schien „Madame Strindberg" neben James Joyce und anderen in der Kategorie „Bless" auf.) Das Möbilar wurde versteigert. Augustus John und Wyndham Lewis gründeten eigene Nachfolgeclubs. Die kubistische Dekorationskunst trat nun in London ihren Siegeszug an und verbreitete sich bis in die Music Halls.

Lieber Lewis,

Am Donnerstag wird es eine besondere Nacht geben, zu der noch einmal alle „Gründer" des Cabarets eingeladen werden. Ich habe die Idee,
das Cabaret als „Blast-Club" wiedererstehen zu lassen, *wenn Du willst*,
in einem *Palast* innerhalb von vier Wochen. Möchte Dich gern *privat*
sehen, so bald wie möglich.

Frida Strindberg an Wyndham Lewis, März 1914 (engl.), CUL

BLESS

Bridget   Berrwolf   Bearline   Cranmer Byng
Frieder Graham   The Pope   Maria de Tomaso
Captain Kemp   Munroe   Gaby   Jenkins
R. B. Cuningham Grahame   Barker
(not his brother)   (John and Granville)
Mrs. Wil Finnimore   Madame Strindberg   Carson
Salvation Army   Lord Howard de Walden
Capt. Craig   Charlotte Corday   Cromwell
Mrs. Duval   Mary Robertson   Lillie Lenton
Frank Rutter   Castor Oil   James Joyce

Madame Strindberg im Kreis der „Gesegneten" (Auszug)

Mit dem Kriegseintritt Großbritanniens am 4. August 1914 wurde das Le-
ben für Frida Strindberg immer schwieriger. Als Ausländerin musste sie
sich bei der Polizei registrieren lassen und eine nächtliche Ausgangssperre
befolgen. Weil Frida Strindberg ungeachtet ihrer schwedischen Staatsbür-
gerschaft als Österreicherin betrachtet wurde, stand der Vorwurf der Spio-
nage für den Feind im Raum.

Sechs Jahre hatte Frida Strindberg in London verbracht, dabei aber
keine Wurzeln geschlagen und immer in Hotelzimmern gelebt. Nach der
Schließung ihres Kabaretts zerstreute sich ihr Freundeskreis. Mit 42 Jahren
stand Frida Strindberg am Ende eines Lebensabschnitts und musste sich
neu orientieren.

Ich verlasse das Cabaret. Träume *sind* süßer als die Wirklichkeit.

Frida Strindberg an Augustus John, April 1914 (engl.), NLW

Bei ihrem Besuch im skandinavischen Theater in Chicago hatte Frida Strindberg 1913 das erwachende Interesse der Amerikaner für August Strindberg beobachtet. Sein Tod hatte sie, die einstige Ehefrau, zur Kronzeugin gemacht. Da Strindbergs erste Frau, Siri von Essen, 1912 gestorben war und seine dritte Frau, Harriet Bosse, erneut geheiratet hatte, betrachtete sich Frida Strindberg nun als legitime Witwe des Dichters.

Bislang hatte sie sich in keinem ihrer Feuilletons je mit August Strindberg befasst. Nun sah sie eine neue Verdienstmöglichkeit und vollzog eine Kehrtwende. (Die Bedeutung des toten Strindberg wird jene, die er zu Lebzeiten für sie gehabt hatte, bei weitem übertreffen.) Frida Strindberg bewarb sich beim renommierten J. B. Pond Lyceum Bureau in New York für eine Vortragsreise durch Amerika. In ihrem Exposé präsentierte sie sich als intime Kennerin August Strindbergs, die dem weit verbreiteten Klischeebild des Frauenhassers und Wahnsinnigen entgegentreten könnte. Gleichzeitig ließ sie die Möglichkeit brisanter Enthüllungen durchblicken.

Das J. B. Pond Lyceum Bureau war hingerissen, bezahlte ihr das Ticket für die Überfahrt nach New York und engagierte Frida Strindberg für zehn Vorträge à 100 Dollar.

Kein Autor, der hl. Augustinus und Jean Jacques Rousseau eingeschlossen, hat je sein eigenes Leben und Herz vollständiger entblößt als Strindberg in seinem autobiografischen Werk (und es ist fast alles autobiografisch). Unglücklicherweise entblößte er auch andere, darunter seine auserwählten Bettgenossinnen, vor den profanen Augen. Und es waren nicht gerade ihre Reize, an die er sich zurückerinnerte. […] Ach, man muss ihn gut gekannt haben, um zu erkennen, zu verstehen und zu vergeben. In Wirklichkeit war das erschreckende Verbrechen nichts als Unbewusstheit. […]

Ich möchte keinen Vortrag über Heldenverehrung halten. Ganz und gar nicht. Überlassen wir Helden und Götter den Priestern. Aber überlassen wir den Mann der Frau. Ich möchte Strindberg vor dem posthumen Schicksal eines Byron, Carlyle und anderer bewahren – nur ich kann das. Um das zu tun, muss ich auch über die große Kraft hinter dem Schleier sprechen, über das Problem der Geschlechter.

Vielleicht werde ich den Schleier herunterreißen – sogar tiefer, als es Strindberg je tat. Scham wurde ja aus der Angst der Frauen geboren.

Wir sind dabei, furchtlos zu werden. Vielleicht wird das Publikum erröten, aber ist nicht jedes Wogen des Blutes Zeichen und Schöpfung von
Leben?

Frida Strindberg, Proposal an die Lecture Agency, 1914 (engl.),
zit. Strauss, Cruel Banquet, 191f.

Filmscripts
in New York
(1914–1923)

Sie wollen wissen, was mein Beruf ist?
Nun, es ist – irgendetwas zu tun, das ich liebe.
Frida Strindberg

Am 12. September 1914 ging Frida Strindberg in Liverpool an Bord des Ozeandampfers RMS Campania, der knapp 1.000 Passagiere transportierte, und trat die Reise nach New York an, die damals drei Wochen lang dauerte. Mit dabei hatte sie angeblich – wohl als Startkapital – einen Teil der künstlerischen Ausstattung ihres Kabaretts „The Cave of the Golden Calf".

Bisher konnte der Name Frida Strindbergs nicht auf der Passagierliste der RMS Campania aufgefunden werden. Kein Wunder, reiste sie doch unter dem falschen Namen Maria Stromberg. Über die richtigen Angaben zum Alter und zum Geburtsort ist sie eindeutig zu identifizieren. Fürchtete sie Schwierigkeiten bei der Ausreise aus England bzw. bei der Einreise in die USA? Wegen des Spionageverdachts? Oder wegen zurückgelassener Schulden und Problemen mit dem Gesetz?

Der Ozeandampfer RMS Campania brachte Frida Strindberg nach New York

Vom Schiff aus nahm Frida Strindberg mit versöhnlichen Briefen Abschied von der „Alten Welt". Ihrem früheren Komiteemitglied Austin Harrison, der viel zum Verständnis der Werke August Strindbergs in England beigetragen hatte, versprach sie Beiträge über New York für seine Zeitschrift „The English Review". Augustus John gegenüber bedauerte sie ihre Grenz-

*überschreitungen. Einige Jahre später meldete sie sich noch ein letztes Mal
bei ihm.*

Es tut mir sehr leid, mein lieber, lieber John, dass es mir nicht gelungen
ist, Dich entweder zu lieben oder zu hassen – – und dass Freundschaft
und Achtung und alles andere zwischen diesen zwei Gefühlen ertränkt
wurde. Den Hauptfehler machten andere, die sich mit Lügen und Übel-
wollen einmischten. – Der Rest, nehme ich an, war *mein* Fehler – und
deshalb strecke ich meine Hand zu Dir zum *Abschied* aus. […]

Frida Strindberg an Augustus John, September 1914 (engl.), NLW

Mein lieber einstiger Freund,
In diesen Tagen des Zwangsspiritismus wirst Du nicht überrascht sein,
wenn Du eine der Toten zurückkehren siehst. – (Eine andere Frage ist,
ob Du durch diese unpassende Rückkehr nicht sehr unangenehm berührt sein wirst.) Lass mich Dich deshalb sofort beruhigen, dass das
Böse nicht so schlimm ist, wie es scheint, weil ich wirklich ziemlich,
ziemlich tot bin … Ich werde nie mehr Selbstmord begehen, weil Du
meinen Reizen gegenüber blind bist – ich werde Dir kein Glück, das Du
findest, mehr übel nehmen … Aber ich weiß, dass mir keine Erinnerung lieber ist als jene an Dich, dass es keinen gibt, dem ich mehr Glück
wünsche, den ich höher verehre und dessen Hand ich wenigstens einmal
noch halten will, als Deine – zum ersten Mal vielleicht …
Ich hatte vor Jahren keine faire Chance, weil alles, was das Leben in
ethischer und intellektueller Hinsicht aus mir gemacht hatte, nachdem
ich geboren und in der obligatorischen Zwangsjacke erzogen worden
war, natürlich abscheulich für Dich war, – sodass Du … immer verzwei-
felter wurdest. Und dann war ich ausgelaugt durch jahrelange Sorge und
Verzweiflung. Ich habe weder Dir noch sonst jemandem davon erzählt
– aber ich versichere Dir: Ich war ein ziemlich bedauernswert verfolg-
tes menschliches Tier und infolgedessen leicht hysterisch. Warum Ver-
rücktheit immer ein unerfreuliches Aussehen annehmen sollte, weiß ich
nicht, aber es scheint zur Regel geworden zu sein …
Ich bin keine femme du monde mehr, weder in meiner Kleidung noch
in meinen Denken, aber ich bin ein Mann geworden, den Du als Freund
mögen würdest – wenn nicht erneut Dein Geschmack zwischen uns ste-

hen würde. Ich weiß, dass Deine Freunde schlank sein *müssen*, bis zu einem gewissen Grad zumindest – und ich bin fett genug geworden, um ertrinken zu wollen, aber zu fett, um je unterzugehen, selbst wenn ich es wollte – fett und alt.

Kann ich trotz all dem und allem anderen wirklich hoffen und glauben, dass Du mir eines Tages wieder freundschaftlich gesonnen sein kannst?

Frida Strindberg an Augustus John, nach 1918 (engl.),

zit. John, Chiaroscuro, 204f.

Zwei Jahrzehnte später widmete sich Frida Strindberg im unveröffentlichten Romanmanuskript „Love, Bones and Politics" erneut der zweiten großen Leidenschaft ihres Lebens. Deutlich kam darin ihre Wertschätzung für die avantgardistische Kunst von Augustus John (hier Harold Pierce) zum Ausdruck. Zweimal stellt der Maler einen Heiratsantrag an Eve (Frida Strindbers Alter Ego im Roman), beide Male erhält er eine Abfuhr. Einmal erwischt ihn Eve mit einer anderen Frau, den zweiten Antrag lehnt sie aus Rücksicht auf seine sechs Kinder und seine Lebensgefährtin ab.

Da war das Mittelmeer, die Südsee und die Karibik und das Geheimnis von Mexiko und Persien, des Kaukasus. Keine literarischen, Gauguin-artigen Bemühungen, kein Atavismus, nur Farbe und ihre meisterhafte Handhabung, das Ergebnis unendlicher Akribie. [...]

Er stand an meiner Seite und sah mich an, während ich seine Bilder betrachtete. Da war ein Feuer in seinen Augen, ein Lächeln auf seinem Gesicht – er (der alte Mann) sah so jung und siegreich aus wie an jenem Tag, an dem wir uns zum ersten Mal getroffen hatten – und ich war wieder die alte junge Frau. Seine Augen umarmten mich, jeden Teil von mir. Die meinen gaben mich ihm hin, Körper und Seele.

Er war bereit, mich fest an sein Herz zu schließen. Ich spürte ein heftiges Verlangen, meine Arme und seinen Hals zu werfen, auf seinem Herzen zu ruhen, auf diesem treulos treuem Herzen, während seine Sonnen um uns schienen, seine Bäume verschwenderisch grünten, sein Teich in magischen Flammen glitzerte.

Frida Strindberg, Love, Bones and Politics, 38

Er flehte mich wie um sein Leben an.

– Versuche zu verstehen, Eve. Ich liebe dich … Ich werde nie eine andere Frau so lieben … Ich kann zwei Frauen zugleich lieben, aber ich kann nicht eine allein lieben.

Ich wusste, dass er ehrlich war und dass alles, was er gesagt hatte, die Wahrheit war. Aber da war dieses Gefühl von Kälte in mir, das etwas getötet hatte … getötet hatte …

Frida Strindberg, Love, Bones and Politics, 11f.

– Ich bin ein Schrecken, ich kann nicht teilen, nicht mit Nina und mit keiner anderen Frau. Und ich kann mich nicht hingeben, außer wenn ich mich ganz ohne Rückhalt hingeben kann – jeden Teil von mir.

Frida Strindberg, Love, Bones and Politics, 62

Mein Verbrechen war, dass ich davon geträumt hatte, die Sonne zu besitzen, und als ich Ihn in meinen Händen hielt, Ihn wieder entschlüpfen zu lassen. Es sind schon Frauen für weniger als das zu „lebenslänglich" verurteilt worden.

Frida Strindberg, Love, Bones and Politics, 7

Das J. B. Bond Lyceum Bureau rührte die Werbetrommel für die Vortragstournee Frida Strindbergs, die als intime Kennerin der europäischen Künstlerboheme präsentiert wurde. Ein Prospekt kündigte sechs verschiedene Vorträge an: drei über August Strindberg (u.a. über „Strindberg, der Mann" und „Strindberg und die Frauen"), einen über Walter Greaves, einen über Autoren der Boheme (u.a. Hermann Sudermann, Frank Wedekind) und einen über die englische Moderne (Oscar Wilde, Aubrey Beardsley, Augustus John). Die Vorträge basierten – so der Prospekt – auf den eigenen Erlebnissen der fundierten Kennerin des europäischen Kulturlebens. Frida Strindberg sah ihre Rolle unverblümter.

Erzogen in einem hoch intellektuellen Milieu, in dem man einzig den Ausdruck der Persönlichkeit anstrebte, formte sie früh ihren Charakter und schuf sich selbst ihre eigene Karriere. Madame Strindberg hat ihre Kräfte auf Literatur, Malerei, Musik und das Theater aufgeteilt. Allerdings war ihre Haltung von ihrer Natur wie von ihrer Erziehung her

CREATORS

LA COMEDIE
HUMAINE

❖

*Six
Lectures
by*

MADAME STRINDBERG

Second wife of the great Swedish Poet-Dramatist

AUGUST STRINDBERG

⁂

Exclusive Management

J. B. POND LYCEUM BUREAU

Metropolitan Life Building   New York City

1 Madison Avenue

Titelseite des Prospekts zur Vortragstournee Frida Strindbergs

immer mehr eine aufnehmende als eine aktive oder kreative. Diese ei-
gentümlich weibliche Haltung – bezeichnend für ihr Wesen – wird auch
charakteristisch für ihre Vorträge sein. […] „Humanität ist der Ausgangspunkt und das Ziel der Kunst. Es ist der Highway des weiblichen
Lebens und Denkens." […] Madame Strindbergs Lesungen sind einmalig in ihrer Art wegen der reizvollen Verbindung ihrer Persönlichkeit
und ihrer Sachkenntnis. Sie hat etwas zu sagen, das keine andere Frau

von heute sagen kann, weil sie in die Tiefen der europäischen Kultur hinabgetaucht und auf ihren Höhen gestanden ist.

Prospekt „Six Lectures by Madame Strindberg" (engl.), KB Dep. 146/13

Ich weiß nicht, wo und wie ich leben werde. Ich fahre nach New York. Sie wollen das Tier sehen und bieten einen hohen Preis, um es bei einem „Vortrag" zu hören. – Weil das Tier Hunger leidet, verkauft es sich auf diese Weise. – Das Leben insgesamt ist Prostitution, glaube ich, und die Hauptsache wäre, vom Allmächtigen die Gnade zu erhalten, eine freimütige Dirne sein zu können. Ich fürchte, ich habe nie andächtig genug gebetet.

Frida Strindberg an Augustus John, September 1914 (engl.), NLW

Am 13. Jänner 1915 besuchte Frida Strindberg in der New Yorker Carnegie Hall einen Vortrag der militanten englischen Frauenrechtlerin Christabel Pankhurst über den Krieg in Europa. Auch ihre Vortragsreise wurde vom J. B. Pond Lyceum Bureau organisiert. Pankhurst verteidigte die britische Kriegsführung, nannte den deutschen Kaiser einen „unverantwortlichen Despoten", sah die amerikanische Friedensbewegung von deutschen Agenten unterwandert und forderte das noch neutrale Amerika zum Kriegseintritt auf Seiten der Westmächte auf.

Das Publikum reagierte laut und gespalten. Eine Zuhörerin forderte die Abschiebung der Rednerin aus dem (noch) neutralen Amerika. Auch Frida Strindberg schaltete sich mit heftigen Zwischenrufen ein und erläuterte später in Zeitungsinterviews ihr Verhalten. Nebenbei gab sie den militanten englischen Frauenrechtlerinnen Tipps für die Planung künftiger Protestaktionen.

„Ich ging mit den angenehmsten Gefühlen zum Treffen", sagte Madame August Strindberg, die Witwe des schwedischen Dichter-Dramatikers, die seit fünf Wochen hier ist und die, wie sie behauptet, ihre besten Freunde in England hat. „Ich habe Christabel Pankhurst nie in England gehört und ich kam aus einem Sympathiegefühl heraus. Aber als ich hörte, was sie sagte, konnte ich mich nicht zurückhalten. Wenn mich etwas sehr bewegt, muss es aus mir heraus, ganz egal was passiert.

Porträtzeichnung Frida Strindbergs in der „New York Times" (1915)

In ihrer Rede war nichts als Hass, Hass, Hass. Es schien mir so gegen-
teilig zur Stimmung, die in Amerika gezeigt wird, das den Verwundeten
aller Länder Hilfe schickt. Da waren keine Argumente. Es war billig, aber
sehr raffiniert, weil sie jene Punkte herausarbeitete, die Amerikanern
zusagen mussten. Diese wurden sorgfältig studiert und so bedrängt, wie
manche Frauen ihre Männer bedrängen, um ein neues Kleid zu bekommen. Aber das ist kein gerader, ehrlicher Weg. Die Komplimente, die sie
Amerika machte, waren Beleidigungen."

The New York Times, 15. 1. 1915 (engl.)

„Ich halte überhaupt nichts von Gewalttätigkeit, aber ich bin mir sehr sicher, dass diese militanten englischen Suffragetten die Seele des Engländers nicht verstehen, nicht im Geringsten. Sie gehen zur Arbeit und zerfetzen einen Velasquez oder ein anderes wertvolles Gemälde. Regt das den phlegmatischen Engländer auf? Nicht ein bisschen. [...] Was sie wirklich tun müssten, wäre ihre Golfplätze zerstören. [...] Gemälde und Fenster braucht die Seele des Engländers nicht unbedingt, aber Golf schon.“

The New York Times, 17. 1. 1915 (engl.)

Wenige Tage nach den Zwischenrufen beim Pankhurst-Vortrag war die Witwe des „Weiberhassers“ so im Gespräch, dass ihr die „New York Times“ unter dem Titel „Strindberg's Widow Tells of him“ eine ganze Seite einräumte. Frida Strindberg war erstmals selbst ein Star und genoss die neue Rolle. Der Porträtzeichner hielt sie als moderne, burschikose Schönheit („American girl“) fest: mit müden, dunklen Augen, feinen Augenbrauen und vollem, adrett geschnittenem Haar, das die Stirn ganz bedeckte, aber die Ohren halb frei ließ und nackenlang war.

Das Interview begann gleich mit der Frage nach August Strindbergs Frauenhass. Stolz verwies sie auf seine Liebe zu ihr und wertete diese als Beweis für seine Wertschätzung von Frauen. Zuletzt rühmte sie August Strindberg sogar als Vorkämpfer für Frauenrechte.

War Strindberg wirklich ein Frauenhasser?

„Niemals“, verneint Madame Strindberg sofort, die zweite Frau des großen schwedischen Autors, die gerade in dieses Land gekommen ist, um der amerikanischen Öffentlichkeit ein wahres Bild ihres Ehemanns zu präsentieren.

„Niemals“, wiederholt sie mit Nachdruck, „er hat mich geliebt: Ist denn das nicht ein Beweis dafür, dass er Frauen nicht hasste?“ [...]

„August Strindberg“, sagte sie, „war in Wirklichkeit ein großer Frauenfreund. Er hegte Sympathie für jede Art von Freiheit und wollte diese für Frauen genau so wie für Männer. [...] Der Grund, warum so viele Menschen auf die Idee kamen, er wäre ein Frauenhasser, war sein totaler Abscheu vor gewissen Folgen der Frauenwahlrechtsbewegung in Schweden. Er wollte keine Verfälschung der Idee. Als einige Frauen, die

in ihren Forderungen nach den gleichen politischen Rechten wie Männer am lautesten waren, zu vergessen begannen, sich so oft wie nötig
zu waschen, ihre Haare und Kleidung zu vernachlässigen, schwere Stie-
fel zu tragen, große Zigarren zu rauchen und den Grundsatz der freien
Liebe nicht nur zu verkünden, sondern auch zu leben – dann wetterte
er tatsächlich gegen sie. Er hasste jede Übertreibung, jedes Erheben der
Stimme – alles, was irgendwie sein Frauenideal entstellte. Jene Freiheit,
die er sie über die Emanzipation erreichen lassen wollte, sollte eine ganz
und gar gesunde Sache sein, die auf der Natur basierte und ihr nicht
widersprach."

The New York Times, 17. 1. 1915 (engl.)

*Auf ihren Beruf angesprochen gab sich Frida Strindberg als schöngeistige,
an allen Künsten interessierte Europäerin mit Vorliebe fürs Theater. Sie
stellte auch zwei autobiografische Buchpublikationen in Aussicht, in denen
sie ihre Ehe mit August Strindberg und ihre Erlebnisse in der Londoner
Boheme schildern wollte.*

*Frida Strindberg vergaß nicht, beim Interview ausgiebig die Werbetrom-
mel für ihre eigene Tournee zu rühren. Ihre Vorträge würden nicht langwei-
lig und gelehrt sein, erläuterte sie, sondern ihre Erlebnisse an der Seite berühmter Künstler und Schriftsteller schildern – pikante Details inbegriffen.*

„Sie wollen wissen, was mein Beruf ist? Nun, es ist – nur irgendetwas zu
tun, das ich liebe. Manchmal habe ich das Schreibfieber, dann vertiefe
ich mich wieder in die Musik oder die Malerei oder das Drama. Ich habe
sehr großes Interesse an Theaterdingen. […]

Jetzt stecke ich gerade mitten im Schreibfieber", erklärt sie mit einem
Lächeln, „weil ich zwei Bücher abschließe, die beide nächsten Herbst
in Amerika veröffentlicht werden sollen. Eines ist eine Autobiografie:
‚Strindberg und ich‘, das andere ein Roman: ‚The Lantern Club‘, der ein
lustiges, aber irgendwie auch düsteres Bild der Londoner Boheme zeich-
net."

Madame Strindberg besucht zum ersten Mal Amerika und plant, hier
herüben ein paar Vorträge zu halten.

„Ich hasse Belehrung, Feierlichkeit und Langeweile", sagt sie. „Meine Vorträge werden keine Vorträge im herkömmlichen Sinn des Wortes

sein, sondern eher Improvisationen und Lesungen über Männer oder Dinge, die mir so nahe und vertraut sind, dass sie Teil von mir selbst geworden sind. Ich werde mich nicht um Kunstkritik und Literatur im üblichen Sinn des Wortes kümmern. Ich möchte einfach von meinen Pilgergefährten erzählen, die ich, eine Frau, auf meinen Wanderungen getroffen habe und die Halt gemacht haben, um mich zu bereichern, indem sie mir entweder eine Vision von Schönheit oder von Kraft oder von Tränen zurückzuließen. [...]

Einen meiner Vorträge, „Strindberg und die Frauen", werde ich nur für Frauen halten. Man kann nicht über den größten und längsten (und grausamsten) internationalen Krieg sprechen, den es je gab – den Krieg zwischen den Geschlechtern, ohne die große Kraft hinter dem Vorhang zu enthüllen. Es kann sein, dass ich Männer zum Erröten bringen muss. Aber schließlich ist jede Welle Blut eine frische Welle Leben. Und es gibt nichts Herrlicheres als das Leben."

The New York Times, 17. 1. 1915 (engl.)

Frida Strindbergs vielfältige Versuche, Texte August Strindbergs in amerikanischen Zeitungen unterzubringen, scheiterten an der weitgehenden Unbekanntheit des Autors. Die Aufführungen von „Der Vater", „Fräulein Julie" und weiterer Einakter, die auf Initiative des Übersetzers Edwin Björkman seit dem Tod Strindbergs in New York zustande gekommen waren, dürften nicht die breite Öffentlichkeit erreicht haben.

Anfangs hatte sie versucht, einige hinterlassene Abhandlungen bei den Zeitungen unterzubringen. Sie war von einer Redaktion zur anderen gepilgert, aber nirgends hatte man die leiseste Ahnung, wer Strindberg war. Zuerst hatte man sie versteinert angestarrt, dann reichte man die Frage weiter, bis ein Journalist endlich eines Tages erklärt hatte, ihm sei der Name bekannt. Er erinnere sich, vor einigen Jahren in einem Varieté einen Jongleur dieses Namens gesehen zu haben. Da gab Frau Strindberg die Zeitungen auf.

Asta Nielsen, Die schweigende Muse, 285

Frida Strindberg konzentrierte ihre Bemühungen nun darauf, Theaterstücke August Strindbergs zur Aufführung zu bringen. Die öffentlichen Büh-

nen fielen weg, weil die Themen für den amerikanischen Geschmack zu anstößig waren. Deshalb setzte sie ihre Hoffnungen auf die New Yorker „Stage Society", die seit 1912 Aufführungen nichtkommerzieller Stücke organisierte und sich über rund 300 Subskribenten finanzierte.

Porträtfoto Frida Strindbergs vom Starfotografen Arnold Genthe (1915)

Nach der Rückkehr Frida Strindbergs aus Philadephia, wo sie im Okto-
ber 1915 referiert hatte, kündigte die „Stage Society" im November die Auf-
führung eines oder zweier Stücke August Strindbergs unter ihrer Direktion
an. Das neu gewonnene Selbstbewusstsein spiegelt sich in einer Porträtse-
rie des New Yorker Starfotografen Arnold Genthe wider. Die Fotos erschie-
nen in der Presse zusammen mit Ankündigungen ihrer Vorträge. Frida
Strindberg trägt kurzes, von einem Turban bedecktes Haar und blickt auf
einem Foto der Serie sanft, auf einem anderen stolz, beinahe überheblich
in die Kamera.

Mitte Februar 1916 stand in New York August Strindbergs Stück „Ostern"
(1901) auf dem Programm. Frida Strindberg wollte mit ihrer Inszenierung
dem amerikanischen Publikum auch eine Vorstellung vom modernen eu-
ropäischen Kammertheater vermitteln. Diskussionen um das Bühnenbild
und Probleme mit Schauspielern, die sich am selbstherrlichen Direktions-
stil Frida Strindbergs stießen, verzögerten die Aufführung um zwei Wo-
chen. Der Abend wurde schließlich zum Erfolg. Die Regisseurin musste mit
ihrem Ensemble mehrmals vor den Vorhang treten.

Im März folgten zwei Vorträge Frida Strindbergs in New Yorker The-
atern, in denen sie über „Strindberg, wie ich ihn kannte" und über ihre
Begegnungen mit Autoren (von Émile Zola bis Frank Wedekind) berich-
tete.

Eine angemessene und in gewisser Hinsicht schöne Aufführung von August Strindbergs „Ostern" gab es letzten Abend am Gaiety Theatre vor
den Mitgliedern und Gästen der Stage Society. Sie wird heute Abend für
eine einzelne öffentliche Aufführung wiederholt. Dieses sanfte, fantasievolle und tiefe Stück ist bei den Theatern des Kontinents bekannter und
beliebter als jedes andere Werk des berühmten schwedischen Dramatikers. [...]

Seine jetzige Aufführung erfolgte unter der Direktion und Aufsicht
von Madame Strindberg. [...] Wenn man die zwangsläufig hastige und
sparsame Vorbereitung jeder Stage Society Aufführung bedenkt, kam
eine bewundernswerte und zufriedenstellende Produktion von „Ostern"
zustande. Das ist zum Teil ohne Zweifel auf die Intelligenz der Direktion
zurückzuführen und auf die von Norman Wilkinson entworfene einfa-

che und schöne Inszenierung sowie auf das große Können, das bei den
Mitwirkenden vorhanden war.

The New York Times, 28. 2. 1916 (engl.)

Das Geld, das Frida Strindberg mit Vorträgen, Artikeln und Theaterarbei-
ten verdiente, reichte kaum für den Lebensunterhalt. Deshalb suchte sie
nach weiteren Vermarktungsstrategien für das Werk August Strindbergs.
Sie begann sich für das neue Medium Film zu interessieren, das zu diesem
Zeitpunkt seine Zentrale noch in New York hatte. Zu den beliebtesten Gen-
res zählten Verfilmungen von literarischen Werken.

Die 1915 gegründete Fox Film Corporation, die später in die 20th Centu-
ry Fox aufging, engagierte Frida Strindberg wegen ihrer Kontakte zu euro-
päischen Theaterautoren als Mitarbeiterin. Es kam zu Verhandlungen mit
dem dänischen Stummfilmstar Asta Nielsen, die in einer Filmversion von
August Strindbergs Komödie „Rausch" (1899) die Hauptrolle übernehmen
sollte. Die chaotischen Zustände im New Yorker Filmstudio der Fox Film
ließen die Dänin aber zurückschrecken.

Einmal besuchte Asta Nielsen zusammen mit Frida Strindberg eine
Vorstellung im Jüdischen Theater in New York. Die tristen Lebensumstän-
de ihrer Begleiterin blieben Nielsen lebhaft in Erinnerung.

Sie war eine höchst intelligente Dame, lebte offensichtlich in nicht allzu
glänzenden Verhältnissen. Das Haar hing in Zotteln um ein welkes, einmal hübsches Gesicht, das nicht den Eindruck machte, mit irgendeiner
Art von Reinigungsmittel befreundet zu sein. Bei der Gluthitze trug sie
ein enges dunkelgrünes Sammetkleid, das bessere Tage gesehen hatte
und zu allem Überfluss mit einer Schleppe drapiert war, mit der sie die
Fußböden und den Asphalt fegte, dass der Staub ihr Untergestell mit
Wolken umgab. […]

Als sie ankam, um mich abzuholen, trug sie wieder den grünen Sam-
met, mit dem sie auf dem Weg zum Theater die Straßen kehrte und dessen ausgeklügelte Feinheit durch ein langes Einfassungsband vermehrt
war, das sich wie eine Schlange hinter der Schleppe herwand. Ich fand,
dass ich sie darauf aufmerksam machen müsse. Mit völliger Gleichgültigkeit für ihre Umgebung hob sie mitten auf der Straße den Rock bis
über die Knie und heftete das Einfassungsband mit einer großen blan-

ken Sicherheitsnadel, für jedermann sichtbar, von außen ans Kleid. Auf einen Hut hatte sie verzichtet, die Haarnadeln fielen aus ihrem ungepflegten Haar wie reife Früchte vom Baum, und jeden Augenblick erwartete ich, sie als Lorelei mit offenem Haar zu erblicken.

Asta Nielsen, Die schweigende Muse, 285, 288

Frida Strindberg merkte schnell, wie schwierig es war, in Amerika anspruchsvolle Verfilmungen von Werken moderner europäischer Autoren in die Wege zu leiten. Schließlich kam sie von dieser Idee gänzlich ab und versuchte sich selbst als Drehbuchautorin. So konnte sie gleich von vornherein die gewinnfixierten Produktionsbedingungen berücksichtigen, die das neue Medium in Amerika prägten. Es dürfte ihr aber unangenehm gewesen sein, den Namen Strindberg mit lockeren Filmscripts in Verbindung zu bringen. Deshalb wählte sie einen Künstlernamen: Marie Eve. Zwei ihrer Drehbücher wurden tatsächlich verfilmt.

```
                "THE DEATH DANCE".
                By Marie Eve.
                Scenario by Paul West
                By Mme August Strindberg.
                Directed by J Searle Dawley.

                    - - o - -

        When Arnold Maitland discovers that the studio which

    Cynthia, his wife, maintains, is merely a rendesvous which cloaks

    her clandestine affair with Boresky, a cabaret dancer, he rushes

    with murder in his heart and a gun in his pocket to the restaur-

    ant where Boresky dances.  But fortunately for him, Boresky has

    been detained by his paramour and the performance goes on without

    him.
```

Der Name „Mme August Strindberg" wurde auf dem Filmscript durch das Pseudonym „Marie Eve" ersetzt

Das erste erfolgreiche Drehbuch Frida Strindbergs hieß „The Death Dance", das nur im Titel Ähnlichkeit mit dem berühmten Stück „Todestanz" von August Strindberg hatte. Die Verfilmung durch die New Yorker Select Pictures Corporation konnte im Juli 1918 abgeschlossen werden. Die Hauptrolle der Tänzerin Flora spielte die spätere Oscar-Preisträgerin Alice Brady.

FEBRUARY 27, 1919   THE BIOSCOPE   11

*A terrific climax—
highly dramatic
and quite original*

LONDON TRADE SHOW
SHAFTESBURY PAVILION
THIS THURSDAY
FEBRUARY 27th
11.15 a.m.

ALICE BRADY
in
"THE DEATH DANCE"

SELECT PICTURES
GAUMONT

Werbeseite zu Frida Strindbergs Film „The Death Dance"

Im Mittelpunkt der Handlung steht die Tänzerin Flora Farnsworth.
Sie träumt davon, Sängerin zu werden. Arnold Maitland schätzt an ihr,
dass sie nicht so leichtlebig wie die anderen Tänzerinnen ist, verhilft ihr
zu einer guten Ausbildung und verliebt sich in sie. Er will sich von seiner

Ehefrau Cynthia, die ihn mit dem Tänzer Boresky betrügt, scheiden lassen, wird aber zuvor bei einem Autounfall getötet. Flora wird die Tanzpartnerin Boreskys, der sich ebenso in sie verliebt wie Cynthia. Flora verlobt sich aber mit Philip Standish, Arnold Maitlands engstem Mitarbeiter. Um sich an der Geliebten ihres verstorbenen Mannes zu rächen, stachelt Cynthia Boreskys Eifersucht an. Als der Tänzer Flora erstechen will, rettet der Verlobte ihr Leben. Boresky begeht daraufhin Selbstmord. Philip und Flora können heiraten.

Frida Strindberg griff für ihre Milieuschilderungen auf viele Erfahrungen aus ihrer Londoner Kabarettzeit zurück. Sie tauchte mit ihrer Heldin Flora in ein anrüchiges Milieu ab, durchlief mit ihr Affären, Intrigen und Verwicklungen, ließ sie dabei aber ihr gutes Herz bewahren und belohnte sie schließlich mit einem Happy End.

Ich habe den Film als Erwerbsmittel erwählt jetzt – erstens, weil dies die Zeit für ihn ist, finanziell, – zweitens, weil mir die Grammatik dabei nicht im Weg steht – drittens, weil ich den mörderischsten Schund mit Gemütsruhe zu schreiben vermag, ohne dass es mich intellektuell oder moralisch berührt.

Frida Strindberg an Kerstin Strindberg, Mai 1920, KB Dep. 146/7b

Nach ihrem ersten Filmerfolg wandte sich Frida Strindberg mit ihrem nächsten Drehbuch „The Golden Shower" (Der Goldregen) an die bedeutendste Filmproduktionsfirma, die Vitagraph Company. Das Unternehmen hatte sich mit spektakulären Verfilmungen historischer Ereignisse, biblischer Geschichten und literarischer Vorlagen von William Shakespeare über Charles Dickens bis Oscar Wilde („Salome", 1908!) einen Namen gemacht. Das Drehbuch wurde angenommen und die Dreharbeiten, die auch Außenaufnahmen auf Long Island einschlossen, waren im Oktober 1919 beendet. Im Mittelpunkt der Handlung stand wieder eine junge Tänzerin, die sich in einer zweifelhaften Umgebung rein erhält und dafür belohnt wird. Frida Strindberg betrachtete das neue Medium Film offenbar auch als ästhetisches Bildungs- und Erziehungsmittel.

Der leichtlebige „Broadway Alf" Campbell steigt nach einer Reifenpanne aus dem Auto und wird zufällig Zeuge einer griechischen Tanzvorführung im Garten eines Colleges. Er engagiert eine der Studentinnen, Mary

Kane, als Tanzlehrerin für seine frühere Geliebte Gaby. Alfs Versuche, sie mithilfe einer Diamantbrosche zu verführen, misslingen.

Einmal tanzt sie bei einem Römerfest in Alfs Privathaus. Spezielle Beleuchtungseffekte lassen Mary Kane wie nackt erscheinen. Als ihr Alf im Kostüm eines römischen Senators Juwelen schenken will, flüchtet Mary. Alf verfolgt sie, stürzt aber dann mit einer Herzattacke zu Boden. Er diktiert noch seinen letzten Willen, enterbt seinen Sohn und überschreibt sein Vermögen Mary, die damit in den Verdacht kommt, seine Geliebte gewesen zu sein. Am nächsten Tag erscheinen die Tanzfotos in den Zeitungen. Mary fliegt aus dem College und wird von ihrem Vater verstoßen. Sie übersiedelt in den Westen und verliebt sich in einen Mann, der sich später als Sohn von „Broadway Alf" entpuppt. Er kämpft gegen seine Enterbung. Als sich Mary zu erkennen gibt und ihre Unschuld beteuert, vergibt er ihr und die beiden werden ein Paar.

Warum Frida Strindberg trotz ihres Erfolgs die Tätigkeit als Drehbuchautorin wieder einstellte, ist unklar. Sie dürfte keine Lust mehr verspürt haben, weiterhin „mörderischen Schund" zu produzieren und dafür ihre Identität als „Strindberg-Witwe" zu verleugnen. Als einzige Mitgift aus dem Abstecher in das Filmgeschäft behielt sie eine Schreibmaschine, auf der sie ab sofort ihre Geschäftsbriefe tippte.

New York war auch nach mehreren Jahren Aufenthalt keine neue Heimat für Frida Strindberg geworden. Sie lebte wie eine Nomadin, ohne ständige Wohnadresse. Die Postadressen auf den Briefen waren jene ihrer Freunde und ihres Anwalts.

Das Ende des Weltkriegs im November 1918 ließ Frida Strindbergs Blick wieder nach Österreich schweifen. Erstmals nach vielen Jahren hörte sie etwas von ihren Kindern. Die Initiative ging nicht von ihr aus. Kerstin Strindberg, die jetzt 26 Jahre alt war, hatte die Adresse ihrer Mutter ausfindig gemacht und ihr geschrieben. Sie war seit 1917 mit dem Frankfurter Bankierssohn Ernst Sulzbach verheiratet, der den Berliner Theaterverlag Oesterheld leitete.

Der unerwartete Kontakt mit ihrer Tochter versetzte Frida Strindberg in Mutterfantasien. Neuerlich gab sie Marie Uhl die Schuld am gestörten Mutter-Tochter-Verhältnis.

Weißt Du Maus, ich kann jetzt ganze Nächte liegen, Meer und Mond angucken und bin dann bei Dir. Habe genug Anhaltspunkte jetzt zu träumen. Dann kommt Glück und *Friede*, die ich *nie* gekannt, mir ins Herz. Ich grolle *Niemandem* auf der Welt … nicht meinen ärgsten Feinden (weil sie mir zu schnuppe sind). Aber dass meine Mutter Dich mir von klein an gestohlen, ab-erpresst hat – – das ist das Einzige, das ich bis aufs Totenbett nie vergessen werde können. Und selbst wenn ich mir wiederhole, dass sie Dich dafür ja vor dem Ungefähr und Not geborgen hat, ich kanns doch nicht verwinden.

Wenn ein Leben einmal seelisch gebrochen ist, macht *nichts* es später je wieder ganz. Es kommt wenig drauf an, wohin man rutscht, ist man erst aus dem Geleise.

Frida Strindberg an Kerstin Strindberg, undatiert,
KB Dep. 146/7b

In weiteren Briefen an Kerstin, die oft in Monologe mündeten, hinterfragte Frida Strindberg auch ihre gescheiterten Männerbeziehungen. Sie registrierte rückblickend einen masochistischen Zug in ihrer Partnerwahl.

Liebe Deine Schmerzen, Kersti, aber *bitte* such sie nicht. Ich glaube nämlich bestimmt, dass eine Beimischung unbewussten Masochismus'– mir von Mama vererbt, die unglücklich und eifersüchtig war, als sie mich gebar – und eine Dosis davon in Deines Vaters Blut vorhanden war. Als *Instinkt*, nicht als Perversität. Ich habe immer von klein an da am meisten geliebt, wo ich am schlechtesten behandelt wurde, und habe nie die gesucht, die gut zu mir waren, sondern hing wie eine Sklavin, oft sogar ohne wirkliche Liebe, an solchen, die schlecht waren zu mir (wie Wedekind). Ich glaube bestimmt, dass all das „Unglück" in meinem Leben stark darauf zurückzuführen ist.

Frida Strindberg an Kerstin Strindberg, Mai 1920,
KB Dep. 146/7b

Ende 1920 zeigte August Strindbergs Nachlassverwalter Interesse an einer Publikation über dessen zweite Ehe. Frida Strindbergs lehnte ab und zeigte damit, dass ihr das eigenes Leben und Wirken vordringlicher war als die öffentliche Selbstinszenierung mithilfe des toten Dichters.

Auch möchte ich Ihnen sagen, wie viel Gutes ich Ihnen zum neuen Jahr und immer wünsche, und Ihnen zur Erinnerung an die tränenreiche „Dame" ein tränenreiches Bild senden. [...]

Bitte veröffentlichen Sie für die nächsten Jahre nichts über *mich*. Keine mich betreffende Korrespondenz, *nichts*. Ich bin *recht, recht* müde. Und die Öffentlichkeit tut mir *weh*. Ob sie gut ist oder böse. Alles in mir ist wund – schmerzhaft wund, und es treibt mich zur Raserei, wenn grobe schmutzige Fremde für ein paar Taler kaufen und bekritteln sollen dürfen, was doch *mein* Leben und nur mein Eigen ist.

Die liebe Welt hat von Strindberg genug erhalten. Er hat ihnen sein Herz gezeigt. Er konnte das – es war schön. Immer. Meins war nie schön, aber es tut weh – und *niemand* hat ein Recht darauf. [...] Ich will niemanden schädigen; eines Tages will ich sogar meine eigenen Memoiren schreiben – – (Gott schütze uns). Aber momentan hab ich noch zu *arbeiten* – und selbst dazu fehlt mir manchmal beinah die Kraft. Ich möchte noch ein bissel im Leben leben und wirken, bevor ich mich seelisch der Meute hinschmeiße, mit der ich nie etwas gemein gehabt.

Frida Strindberg an Vilhelm Carlheim-Gyllensköld, 12. 12. 1920, KB SgNM 38:17

In einem Interview mit der renommierten „New York Times" bezeichnete Frida Strindberg 1921 die Public Library in New York als ihren Lieblingsplatz. Dort wäre ihre gesamte Familie in Form von Büchern versammelt.

Sie sprach mit mir in der West Fortieth Street Nr. 8 in einem Büro, das sie als Wohnung benützt. Es bietet einen schönen Ausblick auf den Bryant Park. Sie zeigte auf die Public Library über der Straße.

„Ich liebe sie innig", sagte sie, „und wenn ich in New York bin, richte ich es immer so ein, dass ich irgendwie in ihrer Nähe lebe. In gewisser Weise ist sie meine Heimat. Meine Freunde sind dort und meine Familie. Mein Ehemann ist dort, jetzt vollständig in 58 Bänden, von denen ein Viertel von Wissenschaft handelt. Der Ehemann meiner Schwester, Rudolf von Weyr, ist dort. Er hat als Bildhauer viel zum Schmuck Wiens beigetragen mit seinem Brunnen bei der Hofburg, seinen Denkmälern für Grillparzer und Brahms. Mein Vater Friedrich Uhl, Romanautor, Kritiker, Kunstkenner und Herausgeber, ist auch dort. Seine ‚Erinnerungen' sind interessant, weil er sein ganzes Leben lang um Anerken-

Ein „tränenreiches" Foto (1920)

nung gekämpft hat. Das Beste, das ich von ihm geerbt habe, ist meine tief verwurzelte Sympathie für die wahren Pioniere, Arbeiter und großen Männer der Welt."

The New York Times, 26. Juni 1921 (engl.)

Im Sommer 1921 wandte sich Frida Strindberg im Auftrag des berühmten New Yorker „Century Magazine" an Arthur Schnitzler und bot ihm den Abdruck einer Novelle an. Sie empfahl sich selbst als Übersetzerin und ihre Tochter Kerstin, mit der sie zu diesem Zeitpunkt in gutem Einvernehmen war, als Illustratorin. Weil die Zeitschrift einen unveröffentlichten Text wünschte und Schnitzler nur bereits publizierte Prosa vorlegte, kam es zu keiner Kooperation.

Arthur Schnitzler nützte den Kontakt zu ausgiebigen Nachfragen zum amerikanischen Urheberrecht und zu Honorarfragen (auch für Verfilmungen), die Frida Strindberg präzise beantwortete. Ihre Idee einer Verfilmung von Schnitzlers Renaissancedrama „Der Schleier der Beatrice" (1899) wurde nicht verwirklicht.

Ich möchte schrecklich gern in dies öde Land möglichst viel Schnitzler schaffen – um nicht ganz allein zu sein. […] Die Geschichte darf nicht anstößig sein, der hier unglaublich strenge geltenden Zensur halber und des Familiencharakters Amerikas halber (über der Decke). (Scheußliche Bande). […]

Wenn ich näher wäre, würde ich Ihnen jetzt sogar mein Stück – oder Stückidee ins Haus schleppen. Danken Sie Gott, dass das Meer dazwischen liegt.

Frida Strindberg an Artur Schnitzler,
Mai/Juni 1921, DLA

1921 engagierte sich Frida Strindberg für den umstrittenen Wiener Sexualphysiologen Eugen Steinach, den sie nur aus Briefen kannte. Seit Jahren verkündete Steinach die Möglichkeit einer „Heilung" Homosexueller mittels Hodentransplantation und einer „Verjüngung" älterer Männer und Frauen mittels Unterbrechung des Samenleiters bzw. Röntgenbestrahlung. Auch der durch eine Unterkieferoperation geschwächte Sigmund Freud ließ den Eingriff vornehmen.

Als Eugen Steinach im Mai 1921 nach dem plötzlichen Tod eines Londoner Patienten in die Schlagzeilen geriet, fühlte sich Frida Strindberg zu seiner Ehrenrettung berufen. Sie versuchte Arthur Schnitzler für ein positives Statement zu gewinnen, der aber ebenso höflich wie dezidiert ablehnte. In Briefen an Redaktionen und Interviews pries Frida Strindberg den

Forscher als Pionier und Wohltäter der Menschheit. Sie unterzog sich auch
selbst einer Steinach'schen Verjüngungskur.

Ich bat Madame Strindberg, mir etwas über die Persönlichkeit Steinachs
zu erzählen. „Er ist ein Mann um die Fünfzig", antwortete sie, „groß,
meisterhaft und mit der seltensten aller Gaben: Persönlichkeit. Eine
Kombination von geistigen und menschlichen Qualitäten. Ein Idealist
mit wissenschaftlichem Geist. Wenn Sie ihn kennen, glauben Sie wirklich, dass er der Mann ist, der Ihnen Leben geben kann und würden
jeden Preis dafür bezahlen, dass er es Ihnen gibt."

The New York Times, 26. Juni 1921 (engl.)

Ich war am Abkratzen, habe mich aber durch Steinach-Operation (Röntgenbestrahlung) erholt und wieder Kraft bekommen.

Frida Strindberg an Kerstin Strindberg, undatiert, KB Dep. 146/7b

Kerstins Ehemann Ernst Sulzbach ließ die Theaterstücke August Strind-
bergs neu übersetzen, brachte sie 1919 im Oesterheld Verlag in zwölf Bän-
den heraus und verkaufte die Aufführungsrechte an Berliner Bühnen. Die
entsprechenden Rechte lagen aber beim Georg Müller Verlag, der die deut-
sche Gesamtausgabe der Werke August Strindbergs betreute. Sulzbach be-
rief sich auf die Autorisierung durch die Strindberg-Erben und meinte da-
mit wohl seine Ehefrau Kerstin.

Frida Strindberg, die seit 1918 Vertreterin der Strindberg-Erben in
den USA war, bot ihrem Schwiegersohn im März 1920 zunächst eine Zu-
sammenarbeit bei Verhandlungen mit amerikanischen Theaterbühnen
und Filmfirmen an. Als Sulzbach hinter ihrem Rücken die amerikanische
Vertretung für die Dramen Strindbergs einer New Yorker Firma übertra-
gen wollte, fühlte sie sich in ihren eigenen Interessen bedroht und schlug
Alarm. Es kam zum Rechtsstreit zwischen den Verlagen Oesterheld und
Georg Müller, der im April 1922 mit einem Vergleich endete. Ernst Sulz-
bach musste auf die Herausgabe weiterer Strindberg-Werke verzichten.

Der Münchner Verlag Georg Müller publizierte auch die Werke des russi-
schen Dichters Michail Arcybašev. Mit seinem Skandalroman „Sanin"
(1907) hatte Arcybašev über seine Heimat hinaus ein Generationsidol ge-

schaffen. *Der Titelheld führt als eine Art Übermensch ein Leben ohne jegliche moralische Bindung und huldigt nur seinem Ich und seinem Geschlechtstrieb. Nach Jahren des Erfolgs war Arcybašev in den Kriegsjahren in Vergessenheit geraten. Seit seiner Flucht vor den Bolschewiken im Jahr 1917 lebte er in Polen.*

Frida Strindberg sollte für den Georg Müller Verlag Arcybašev auf dem englischsprachigen Markt vertreten. Sie kannte den Dichter nur aus Briefen, fühlte sich aber von seinen revolutionären Werken angesprochen und angesichts seiner Not zum Handeln aufgerufen. 1923 gelang es ihr, beim New Yorker Verlag Boni & Liveright einen Band mit Dramen Arcybaševs

unterzubringen, bei dem sie als Übersetzerin (vom Deutschen ins Englische) mitwirkte. Auch den Georg Müller Verlag konnte sie zur Herausgabe neuer Werke bewegen, die sich aber so schlecht verkauften, dass der Verlag im August 1924 die Zusammenarbeit mit Arcybašev aufkündigte.

Max Reinhardt erhielt über seinen Sekretär Rudolf Kommer ein Bittschreiben Frida Strindbergs.

Michail Arcybašev, der Freund in der Ferne

Inzwischen fahre ich aber fort, das Artzybasheff-Kind euch ans Herz zu betten: sein neues Versdrama scheint wirklich glänzend zu sein. Es wäre schade, ihn nicht zu entdecken. Bitte machen Sie ihm ein bissel Zeitungsreklame – ein leichtes Trommelspiel, das bis herüber gehört wird.

Frida Strindberg an Rudolf Kommer, 1923, ÖNB

Frida Strindberg fühlte sich mit Michail Arcybašev seelenverwandt und zählte ihn neben August Strindberg zu den edelsten Menschen in ihrem Leben. Zu seiner Unterstützung schickte sie unablässig Bittbriefe, u.a. an Augustus John und sogar an Hermann Sudermann. Der New Yorker Kunstmäzen Henry Goldmann erklärte sich zu einer großen Kleiderspen-

de bereit, die der Autor Herbert Eulenberg am 15. März 1923 zu Arcybašev
nach Europa bringen sollte.

Frida Strindberg kommt mit der gigantischen Beute triumphierend im
Hotel Astor an – und Eulenberg soll diese Kamellast nach Hamburg mit-
nehmen. […]

Frau Strindberg sitzt in Eulenbergs Hotelzimmer auf dem Boden und
näht Artzibascheffs Kleider in die Hülle ein. Wer ein einziges Drama
Strindbergs gelesen hat, weiß Bescheid um Frida Uhls Fähigkeit, himmlische Rosen ins irdische Leben und Artzibascheffs Ausstattung in Leinwand zu flechten. Die Leinwand war hauchzarter Musselin; der Faden
war Spinnwebe. Das Paket platzte, als ich es streng ansah.

Ich richtete einen ebenso strengen Blick auf Frau Strindberg und sagte ihr: „Gnädigste! Sie werden sofort derbe Sackleinwand und strickna-
deldicken Hanfzwirn besorgen – oder Ihr Warschauer Schützling bleibt
nackt." […]

Drei Uhr Nachmittag. Der Dampfer „Yorck" will in See stechen und
tutet, tutet brünstig nach Dr. Herbert Eulenberg. Im Hotel Astor, Zimmer 2018, siebzehnte Etage, sitzt Frau Frida Uhl, weint dicke Perlen-
schnüre und näht das Kleiderpaket. – – – Mit vielstündiger Verspätung
ist der Dichter schließlich abgereist. Artzibascheffs Brautschatz war von
sieben Matrosen Stück für Stück lose in den Laderaum geschaufelt worden. […]

Strindbergs Witwe, gebrochen an Körper und Seele, saß auf dem
Times Square vor dem Hotel. Artzibascheff bestätigte wenige Wochen
später aus Warschau den richtigen Empfang einer amerikanischen Sta-
chelwalze.

Roda Roda, Eulenberg

Im Jänner 1923 verstarb die einstige Hausbesorgerin der Villa Uhl, bei der
Frida Strindberg seit 1909 die Originalbriefe August Strindbergs deponiert
hatte. Zunächst wollte sie ihre literarische Schatzkiste nach New York schi-
cken lassen. Dann stimmte sie einer Übergabe an ihre Tochter Kerstin zu.
Der Schriftsteller Otto Flake war anwesend, als Kerstin Strindberg die ge-
heimnisumwitterte Truhe öffnete.

Wir wohnten der Eröffnung bei. Obenauf lag eine tote Maus; dann kamen Bündel von Briefen in der Handschrift Strindbergs, dazu andere Ehe- und Liebesbriefe aus der Familie Uhl. Kerstin las und las, eine ganze Generation stand mit ihren Affären auf. Es war viel Alkohol nötig, um dem melancholischen Eindruck zu widerstehen. Sulzbach brachte Notizen in die Presse, dass der Briefwechsel Strindbergs mit Frida Uhl gefunden sei und als Buch bei ihm erscheinen werde. Aber Frida Uhl, die in New York lebte, erhob Protest, und der Verleger Bonnier in Stockholm ebenfalls; Strindberg hatte ihm seine gesamten Briefe gegen bar verkauft.

Otto Flake, Es wird Abend, 316

Frida Strindberg versuchte zunächst, ihre Tochter Kerstin zusammen mit den Strindberg-Briefen nach Amerika zu holen. Ohne ihr Wissen verkaufte das in Scheidung liegende Ehepaar Sulzbach jedoch die Briefe samt Publikationsrecht an den schwedischen Strindberg-Verleger Karl Otto Bonnier. Als Frida Strindberg davon erfuhr, war sie empört und beschimpfte ihren Schwiegersohn als „Erbschleicher". Alle Versuche, aus der Ferne wieder an „ihre" Briefe zu kommen, schlugen fehl.

Daraufhin begann sich Frida Strindberg für den von Bonnier gebotenen Kaufpreis zu interessieren. Sie wollte auf keinen Fall auf die Erstpublikation der Briefe August Strindbergs aus der gemeinsamen Ehezeit verzichten. Um Klarheit in die Angelegenheit zu bringen, musste sie selbst nach Europa kommen. Im Sommer 1923 hielt sie sich zu einem Kurzbesuch in Mondsee auf, reiste aber noch einmal zurück in die USA.

Im Februar 1924 schrieb Burton Rascoe im „New York Herald Tribune" einen Artikel, in dem er für eine Aufwertung jener Frauen plädierte, die an der Seite von selbstzentrierten und reizbaren Genies oft ein langes Martyrium erlebt hätten und dann von Historikern auch noch abgeurteilt würden. Als Beispiel führte er Xanthippe, die Frau des Sokrates, an.

Frida Strindberg eilte zur Redaktion, verschaffte sich Zutritt zum Büro des Journalisten und hielt ein Plädoyer für die Ehe mit Genies. In ihrem Übereifer erfand sie auch gleich einen zweiten Ehemann.

Ihr Bericht besagte, dass ein Leben mit einem Genie die Hölle sein mag, aber interessant sei, und dass jede Frau von Geist ein stürmisches, aber interessantes Leben einem ruhigen, aber langweiligen vorziehe.

„Ich weiß es", sagte sie zu mir, „weil ich mit beiden Arten von Ehemännern verheiratet war, mit einem Genie und mit einem ehrenwerten, hart arbeitenden, bürgerlichen Dummkopf. [...] Sie behaupten, Genies wären eigensinnig und schlecht gelaunt, aber das sind allgemein männliche Eigenschaften; das Copyright dafür liegt nicht bei den Genies. Auch Ihr gewöhnlicher Geschäftsmann ist bei Kleinigkeiten beleidigt und geht an die Decke. Strindberg war genauso rücksichtsvoll, ordentlich, nett und umgänglich wie jeder andere Mann, den ich kennengelernt habe. [...] Er war kein Engel im Zusammenleben – kein Mann ist das, aber er war anregend und interessant, höflich und empfänglich für die kleinen Feinheiten, die das Leben zwischen Mann und Frau angenehm machen."

Burton Rascoe, A Bookman's Daybook (engl.), 209

Die Memoiren-schreiberin (1924–1943)

Ich sehe jetzt erst, wie *reich* damals das Leben war.
Könnte mans nur wiederleben!
Nur *einmal* noch.
Frida Strindberg an Karl Otto Bonnier

Im Mai 1924 reiste Frida Strindberg an Bord der RMS Ausonia nach London und weiter nach Stockholm, um mit dem Verleger Karl Otto Bonnier zu verhandeln. Sie stieg im noblen Hotel Astoria ab. Man einigte sich auf den Verkauf der Originalbriefe August Strindbergs an Bonnier. Die Erstveröffentlichung sollte im Rahmen eines Erinnerungsbuches Frida Strindbergs an ihre Ehe im Verlag Bonnier erfolgen. Der Erlös aus Verkauf und Publikation wurde – wie die Tantiemen aus den Werken August Strindbergs – Kerstin Strindberg zugesprochen, sollte aber zu Lebzeiten Frida Strindbergs unter ihrer mütterlichen Kontrolle bleiben.

Die 30-jährige Kerstin Strindberg war nach der Scheidung ihrer Ehe depressiv und erkrankte schwer. Die gut gemeinten Eingriffe ihrer Mutter in ihr Leben empfand sie schließlich als so dominant, dass sie den Kontakt abbrach und nur mehr über den Verleger Karl Otto Bonnier und andere schwedische Repräsentanten mit ihr verkehrte.

Als Frida Strindberg von der sensationellen Umwandlung von Quecksilber in Gold durch den Berliner Fotochemiker Adolf Miethe las, sah sie August Strindbergs literarisch angehauchte naturwissenschaftliche Theorien bestätigt und veröffentlichte in der „Deutschen Rundschau" ihre diesbezüglichen Erinnerungen. Der erste Schritt zur geplanten Buchpublikation war getan. Die von Miethe erzielten Goldproben sollten sich freilich bald als unbeabsichtigt in das Experiment gelangte Goldreste herausstellen.

Während die doktrinäre Wissenschaft fortfuhr, von Golddarstellung aus unedlem Material nichts wissen zu wollen, wandelte sich eines Tages – vor den Augen der Berliner Gelehrten Dr. Miethe und Dr. Stammreich – unter dem Einfluss elektrischer Spannungen Quecksilber mit ruhiger Selbstverständlichkeit in Gold. Damit hatte der Zufall, der seinerzeit ja schon das Pulver entdeckt, auch die künstliche Darstellung des Goldes verraten. Goldmacherei, vor kurzem noch als Scharlatanismus oder Wahnsinn geächtet, ist zur exakten Wissenschaft geworden. Der Fortschritt hat einen neuen Meilenstein gesetzt und hält dabei nicht Rast.

Ich grüße ihn, denn ich kannte einen, der sehnte den Tag herbei, als seine Rechtfertigung und seinen Sieg, um den er lang und bitter in Armut und Leid, gegen Hohn und Spott und in Einsamkeit gerungen. Das, was die gefällige Lampe des Professor Miethe im Jahr des Heils 1924 endlich dartat, das hatte *er* vor dreißig Jahren schon vollbewusst erfasst, gesucht, verfochten – die Wandelbarkeit der Elemente.

Frida Strindberg, Strindberg und die künstliche Golddarstellung

Im Sommer 1925 erfuhr Frida Strindberg, dass Artur Kutscher im zweiten Band seiner Biografie Frank Wedekinds auch ihre Liaison mit dem Autor behandeln wollte. Sie fürchtete um ihren Ruf und um die Glaubwürdigkeit ihrer Strindberg-Erinnerungen. Deshalb forderte sie ihre Briefe aus dem Nachlass Frank Wedekinds zurück und ersuchte Kutscher, ihren Namen nicht zu erwähnen. Wie Wedekind einst nicht an ihrem Leben teilgenommen hätte, so wollte sie jetzt nicht in sein Nachleben hineingezogen werden. Kutscher erfüllte den Wunsch und ersetzte ihren Namen durch die Initialen.

Ich selber arbeite an einem Buch über Strindberg, das vielleicht mein Kind eines Tages vor dem Elend schützen wird, es ist meine einzige sichere Hoffnung und Möglichkeit. Das Buch soll nach Amerika … diese Wedekindbiografie würde es mir unmöglich machen, es zu schreiben … oder zumindest es so zu schreiben, wie geschrieben werden soll, damit sein Kind das Brot daraus essen kann, ohne Schmutz mitzuessen, womit Brot zu teuer bezahlt ist.

Ich bitte Sie drum im Namen von Wedekinds eigenem Sohn, dem August Strindberg aus Erbarmen den gestohlenen Namen ließ, so wie er dem frierenden Frank Wedekind einst in Paris seinen eigenen einzigen Wintermantel geschenkt hatte, und unter dem zu meinem Gram der Sohn Frank Wedekinds dem Rat seines Vaters folgend heute durch die Welt geht. Ich bitte Sie darum im Namen Frank Wedekinds, der tot ist und dem ich verzeihen möchte, dem ich nicht übers Grab hinaus vorwerfen möchte, was ich ihm im Leben nie zum Vorwurf machen gewollt und nie in Worten noch keinem gegenüber bisher zum Vorwurf gemacht habe. Es müsste die Dämme niederreißen in mir, vor denen mir selber graut. Ich bin eine kranke Frau … Lassen Sie ihn in Ruhe schlafen und mich in Ruhe sterben! Es wird meine erste Ruhe im Leben sein. […]

Wedekind hat aus unserer Begegnung das gemacht und zu machen gewusst … was in seinen Briefen, von seiner Hand geschrieben steht. *Das* war es ihm, und wenn Sie wollen, *das* gehört ihm. Was in mir lebte und litt, was *ich* war und bin, das hat er sich nie zu eigen zu machen vermocht, denn dazu fehlte ihm die Liebe, und das will ich, da es *nie* Teil seines Lebens geworden ist, nicht mit seinem Leben mischen. Reine Trennung im Leben wie im Tod.

Frida Strindberg an Artur Kutscher, 5. 9. 1925, DLA

Frida Strindberg zog nach ihrer Rückkehr aus Amerika nicht zu ihrer un-geliebten Mutter in die Villa Uhl in Mondsee, sondern wohnte bei Freun-den oder in Hotels in Wien, Berlin oder München. Im Frühling 1925 be-gann sie mit der konkreten Arbeit an ihrem Strindberg-Buch, das sie bald ganz in Anspruch nehmen sollte. Im Oktober 1925 überwies ihr Karl Otto Bonnier einen Vorschuss von 1.000 Kronen. Die immer pünktlich eintref-fenden Honorarzahlungen konnten Frida Strindberg nicht davon abhal-ten, gegenüber dem Verleger ständig ihre Geldnot zu beklagen.

Nun ist der Entschluss gefasst: es soll ein Band Erinnerung werden, mit Briefen an mich, meine Mutter und meine Schwester. Eventuell werden es zwei Bände, oder einer in zwei Teilen. Seine Briefe sind ein neuer Strind-berg, den niemand außer uns noch kennt. Welche gütige milde Luft, und dazwischen plötzlich dann aus irgendwelchen Tiefen zerstörende Stürme … der Tribut, den die Natur da fordert, wo sie zu viel gab.

Frida Strindberg an Karl Otto Bonnier, 28. 6. 1925, BF

Es gibt eine Menge von guten neuen Büchern über Strindberg, die kürz-lich herausgekommen sind. […] Wie meines werden wird, weiß ich nicht. Es geht mir elend dabei und ich leide ärger als im Kindbett.

Frida Strindberg an Edwin Björkman, 7. 8. 1926 (engl.), Privatbesitz

Eine Initialzündung für ihr Buchprojekt soll von einem Besuch des August-Strindberg-Denkmals vor dem Stockholmer Stadshuset ausgegangen sein – vielleicht im Frühling 1924. Die noch immer am gleichen Platz stehen-de Statue aus dem Jahr 1923 zeigt, wie sich der nackte Dichter die Brust aufreißt und sein Herz freilegt. Zu seinen Füßen sitzt ein Pelikan, der mit dem Schnabel seine Brust aufhackt, um die Jungen mit seinem Herzblut zu ernähren. Tag für Tag will Frida Strindberg zum Denkmal zurückgekehrt sein, um innere Zwiesprache mit dem Dargestellten zu halten.

Frida Strindberg zu Füßen August Strindbergs und zu ihm aufblickend – das wird die Haltung sein, aus der heraus sie ihre Memoiren schreiben sollte. Die „anhimmelnde" Perspektive war bereits in ihrem Brief vom Dezember 1902 angeklungen und hatte nun in der heroisierenden Statue einen sichtbaren Ausdruck gefunden. Mit Blick auf den idealisierten Strindberg „erschuf" und formte Frida Strindberg ihre Erinnerungen an die Ehe.

Weiß und frierend steht vor mir die hohe Gestalt, in gleißend weißem Mondlicht, schutzlos nackt der Witterung, Mond und Sonne, dem Tag und der Nacht und aller Augen preisgegeben. Kein Schatten deckt ihn, keine Hülle. Die Gestalt gräbt sich die Nägel in die Brust. Das Herz reißt er sich aus dem Leib, dass es der Menschheit leuchte! An ihn schmiegt sich der symbolische Pelikan. – Ists ein Stück Sage, ein Spuk wirrer Sinne?

Nein, das ist August Strindbergs Statue, das ist der Mann, der mir gehörte, der mich warm im Arm hielt, dem ich ein Kind gebar. Es ist August Strindberg – Stein geworden.

Tag für Tag stehle ich mich zu ihm. Nacht um Nacht verfolgt mich sein Ruhm und Jammer. Ich möchte ihn am Herzen bergen, der Erde geben, was der Erde ist, ruchlos möchte ich sein Monument zerstören, ihn herunterholen von jenem Piedestal. Ja, das möchte ich!

„Das wolltest du wohl immer! Mich zog es nach oben, dich hielt es unten, Frau!"

Die Marmorstatue August Strindbergs („Författaren") von Carl Eldh

„Du sagst es, – ich war Frau! Ich sah Dich leiden, litt mit Dir und konnte nicht helfen, nur die Bahn Dir freigeben – nach oben! Dies Oben war Deine Bestimmung. Du warst zum Propheten erkoren und verdammt. Mir war es Schicksal. Ich habe Dein Martyrium erlebt."

LLZ, BF, III f.

Bei einem neuerlichen Besuch in Stockholm im Frühling 1926 unterschrieb Frida Strindberg den Buchvertrag mit Karl Otto Bonnier. In einem Interview mit der Zeitung „Dagens Nyheter" zeichnete sie wieder ihr idealisiertes Bild von August Strindberg, lobte seine väterliche Fürsorge für die Kinder sowie seine Liebe zur schwedischen Heimat und Sprache und betonte ihre einstige Unreife und Verständnislosigkeit, die wesentlich zum Scheitern der Ehe beigetragen hätte. Als junges Mädchen hätte sie nicht den nötigen Respekt vor dem literarischen und naturwissenschaftlichen Schaffen ihres Mannes gehabt.

Auf die geplanten Memoiren angesprochen beteuerte Frida Strindberg, dass ihr der Entschluss, mit ihren Erinnerungen an die Öffentlichkeit zu gehen, große Überwindung abverlangt hätte. Sie betrachtete das Buchprojekt als eine Bringschuld für die Ehe mit dem großen Dichter. Der Reporter charakterisierte Frida Strindberg abschließend als „originelle, ebenso pathetische wie humorvolle" Frau.

– Durch ihn wurde meine unbedeutende Existenz in eine höhere Sphäre gehoben, und wenn man das Entzücken des Fliegens einmal empfunden hat, dann wird es zu einer unverzichtbaren Gewohnheit.

– Und, Frau Strindberg, Sie werden jetzt Ihre Memoiren in Buchform herausgeben?

– Ja, jetzt habe ich mich endlich dazu entschlossen. Ich habe all diese Jahre allein schon den Gedanken gehasst, aber so etwas *„muss wohl doch passieren".* Vielleicht ist das ein Teil des Preises, den ich dafür bezahlen muss, einmal Strindbergs Frau gewesen zu sein. Das Leben ist ein grausames Gastmahl, bei dem man mit seinem Blut für Kost und Logis bezahlen muss. Ich habe Publizität gehasst, und jede Frau muss verstehen, dass man ungern der ganzen Welt seinen Schmerz und seine Liebe zeigt. Aber das Leben hat mich mit raffiniertem Geschick dazu gebracht, aus einem inneren Bedürfnis heraus der Welt all das zu sagen, was ich früher um keinen Preis erzählen wollte. Dann aber sollte das Leben, das mir nichts geschenkt hat, mit mir quitt sein!

Med August Strindberg pa vägen till Damaskus, in: Dagens Nyheter,
31. 5. 1926 (schwed.)

Für ihr Buch transkribierte und tippte Frida Strindberg zunächst zusammen mit einer Sekretärin die Briefe August Strindbergs an sie und ihre Familie aus den Jahren 1893 bis 1896. Die französischen Briefe übersetzte sie. Später kamen noch Abschriften einiger weniger Briefe August Strindbergs an Freunde wie Adolf Paul hinzu, die bereits im Druck erschienen waren. Zuletzt nahm Frida Strindberg eine grobe Kapiteleinteilung vor und schrieb auf die Trennblätter knappe, protokollartige Überblickstexte, die kaum über das chronologische Faktengerüst hinausgingen.

Diese Werkphase dokumentiert das Manuskript LLZ, Marbach I. Erhalten geblieben sind allerdings nur die 217 Blätter des zweiten Teiles, der von der ersten Trennung im Juni 1893 bis August 1896 reicht, also bis vor August Strindbergs zweitem Aufenthalt in Oberösterreich. Schon in der Etappe des Quellensammelns fällt auf, wie gering Frida Strindberg ihre eigene einstige Sichtweise schätzte. Aus dem genannten, mehr als dreijährigen Zeitraum berücksichtigte sie nur zwei ihrer Briefe an August Strindberg.

Das Manuskript hatte zunächst mehr den Charakter einer Briefausgabe August Strindbergs als eines Erinnerungsbuchs Frida Strindbergs. Ihr Anteil war mit den wenigen Briefen aus der Ehezeit und den kurzen Kapiteleinleitungen, die nur den Handlungsfaden lieferten, äußerst gering. Der Arbeitstitel lautete dementsprechend „Briefe August Strindbergs 1893–1896".

<u>Die Ehe.</u>
Der Briefwechsel beginnt mit der ersten Trennung, 7 Wochen nach der Hochzeit, im Juni 1893.
Frida Strindberg bleibt in <u>London</u>.
August St. faehrt nach <u>Sellin</u> <u>auf</u> <u>Rügen</u>.

LLZ, Marbach I

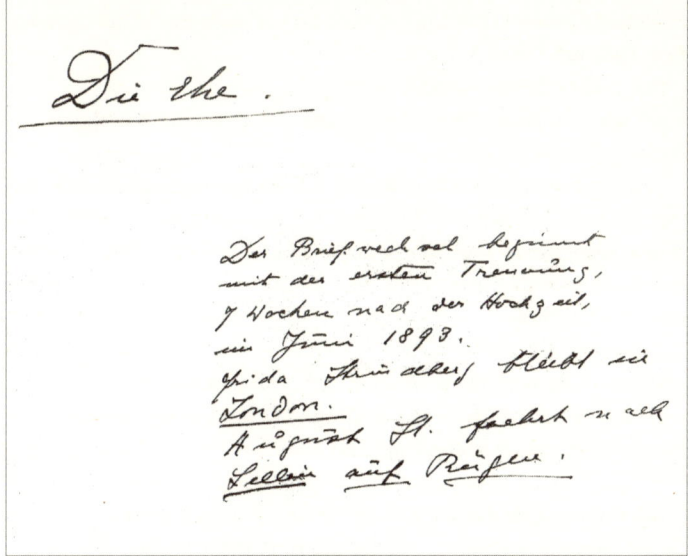

Einer der knappen Überleitungstexte Frida Strindbergs in der Erstfassung ihres Erinnerungsbuches

Das Buchprojekt lief nur stockend an. Im Oktober 1926 ersuchte Frida Strindberg den Verleger Bonnier um eine Verlängerung der Abgabefrist und beteuerte, sie müsste noch die Aufzeichnungen anderer Personen aus dem Umfeld August Strindbergs einbeziehen. Ihre eigenen Erinnerungen waren nur lückenhaft und wohl auch verblasst. Der Aufforderung, ihre Erlebnisse mit August Strindberg zu schildern, kamen die meisten einstigen Weggefährten, darunter auch Hermann Sudermann und Richard Dehmel, nicht nach. Nur Hermann Bahr schickte einen Text über die Veröffentlichung der Verlobungsnachricht im April 1893, der aber dann nicht ins Buch kam.

Ich muss jetzt die Briefe Strindbergs herausgeben und die Briefe so einrahmen, dass sie ein Bild seines Lebens geben zwischen 1892 und 96 (seine Abwesenheit von Schweden); Erzählung dessen, was ich mit ihm erlebt, bildet einen Teil des Rahmens, das, was ich nicht miterlebte, sollen Augenzeugen erzählen; da tritt aber *die* Schwierigkeit ein, dass – – die meisten wohl gern erzählen, aber nicht richtig gesehen haben. Bei

Strindberg ist die Schwierigkeit wohl größer als so leicht bei irgendeinem anderen.

Bitte wollen Sie mir helfen?

Ich wäre Ihnen so grenzenlos dankbar, wenn Sie das schildern wollten, was *Sie* gesehen haben.

Frida Strindberg an Hermann Sudermann, undatiert, DLA

Ihrem Jugendfreund Hermann Sudermann schickte Frida Strindberg mehrere lange, monologische Briefe, in denen sie ihm ihr Herz ausschüttete und Trost spendete.

Und ich – – da, wo einer *auch* allein treibt, da bin ich daheim. *Von Scholle zu Scholle* spring ich immer noch mit Leichtigkeit und ohne Gefahr, festen Fußes … nur ans Festland und in die Lüge zurück kann und *mag* ich nimmer. […]

Ich bin *nur* zu brauchen, *nur* gut, wo ich etwas geben kann. Das mag Ihnen fantastisch klingen … aber ich *kann* nicht anders. Ich bin ein Schwein *plus* Stachelschwein überall, wo ich nicht vonnöten bin. […]

Ich selber hab *nur* Wert, wenn ich mich geben kann, wie mich das Leben gemacht hat: keine Salondame, sondern ein furchtbar ernster, trauriger Mensch, der für sich selber nichts mehr will und dem der ganze Firlefanz beim Hals heraushängt, der aber eine *unendliche*, beinahe andächtige Verehrung hat für alle wirkliche Größe und alles wirkliche Leid. Einen hohlen Lumpen kann ich *gemütsruhig* mit dem Fuß ins Wasser stoßen, vor einem Wertvollen könnt ich immer noch ganz fromm auf die Knie fallen – und finde das die naturgemäße Stellung. […] Öffentlichem Gottesdienst wohn ich nie bei, sosehr ich die Gottheit verehre – à quoi bon?

Frida Strindberg an Hermann Sudermann, 21. 11. 1926, DLA

Mein Freund, quälen Sie sich nicht, wenn aus der Qual auch Kunst wird. Wir sind alle Hunde am Pfahl, früher oder später, und alle sind wir Sünder – – aber das mit dem Märtyrer, das ist auch so eine Sache; Christus war ganz sicher, dass die Ehebrecherin auch nicht ein Stein treffen würde. „*Keine* Sünde", *ohne* Sünde, sagte er: Ehebruch des Leibes ist noch

lange nicht das Ärgste, – ich könnte Ihnen von ärgern Sünden sagen
– aber wozu?

Das Ende ist der Tod. *Der* allein ist schließlich das Problem. Das andere gruppiert sich nur darum. Gott segne Sie.

Frida Strindberg an Hermann Sudermann, 26. 11. 1927, DLA

*Im Frühling 1927 unterbrach Frida Strindberg ihre Arbeit und reiste nach
Warschau, um den todkranken Dichter Michail Arcybašev aufzusuchen.
Nach dem Tod ihres Schützlings sorgte sie sich um seine junge Frau und
bat Bekannte um finanzielle Unterstützung.*

Wie Sie wohl lasen, starb am 3. März Arzybasheff an tuberkuloser Gehirnentzündung. Ich fuhr zu ihm *(mein erster Besuch)* und pflegte ihn
die letzten Tage hindurch, legte ihn ins Grab – – wohl die einzige wahre Freundin, die er hatte. Für mich war der persönlich Unbekannte der
liebste, treueste Freund meines Lebens, der einzige – außer Strindberg –,
der je nach meiner Seele und meinem Wohlergehen gefragt.

Frida Strindberg an Karl Otto Bonnier, März? 1927, BF

Wir kannten uns nur brieflich, und erst während seiner letzten Krankheit fuhr ich zu ihm, ihn pflegen – – er war schon bewusstlos, freute sich
grenzenlos über mich, streichelte mich und wollte meine Hand schier
zerbeißen – – er hielt mich für eine schöne fette Henne! Ein paar Tage
darauf starb er und hinterließ eine noch junge und interessant hübsche,
aber nicht gerade intelligente Frau, die ihm jedoch grenzenlos ergeben
war, sonst aber keine Freunde hat und ganz alleine steht, nur Russisch
kann und Französisch radebrecht. Sie will zum Theater zurück; dazu
muss sie aber erst nach Paris. Russland – – das wäre eine Kugel in den
Nacken, denn sie haben die Regierung bekämpft bis aufs Blut, die beiden.

Ich muss sie also aus Warschau herauskriegen. […] Ich brauche mehr
Geld, als ich selber schaffen kann, um die Frau mobil zu machen, sonst
kommt sie mir dort immer tiefer hinein, und bei der tragischen Veran-
lagung kann das noch zum Ärgsten führen.

Frida Strindberg an Hermann Sudermann, 19. 9. 1927, DLA

Im Februar 1928 nannte Frida Strindberg von Berlin aus ihrem Verleger den 1. Juni 1928 als Abgabetermin des Buchmanuskripts. Bis dahin sollten die eigenen Zwischentexte ausgebaut sein. Es gab nicht nur Probleme beim Aufrufen der eigenen Erinnerungen. Die langjährige Ferne zum journalistischen Beruf machte sich in Form von Schreibblockaden und Zweifeln am eigenen literarischen Können bemerkbar. Deshalb engagierte Frida Strindberg als redaktionellen Assistenten den angesehenen Berliner Theaterkritiker Monty Jacobs, der wenige Jahre später wegen seiner jüdischen Abstammung Schreibverbot bekam und emigrieren musste.

Ich sehe mich unbefangen und sehe, dass ich *gar* kein schriftstellerisches Talent habe. Ich *empfinde* künstlerisch, auch scharf denkend, aber gestalten kann ich nicht. Und dazu kommt eine Störung im Organismus, ein Mangel an Konzentrationsvermögen …

Frida Strindberg an Karl Otto Bonnier, 23. 2. 1928, BF

Ja, die Arbeit geht jetzt, seit ich anfing, mich nimmer um die *Form* zu kümmern. Die *Form* gelingt gar nicht und ich glaube, wenn ich fertig bin, werde ich erst anfangen können, die Form zu finden. Oder wird *das* dann ein andrer tun?? Aber ich *denke* jetzt nicht daran, sonst komme ich nicht vorwärts. *Die Angst* hat mich monate- und jahrelang gehemmt: das Bewusstsein der persönlichen Unzulänglichkeit. Ich kann nicht einmal das, was der einfachste Journalist spielend bewältigt … dabei bin ich *nicht* dumm … es ist ganz seltsam.

Es gibt mir viel, viel Mut, dass Sie wie ich empfinden: Das Buch hat *nur* Berechtigung, wenn es ganz ehrlich ist.

Frida Strindberg an Karl Otto Bonnier, 17. 4. 1928, BF

Endlich stellten sich die ersten Erinnerungen ein – an die Geburt der Tochter Kerstin und an die Hochzeitsfeier auf Helgoland. Mit der unbekümmerten Niederschrift dieser Szenen kam Frida Strindberg allmählich wieder in Schreiblaune. Sie notierte auch viele Erlebnisse aus ihrer Kindheit und Jugend, die später wieder gestrichen wurden.

Das Buch *fängt* an, mir klar zu werden. Ich selbst habe eine ganze Reihe humoristischer Erinnerungen. Die Entbindung ist da, und urkomisch, ohne gemein zu sein. Auch die Eheschließung, mit dem ungeheuerlichen Schwur. Meine Geständnisse sind auch da. Ich kann nur rückhaltlos ehrlich sein, ehrlicher als sogar er war, auch mich betreffend. […]

Ich bin ganz toll jetzt. Ich schmiere einfach hin; vielleicht nehme ich mir noch eine Sekretärin zu der dazu, die ich schon habe. Wo das Geld her soll, weiß ich nicht, aber ich habe schon schlechterer Motive halber mir oft die Frage nicht vorgelegt.

Sicher aber ist dieses: in ganz feste Kapitelform gießen kann ich erst, wenn ich das *ganze* Material beisammen habe, geschrieben. Und ob ichs dann ganz alleine können werde, – – und was nehmen, und was lassen fürs Buch, das werden wir nur zusammen bestimmen können, glaube ich. Es wird ein großer Erfolg oder ein totaler Misserfolg, und das Zweitere wollen wir nicht riskieren. […]

Ich sehe jetzt erst, wie *reich* damals das Leben war. Könnte mans nur wiederleben! Nur *einmal* noch.

Frida Strindberg an Karl Otto Bonnier, 28. 4. 1928, BF

Um ihre Erinnerungen anzuregen, reiste Frida Strindberg 1928 von Berlin nach Mondsee – und blieb dort. Das Haus ihrer Kindheit wurde nun zum Lebensmittelpunkt und das Vagabundenleben endete. Die Ruhe wirkte sich positiv auf den Schreibprozess aus. Am 27. Jänner 1929 starb Marie Uhl im Alter von 84 Jahren. Frida Strindberg erbte eine Hälfte der Villa Uhl und erwarb von ihrem Neffen Cäsar Weyr die andere Hälfte. Im Sommer beherbergte sie Touristen, um das nötige Geld für die Sanierung der Villa aufzubringen. Als neuer Gefährte stand ihr ein nobler Seidenspitzhund zur Seite.

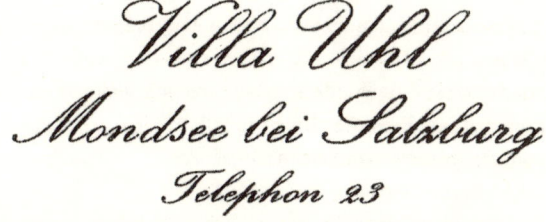

Briefkopf um 1930

Die Arbeit ist aber jetzt ganz leicht geworden und ich glaube, dass, wenn ich damit begonnen hätte, mich drei Monate in *Ruhe* zu setzen, *ohne* zu arbeiten, ich um zwei Jahre früher fertig geworden wäre. *Jetzt*, wo ich ausgerastet bin, sehe ich, dass meine frühere „Hemmung" nichts war als körperliche und seelische Erschöpfung. Mondsee hat für mich getan, was sonst nichts hätte tun können. Ich bin gesund geworden. Das war ich seit 15 Jahren nicht!

Frida Strindberg an Karl Otto Bonnier, 13. 12. 1928, BF

Zu Weihnachten 1929 schloss Frida Strindberg das Manuskript für den 1. Band ihrer Erinnerungen ab, das die Erlebnisse bis zur Hochzeit auf Helgoland im Mai 1893 enthielt. Der Verleger reagierte erleichtert. Die redaktionellen Umarbeitungen zogen sich bis in den Frühling 1931 hin. Bonnier sparte nicht mit Lob, schlug aber umfangreiche Kürzungen vor.

Ihr Buch ist ausgezeichnet. Sie haben Strindberg teilweise stark lebendig gemacht, so wie ich ihn um diese Zeit, Anfang Neunziger, kannte. Und nun bin ich begierig, sehr begierig sogar, die Fortsetzung zu lesen.

Karl Otto Bonnier an Frida Strindberg, 20. 2. 1930, Durchschrift, BF

Im Großen und Ganzen haben Sie, meiner Meinung nach, eine literarische Tat von Bedeutung vollbracht, haben Sie ein Buch nicht nur von größtem Interesse, weil es sich um Strindberg handelt, geschrieben, sondern weil es ein lebendiges Bild gibt der Entwicklung eines jungen Mädchens, das der bestrickenden Zaubermacht August Strindbergs sich nicht entziehen kann. Und vor allem: ich und meine Frau, die wir doch besser als die meisten den Strindberg in den 90-er Jahren kannten, wie wahr, wie in den kleinsten Zügen ähnlich steht er nicht da – mit seinen hässlichen Fehlern und seinem über und über herzgewinnenden entzückenden Reiz.

Ich kann nur meine Bewunderung aussprechen – so wie die Bewunderung meiner Frau –, dass es Ihnen möglich war, ein solches Buch – und speziell unter den schwierigen Verhältnissen, worunter Sie leben – ans Licht fertigzubringen.

Karl Otto Bonnier an Frida Strindberg, 16. 3. 1932, Durchschrift, BF

Verehrter lieber Herr Bonnier –

Das war die größte Freude, die ich seit langen Jahren hatte und je noch zu haben gehofft hätte. *Wie* gut und schön.

Dank.

> *Frida Strindberg an Karl Otto Bonnier,*
> *März 1932?, BF*

Frida Strindberg hielt ihren Verleger ständig auf Trab. Einmal gab sie ihm finanzielle Anweisungen bezüglich ihrer Tochter Kerstin, ein anderes Mal hagelte es Beschwerden wegen redaktioneller Eingriffe in ihren Text. Bonnier blieb immer höflich und ersuchte sie nur, ihre endlosen Briefe etwas kürzer zu halten.

Die Probleme begannen erneut, als Bonnier als Übersetzerin eine junge Frau – Karin Boye – wählte. Frida Strindberg traute der talentierten 32-jährigen Autorin nicht zu, den Tonfall der Briefe August Strindbergs adäquat ins Schwedische zu übertragen. Bonnier beruhigte sie mit dem Hinweis, dass Boye auch Thomas Manns Roman „Der Zauberberg" übersetzt hätte und eine Strindberg-Verehrerin wäre.

Nach Ablieferung des zweiten Teils erhielt Frida Strindberg 1932 das Gesamthonorar von 25.000 Kronen ausbezahlt. Die brieflichen Diskussionen zwischen Autorin, Verleger und Übersetzerin gingen weiter und warfen die Terminplanungen wiederholt über den Haufen. 1933 erschien schließlich der erste Band von Frida Strindbergs Erinnerungen „Strindberg och hans andra hustru" in Schweden. Der zweite Band folgte – wieder verspätet – erst 1934. Die Autorin erntete viel Lob, u.a. vom norwegischen Nobelpreisträger Knut Hamsun.

Ich habe das Buch gelesen, Tag und Nacht in einem Zug; wahrhaftig ein Buch ohne Pausen. Strindberg kannten wir schon einigermaßen, aber seine Frau ist eine Überraschung. Ihre Persönlichkeit wächst in diesem Buch zu einer nicht geringen Größe. – Ich bin entzückt von diesem außerordentlichen Werk.

> *Knut Hamsun auf dem Werbeprospekt*
> *für Frida Strindbergs Buch*

Mondsee, September, 33
Villa Uhl   Karl Otto Bonnier und Frau Lise
Frida Strindberg   Die jüngste Verfasserin des
Der getreue Ali   Verlages mit ihrem Beschützer
                                                                        BF

Die nationalsozialistische Machtergreifung im Jänner 1933 wirkte sich auch
auf den literarischen Stellenwert August Strindbergs in Deutschland aus.
Der große Dramatiker galt als Ahnherr des literarischen Expressionismus,
der jetzt bekämpft wurde. Der Verlag Georg Müller, der den ersten Teil der
Memoiren Frida Strindbergs bereits gesetzt und in Fahnen gedruckt hatte,
sah es plötzlich nicht mehr als opportun an, ein Werk über den schwedi-
schen Autor zu veröffentlichen, und ließ auch die Strindberg-Werkausgabe
einschlafen.

Frida Strindberg versuchte im noch freien Österreich den Zsolnay Ver-
lag für ihr Buch zu begeistern, aber ohne Erfolg. Als auch der S. Fischer
Verlag absagte, sah sie sich über ihren einstigen Freund, den nunmehrigen
Erfolgsdichter Hanns Heinz Ewers, in der politisch angepassten deutschen
Verlagsszene um. Bei ihren schwedischen Verleger Karl Otto Bonnier, der
jüdischer Herkunft war, stießen alle politischen Anbiederungsversuche Fri-
da Strindbergs auf schärfste Ablehnung.

Ich stehe mit meinem Buch vor der Schranke meiner geschäftlichen Untüchtigkeit und bin inmitten der politischen Konstellationen verloren. Ich gehöre keinem Lager an, weil alle so vieles tun, das ich unrecht und dumm finde, dass ich das bloße Wort Partei fürchte und hasse; wo der Politiker anfängt, hört der Mensch bei mir auf. Habe auch nicht die Absicht, mich irgendwo festzunageln – – zumindest nicht auf Armeslänge hier. Ich mag auch Strindberg in keine Partei einschalten lassen, er selbst war er selber, was soll da die Beschneidung?

Aber wie zum Teufel bringt man da ein Buch heraus? (ohne ihn und sich mitzuverkaufen?) [...]

Im Mondseer Pfarramt liegen seit meiner Geburt die erforderten Großmutterdokumente. Stehn zur Verfügung, ohne dass ich die leiseste Absicht hätte, deshalb alten Freunden, die uns nur Gutes taten, den Rücken zu kehren.

Frida Strindberg an Franz Theodor Csokor, Frühling 1934, WB

Die Regierung sucht hauptsächlich Werke mit sittlichem Gehalt und hebender Tendenz. Das ist ja Strindberg, wenn man einige seiner Liebe und Hass Werke ausschaltet. Ich sende Ihnen einen Brief anbei, den ich soeben von meinem Freund, Hans Heinz Ewers, erhalte. Er ist ein persönlicher Freund von Adolf Hitler und von Dr. Goebbels. Er will auch meine Strindberg-Erinnerungen an den Verlag Cotta verkaufen. [...] Übrigens erlaube ich mir, Ihnen ein ganz ausgezeichnetes Buch zu senden (als Buch ausgezeichnet), den „Horst Wessel" von Dr. Ewers. Es gibt die Psychologie der *Guten* unter den Jungen und der ungeheuerlichen Vaterlandsliebe, die zurzeit aufflammt. Könnten und möchten Sie dieses Buch bringen?

Frida Strindberg an Karl Otto Bonnier, 22. 4. 1933, BF

Ich selbst reflektiere aber unter keiner Bedingung [dar]auf, die Rechte Strindbergs für Deutschland zu übernehmen. Niemals! Wenn es auch so billig stünde: weder alleine noch mit einem deutschen Verleger zusammen. Auf „Horst Wessel" reflektiere ich nicht.

Karl Otto Bonnier an Frida Strindberg, Durchschrift 26. 4. 1933, BF

*Nach dem Erscheinen des zweiten Bandes ihrer schwedischen Memoiren
begann Frida Strindberg mit der Arbeit am dritten Band, der den zweiten
Aufenthalt Strindbergs in Oberösterreich (1896) und seine Korrespondenz
mit Kerstin Strindberg bis zum Jahr 1901 enthalten sollte. Frida Strindberg tat sich schwer, weil sie gar nicht Zeugin der Ereignisse gewesen war.
1935 bereiste sie die einstigen Schauplätze in Paris. Im April 1937 entlehnte
sie aus der Königlichen Bibliothek Stockholm eine getippte Abschrift des
„Okkulten Tagebuchs" August Strindbergs, das auch Notizen über seinen
letzten Besuch in Oberösterreich im Jahr 1896 enthielt. Der Abschluss-
band der Erinnerungen kam über die Phase des Quellensammelns nicht
hinaus. Kerstin Strindberg arbeitete später viele Jahre lang an einer Ausgabe der Briefe ihres Vaters an sie, die erst Torsten Eklund im Jahr 1963
realisierte.*

*Anfang 1936 erklärte sich der noch junge Verlag Henry Goverts in Ham-
burg bereit, Frida Strindbergs Erinnerungsbuch herauszubringen. Goverts
vermied es, NS-Literatur zu verlegen, und hielt auch weiterhin Kontakt
zu emigrierten Autoren wie Carl Zuckmayer. Am 4. Mai 1936 konnte der
Vertrag unterzeichnet werden. Als Assistenzlektor wurde Franz Hessel ein-
bezogen. Der schreibende Flaneur und meisterhafte Schilderer atmosphä-
risch dichter Alltagsszenen und Stadtlandschaften hatte wegen seiner jüdischen Herkunft Schreibverbot. Seine Aufgabe war es, das Manuskript auf
einen Band zusammenzukürzen.*

Und wenn man Ihrem Buch eine Bearbeitung zumuten darf, so muss das
Wesentliche, die Essenz „gerettet" werden. Es darf Ihrem Wort nichts
zugesetzt werden. Ihr Stil muss in seiner ganzen Eigenart erhalten bleiben. Man muss überall nur weglassen, was vom Wesentlichen ablenkt,
man muss Ballast abwerfen, damit das Schiff flotter läuft, muss Wieder-
holungen vermeiden, die sich bei den tagebuchartigen Teilen eines solchen Werkes so leicht einstellen usw.

Hauptsache an diesem Werk scheint mir das Frauenbekenntnis zu
sein. Es ist noch wichtiger, überraschender, bedeutender als das, was
man von Strindberg selbst erfährt. Wie Sie sich und Ihn sehen und dar-
stellen, das ist meisterhaft. Und das Drum und Dran der Zeitumstände
und der andern Menschen, so interessant es an und für sich sein mag,

kommt doch nur in Betracht, insofern es Ihr einsames und mit Ihm gemeinsames Leben verdeutlicht.

Franz Hessel an Frida Strindberg, 3. 3. 1946, BF

Am 22. Oktober 1936 erschien die deutsche Fassung mit dem blumigen Titel „Lieb, Leid und Zeit", der einer Gedichtzeile Clemens Brentanos entnommen war. Von den 5.500 Exemplaren wurden im ersten Jahr mehr als die Hälfte abgesetzt. 1941 erschien eine zweite Auflage mit weiteren 2.200 Exemplaren. Die Reaktionen waren überwiegend positiv, zum Teil euphorisch. Nur vereinzelt gab es Kritik, etwa an der heroisierenden Haltung der Biografin.

Ihr Buch ist von einer brennenden Interessantheit; ich lese täglich darin, es zieht mich unwiderstehlich ab von dem, worauf mich zu konzentrieren ich so fest entschlossen bin; und so bekommt meine Dankbarkeit für die außerordentliche Gabe und meine Danksagung dafür etwas Grimmiges, worauf Sie sich aber – warum soll ich es nicht aussprechen – mehr einbilden können, als auf manche ungemischtere Wirkung Ihres Werkes.

Thomas Mann an Frida Uhl-Strindberg, 3. 10. 1936, Briefe I, 424f.

Es ist ein weibliches Gegenstück zu Strindbergs „Plaidoyer d'un Fou", aber lange nicht so brutal und rücksichtslos wie diese „Hinrichtung" seiner ersten Gattin. […] Das Buch Frieda Strindbergs [ist] eine mit feinster psychologischer Einfühlung und großem dichterischem Können gegebene Schilderung eines ergreifenden Frauenschicksals.

Rezension von Adolf Paul in: Der Norden 14 (1937), 214f.

Das Großherzige in dem Buch der Frida Strindberg ist, wie viel sie gegen ihren eigenen Willen, ja gegen ihren eigenen Vorteil verrät.

Editha Klipstein, Der unvergessene Strindberg, in:
Die Frau 44 (1936), 452–456, hier 455

Mit dem Bericht der zweiten Frau August Strindbergs ist seinen Autobiografien ein weiterer Band hinzugefügt worden. Wenn auch diese umfangreiche Publikation nur zu einem Teil in Gestalt von Briefen

Verlagsprospekt zur deutschen Ausgabe „Lieb, Leid und Zeit"

Strindbergs Feder entstammt, so hat doch Frida Strindberg-Uhl ihr Erinnerungswerk literarisch so konstruiert, dass es sich mindestens als die Arbeit eines Schülers Strindbergs, wenn nicht gar als eine schwächere Leistung des Dichters selbst präsentiert. Darum wirkt das Buch so, als ob Strindberg wie stets in seinen Selbstdarstellungen in Verteidigung zur eigenen Sache unter fremdem Namen aufträte.

Rezension von Leo Löwenthal in: Zeitschrift für Sozialforschung 6 (1937), 189–195

Aus heutiger Sicht war Frida Strindbergs größte Leistung die erstmalige Veröffentlichung von mehr als 100 Briefen August Strindbergs, die wertvolle Aufschlüsse über seine schriftstellerische Entwicklung in den 1890er Jahren geben. Mit ihren eigenen Erinnerungen, die an einigen Stellen sehr hellsichtig waren, ergänzte und korrigierte sie August Strindbergs einseitig zugespitzte Selbstdarstellungen in seinen autobiografischen Romanen „Inferno" und „Das Kloster".

Andererseits wollte sie Strindberg, wie es der englische Titel „Marriage with a Genius" erkennen lässt, ein Denkmal als literarisches Genie setzen. Um ihren Heroen möglichst ansprechend zu präsentieren, neigte sie selbst dazu, ihre Erinnerungen fantasievoll anzureichern. Der dokumentarisch-fiktionale Doppelcharakter des Buches wurde vom Verlag selbst angesprochen.

„Lieb, Leid und Zeit" ist schwer mit anderen Büchern zu vergleichen. Man darf es weder als landläufige Biografie betrachten, trotz des vielen authentischen Materials, noch als Roman, obwohl der Verfasserin alle Mittel einer großzügigen Menschen- und Weltdarstellung zur Verfügung stehen.

Werbeprospekt zu „Lieb, Leid und Zeit"

Ein Blick auf die erhalten gebliebenen handschriftlichen Fassungen von „Lieb, Leid und Zeit" verdeutlicht die Motive der Memoirenschreiberin. Als Frida Strindberg in der ersten Phase über ihre Jugendzeit bis zur Ehe mit August Strindberg zu schreiben begann, präsentierte sie sich als eigenständige, unabhängige Person. Sie dachte sogar an ein Frauenbuch, in dem sie ihre eigene Entwicklung beleuchten wollte, um dann aus der Perspektive einer jungen Frau auf August Strindbergs Leben zu blicken. Beim Aufei-

nandertreffen sollten sich zwei selbstständige Individuen gegenübertreten.
Ein Titelvorschlag dieser Zeit lautete dementsprechend: „Liebe. Der Kampf
um die Erhaltung der Persönlichkeit".

Dann wurden jene Passagen, die nur sie selbst betrafen, wieder gestri-
chen. Aus der Ehezeit selbst blieb von der eigenen Sicht auf den Partner, die
z. B. in ihren Briefen zum Ausdruck kam, nicht mehr viel übrig. 105 Briefen
August Strindbergs standen im Buch nur sieben Briefe Frida Strindbergs
gegenüber. Ihre eigenen Feuilletons kamen überhaupt nicht vor. Sicherlich
spielten hier Ratschläge ihrer Verleger, Redakteure und Lektoren eine Rol-
le, die ein Buch über August Strindberg wollten. Dahinter spiegelt sich die
zeittypische Geringschätzung des Lebens von Frauen an der Seite „großer
Männer". Frida Strindberg hatte auch selbst Angst, sie könnte dem Genie
Strindberg durch ein Buch auf Augenhöhe nicht gerecht werden. Der neue
Titel enthielt bereits eine eindeutige Hierarchie: „August Strindberg und
ich – Die Geschichte einer glücklichen unglücklichen Ehe. Im Spiegel seiner
Briefe und meiner Erinnerungen".

Beim ersten Band schwamm ich. Ich bildete mir ein, ich müsste ein
Frauenbuch draus machen, weil ich unmöglich imstande sei, Strindberg
gerecht zu werden bei der Zeichnung. Dann kam aber Material nach,
und nun will ich im ersten Band alles streichen, was nicht auf ihn Bezug
hat oder direkt auf sein Erlebnis mit mir.

Frida Strindberg an Franz Theodor Csokor, Frühling 1934, WB

Um ihren eigenen Erinnerungen Authentizität zu verleihen, versah Frida
Strindberg viele Passagen mit Hinweisen wie „Aus dem Tagebuch Frida
Uhls" oder „Tagebuchblatt Frida Uhls", die frei erfunden waren. In der
deutschen Buchausgabe wurden diese Hinweise gestrichen, während sie in
der englischen vielfach stehen blieben.

Auch die abgedruckten Briefe wurden nicht wortgetreu wiedergegeben.
Sie mussten nicht nur großteils aus dem Französischen übersetzt werden,
sondern erfuhren bei mehrfachen redaktionellen Überarbeitungen auch si-
gnifikante Veränderungen. Das lässt sich mit folgendem Vergleich von Ori-
ginalbrief und Druckfassung zeigen. Es handelt sich um Frida Strindbergs
Antwortschreiben auf den Heiratsantrag August Strindbergs.

Sie haben mich eines schönen Tages gefragt, was mich so alt gemacht hat an Gesicht und Charakter? – Es war wirklich nichts Besonderes, aber die Sache ist am 5. März 1892 passiert. Wir werden morgen den Jahrestag feiern – vielleicht zusammen.

Sehen Sie, mein lieber Freund, man stirbt nicht gleich, wenn man bei guter Gesundheit ist, selbst wenn alle Illusionen und der ganze Lebensgeist entschwinden. Ich fühle mich heute sehr wohl – nur bin ich die geworden, die Sie kennen – eine gute Tante, die noch gern hat, aber nicht mehr liebt – wenn Sie den Unterschied kennen. – Ich habe Sie *aufrichtig* lieb als *Freundin* und bin zu allem bereit, um Ihnen nützlich und angenehm zu sein: 1. weil ich Ihr Genie bewundere, 2. weil ich Sie *gern* habe als Person.

Frida Uhl an August Strindberg,
4. 3. 1893 (franz.), Unbekannte Briefe I

Sie haben mich eines schönen Tages gefragt, was mich bei so jungen Jahren so reif an Gesicht und Charakter gemacht hat? Es war wirklich durchaus nichts Besonderes. Es war überhaupt nichts. Und das gerade war das Schlimme.

Sehen Sie, mein lieber Freund, man stirbt nicht gleich, wenn ein paar Träume sterben. Ich befinde mich heute sehr wohl – nur bin ich kalt und alt geworden. Ich habe Sie aufrichtig lieb als Freundin und bin zu allem, allem bereit, um Ihnen zu dienen oder Freude zu bereiten.

LLZ, 97f.

Frida Strindbergs eigene Erinnerungen waren oft nur lückenhaft und dunkel. Im Laufe des mehrjährigen Schreibprozesses wurden sie oft umgewandelt oder fantasievoll ergänzt, wie der Vergleich unterschiedlicher handschriftlicher Versionen zeigt. Als Beispiel soll die Schilderung eines Vorfalls mit zwei älteren Halbweltdamen in Paris im September 1894 dienen.

In der Buchfassung findet die Szene im Café Procope statt, wo Frida Strindberg in Begleitung ihres Mannes und eines dänischen Schriftstellers ist. In einer früheren Version ihrer Memoiren wird sie von ihrem Mann

und einem deutschen Professor in das Café d'Hartcourt begleitet und man
trifft die Frauen danach auf der Straße.

Wir sitzen mit einem deutschen Professor im d'Harcourt. Zu viele Spiegel und zu viele Mädchen für Strindbergs Geschmack. Dafür schwimmt der Professor in Wonne. […]

Wir schreiten heim, am Luxembourg vorbei. Es hat geregnet und die Lichter zittern auf dem feuchten Pflaster. Plötzlich tönt aus einer dunkeln Seitengasse ein lautes Lachen. Zwei Mädchen auf Wacht haben uns erspäht und stürzen auf uns zu. Sie sind grell geschminkt, mit „48" Wespentaille, riechen nach Alkohol und Patschuli. Jede schlingt ihren Arm um einen der Männer. Strindberg schüttelt seine Angreiferin höflich und rücksichtsvoll, aber energisch ab, während ich mit großen Augen daneben stehe. Dann gehen wir weiter. […]

„Wie kann man diese Weiber küssen?" frage ich und denke an die billige Schminke, das Gemisch von Patschuli und Alkohol, den Straßenschmutz der Röcke vom Standpunkt der mir eingepaukten Ethik.

„Man ist jung … und meistens betrunken …" erwidert Strindberg.

Ein reizender junger Däne mit Flammenhaar, Sophus Clausen, hat sich erboten, uns mit Verlaine bekannt zu machen, der Strindberg literarisch bewundert. Aber Verlaine ist nicht zuverlässig, wenn es sich um rein literarische Bewunderung handelt. Am verabredeten Abend sind wohl wir im Café Procope, er nicht.

Immerhin, wir lernen im Procope ein historisches Lokal kennen, das bis zu Racine und Corneille zurück Tradition hat.

[…] Zwei ältere Damen ohne Beruf schielen missbilligend zu unserem Tisch herüber. Sie finden, dass zwei Herren für mich zu viel und kein einziger für sie zu wenig ist.

„Verstehe alles, aber wie kann man sie küssen?" frage ich einfältig aus der kläglichen Tiefe meiner Klostererziehung.

„Man ist jung und meistens betrunken", erwidert Strindberg unerfreut.

„Aber würdest du … in deinem Alter …?" bedränge ich ihn mit Hintansetzung aller Höflichkeit.

„Aber ... würdest du ... du heute ...?" bedränge ich ihn voll Wissbegier.

„Ich kann mit Dirnen nicht philosophieren ..." erledigt er die Frage auf zwar unerwartete, doch zufriedenstellende Art so gründlich, dass ich laut auflache.

LLZ, BF, 380f.

„Ich kann mit Dirnen nicht philosophieren", erledigt er die Frage kurz auf ebenso persönliche als unerhoffte Art.

LLZ, 488f.

Manchen Strindberg-Forschern erschienen ihre Memoiren streckenweise so realitätsfern, dass sie sich fragten, ob die „Mythomanin" (Göran Söderström) August Strindberg je begegnet wäre. Die fantasievolle Schilderung der Hochzeitsnacht auf Helgoland kam bereits an anderer Stelle zur Sprache. Auch die Szenen, in denen sie August Strindberg mit einem Revolver (April 1893) bzw. mit einem Messer (Herbst 1894 in Paris) bedrohte, dürften frei erfunden sein. Wollte sie damit August Strindbergs Männlichkeit hervorkehren und dem Bild des „femininen" Strindberg entgegenwirken, das viele einstige „Ferkel"-Freunde mit sublimer Ironie über den „Weiberhasser" verbreiteten?

Das intensive Quellenstudium brachte auch die wohl gravierendste Fälschung Frida Strindbergs zutage. Während der Flitterwochen auf Helgoland im Frühling 1893 will sie gemeinsam mit ihrem Mann einen autobiografischen Roman begonnen haben. Strindberg soll das Fragment „Die Tranfunzel" und sie selbst das Fragment „Die Sonne" geschrieben haben. Beide Texte sind am Beginn ihres Memoirenbuchs, also an bedeutender Stelle, abgedruckt.

Dass August Strindbergs Text mit dem Originaltitel „Inferno" erst im März 1897 geschrieben wurde, vermutete man in der Strindberg-Forschung schon seit Längerem. Anhand eines Manuskripts Frida Strindbergs (LLZ, Marbach II) lässt sich nun eindeutig beweisen, dass auch ihr Text über ihre Kindheit und Jugend nicht 1893, sondern frühestens Ende der 1920er Jahre entstanden ist. Mit dem erfundenen gemeinsamen Romanprojekt wollte Frida Strindberg vielleicht im Nachhinein das Idealbild einer Künstlerehe entwerfen.

```
          Hier ist NACHZULIEFERN
              Ein Kapitel
                 "Ich"

              Pendant zu Thranfunsel,leicht, spielerisch, hell gehalten,
  -leer ...
              den Gegensatz zwischen Ihm und ihr sofort markierend.
```

Frida Strindbergs autobiografischer Text „Die Sonne" entstand nicht 1893, sondern erst Jahrzehnte später

Hier ist NACHZULIEFERN
Ein Kapitel
„Ich"

Pendant zu Thranfunsel, leicht, spielerisch, hell gehalten, den Gegensatz zwischen Ihm und ihr sofort markierend.

LLZ, Marbach II

1942 gab der Züricher Eugen Rentsch Verlag eine Sammlung von Liebesbriefen mit dem Titel „Ich liebe Dich" heraus. Künstler wie Friedrich Hölderlin, Gustave Flaubert, Robert Browning, Gottfried Keller, Alexander Puschkin, Nikolaus Lenau, Michelangelo und August Strindberg waren vertreten. Im Strindberg-Kapitel kamen neben 13 Briefen August Strindbergs auch zwei Briefe Frida Uhls aus „Lieb, Leid und Zeit" zum Abdruck. Damit hatte Frida Strindberg mit August Strindberg noch zu Lebzeiten Aufnahme in den Parnass weltberühmter Liebespaare gefunden.

So quält dieses Menschenpaar sich durch die Hölle unerträglichen ehelichen Aneinander-Gekettetseins hindurch zur Trennung. Strindberg, der Überzeugung, dass „eine schlechte Ehe immer noch besser als gar keine" sei, wagt sich in eine neue dritte Bindung. Und die Frau? Ihr blieb eine, trotz Not und Verzweiflung heil bewahrte Liebe, die sie nach vollzogener Scheidung gestehen lässt: „Doch! Ich würde ihn wieder heiraten, ohne mich zu besinnen, ohne zu zaudern. Um jeden Preis."

Ich liebe Dich, 457f.

In Freundschaft
Karl Otto Bonnier u. fru Lise
„Zwei arme Hunde!"

Mondsee, Sept. 1933   <u>Frida Strindberg</u>

BF

1937 folgte nach der deutschen noch eine englische und 1939 eine dänische Buchausgabe der Memoiren. Während der Vorarbeiten zum dritten Teil

ihrer Strindberg-Memoiren schrieb Frida Strindberg um 1936 einen Ro-
man in englischer Sprache mit dem Titel „Love, Bones and Politics".

Im Mittelpunkt stand ihr geliebter Seidenspitzhund Ali und die einst
leidenschaftliche Liaison mit Augustus John. Die autobiografische Hand-
lung wird abwechselnd aus der Perspektive des Hundes Ali und aus jener
seiner Besitzerin Eve, Frida Strindbergs Alter Ego, erzählt. Eve erlebt kurze
glückliche Episoden mit dem Maler, heiratet ihn aber wegen seiner notori-
schen Untreue nicht. Auch die lose Beziehung zur Tochter (Kerstin!) endet
mit einer Enttäuschung. Nur mit dem treu ergebenen Hund Ali kann Eve
in der Villa in Sonnberg (Mondsee!) glücklich zusammenleben.

Etwas später verfasste Frida Strindberg ein Filmexposé aus der Hunde-
perspektive („Silverwedding") und schickte das Manuskript an ihren schwe-
dischen Verleger, der mit seiner Meinung nicht hinter dem Berg hielt.

Zuletzt die „Silberhochzeit". Aufrichtig: Ich verstehe kein Wort davon.
Es wäre mir ein Wunder, falls daraus ein lustiges Filmspiel herauskom-
men könnte! So viel ist sicher: ich kann es keinem schwedischen Verfasser oder Verfasserin geben, um es zu vervollständigen. Ich kenne keinen
Verfasser mit so viel Humor, dass er Ihre Synopsis humoristisch verbes-
sern und brauchbar machen könnte.

Karl Otto Bonnier an Frida Strindberg, 3. 1. 1939,

Durchschrift, BF

Nach dem „Anschluss Österreichs" an das nationalsozialistische Deutsch-
land im März 1938 vertrat Frida Strindberg weiterhin ihren vermeintlich
unpolitischen Humanismus. Im Roman „Love, Bones and Politics" hatte
sie sogar einzelne Seitenhiebe auf die nationalsozialistischen Umtriebe in
Deutschland und Österreich verteilt. Um eine Gedichtausgabe des oberös-
terreichischen Dialektdichters Franz Stelzhamer zu befördern, verhandelte
sie auch mit lokalen NS-Kulturpolitikern in Salzburg und Linz. Den Lan-
gen-Müller-Verlag und den Wedekind-Forscher Artur Kutscher bedrängte
sie mit dem Hinweis, dass der Innviertler Dialektdichter ein Landsmann
des „Führers" wäre. Es gab aber nur Absagen.

Die Lokalpolitiker ihrer Heimatgemeinde Mondsee überhäufte Frida
Strindberg mit Vorschlägen für touristische Rundreisen auf den Spuren
August Strindbergs. Von ihrer Mondseer Nachbarschaft wurde sie als ex-

zentrische Person mit verwahrlostem Äußeren wahrgenommen und ge-
mieden. Ihr wichtigster Bezugspartner war ihr Spitzhund Ali, der 1940
verstarb.

Weniger vornehm berichten andere Mondseer Bürger über die letzten
Jahre der Frau Strindberg. In ihrem völlig verwilderten Garten rund um
die alte Villa hätte sie sich am liebsten aufgehalten. Aber wehe, wenn
Lausbuben aus dem Ort versucht haben, über den Zaun zu klettern und
Obst zu stehlen. Mit einer Schreckpistole ging sie auf diese los, was die
Kerle begreiflicherweise noch übermütiger machte. Mit dem Ruf „Ali
Ali Uhu!" sollen sie die alte Frau verfolgt haben, die sie mit ihrem wirren
Haar und ihrer ungepflegten Kleidung für eine Art Hexe hielten. […]

Nur die heute 92jährige Haslingerin, ehemals Fridas Haushälterin, die
auch von Kerstin in Briefen lobend erwähnt wird, zeigt jetzt noch Verständnis für die Außenseiterin, wenn sie feststellt: „Bei uns am Land ist
man gern misstrauisch, wenn jemand da ist, der gebildeter ist als die
meisten andern."

Heinz Gerstinger, Österreich, 229f.

*Am 15. April 1943 nahm Frida Strindberg zum letzten Mal Änderungen in
ihrem Testament vor. Wenig später stürzte sie in einer Gemüsehandlung
und zog sich eine Oberarmfraktur zu. Im Salzburger Landeskrankenhaus
kam eine Lungenentzündung hinzu, an deren Folgen sie am 28. Juni 1943
verstarb. Ihr testamentarischer Wunsch, eine Schaufel Erde vom Grab August Strindbergs möge auf ihr Grab gelegt werden, dürfte nicht erfüllt worden sein. Zum Begräbnis in Mondsee am 2. Juli kamen ihr Sohn Friedrich
und ihr Neffe Cäsar Weyr.*

Die alte Mère ist gestorben und ich bin steinunglücklich. Als ob unser Mutter-Tochter-Verhältnis ein ungetrübtes, ein harmonisches, ein
vollendetes gewesen, als ob mir mit ihr der letzte lebende Mensch genommen worden wäre, so grauenhaft unselbstständig und verlassen wie
kaum zuvor im Leben sitze ich hier heroben, renne herum, ziel- und
planlos vor lauter Entsetzen, dass *das* möglich war, dass die Mère hat
sterben können, ohne es mir vorher gesagt zu haben. Ohne es mir gesagt
zu haben, das ist das Allerquälendste und Unglaubhafteste. […]

Unsere innigstgeliebte Mutter, Großmutter, Tante und Großtante, Frau

Frida Strindberg geb. Uhl

Schriftstellerin und Hausbesitzerin in Mondsee

hat infolge eines erschütternden Unfalles am Montag, den 28. Juni 1943, im Alter von 71 Jahren, ihr arbeitsreiches und opfervolles Leben vollendet und uns in tiefster Trauer zurückgelassen.

Wir werden die liebe Tote Freitag, den 2. Juli 1943, um 10 Uhr vormittags nach dem hl. Requiem und feierlicher Aussegnung aus der hiesigen Pfarrkirche auf dem Mondseer Ortsfriedhof in die deutsche Heimaterde betten, die sie so sehr geliebt hat.

Mondsee, im Juni 1943.   Die tieftrauernden Familien

Strindberg und Dr. v. Weyr.

Leichenbestattungsunternehmung Max Schmarl in Mondsee.   BUCHDRUCKEREI RUPERT GAMPERL, MONDSEE.

Partezettel zum Tod Frida Strindbergs

Ich weiß weder, wer bei ihr war, noch wieso sie starb, ich hielt sie einfach für unsterblich, das muss bei mir abgemachte Sache gewesen sein, – ewig, nicht umzubringen. Immer wieder vom Toten auferstehen können, wie sie es tat, immer wieder plötzlich da-sein, wenn mans am wenigsten vermutete. Vehement, wild und unbeherrscht, unharmonisch und trotzdem vollendet in ihrer Art, gescheit wie selten eine Frau und für sich so bodenlos, so unerlaubt dumm, dumm und nobel-nobel geht die Mère zugrunde.

Kerstin Strindberg an Wilhelm Emanuel Süskind, 12. 7. 1943, KB Dep. 146/5–6

O Stern und Blume, Geist und Kleid,
Lieb, Leid und Zeit
und Ewigkeit.
Grabinschrift aus Clemens Brentanos Gedicht „20. Jänner [1835] nach großem Leid"

Es dauerte Wochen, bis Kerstin Strindberg von Schweden durch den halben Kontinent, der im Kriegszustand war, nach Mondsee gelangte. Im August 1943 fand die Inventur in der Villa Uhl statt, zu der auch Friedrich Strindbergs Frau Utie aus Berlin anreiste. Die Hinterlassenschaft Frida

Strindbergs, die aus Villa samt Garten und Badehaus, der beweglichen Einrichtung und einem kleinen Bankguthaben bestand, wurde auf insgesamt 112.500 Reichsmark geschätzt und auf beide Kinder aufgeteilt.

An den einstigen Glanz der Villa erinnerten nur mehr ein paar Intarsienschränke und -kästen sowie eine Zedernholzkommode. Die Bibliothek umfasste nur 50 Bücher, darunter zehn Bände mit Werken August Strindbergs, sieben biografische Werke über ihn und Frida Strindbergs eigene Memoiren in allen vier Sprachen. Der zweite Lebensfreund, Michail Arcybašev, war mit drei Bänden vertreten.

Diese Bücher sind sämtliche alt, stark beschädigt und haben keinerlei Verkehrswert.

Inventur Frida Strindberg vom 12. 8. 1943, Bezirksgericht Mondsee

Frida Strindbergs politische Unbedarftheit stand in krassem Gegensatz zur strikt antinationalsozialistischen Gesinnung ihrer beiden Kinder.

Kerstin Strindberg, die seit ihrer Eheschließung im Jahr 1917 deutsche Staatsbürgerin war, beantragte erneut die schwedische Staatsbürgerschaft, als die Machtergreifung Adolf Hitlers abzusehen war, und erhielt diese im April 1933. Sie war sich der Gefahren, die ihr und ihrem halbjüdischen Sohn im Dritten Reich drohten, von Anfang an bewusst. Im Jahr 1936 übersiedelte sie nach Stockholm. Nach Kriegsende kam sie zu wenigen Kurzbesuchen nach Österreich, um auf den Spuren ihres verehrten Vaters nach Quellenmaterial für die Strindberg-Forschung zu suchen. Ihre wichtigsten Freunde in der einstigen Heimat waren Lina Loos und Franz Theodor Csokor. Als Kerstin Strindberg 1956 verstarb, wurde sie im Grab August Strindbergs beigesetzt.

Friedrich Max Strindberg war Mitglied des Kreises junger Intellektueller um die bahnbrechende Pädagogin Eugenie Schwarzwald. Von 1923 bis 1927 war er mit der Schriftstellerin Marie Lazar verheiratet. Er arbeitete als Zeitungsherausgeber und Kriegsberichterstatter und wurde 1937 von Arthur Koestler zu Unrecht als NS-Kollaborateur angeschwärzt. 1938 beantragte Friedrich Strindberg die schwedische Staatsbürgerschaft, die er 1940 erhielt. Als er nach Schweden emigrieren wollte, sperrten sich sowohl seine Mutter als auch seine Halbschwester aus privaten Gründen dagegen. Friedrich Strindberg war gezwungen, in Berlin zu bleiben. Er half in

den letzten Kriegsjahren unter Lebensgefahr einem jüdischen Ehepaar zu
überleben und wurde dafür posthum im Jahr 2000 zusammen mit seiner
zweiten Ehefrau Utie in Yad Vashem geehrt. Noch vor Kriegsende publizierte er unter dem Pseudonym Fredrik Uhlson mit „Under jorden i Berlin" den ersten Dokumentarroman über das Leben von Juden im Berliner
Untergrund und über den Holocaust. Friedrich Strindberg war nach dem
Zweiten Weltkrieg in Berlin als Journalist tätig und starb 1978.

In anderen Familien ist es üblich, dass sie in Zeiten wie diesen mehr
noch als sonst zusammenhalten. Nur in unsrer tritt an Stelle dieses natürlichen Zusammenhaltens der Hass und an Stelle der Geschwisterliebe
die perverse Neigung, den andern und damit sich selbst zu vernichten.
Möge uns ein gnädiges Geschick davor bewahren!

Friedrich Strindberg an Frida Strindberg, 9. 4. 1943, KB Dep. 146/3

Dank

Dieses Buch über eine oberösterreichische Schriftstellerin, die in fünf Ländern gelebt und in drei Sprachen geschrieben hat, wäre ohne vielfältige Unterstützung nicht zustande gekommen. Mit großer Dankbarkeit erinnere ich mich an jene Personen, die zum Gelingen beigetragen haben.

Die konkrete Anregung und Einladung, ein Buch über Frida Strindberg zu schreiben, kam 2007 von Günther Eisenhuber (Residenz Verlag), der mir gleichzeitig freie Hand bezüglich Inhalt und Form ließ. Ich danke ihm für die Zeit und Aufmerksamkeit, die er der Umsetzung dieses Buchprojekts gewidmet hat, für die offene und herzliche Betreuung und für das Lektorat des Manuskripts.

Meine Beschäftigung mit August Strindbergs Besuchen in Oberösterreich und mit seiner zweiten Ehe reicht bis etwa 1990 zurück. Zu den ersten Interessenten zählte Kurt Bäckström, der langjährige Leiter des Zentrums für Österreichstudien an der Universität Skövde. Im Rahmen seiner wertvollen Arbeit für den Kulturaustausch zwischen Schweden und Österreich förderte er auch meine Forschungen immer mit großem Einsatz. Ich danke ihm für seine liebenswürdige Unterstützung und Freundschaft, die bis zum heutigen Tag währt.

Mein besonderer Dank gilt den Erben Frida Strindbergs in Stockholm, die mir die Erlaubnis zur Publikation ihrer Texte und zur Benutzung des Teilnachlasses Frida Strindbergs in der Kungliga Biblioteket Stockholm gaben. Angesichts der nicht immer ungetrübten familiären Verhältnisse weiß ich diese vertrauensvolle Geste zu schätzen. Leider konnte Kristof Sulzbach die Fertigstellung dieses Buches über seine Großmutter nicht mehr erleben. Den Kontakt zu seiner Frau Gudrun Sulzbach stellte zuletzt Göran Söderström, der einstige Leiter des Strindbergsmuseet Stockholm, her, dem ich herzlich für seine freundliche Hilfe danke.

Ich danke allen im Quellenverzeichnis genannten Bibliotheken, Archiven und Museen, die Abdruckgenehmigungen für Fotos sowie für Textauszüge aus unveröffentlichten Briefen und Manuskripten Frida Strindbergs erteilt haben. Der Verlagsleiterin Eva Bonnier in Stockholm danke ich für die Möglichkeit, im Verlagsarchiv des Albert Bonniers Förlag zu forschen, und für die freundliche Publikationserlaubnis.

Der Bridgeman Art Library möchte ich für die Genehmigung, aus der Korrespondenz Frida Strindbergs mit Augustus John zu zitieren, meinen Dank aussprechenen. Christin Fronius (†) war so freundlich, den Abdruck eines Tuscheporträts August Strindbergs von Hans Fronius zu gewähren.

Ich danke meinen Kolleginnen und Kollegen im In- und Ausland, die mich bei meinen schriftlichen Anfragen und bei meinen Arbeiten vor Ort auf verschiedenartigste Weise mit ihrem Fachwissen unterstützt haben: Birgit Slenzka (Deutsches Literaturarchiv Marbach), Gabriele Eitzinger und Manfred Forster (Literaturarchiv der Monacensia München), Christian Fuhrmeister (Zentralinstitut für Kunstgeschichte München), Angela Stilwell (Stadtarchiv München), Doris Lampert (Universitäts- und Landesbibliothek Darmstadt), Anna Höök (Kungliga Bibliboteket Stockholm), Barbro Ek (Albert Bonniers Förlag Stockholm), Erik Höök (Strindbergsmuseet Stockholm), Kristi Finefield (Library of Congress Washington), Robbi Siegel (Museum of the City of New York), Friedrich Simader (Österreichische Nationalbibliothek Wien), Sylvia Mattl-Wurm und Julia Danielczyk (Wienbibliothek), Maria Dorninger (Institut für Germanistik Salzburg), Irene Hauer-Karl (August Strindberg Museum Saxen) und Karl Rehberger (Stiftsarchiv St. Florian). Friedrich Ortner (Oberösterreichische Landesbibliothek Linz) danke ich für die Abwicklung vieler, oft komplizierter und zeitaufwändiger Fernleihbestellungen. Für die finanzielle Unterstützung zweier Archivreisen nach Deutschland und Schweden danke ich der Kulturabteilung des Landes Oberösterreich.

Silvia Wahrstätter sorgte für die gediegene grafische Gestaltung dieses Buches, wofür ich ihr herzlich danken möchte.

Nicht zuletzt danke ich meiner Frau und meinen Kindern, die mir die notwendigen familiären Auszeiten gewährt haben, ohne die ein solches Buch nicht erarbeitet und geschrieben werden könnte.

Quellen und Literatur

Handschriftliche Quellen

Bei den Recherchen für dieses Buch konnten rund 400 Briefe Frida Strindbergs aufgefunden werden. Die ausgewählten Briefe werden nach den Originalhandschriften zitiert. Gegebenenfalls wird auf die anschließend angeführten Druckausgaben verwiesen. Bei fremdsprachigen Briefen, die alle vom Herausgeber übersetzt wurden, ist die Originalsprache vermerkt. Falls Briefe nur in einer Abschrift oder als Typoskript erhalten geblieben sind, ist dies vermerkt.

BF	Albert Bonniers Förlagsarkiv Stockholm
CUL	Courtesy of the Division of Rare and Manuscript Collections, Cornell University Libraries Ithaca
DLA	Deutsches Literaturarchiv Marbach
KB	Kungliga Biblioteket Stockholm
NLW	National Library of Wales
NYPL	John Quinn papers. Manuscripts and Archives Division. The New York Public Library. Astor, Lennox and Tilden Foundations
ÖNB	Österreichische Nationalbibliothek
SBM	Stadtbibliothek München
SMS	August Strindberg Museum Saxen
UT	Harry Ransom Humanities Research Center, The University of Texas at Austin
WB	Wienbibliothek

Wenn nein, nein! August Strindberg und Frida Uhl. Briefwechsel 1893–1902. Ausgewählt, herausgegeben und übersetzt von Friedrich Buchmayr. Weitra 1993.
(Für die vorliegende Publikation wurden alle Übersetzungen anhand der Handschriften überarbeitet.)

Friedrich Buchmayr, *Unbekannte Briefe und Photos rund um August Strindberg und seine österreichischen Verwandten*, in: Jahrbuch des Adalbert Stifter Institutes 2 (1995), 84–113 und 6 (1999), 132–148.

Von den beiden Filmdrehbüchern Frida Strindbergs (unter dem Pseudonym Marie Eve) existieren nur mehr Kurzfassungen des Inhalts (Library of Congress, Washington): *The Death Dance* (1918), *The Golden Shower* (1919).

Es sind viele, zum Teil unveröffentlichte Vorstudien, Skizzen und Redaktionsstufen des Erinnerungsbuches Frida Strindbergs an ihre Ehe mit August Strindberg („Lieb, Leid und Zeit") erhalten geblieben. Die ausgewählten Passagen werden mit folgenden Siglen zitiert.

LLZ, Marbach I   Briefe August an Frida Strindberg 1893–1896 (DLA)
LLZ, Marbach II   August Strindberg und ich – Die Geschichte einer glücklichen
                        unglücklichen Ehe (DLA)
LLZ, MFr   Fragment von LLZ (Privatbesitz Mondsee)
LLZ, KB   Fragmente zu LLZ in der KB, Dep. 146
LLZ, BF   Fragmente zu LLZ im BF

Die folgenden unveröffentlichten Werke Frida Strindbergs sind als Typoskripte
erhalten geblieben.
Love, Bones and Politics. From the Diary of a Poor Central European Dog of Letters.
     By Ali von Mânsee. Edited by Vou. (Um 1936, KB, Dep. 146)
Mitzi. (Um 1937, SMS)

Bei der Wiedergabe der handschriftlichen Quellen wurde die Rechtschreibung und
Zeichensetzung zur besseren Lesbarkeit behutsam modernisiert, aber möglichst ohne
Eingriffe in die stilistischen Eigenheiten. Offensichtliche Schreib- oder Tippfehler
wurden stillschweigend korrigiert. Hinzufügungen und erschlossene Angaben stehen
in eckigen Klammern. Alle Hervorhebungen (Sperrungen etc.) und Unterstreichungen
Frida Strindbergs werden einheitlich *kursiv* wiedergegeben.

Veröffentlichungen Frida Strindbergs

Frida Strindberg, *Lieb, Leid und Zeit. Eine unvergessliche Ehe.* Mit zahlreichen unver-
     öffentlichten Briefen von August Strindberg. Hamburg 1936 (zitiert als LLZ).
Frida Strindberg, *Strindberg och hans andra hustru.* 2 Bände. Übers. von Karin Boye.
     Stockholm 1933–1934.
Freda Strindberg, *Marriage with Genius.* Edited by Frederic Whyte. London 1937.
Frida Strindberg, *Strindbergs andet Ægteskab.* Oversat af Kai Flor. Köbenhaven 1937.

Leider hat Frida Strindberg kein Werkverzeichnis hinterlassen. Ihre Feuilletons aus
der „Wiener Zeitung" und der „Wiener Abendpost" werden hier nach mühevoller Re-
cherche erstmals vollständig in chronologischer Reihenfolge aufgelistet, dazu einzelne
Feuilletons aus anderen Zeitungen, die aufgefunden werden konnten. Es ist anzunehmen, dass bei der Überprüfung weiterer Zeitungen und Zeitschriften des In- und
Auslands noch viele Feuilletons Frida Strindbergs auftauchen werden.

WA=Wiener Abendpost, WZ=Wiener Zeitung
Rez. *Ludwig Hevesi, Ein englischer September,* Stuttgart 1891 (WA Nr. 169, 27. 7. 1891)
Rez. *Ausgewählte Schauspiele des Don Pedro Calderon de la Barca,* übers. von K. Pasch,
     Bd. 1, Freiburg 1891 (WA Nr. 193, 25. 8. 1891)
Der kategorische Imperativ im Roman. „Der eiserne Rittmeister." Roman von Hans Hoff-
     mann. Berlin (WZ Nr. 213/214, 28./29. 9. 1891)
Ein neues Buch Pierre Loti's. Pierre Loti: „Le Livre de la Pitié et de la Mort." Paris 1891
     (WZ Nr. 235/236, 14./15. 10. 1891)

Aus München (WA Nr. 247 und Nr. 250, 28. und 31. 10. 1891)

Eine arabische Universität. (Harp. Mag.) [Übers. aus Harper's Magazine New York.]
    (WA Nr. 263, 16. 11. 1891)

Können wir Regen erzeugen? (WZ Nr. 272, 26. 11. 1891)

Theater. „Die neue Zeit". Trauerspiel in fünf Aufzügen von Richard Voß. München,
    11. Jänner (WA Nr. 8, 12. 1. 1892)

Ein neues Buch von Pierre Loti. „Fantôme d'Orient". Paris 1892 (WA Nr. 46, 26. 2. 1892)

Berliner Theaterbrief. Berlin, 25. Februar (WA Nr. 47, 27. 2. 1892)

Alphonse Daudet, Rose et Ninette, moeurs du jour. Paris 1892 (WA Nr. 71/72, 28./29. 3.
    1892)

Impressionisten in Berlin. Berlin, Ende April (WA Nr. 97, 28. 4. 1892)

Dichtende und denkende Frauen. Alfred Marchand, Poètes et Penseurs. Paris 1892 (WA
    Nr. 99, 30. 4. 1892)

Die akademische Kunst-Ausstellung in Berlin. Berlin, 19. Mai (WZ Nr. 118, 21. 5. 1892)

Durchschnittsdichter Frankreichs. Claude Couturier, „L'Inespéré", „Zicca". Paris 1892
    (WA Nr. 124, 31. 5. 1892)

Gerhart Hauptmann als Erzähler (WA Nr. 153, 7. 7. 1892)

Englischer Küstenfrühling – Bournemouth (WA Nr. 167, 23. 7. 1892)

The Mildew. Jules Claretie, L'Américaine. Paris 1892 (WA Nr. 195/196, 26./27. 8. 1892)

Zwei stille Winkel in Süd-Baiern (WA Nr. 224, 30. 9. 1892)

„Flirt." Paul Hervieu, Flirt. Paris 1892 (WA Nr. 223, 29. 9. 1892)

Paul Bourget, La Terre Promise. Paris 1892 (WA Nr. 250, 31. 10. 1892)

Opfer der Moderne. Arne Garborg, Müde Seelen. Berlin 1892 (WA Nr. 271, 26. 11. 1892)

Der Sohn seines Vaters. Léon A. Daudet, Haerès. Paris 1893 (WA Nr. 4, 5. 1. 1893)

Sudermann als Erzähler (WZ Nr. 23, 28. 1. 1893)

Ernst von Wildenbruch, Eifernde Liebe. Berlin 1893 (WA Nr. 71, 28. 3. 1893)

Ueber die Potsdamer Brücke. Berlin, 27. März (WZ Nr. 73, 30. 3. 1893)

Französische Literatur. Paul Ginisty, L'Année Littéraire 1892. Paris 1893 (WA Nr. 139,
    20. 6. 1893 und Nr. 146, 28. 6. 1893)

Frauen von ehedem und Frauen von heute. Bernhöft, Frauenleben in der Vorzeit.
    Wismar 1893 (WA Nr. 154, 8. 7. 1893)

Pierre Loti, Matelot. Paris 1893 (WA Nr. 180, 8. 8. 1893)

Nordsterne. Maurice Bigeon, Les Révoltés Scandinaves. Paris 1894 (WZ Nr. 279/280,
    4./5. 12. 1894)

Literatur. Ludwig Ganghofer, Die Martins-Klause. Stuttgart 1895 (WZ Nr. 49, 26. 2.
    1895)

Literatur II. Annie Bock, Tarantella, Der Auserwählte. Berlin; *Wilhelm Wolters, Geliebt
    werden.* Dresden; ***, *Ehrlose Scham.* Berlin (WZ Nr. 50, 27. 2. 1895)

Die Wüste. Pierre Loti, Le Désert. Paris 1895 (WZ Nr. 72, 24. 3. 1895)

Alphonse Daudet, La petite Paroisse. Paris 1895 (WZ Nr. 75, 29. 3. 1895)

Knut Hamsuns „Pan" (WA Nr. 97, 27. 4. 1895)

Loti's Jerusalem. Pierre Loti, Jèrusalem. Paris 1895 (WZ Nr. 122/123, 25./26. 5. 1895)

Paul Bourget über Nord-Amerika. Paul Bourget, Outre-Mer. Paris 1895 (WZ Nr. 148/149,
    27./28. 6. 1895 sowie Nr. 172/173, 26./27. 7. 1895)

Paris. I. Pavlovsky, Aus der Welthauptstadt Paris. Paris und Leipzig 1895 (WA Nr. 196,
   27. 8. 1895 und WZ Nr. 226, 28. 9. 1895)
Die Theaterwelt. Alphonse Daudet, Entre les Prises et la Rampe. Paris 1895 (WZ Nr.
   252/253, 29./30. 10. 1895)
Kioto, Japans heilige Stadt. (Nach Pierre Loti.) (WZ Nr. 276, 28. 11. 1895)
Galiläa. Pierre Loti, La Galilée. Paris 1895 (WZ Nr. 299, 25. 12. 1895)
Kioto. Nach Pierre Loti (WZ Nr. 22/23, 28./29. 1. 1896)
Das moderne Drama in England (WZ Nr. 47/48, 26./27. 2. 1896)
Das Drama in Frankreich (WA Nr. 73, 28. 3. 1896)
Gabriel d'Annunzio (WA Nr. 75, 31. 3. 1896)
Die Saison in London (WZ Nr. 95, 24. 4. 1896)
Aus Voltaire's Zeitalter. Henry Tronchin, Le conseiller François Tronchin et ses amis.
   Paris 1896 (WA Nr. 100/101, 30. 4. und 1. 5. 1896)
Zur Frauenfrage. Ernest Legouvé, Histoire morale des femmes. Paris 1896 (WZ Nr. 147,
   26. 6. 1896)
Zur Frauenfrage II. Ola Hansson, Der Weg zum Leben. Berlin 1896; *Maria Janitschek,
   Vom Weibe.* Berlin 1896; *Laura Marholm, Karla Bühring, Frauenerlebnisse, Das
   Buch der Frauen* (WZ Nr. 148, 27. 6. 1896)
Moderne Dramen I. Jean Jullien (WA Nr. 172, 28. 7. 1896)
Moderne Dramen II. William Heinemann (WA Nr. 173, 29. 7. 1896)
*Marie Mancini-Colonna. Lucien Perey, Une princesse romaine au 17 Siècle. Marie Manci-
   ni-Colonna.* Paris 1896 (WZ Nr. 198/199, 27./28. 8. 1896)
Literatur. Pierre Louys, Aphrodite. Paris 1896 (WA Nr. 222, 26. 9. 1896)
Aus München (WA Nr. 224, 29. 9. 1896)
Willy Grétor (WZ Nr. 250, 28. 10. 1896)
Salzkammergut. Auguste Marguillier, A travers le Salzkammergut. Illustré par Tony
   Grubhofer et Alfred von Schrötter. Paris 1896 (WZ Nr. 251, 29. 10. 1896)
Villa Falconieri. Richard Voß, Villa Falconieri. 1896 (WA Nr. 274, 26. 11. 1896)
Possenspiel in Paris. J. L. Forain, La comédie Parisienne. 250 dessins. Paris 1896;
   Gyp, Eux et Elle. Paris 1897 (WA Nr. 277, 30. 11. 1896)
François Coppée, Le Coupable. Paris 1897 (WA Nr. 299, 29. 12. 1896)
Literatur. Jakob Wassermann, Melusine. Schläfst Du Mutter? (WA Nr. 300, 30. 12. 1896)
Literatur. Ludwig Ganghofer, Die Bacchantin. 1897 (WA Nr. 22, 28. 1. 1897)
Daudet. Alphonse Daudet, Le trésor d'Arlatan. Paris 1897 (WA Nr. 46, 26. 2. 1897)
Frauenliebe und -Leben. Gabriele Reuter, Aus guter Familie, Der Lebenskünstler. Berlin
   1896 und 1897 (WA Nr. 47, 27. 2. 1897)
Berliner Theaterbrief (WA Nr. 71, 29. 3. 1897)
Kurze Geschichten. Paul Bourget, Recommencements. Paris 1897 (WA Nr. 72, 30. 3. 1897)
Marcel Prévost, Le jardin secret. Paris 1897 (WA Nr. 97, 29. 4. 1897)
Gabriel d'Annunzio (WA Nr. 98, 30. 4. 1897)
Literatur I. Stanislaw Przybyszewski, Satans Kinder. Paris 1897 (WA Nr. 121, 28. 5. 1897)
Literatur II. Hermann Bahr, Theater. Berlin 1897 (WA Nr. 122, 29. 5. 1897)
Zwei Nordländer. Hermann Bang, Fräulein Caja. München 1897; *Peter Nansen, Aus dem
   Tagebuche eines Verliebten.* Berlin 1897 (WA Nr. 145, 28. 6. 1897)

Literatur. Gyp, Joies d'Amour. Paris 1897; *Paul Adam, L'Année de Clarisse.* Paris 1897
(WA Nr. 146, 30. 6. 1897)

Französische Renaissance. Pierre de Ronsard, Les Amours de Marie. Paris 1897
(WA Nr. 167, 24. 7. 1897)

Schminke. Hermann Bang, Die vier Teufel. Berlin 1897; *Alphonse Daudet, La Fédor.*
Paris 1897 (WA Nr. 170, 28. 7. 1897)

Literatur. Emile Zola, Nouvelle Campagne 1896. Paris 1897 (WA Nr. 194, 25. 8. 1897 und
Nr. 195, 26. 8. 1897)

Pariser und Pariserinnen. Marcel Prévost, Dernières Lettres de femmes. Paris 1897
(WA Nr. 222, 28. 9. 1897)

Seelenwanderung. Marie Corelli, Ziska. The Problem of a wicked soal (WA Nr. 223, 29. 9.
1897)

Literatur. Jules Claretie, L'Accusateur. Paris 1897 (WZ Nr. 249, 29. 10. 1897)

Literatur. Leo Berg, Der Uebermensch in der modernen Literatur (WZ Nr. 250, 30. 10.
1897)

Literatur. Otto Julius Bierbaum, Studentenbeichten. Berlin 1898; *Theodor Kabelitz,
Gründe und Abgründe, Strahlen in das Frauenleben.* Berlin 1898 (WA Nr. 272, 27. 11.
1897)

Literatur. Max Halbe, Mutter Erde. Berlin 1897 (WA Nr. 274, 30. 11. 1897)

Literatur. Paul Bourget, Voyageuses. Paris 1897 (WZ Nr. 300, 30. 12. 1897)

Jung-Münchens Kunst (Wiener Rundschau 2 (1897/98), 191–196)

Frau Adelina und ihr Gatte (WA Nr. 20, 26. 1. 1898)

Sketch-Book. Von Paul Bourget (WA Nr. 23, 29. 1. 1898)

Carneval in München. München, 23. Februar (WA Nr. 45, 25. 2. 1898)

*Nordische Fürstenkinder. Verner af Heydenstam, Karl XII. und seine Krieger; Svend Leo-
pold, Prinzessin Charlotte* (WA Nr. 71, 29. 3. 1898)

Literatur. Fannie Gröger, Thränen. Berlin 1898 (WA Nr. 72, 30. 3. 1898)

Napoleon und die Frauen. Fréderic Masson, Napoléon et les Femmes. Paris 1898
(WA Nr. 96, 28. 4. 1898 und Nr. 97, 29. 4. 1898)

Literatur. Marie Herzfeld, Die skandinavische Literatur und ihre Tendenzen. Berlin 1898
(WA Nr. 122, 31. 5. 1898)

Französische Literatur. Paul Bourget, Complications Sentimentales. Paris 1898;
Paul Bourget, Deuxième amour. Paris 1898 (WA Nr. 146, 30. 6. 1898)

Literatur. Edmond Rostand, Cyrano de Bergerac. Paris 1898 (WA Nr. 169, 27. 7. 1898)

Münchner Theaterschluß (WA Nr. 172, 30. 7. 1898)

Aus der Welt des Reichthums. F. E. Johanet, Autour du monde millionaire américaine.
Paris 1898 (WA Nr. 196, 29. 8. 1898)

Münchner Theaterbrief. [Björn Björnsons „Johanna"] (WA Nr. 197, 30. 8. 1898)

Münchner Theaterbrief. [Felix Philippi, Das Erbe] (WA Nr. 223, 29. 9. 1898)

Literatur. Pierre Louys, La Femme et le Pantin. Paris 1898 (WA Nr. 224, 30. 9. 1898)

Münchner Theaterbrief. (WA Nr. 47/48, 27./28. 2. 1899)

Über und von Rudyard Kipling (Münchner neueste Nachrichten Nr. 190/192, 25./26. 4.
1899)

Reisebriefe. Aus dem Schwarzwald. Aus deutschen Städten (WZ Nr. 95/97, 26./28. 4.
1899)

Die Frau des großen Mannes [Jane Welsh Carlyle] (Neue Freie Presse Nr. 14025, 13. 9.
    1903)

[anonym] *José Maria de Hérédia* (Fremdenblatt Nr. 278, 8. 10. 1905)

Der letzte Bourget. [L'eau Profonde, Paris 1904. Psychologische Abhandlungen über
    zeitgenössische Schriftsteller.] (Fremdenblatt Nr. 354, 25. 12. 1903)

Strindberg und die künstliche Golddarstellung (Deutsche Rundschau 205 (1925),
    233–243)

August Strindbergs Weihnachtsbaum (Deutsche Rundschau 213 (1927), 178–185)

August Strindberg als Goldmacher. Der Dichter im Laboratorium (Neue Freie Presse
    Nr. 23845, 23852, 23859, 1./8./15. 2. 1931)

Von den vielen Übersetzungen Frida Strindbergs aus dem Französischen und Englischen sind nur wenige mit Nennung ihres Namens erschienen.

STRINDBERG August, *Pessimistische Betrachtungen über die moderne Gartenkunst.* Auto-
    risierte Übersetzung von Frida Strindberg, in: Das Magazin für Literatur 63 (1894),
    719–724.

WILDE Oscar, *Sämtliche Werke in deutscher Sprache.* Wien 1906–1908.
    Bd. 4: *Ein Haus aus Äpfeln der Granate* [u.a.]. Übers. von Frieda Uhl.
    Bd. 8: *Salome* [u.a.]. Übers. von Frieda Uhl.

ARTZYBASHEFF Mikhail Petrovich, *Jealousy, Enemies, The law of the savage.* Edited and
    translated by Madame A. Strindberg (and others), New York 1923.

LITERATUR

Aubrey Beardsley in den „Yellow Nineties" 1891–1898. Dekadenz oder Modernität.
    Katalogredaktion: Rüdiger Maria Kampmann. München 1984.

BAHR Hermann, *Tagebücher, Skizzenbücher, Notizhefte.* Hrsg. von Moritz Csáky. Bd. 2:
    1890–1900. Wien 1996.

BERENDSOHN Walter, *Frida Uhl, Strindbergs österreichische Frau,* in: Wiener Zeitung
    Nr. 210, 10. 9. 1950.

BLAND Caroline / MÜLLER-ADAMS Elisa (Hrsg.), *Frauen in der literarischen Öffentlich-
    keit 1780–1918.* Bielefeld 2007.

BLEI Franz, *Der schüchterne Wedekind. Persönliche Erinnerungen,* in: Der Querschnitt
    9 (1929), 169–176.

BUCHMAYR Friedrich (Hrsg.), *Wenn nein, nein! August Strindberg und Frida Uhl.
    Briefwechsel 1893–1902.* Ausgewählt, herausgegeben und übersetzt von Friedrich
    Buchmayr. Weitra 1993.

BUCHMAYR Friedrich, *„Die Zivilisation ist hier zu Ende". August Strindbergs Aufenthalte
    in Oberösterreich,* in: *Die andere Welt – August Strindberg in Oberösterreich.* Linz
    1993, 10–41.

BUCHMAYR Friedrich, *Gegen die Gespenster, die aus dem Inneren kommen. August Strind-
    bergs Ehe mit Frida Uhl,* in: Elisabethbühne Magazin Nr. 94, März 1995, 18–20.

BUCHMAYR Friedrich, *Unbekannte Briefe und Photos rund um August Strindberg und seine österreichischen Verwandten*, in: Jahrbuch des Adalbert-Stifter-Institutes des Landes Oberösterreich, Bd. 2/1995, 84–113 und Bd. 6/1999, 132–148.

BUCHMAYR Friedrich, *Die Darstellung der Oberösterreich-Aufenthalte in Strindbergs Romanen „Inferno" und „Kloster"*, in: ebenda, Bd. 2/1995, 144–165.

CORK Richard, *The Cave of the Golden Calf*, in: Artforum 21 (1982), 56–68.

CORK Richard, *Art Beyond the Gallery in Early 20th Century England*. New Haven 1985.

CSOKOR Franz Theodor / Leopoldine RÜTHER (Hrsg.), *Du silberne Dame du. Briefe von und an Lina Loos*. Wien 1966.

CUMBERLAND Gerald, *Set Down in Malice. A Book of Reminiscenses*. London 1919.

DAVID Jakob Julius, *Rudolf Weyr (1904)*, in: Ders., *Essays*. München 1909 (Gesammelte Werke 7), 181–189.

DUBROVIC Milan, *Veruntreute Geschichten. Die Wiener Salons und Literatencafés*. Frankfurt am Main 1987.

EPSTEIN Jacob, *Let There be Sculpture. An Autobiography*. London 1940.

FISCHER Lisa / Emil BRIX (Hrsg.), *Die Frauen der Wiener Moderne*. Wien 1997.

FLAKE Otto, *Es wird Abend. Bericht aus einem langen Leben*. Gütersloh 1960.

FORD Ford Madox, *The Marsden Case. A Romance*. London 1923.

GEHRIG Julia (Hrsg.), *Ich liebe Dich. Briefe des Herzens*. Erlenbach-Zürich 1942.

GERSTINGER Heinz, *Österreich. „Holdes Märchen und böser Traum". August Strindbergs Ehe mit Frida Uhl*. Wien 1987.

GUNDLACH Angelika (Hrsg.), *Der andere Strindberg. Materialien zu Malerei, Photographie und Theaterpraxis*. Frankfurt am Main 1981.

HAMNET Nina, *Laughing Torso. Reminiscenses*. New York 1932.

HOFMANNSTHAL Hugo von, *Gesammelte Werke in zehn Einzelbänden*. Hrsg. von Bernd Schoeller, Bd. 10: *Reden und Aufsätze / Aufzeichnungen 3*. Frankfurt am Main 1980.

HOLM Korfiz, *ich – kleingeschrieben. Heitere Erlebnisse eines Verlegers*. München 1932.

JOHN Augustus, *Chiaroscuro. Fragments of Autobiography*. New York 1952.

KERR Alfred, *Ich kam nach England. Ein Tagebuch aus dem Nachlass*. Hg. von Walter Huder und Thomas Koebner. 2. Auflage. Bonn 1984.

KOCH Ernestine, *Albert Langen. Ein Verleger in München*. München 1969.

KRATZER Helga, *Die unschickliche Hofratstochter*, in: Dieselbe, *Die unschicklichen Töchter. Frauenporträts der Wiener Moderne*, Wien 2003, 107–152.

KRAUS Karl – WEDEKIND Frank, *Briefwechsel 1903–1917*. Hrsg. von Mirko Nottscheid. Würzburg 2008.

LAGERCRANTZ Olof, *Strindberg*. Aus dem Schwedischen von Angelika Gundlach.
    Frankfurt am Main 1984.
LASSON Bokken, *Livet og Lykken*. Oslo 1940.
LESSING Theodor, *Einmal und nie wieder. Lebenserinnerungen*. Prag 1935.
LEWIS Wyndham, *Rude Assignment. An Intellectual Autobiography*. Edited by Toby
    Foshay. Santa Barbara 1984.
LÖWENTHAL Leo, *Rezension Lieb, Leid und Zeit*, in: Zeitschrift für Sozialforschung 6
    (1937), 189–195.

MANN Thomas, *Briefe I (1889–1936)*. Hrsg. von Erika Mann. Frankfurt am Main 1979.
MARC Henry, *Au Pays de Maîtres-Chanteurs*. Paris 1916.
MARTENS Kurt, *Schonungslose Lebenschronik*. 2 Bände. Wien 1921.
Med August Strindberg pa vägen till Damaskus, in: Dagens Nyheter, 31. 5. 1926.
MEIER-GRAEFE Julius, *Kunst ist nicht für Kunstgeschichte da. Briefe und Dokumente.*
    Hrsg. von Catherine Krahmer. Göttingen 2001.

NIELSEN Asta, *Die schweigende Muse*. München 1977.

PAUL Adolf, *Strindberg. Erinnerungen und Briefe*. München 1914.
PERGER Richard, *Neues zum Umkreis Uhl – Weyr – Strindberg*, in: Jahrbuch des Adal-
    bert Stifter Institutes 2 (1995), S. 114–123.
PERS Karin de, *August Strindbergs äktenskap med Frida Uhl. Minnen meddelade av fru
    Strindbergs mor, Frau Hofrätin Marie Uhl*, in: Goteborgs Handels- och Sjöfarts-
    Tidning 31. 1., 4. 2., 8. 2. 1924
PFAEFFINGER Rosa, *Die Pariser Boheme (1889–1895). Ein autobiographischer Bericht
    der Malerin Rosa Pfäffinger*. Hrsg., kommentiert und mit einer Einf. versehen von
    Ulrike Wolff-Thomsen. Kiel 2007.

REGNIER Anatol, *Frank Wedekind. Eine Männertragödie*. München 2008.
REVENTLOW Franziska zu, *Sämtliche Werke in fünf Bänden*. Hrsg. von Michael Schardt.
    Oldenburg 2004ff.; Bd. 3: *Tagebücher 1886–1910*, Bd. 4: *Briefe 1890–1917*.
RODA RODA Alexander, *Wie Eulenberg von New York Abschied nahm*, in: Ders., *Groß-
    mutter reitet und andere Kapriolen*, Wien 1981, 259–262.
ROSEN Ingeborg von, *Conrad Pineus. Minnen och Dagboksanteckningar*. Stockholm
    1946.

Sammlung Hofrat Friedrich Uhl †. Auktionskatalog Dorotheum, Wien 1906.
SCHLEICH Carl Ludwig, *Besonnte Vergangenheit. Lebenserinnerungen 1859–1919*. Berlin
    1920.
SCHLITTGEN Hermann, *Erinnerungen*. München 1926.
SCHMID-BORTENSCHLAGER Sigrid, *Österreichische Schriftstellerinnen 1800–2000. Eine
    Literaturgeschichte*. Darmstadt 2009.
SCHNITZLER Arthur, *Das Wort. Tragikomödie in fünf Akten*. Frankfurt am Main 1966.
SERVAES Franz, *Grüße an Wien*. Wien 1948.
SÖDERSTRÖM Göran, *Strindberg och bildkonsten*. Uddevalla 1972.

SPREITZER Brigitte, *Texturen. Die österreichische Moderne der Frauen.* Wien 1999.

STRAUSS Monica, *Cruel Banquet. The Life and Loves of Frida Strindberg.* New York 2000.

STRINDBERG August, *Brev.* Utgivna av Torsten Eklund, Björn Meidal, Bd. 9–22, Stockholm 1965–2001.

STRINDBERG August, *Briefe an seine Tochter Kerstin.* Hrsg. von Torsten Eklund. Hamburg 1963.

STRINDBERG August, *Das Buch der Liebe.* Übers. von Emil Schering. München 1989.

STRINDBERG August, *Inferno.* Texten redigerad och kommenterad av Ann-Charlotte Gavel Adams. Stockholm 1994 (Samlade Verk 37).

STRINDBERG August, *Klostret. Fagervik och Skamsund.* Texten redigerad och kommenterad av Barbro Ståhle-Sjönell. Stockholm 1994 (Samlade Verk 50).

STRINDBERG August, *Werke in zeitlicher Folge. Frankfurter Ausgabe.* Bd. 8: *1898–1900,* hrsg. von Wolfgang Pasche. Frankfurt am Main 1992 (enthält „Das Kloster").

STRINDBERG August, *Ich dichte nie. Ein Werk-Porträt in einem Band.* Hg. von Renate Bleibtreu. Hamburg 1999 (enthält „Inferno").

STRINDBERG August, *Nach Damaskus. Drama in drei Teilen.* Übers. von Hans Georg Gerlach. Stuttgart 1979.

Strindberg im Zeugnis der Zeitgenossen. Aus dem Schwedischen übertragen von H. Georg Kemlein. Leipzig 1982.

SUDERMANN Hermann, *Heimat. Schauspiel in vier Akten.* Stuttgart 1893.

TSCHEUSCHNER M., *Betrachtung über die Auffassung der Frau in der modernen Kunst,* in: Frauenwohl Nr. 7, 1. 8. 1893, S. 54–55.

UDDGREN Carl Gustaf, *Strindberg the Man.* Boston 1920.

UHL Friedrich, *Aus meinen jungen Jahren,* in: Wiener Zeitung Nr. 111, 16. 5. 1925, bis Nr. 180, 9. 8. 1925 (in 18 Teilen).

UHL Marie, *Aus Strindbergs zweiter Ehe,* in: Prager Tagblatt Nr. 48, 26. 2. 1924.

WALLMANN Eckhard, *Strindbergs Hochzeit auf Helgoland. Briefe, Berichte und Bilder aus der Blütezeit des Seebads Helgoland.* Möckmühl 2000.

WEDEKIND Frank, *Gesammelte Briefe.* [Hrsg. von Fritz Strich.] 2 Bände. München 1924.

WEDEKIND Frank, *Oaha* [u.a.]. Hrsg. von Hans-Jochen Irmer. Darmstadt 2003 (Werke 8).

WEDEKIND Frank, *Der Kammersänger.* Hrsg. von Elke Austermühl. Darmstadt 1994 (Werke 4).

WOLZOGEN Ernst von, *Frau Strindberg,* in: Die Propyläen 19 (1921/22), S. 75–76.

Bildnachweis

Aubrey Beardsley in den „Yellow Nineties": 235
August Strindberg Museum Saxen (Foto: Franz Reischl): 12, 15, 17, 20, 32, 34, 39, 61, 72, 74,
    83 oben, 88, 102, 108, 119, 128, 135, 157, 162, 172, 179, 218, 219, 231, 246, 263, 276, 278, 280,
    284, 288, 348
Bioscope (Jg. 1920): 308
Blast (Jg. 1914): 290
Bonnier Forlag Stockholm: 334, 345
Cork Richard, Art Beyond the Gallery: 281
Deutsche Zeitung (1893): 71
Deutsches Literaturarchiv Marbach: 327, 344
Kongelige Bibliotek Kopenhagen: 141
Kungliga Biblioteket Stockholm: 83 unten, 114, 123, 244, 298, 313
Kürschner Joseph, Deutscher Literaturkalender 1895: 138
Library of Congress: 304 (Prints & Photographs Division, Arnold Genthe Collection), 307
Literaturarchiv der Monacensia München: 180, 182, 188, 197, 200
Moderne Kunst (1893): 94
New York Times (1915): 300
Österreichisches Theatermuseum Wien: 256
Pfarramt Mondsee: 14
Pfarramt Saxen: 208
Privatbesitz: 28, 42, 48, 56, 164, 170, 190, 204, 226, 228, 265, 271, 294, 316, 324, 331, 338
Söderström Göran, Strindberg och bildkonsten: 70, 173
Staats- und Universitätsbibliothek Hamburg: 239
Stiftsbibliothek St. Florian, Ansichtskartensammlung: 13, 22, 41, 45, 46, 53, 79, 105, 111, 115, 133,
    140, 146, 150, 159, 178, 196, 215, 236, 241, 257
Strindberg Frida, Lieb, Leid und Zeit: 120, 125, 126
Strindbergsmuseet Stockholm: 23, 26, 51, 58, 122
Ullstein Bilderdienst: 27
Wiener Abendpost: 35, 38
Wilde Oscar, Sämtliche Werke: 237

Für die Abklärung und Abgeltung von trotz aller Nachforschungen nicht ermittelbaren
Rechten wird um Kontaktaufnahme mit dem Verlag ersucht.

Personenregister

Die Schule der Genies

Deborah
Holmes
Langeweile
ist Gift.
Das Leben
der Eugenie
Schwarzwald
Residenz
Verlag

388 Seiten mit zahlreichen Abbildungen
EUR 28,90 / sFr 40,50 ISBN 978 3 7017 3203 6

Eugenie Schwarzwald (1872–1940) gehört zu den faszinierendsten Frauen ihrer Generation. Sie setzte sich mit großem Tatendrang für Reformpädagogik, Sozialarbeit sowie Gemeinschaftsküchen und Ferienkolonien ein. Gleichzeitig trat „Fraudoktor" als Journalistin hervor und führte den in vielerlei Hinsicht progressivsten Wiener Salon ihrer Zeit, in dem Schriftsteller wie Thomas Mann, Sinclair Lewis und Egon Friedell verkehrten. Schwarzwald gründete in Österreich das erste ernstzunehmende Mädchengymnasium. Sie wollte eine „Schule der Freude" leiten, „Langeweile ist Gift" war ihr Motto. Zu Ihren Schülerinnen zählten Vicky Baum, Anna Freud, Else Pappenheim, Hilde Spiel, Helene Weigel oder Alice Herdan-Zuckmayer.

Schwarzwald pflegte Kontakte zu Künstlern und Vordenkern der Moderne und engagierte für ihre Schule u. a. Adolf Loos, Arnold Schönberg sowie Oskar Kokoschka. Hilflos musste sie jedoch im Alter mit ansehen, wie Finanzkrise und politischer Extremismus ihr Lebenswerk zunichte machten. 1938 floh sie in die Schweiz, wo sie 1940 starb.

residenzverlag.at